教育部人文社会科学重点研究基地刊物
中文社会科学引文索引（CSSCI）来源集刊

# 藏学学刊

# བོད་རིག་པའི་དུས་དེབ།

# JOURNAL OF TIBETOLOGY

总第20辑
2019（1）

四川大学中国藏学研究所 编

中国藏学出版社

བོད་རིག་པའི་དུས་དེབ།

# 藏　学　学　刊

Journal of Tibetology

བོད་རིག་པའི་དུས་དེབ།

藏　学　学　刊

Journal of Tibetology

# 目　录

# Table of Contents

# 青海玉树贝沟大日如来佛堂佛教石刻调查简报

青海省文物考古研究所

四川大学中国藏学研究所

成都文物考古研究院

**内容摘要**：2013 年 7-8 月，青海省文物考古研究所、四川大学中国藏学研究所和成都文物考古研究院组成联合考古调查组，对青海玉树大日如来佛堂的石刻造像和题记进行了全面调查。此处共发现大日如来和八大菩萨共计九尊高浮雕造像，在其左侧的崖面，发现有 23 行古藏文题记，内容为《大日如来与八大菩萨赞》，此处还提到了“狗年”、“赞普赤德松赞”等历史人物和年代信息以及刻像目的与功能；在九尊造像的右侧崖面依次刻写有梵文、汉文和藏文的古题记，目前可辨汉文的为《般若心经》。该处造像和题记年代为公元 806 年，是吐蕃时期重要的佛教考古遗存。

## 导言

2011 年，青海省文化厅、文物局协调了省内外多个专业团队开展玉树州灾后文物排查和重点文物保护维修工作，青海省文物考古研究所与四川大学历史文化学院及四川大学中国藏学研究所、成都文物考古研究院商定，由三单位联合实施“三江源区青海玉树藏族自治州古墓群考古与文物保护项目”。2011 年年底经国家文物局“文物保函 [2011]511 号文”批准，三单位相关人员组成了前期田野勘察工作组，决定对玉树勒巴沟、贝沟两地的佛教石刻遗存展开系统调查。联合考古队于 2012 年 7-8 月对勒巴沟佛教石刻进行了全面调查并发表了初步调查研究结果[1]，2013 年 7-8 月联合考古队又相继对贝沟石刻造像进行了调查记录，本简报即为此次调查的基本内容和初步研究。

## 一、相关研究回顾

贝沟位于青海省玉树藏族自治州人民政府所在地结古镇南约 20 公里处，在进沟约 3 公里的北麓崖壁上雕刻有 9 尊高大的浮雕造像，并建有一座三层高的佛殿，被称为“大日如来佛堂”或“文成公主庙”（图一、图二）。造像所在的山沟——“贝”（འབིས）也被称为“贝纳”“贝考”“贝库”“白纳”“比多”“百南巴”等，这些不同的叫法可以从本文所引注释文献的标题中窥知，尽管使用的是不同的汉字，其实都是同一地方的藏文地名的不同音译，不过多数文章中并没有给出其地名的出处。本文采用司徒班钦对这一地方的称谓，译为“贝”，这条山沟称贝沟。

1720 年，司徒班钦 · 却吉迥乃（སི་ཏུ་པཎ་ཆེན་ཆོས་ཀྱི་འབྱུང་གནས། 1700–1774 年）在经玉树结古去往拉萨的途中经过该地，在他的自传里留下了记录：“……འབིས་ཟེར་བའི་ལུང་ནང་དུ་རྒྱ་ཟ་ཀོང་ཇོས་བཞེངས་པའི་རྣམ་སྣང་གཙོ་འཁོར་གྱི་སྐུ་དང་ལེགས་སྦྱར་གྱི་ཤེར་སྙིང་དང་བོད་ཡིག་གི་བཟང་པོ་སྤྱོད་པའི་སྨོན་ལམ་སོགས་བྲག་ལ་བརྐོས་པ་རྣམས་མཇལ། མཆོད་འབུལ་གསོལ་འདེབས་སྨོན་ལམ་བགྱིས། འབིས་རྣམ་སྣང་འདིའི་ཞལ་བྱང་བཀླག་ཐུབ་པར་འདུག་པས་ཞིབ་མོར་དཔྱད་ཆེ་མེས་ཨག་ཚོམ་གྱི་སྐུ་རིམ་དུ་བཞེངས་པར་འདུག་ཅིང་དེ་ལྟ་ན་ཀོང་ཇུ་ཕྱི་མའི་དུས་སུ་མཛད་ནོ།”。[2] 可译为：“……朝拜了叫做‘贝’的山沟里汉公主（文成公主）修建的大日如来主像及眷属像、梵文的《般若心经》和藏文《普贤行愿经》等摩崖石刻，并举行了会供祈愿仪式，贝大日如来的题记仍可识读，经仔细研究，系麦阿聪时期雕刻而成，

1 关于青海玉树勒巴沟的吐蕃时期佛教石刻，已经有三篇考古调查简报发表，见青海省文物考古研究所、四川大学中国藏学研究所：《青海玉树勒巴沟古秀泽玛佛教摩崖石刻调查简报》《青海玉树勒巴沟吾娜桑嘎佛教摩崖石刻调查简报》《青海玉树勒巴沟恰冈佛教摩崖造像调查简报》，载《藏学学刊》第 16 辑，北京：中国藏学出版社，2017：63-163。

2 噶玛降泽编：《司徒班钦文集》ཨ函《司徒班钦自传》（藏文），成都：四川民族出版社，2014：66。Lokesh Chandra and E. Gene Smith ed., *The Autobiography and Diaries of Si-tu Paṇ-chen*, New Delhi: International Academy of Indian Culture, 1968: 67.

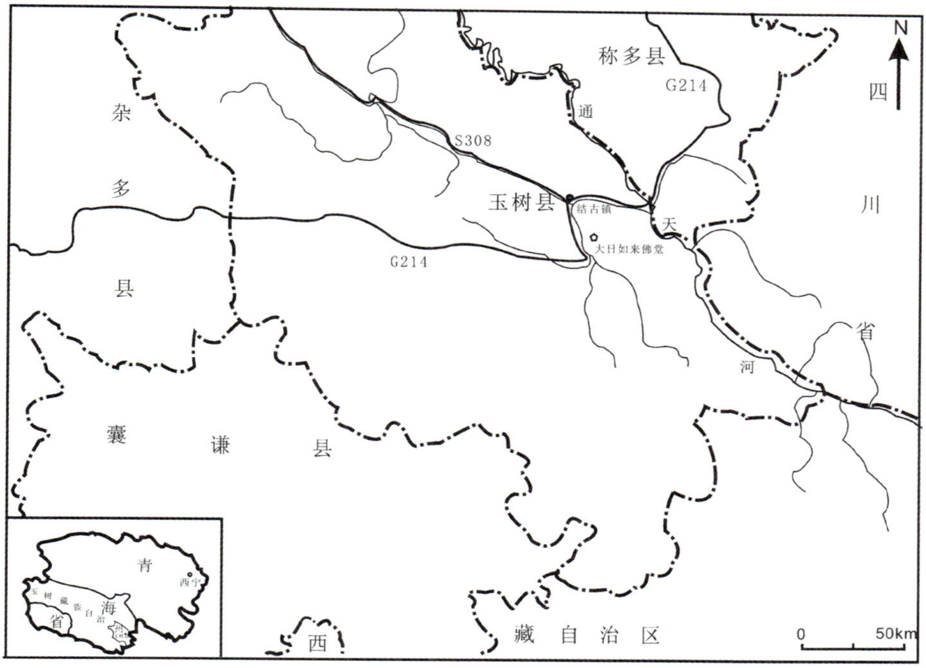


图一　大日如来佛堂位置示意（卢素文制图）

图二　大日如来佛堂全景

因此显然属于后一个公主时期”。[3] 这段话中提到的大日如来主像和眷属像、梵文的《般若心经》和藏文的《普贤行愿经》至今仍有保存[4]，可以确定当年司徒班钦朝拜的地点就是该处石刻，因此本文从其命名，称为贝沟。在国家文物局2006年公布的第六批青海省全国重点文物保护单位名录中也将这个地名叫做“贝”，将该石刻点命名为“贝大日如来佛石窟寺和勒巴沟摩崖”。[5] 笔者认为此处并非开窟凿寺，最早只是在崖壁上刻经造像，后人修筑了殿堂加以保护，因此并不是严格意义上的石窟寺，故本文采用目前学界惯用的称呼“大日如来佛堂”。国家文物局命名中提到的“勒巴沟摩崖”是指距贝沟不远的勒巴沟里保存的几处重要的吐蕃时期摩崖石刻，已经有简报公布。

1957年，赵生琛在《文物参考资料》上首次公布该处造像，但未提及石刻的藏文题记。他认为造像的主尊是文成公主，两旁是她的八位侍者。他的这一观点在其1986年所著的《青海古代文化》一书中继续沿用[6]。1958年，结古寺僧人桑杰嘉措撰写《上部康区圣地汉公主所刻贝大日如来造像题记所示言教》，介绍了此处的造像和题记，正确地识别出造像主尊为大日如来，两侧的八尊为八大菩萨。该文开头即抄录此处发现的一方藏文题记，并根据题记开头提到的“狗年”（ཁྱིའི་ལོ）（这则题记也因此常被称为“狗年题记”），结合《柱间史》《西藏王统记》等藏文史籍关于文成公主入藏和亲的记载将该处石刻的年代比定为松赞干布（？ –649年）时期的638年，认为这些造像和题记就是文献中记载的文成公主进藏时所刻[7]。后人又附会唐中宗景龙四年（710年）唐蕃再次联姻，

---

3　麦阿聪是吐蕃赞普赤德祖赞的别名，704-754年在位，他在位期间的710年，金成公主入嫁吐蕃。司徒班钦是第一个对此处石刻进行详尽记录并进行考证的学者，他正确地认为此处石刻非文成公主所刻，但或许无法摆脱众多史籍中关于公主入藏途经此地勒石造像的传说，因而他认为属于赤德祖赞时期，这一时期金成公主入藏，由此他推断为金成公主时期。

4　藏文题刻的《普贤行愿经》位于大日如来佛堂西侧约130米处，其调查简报参见本辑刊发的《青海玉树大日如来佛堂西侧崖壁摩崖石刻及线刻佛塔调查简报》。

5　见国家文物局官网综合行政管理平台：http://gl.sach.gov.cn/sachhome/service/national-key-units.html.

6　赵生琛：《玉树百南巴有文成公主造像》，《文物参考资料》1957（5）：81-82。赵生琛、谢端琚、赵信：《青海古代文化》，西宁：青海人民出版社，1986：120-121。在这两篇论著中，贝沟分别被称为“百南巴”和“白都满沟”。

7　སངས་རྒྱས་རྒྱ་མཚོ། མདོ་སྟོད་གནས་ཆེན་འབིས་རྣམ་སྣང་ཞེས་ལྷ་གཅིག་རྒྱ་བཟའ་ཀོང་ཇོས་བརྐོས་པའི་དཀར་ཆག་དོན་བཞིན་སྟོན་པའི་ཞལ་ལུང་། 全文收录于丹玛·江永慈诚著：《康木朵简史》（藏文），兰州：甘肃民族出版社，1995：50-60。感谢夏吾李加博士惠赐该文全文！感谢夏吾李加博士的《玉树地区石刻文献遗产整理研究述评》一文使笔者注意到该文。此外，聂贡·贡却才旦和白玛奔、桑丹·噶尔梅（Samten G. Karmay）、德格才让、巴桑旺堆等学者也都引用了桑结嘉措的文章并对其观点进行分析。夏吾李加将该文篇名译为：《文成公主所刻多堆圣境贝库大日如来佛像志》，见氏著：《玉树地区石刻文献遗产整理研究述评》，《青海社会科学》2011（5）：118，将这一地区称为“贝库”。巴桑旺堆译为：《汉公主所镌刻贝纳沟大日如来造像题记所示言教》，见氏著：《关于仁达吐蕃摩崖石刻的几个问题——仁达吐蕃摩崖石刻实地考察心得》，《中国藏学》2017（2）：52，将这一地区称为“贝纳沟”。

金城公主入藏途经贝沟时，发现文成公主所刻佛像被风雨剥蚀，于是派人修盖了一座殿堂进行保护[8]。由此，这些石刻由文成公主所刻、金城公主修盖殿堂加以保护这一说法很快流行开来，这一地点也以“文成公主庙”的称谓闻名中外，至今在民间和部分出版物中沿用不衰[9]。

1988年，聂贡·贡却才旦、白玛奔在《中国藏学》藏文版上发表《玉树吐蕃时期的摩崖造像》，在桑结嘉措录文的基础上首次比较全面地公布了玉树贝沟和勒巴沟的造像与题记，收录了9行的狗年题记和35行的《普贤行愿品》题记以及勒巴沟的几处藏文题记，给出了造像的布局示意图，但是没有公布照片和绘制线图。文中对桑杰嘉措的观点进行了分析批驳，认为此石刻点并非文成公主所刻，题记中提到的“狗年”并非是赞普松赞干布时期的638年，而应是赤德松赞（776–815年）时期的狗年806年，这一断代被学界广泛采纳，已成学界共识。这篇文章引起了中外学界对这一重要石刻造像和题记的关注。不过，该文对图像着墨较少，仅提到造像着“汉式服装”。[10] 1992年，阿米·海勒在第六届国际藏学会上发表《纪念汉藏和盟的九世纪丹玛札佛教石刻造像》一文，认为藏文史籍中记载的文成公主进藏时所刻造像的传说指的是丹玛札的佛教石刻造像，即西藏昌都察雅县的仁达石刻造像，该石刻的年代据题记可断为804年或816年（猴年），同玉树贝沟806年的石刻造像年代非常接近。不仅如此，两处石刻题记中都还提到了施主“益西央”应为同一人，造像的目的是为了纪念9世纪初的汉藏和盟[11]。在1995年第七届国际藏学会上，阿米·海勒又发表文章《8-10世纪藏东的佛教造像与石刻题记》，进一步认为这两处题记中提到的“益西央”就是吐蕃时期的著名译师“布·益西央”（སྤུག་ཡེ་ཤེས་དབྱངས），是他主持雕造了这两处石刻造像。关于布·益西央，她的观点

8 陈小平：《唐蕃古道》，西安：三秦出版社，1989：161-165。蒲文成主编：《甘青藏传佛教寺院》，西宁：青海人民出版社，1990：309-310。

9 在众多的导游说明和文化旅游景点的介绍，以及百度百科等网络的介绍中，甚至一些正式的出版物也采用这一观点，如：《玉树藏族自治州概况》编写组：《玉树藏族自治州概况》，西宁：青海人民出版社，1985：162-164。作者不详：《璀璨的青海宝藏之文成公主庙》，《青海科技》2014（6）：38-39。任建军：《拜谒文成公主庙和勒巴沟》，《中国民族》2017（7）：73。

10 གཉའ་གོང་དཀོན་མཆོག་ཚེ་བརྟན། པདྨ་འབུམ། ཡུལ་ཤུལ་ཁུལ་གྱི་བོད་བཙན་པོའི་སྐབས་ཀྱི་རྗེས་ཡིག་བྲག་བརྐོས་མ་འགའ། ཀྲུང་གོའི་བོད་ཀྱི་ཤེས་རིག 1988（4）：52-75。后来在其所著《吐蕃古藏文文献诠释》一书，又收录了贝沟的狗年题记和《普贤行愿品》，见 གཉའ་གོང་དཀོན་མཆོག་ཚེ་བརྟན། བོད་ཀྱི་བརྡ་རྙིང་ཡིག་ཆ་ཙ་ཆེན་བདམས་བསྒྲིགས་རྣམས་ཀྱི་ཚིག་དོན་ཀུན་ནས་གྲོལ་བར་བྱས་པ་རབ་གསལ་མེ་ལོང་། ལན་ཀྲུ། ཀན་སུའུ་མི་རིགས་དཔེ་སྐྲུན་ཁང་། 2001：162-175。

11 Amy Heller, “Ninth Century Buddhist Images Carved at lDan ma brag to Commemorate Tibeto-Chinese Negotiations.” In *Tibetan Studies (Proceedings of the 6th Seminar of IATS, Fagernes 1992)*. ed. Per Kvaerne. Oslo: The Institute for Comparative Research in Human Culture, 1994: 335-349. 汉译文见张岩译：《九世纪汉藏和盟的丹玛札佛教造像》，《西藏艺术研究》1996（2）：12-21。

源自拉露、石泰安和黎吉生等人的研究，认为是活跃于青海贵德一带的一位禅宗大师[12]。在艺术风格上，她认为昌都察雅仁达的造像表现出与敦煌的联系，而玉树贝沟的造像更接近云南南诏的风格[13]。在聂贡·贡却才旦、白玛奔 1988 年和阿米·海勒 1992 年的发表公布后，桑丹·噶尔梅（Samten G. Karmay）意识到了这些资料的重要性及诸多尚未解决的问题，于是他在 1993 年亲自到玉树进行实地考察，并且也在 1995 年第七届国际藏学会上发表论文《赞普赤德松赞时期的题记》。该文中他分析了桑结嘉措断代为松赞干布时期的原因及“文成公主庙”这一称谓的由来，注意到了前面两位藏族学者没有注意到的大日如来造像右侧的题记，编为 Inscription I（题记 I），将庙里发现的刻在一块石板上的题记，即“狗年题记”，编为 Inscription II（题记 II）。遗憾的是，由于崖壁被泥土和草覆盖，作者未能对题记 I 进行识读和拍照，认为这两处题记是不同的题记，都非常古老。实际上，题记 II 是后人在 20 世纪对题记 I 中的一部分进行了重新刻写，复制了题记 I 中的一部分，是晚期的刻写。他对题记 II 进行了转录和翻译，题记中提到“赞普赤德松赞”，“大译师益西央”，他通过分析论证，也认为这个狗年是赞普赤德松赞时期的 806 年，与前面两位藏族学者意见一致。他提出这里的益西央可能就是阿米·海勒前述文中提到的丹玛札石刻的建造者“郭·益西央”（གོར་ཡེ་ཤེས་དབྱངས），但是和“布·益西央”（སྦུག་ཡེ་ཤེས་དབྱངས）不是同一人，因为两人尽管名字相同，但姓氏却不一致[14]。大约与此同时，德格才让也撰文《论玉树贝沟大日如来庙吐蕃摩崖造像及石刻》，认为玉树贝沟、勒巴沟和昌都仁达的摩崖石刻都是在大译师益西央的主持下完成的，这位益西央就是敦煌古藏文文献 P.T.996 中记载的禅宗大师益西央（758-838 年），并且根据 P.T.996 的记载勾勒了益西央的生平。他还认为这些石刻雕造的背景有 806 年赞普喜得子嗣，814

12 Amy Heller, “Buddhist Images and Rock Inscriptions from Eastern Tibet, Ⅷ th to Ⅹ th century, Part Ⅳ.” In *Tibetan Studies vol. 1 (Proceedings of the 7th Seminar of IATS, Graz 1995)*. ed. Ernst Steinkellner. Wien: Verlag der Österreichischen Akademie der Wissenschaften, 1997: 385-404. 汉译文见杨莉译：《公元 8-10 世纪东藏的佛教造像及摩崖刻石（节录）》，《国外藏学研究译文集》第十五辑，拉萨：西藏人民出版社，2001：189-210。

13 Amy Heller, “Early Ninth Century Images of Vairocana from Eastern Tibet.” *Orientations*, 25/6, 1994: 74-79.

14 Samten G. Karmay, “Inscriptions Dating from the Reign of *Btsan po* Khri lDe-srong-btsan.” In *Tibetan Studies vol. 1* (*Proceedings of the 7th Seminar of IATS, Graz 1995*). ed. Ernst Steinkellner. Wien: Verlag der Österreichischen Akademie der Wissenschaften, 1997: 477-486. 后收入 Samten G. Karmay, *The Arrow and the Spindle, Studies in History, Myths, Rituals and Beliefs in Tibet*, Kathmandu: Mandala Book Point, 1998: 55-65. 藏译文见 མཁར་རྩེའུ་བསམ་གཏན་གྱིས་བརྩམས། བདེ་ཁང་བསོད་ནམས་ཆོས་རྒྱལ་གྱིས་བསྒྱུར། ཡུལ་སྐྱེ་རྒུ་མདོ་ན་མཆིས་པའི་བཙན་པོ་ཁྲི་ལྡེ་སྲོང་བཙན་སྐབས་བརྐོས་པའི་རྡོ་བརྐོས་ཡི་གེར་དཔྱད་པ། བོད་ལྗོངས་སྒྱུ་རྩལ་ཞིབ་འཇུག 2004（2）：64-77。

年第二次藏文文字厘定工作的完成、《声明要领二卷》和《丹噶目录》的完成等[15]。张亚莎也认为 P.T.996 中记载的布 · 益西央就是玉树贝沟和昌都察雅仁达石刻题记中提到的益西央，他是南喀宁布的弟子，南喀宁布就是 P.T.996 中记载的虚空藏禅师，也是仁达石刻题记中提到的凯朗嘎宁布[16]。2006 年，岩尾一史得以再次造访贝沟，识读出了噶尔梅文中所称的题记 I 中有“བྱང་ཆུབ་སྤྱོད་པ”（菩提行）和“སྤྱན་རས་གཟིགས”（观音）等词，正确地辨析出题记 II 是晚期对题记 I 第二部分的复制。他在书中收录了大日如来佛堂内所保存的石板上刻写的藏文题记（题记 II），列在“碑刻题记”（Tablet inscriptions）下面，而将他实地调查到的刻在崖壁上的原始题记 I 列在“石刻题记”（Rock Inscriptions）下面，但并没有对题记 I 进行转录，仅公布了 2 张照片，列出了详细的参考书目[17]。此后，国内学者亦出版多部专著，收录吐蕃时期的古藏文题记和碑刻，对贝沟发现的藏文题记亦均有收录，但均只收录了前面提到的晚期题记 II（即刻在室内石板上的“狗年题记”）和《普贤行愿品》题记，而对原始的题记 I 则没有收录[18]。

汉文学术界对贝沟佛教石刻的关注也在上个世纪 90 年代初进入一个新的阶段。1993 年，谢佐等编著《青海金石录》，收录了贝沟的佛教造像和石刻，主要内容系译自聂贡 · 贡却才旦和白玛奔 1988 年刊发的藏文论文，其中对“狗年题记”和《普贤行愿品》石刻藏文题记进行了汉译，系对这些重要题记的首次汉译[19]，广被引用，但是该书也因错误过多而招致严重批评[20]，书中对该题记的汉译也误将赞普赤德松赞（798–815 年在

15 德格才让：《论玉树贝沟大日如来庙吐蕃摩崖造像及石刻》（藏文），载陈庆英主编：《藏族历史宗教研究》（第一辑），北京：中国藏学出版社，1996：283-328。

16 张亚莎：《吐蕃的禅宗传承》，《西藏民族学院学报》2004（1）：19-27。在题记中，他的名字为：ཀད་ནམ་ཀའི་སྙིང་པོ་དབྱངས，也译作格 · 南喀宁波央或凯 · 南喀宁波央。

17 *Old Tibetan inscriptions*, eds. Kazushi IWAO, Nathan HILL, Tsuguhito TAKEUCHI with the collaboration of Izumi HOSHI, Yoshiro IMAEDA, Tokyo: Research Institute for Languages and Cultures of Asia and Africa, Tokyo University of Foreign Studies, 2009: 55, 88. 作者将题记分为“Stele inscriptions”，“Tablet inscriptions”，“Rock Inscriptions”，“Bell Inscriptions” 和 “Wall Inscriptions” 等几种。Yoshiro IMAEDA, “The Inscription(s) at 'Bis Rnam snang (Eastern Tibet).” In *The Pandita and the Siddha, Tibetan Studies in Honour of E. Gene Smith.* ed. Ramon N. Prats. Dharamshala: Amnye Machen Institute, 2007: 92-93.

18 པ་ཚབ་པ་སངས་དབང་འདུས། སྤུ་རྒྱལ་བོད་ཀྱི་རྗེ་བརྗོས་ཡི་གེ་ཕྱོགས་བསྒྲིགས་ཀྱི་མ་ཡིག་དག་བཤེར་དང་དེའི་ཚིག་འགྲེལ་དྭངས་སང་གངས་རྒྱ། ལྷ་ས། བོད་ལྗོངས་མི་དམངས་དཔེ་སྐྲུན་ཁང་། 2011：103-119，收录了题记 II 和《普贤行愿品》题记。ཚབ་འབག་ཏྲ་མགྲིན། བོད་ཡིག་རྗེ་རིང་ཞིབ་འཇུག། ལྷ་ས། བོད་ལྗོངས་མི་དམངས་དཔེ་སྐྲུན་ཁང་། 2012：93-94，收录了题记 II 并给出了汉译文，汉译题名为：百南巴佛雕题记石刻；第 97-107 页收录了《普贤行愿品》题记并给出了汉译文，汉译题名为：百南巴《普贤行愿品》石刻。

19 谢佐、格桑本、袁复堂编著：《青海金石录》，西宁：青海人民出版社，1993：19-26。该书中将“贝沟”译为“百南沟”，标题为：百南沟佛雕及其石刻（唐）。

20 吴景山在《〈青海金石录〉一书编纂之得失》中写道：“书中录文的错误达到了令人瞠目结舌的地步”，见《青海社会科学》1999（6）：117。

位）译为赤德祖赞（704–754 年在位），两者在位的时间前后相差约半个世纪。这一误译在一段时间内导致了一些学者对该石刻的年代推断出现偏差。1996 年，张宝玺发表《青海境内丝绸之路及唐蕃故道上的石窟》，介绍青海境内发现的几处石窟，其中对玉树大日如来佛堂进行了重点介绍，作者转引了谢佐汉译的狗年题记，介绍了造像，并与炳灵寺石窟和榆林 25 窟进行了比较研究，认为玉树大日如来佛堂的年代是 8 世纪后半期[21]。1998 年汤惠生在《中国藏学》汉文版发表《青海玉树地区唐代佛教摩崖考述》一文，首次对贝沟大日如来和八大菩萨的造像进行了详细的图像描述，公布了线图和照片，引起了学界对藏东吐蕃时期摩崖造像的注意，该文公布的线图在过去的二十年内广被引用。作者也注意到了庙里的“狗年题记”，并根据题记和造像风格进行断代分析。遗憾的是，作者转引的也是《青海金石录》中关于该题记的汉译文，因此作者认为题记中的“赞普父子”指的是赤德祖赞和其子赤松德赞（754–797 年在位），于是将贝沟造像和题记的年代断为赞普赤德祖赞时期，比西藏昌都察雅仁达摩崖造像的年代（804 年）早了约半个世纪[22]。罗文华 2005 年《四川甘孜地区民族与考古综合考察综述》一文则受到汤惠生的影响，将贝沟佛教石刻的年代断为赤松德赞时期[23]。2007 年，王尧先生对该则题记再次进行翻译，发表于《唐研究》，正确地译出赞普赤德松赞并推定狗年即 806 年[24]。此后学界多引证王尧先生的汉译文或在此基础上进行再译。

2009 年，谢继胜刊发长文《川青藏交界地区藏传摩崖石刻造像与题记分析——兼论吐蕃时期大日如来与八大菩萨造像渊源》，首次将石刻造像和藏文题记结合起来进行研究，对四川石渠、青海玉树和西藏昌都等地发现的一批吐蕃时期石刻造像和题记进行了归纳分析。该文指出了谢佐等关于贝沟狗年题记的误译，认为贝沟石刻的年代应为赞普赤德松赞时期的狗年，即 806 年。关于益西央的身份，该文引用阿米 · 海勒的观点，没有新的阐释。该文分析了大日如来和八大菩萨造像的艺术风格和图像渊源，认为贝沟造像风格具有显见的汉地隋唐风格，比较接近榆林窟 25 窟的风格样式。大日如来和八大菩萨的排列方式也不是藏传样式，而是与榆林窟 25 窟的排列方式相同，图像意蕴则属

21 张宝玺：《青海境内丝绸之路及唐蕃故道上的石窟》，载敦煌研究院编：《段文杰敦煌研究五十年纪念文集》，北京：世界图书出版公司，1996：154-158。

22 汤惠生：《青海玉树地区唐代佛教摩崖考述》，《中国藏学》1998（1）：114-124。

23 罗文华：《四川甘孜地区民族与考古综合考察综述》，《故宫学刊》第 2 辑，2005：396：“文成公主庙的石刻造像应属赤松德赞时期无疑，同样也证实了贝纳沟和勒巴沟的石刻也应与此同时”。

24 王尧：《青海玉树地区贝考石窟摩崖吐蕃碑文释读》，《唐研究》第十卷，北京大学出版社，2004：493-499。该文后收入金雅声、束锡红、才让主编：《敦煌古藏文文献论文集》（上），上海古籍出版社，2007：53-58。

于汉地卢舍那造像系统，传播路线倾向于传自敦煌，而敦煌的吐蕃波罗样式和八大菩萨的图像渊源应从西域去寻找，应该是通过克什米尔、于阗等地传入敦煌的[25]。陈粟裕在研究榆林窟25窟的一佛八菩萨图像时，注意到了玉树贝沟和昌都察雅仁达的同类造像题材，她采纳恰白·次旦平措和张亚莎的观点，认为这些石刻造像的雕造者是益西央，仁达石刻题记中的比丘凯朗嘎宁布央是益西央的老师南喀宁波，是吐蕃时期“王臣得道二十五人”之一，因此益西央也是受到莲花生一系、来自吐蕃中心的影响，贝沟和仁达这些吐蕃统治区的石刻造像反映的是吐蕃中心区的传统。榆林窟25窟的一佛八菩萨图像与之接近，可能是受到了来自吐蕃的影响[26]，与谢继胜提出的传播路线刚好相反。

2011年，霍巍对青藏高原东麓吐蕃时期的佛教摩崖造像进行了集大成式的研究，对四川石渠、西藏昌都和青海玉树的7处吐蕃时期佛教摩崖造像进行了综合性的考述，然后又重点探讨了藏东地区的大日如来信仰和这批造像的文化背景。他提出“藏东地区的大日如来与八大菩萨造像在造型艺术上多吸收了当时印度波罗艺术与尼泊尔风格的影响，这种风格可能主要是从吐蕃王国中心地带经敦煌或河西走廊传来”；八大菩萨的配置则主要受到在敦煌、四川等汉地所流行的不空所译《八大菩萨曼荼罗经》等汉密系统经典的影响；这批吐蕃佛教石刻雕造的背景是“兴佛证盟”。在贝沟造像和题记的断代上，作者赞同以往学者的观点，认同此处题记中的狗年为赞普赤德松赞时期的806年[27]。此后，霍巍继续对他的观点进行了进一步的深入阐释，他认同阿米·海勒和张亚莎的观点，认为郭·益西央和布·益西央是同一人，即P.T.996中记载的禅宗大师益西央，是他主持雕造了藏东的几处佛教石刻，其背景是为了“纪念”某次唐蕃会盟的成功，或者是为了准备迎接某次比较大规模的唐蕃之间的会盟行动（如821年的长庆会盟）而刻写

25 谢继胜：《川青藏交界地区藏传摩崖石刻造像与题记分析—兼论吐蕃时期大日如来与八大菩萨造像渊源》，《中国藏学》2009（1）：123-141。该文第136-141页写道：“克什米尔为印度后笈多及波罗早期艺术传播之地，敦煌吐蕃式样八大菩萨也可能由克什米尔经藏西、于阗一线进入敦煌，同时经过藏区西部进入卫藏，卫藏等地的大日如来与八大菩萨系统亦来自克什米炙、于阗一线”。“克什米尔等中亚地区地方化的印度波罗艺术成为敦煌艺术中吐蕃样式的最主要因素”，“八大菩萨最初作为大日如来为首的五方佛的眷属，是从李域一带传入吐蕃的”。

26 陈粟裕：《榆林25窟一佛八菩萨图研究》，《故宫博物院院刊》2009（5）：56-82。

27 霍巍：《青藏高原东麓吐蕃时期佛教摩崖造像的发现与研究》，《考古学报》2011（3）：353-384；该文修订后又收入氏著《吐蕃时代考古新发现及其研究》一书的第九章《藏东地区吐蕃时期佛教遗存研究》，北京：科学出版社，2012：315-353。

的图像和文字，是唐蕃长庆会盟前的宗教造势活动 [28]。华青道尔杰又补充了两处吐蕃时期有益西央名字的石刻，确认石刻题记中的益西央的姓应为巴廓，即巴廓·益西央（པ་སོར་ཡེ་ཤེས་དབྱངས），他采纳才让关于 P.T.996 中益西央的研究 [29]，进一步论证主持刻石造像的巴廓·益西央和禅宗大师布·益西央是同一人，因为两者的生活轨迹接近，益西央和 P.T.996 中记载的南喀宁波同为莲花生的弟子，同为禅宗大师。石刻题记中的格·南喀宁波央（གད་ནམ་ཀའི་སྙིང་པོ་དབྱངས）就是南喀宁波，益西央和南喀宁波是同龄人，他们于赞普赤德松赞时期赴唐蕃边界，为了兴佛和唐蕃和盟在唐蕃古道沿线凿刻了大量佛教造像 [30]。2017 年，巴桑旺堆撰文对仁达摩崖石刻相关的几个问题进行了考证，其中专门考证了益西央的身份，认为仁达石刻题记中的郭·益西央是巴廓·益西央的误认，和甘肃民乐扁都口石刻题记中的益西央是同一人。此外，吐蕃时期还有两位益西央：韦·益西央和布·益西央，他们来自不同的氏族。吐蕃石刻题记中的巴廓·益西央和 P.T.996 中的布·益西央虽然同处一个时代，但不是同一人，他们出身于不同的氏族，生平轨迹也不同，巴廓·益西央不是一名禅宗的禅师。关于南喀宁波，巴桑旺堆谨慎地指出仁达题记中的凯·南喀宁波央是出生或籍贯为某“凯”地之人南喀宁波央，并未提及任何与 P.T.996 中南喀宁波之间的联系 [31]。

2018 年，关于青海的碑刻题记等金石材料和藏东的吐蕃佛教造像分别有两部综合性的新著问世。前者指的是《青海世居少数民族金石录》的出版，是青海省少数民族古籍工作“十三五”规划项目，收录了青海保存的藏族、回族、撒拉族、蒙古族、土族等不同少数民族的金石资料，“以刻制时间先后为序”，[32] 公布了大量的珍贵的第一手资料，每一处资料都公布有彩色照片、提要介绍、原文转录，有些还有汉译文。原文转录精准度、照片清晰度和纸张印刷质量与 20 多年前出版的《青海金石录》相比不可同日而语。该

---

28 霍巍：《论藏东吐蕃摩崖造像与吐蕃高僧益西央》，《西藏大学学报》2015（6）：63-69。霍巍：《藏东吐蕃佛教摩崖造像背景初探》，《民族研究》2015（5）：92-101。霍巍：《藏东吐蕃摩崖造像与唐蕃交流视野下的剑南益州》，《藏学学刊》第 16 辑，2017：301-313。霍巍：《青海玉树大日如来佛堂的考古调查与新发现》，《青海民族研究》2017（1）：4-9。霍巍：《唐蕃会盟与吐蕃佛教》，《世界宗教研究》2017（1）：57-72

29 才让：《敦煌藏文 P.T.996 号〈大乘无分别修习之道〉解读》，《中国藏学》2013（1）：64-71。

30 华青道尔杰（张延清）：《吐蕃高僧益西央考辨》，《青海民族研究》2017（1）：21-27。

31 巴桑旺堆：《关于仁达吐蕃摩崖石刻的几个问题——仁达吐蕃摩崖石刻实地考察心得》，《中国藏学》2017（2）：50-65。

32 该书《前言》中提到“收录资料以刻制时间先后为序”，但是属于吐蕃时期的玉树贝沟石刻则置于明代的瞿昙寺碑甚至民国时期的布施银两碑等的后面，并且同属一个地点的玉树贝沟大日如来佛堂的石刻被分成几个条目，并且中间插入瞿昙寺天顺三年石刻六字真言、嘉纳嘛呢石经城、天峻夏日哈石经院等多个条目。

书也收录了玉树贝沟的藏文题记，也注意到了大日如来造像右侧崖壁上的原始藏文题记，分成了两个条目进行介绍，在提要中大体介绍了题记内容、给出了石刻文字的分布面积、行数、字数等详细信息，并根据题记内容将“狗年题记”（题记 II）命名为“玉树贝沟摩崖刻造佛像简志”，将题记 I 命名为“玉树贝沟崖刻〈庙宇身像礼赞及发愿辞〉”，正确概述了题记的主要内容。对于原始题记的转录，书中仅根据庙内的晚期题记 II 转录了狗年题记的原文，没有转录题记 I 的全文内容和题记 II 的原始版本。在公布大日如来造像左侧崖壁的《般若心经》题记时，附的是一张梵文《般若心经》的照片和一张难以辨认的藏文题记的照片，但转录的却是勒巴沟吾娜桑嘎石刻的《般若心经》题记[33]！书中还收录了贝沟《普贤行愿品》石刻题记，公布有两张照片、转录有题记原文，但是没有给出译文。大日如来和八大菩萨名字的题记以及河对岸线刻佛塔上的题记也被收录在内，但是没有和大日如来造像左右两侧崖壁上的题记放在一起公布，而是置于 8 页之后，中间又插入了多个条目。或许因为该书关注的仅是石刻文字资料，因此将图像和题记割裂开了，如佛塔上的题记，仅有题记照片，没有整个佛塔的照片，勒巴沟大日如来和观音、金刚手的石刻造像也是只有题记照片，没有造像的照片，其他几处没有题记的佛教石刻造像则未收录[34]。与此相反，另一部综合性的著作《西藏东部吐蕃佛教造像——芒康、察雅考古调查与研究报告》在正文叙述中则只有对造像的描述，缺少对题记的转录和翻译，仅在附录中公布了对仁达藏文题记的补校，书后附的几张题记照片也因为是黑白照片而无法识读。该书是西藏昌都芒康县和察雅县发现的吐蕃佛教造像的调查报告，青海玉树贝沟、勒巴沟的佛教造像收在“周边地区吐蕃佛教造像”一章中也进行了介绍。书中对贝沟大日如来佛堂的一佛八菩萨造像进行了详细描述，并公布了一幅线图；此外还公布了一幅《普贤行愿品》题记上方的线图草图和一幅佛塔的线图，但没有文字描述。在综合研究部分，作者将芒康和察雅的吐蕃佛教造像与包括贝沟在内的周边地区同类题材的造像进行了对比，沿用前人关于益西央的研究，直接认定石刻题记中的益西央就是 P.T.996 中的益西央，是吐蕃禅宗的代表人，贝沟、仁达的禅定印毗卢遮那佛（即大日如来）因此与汉地禅宗在吐蕃的传播和益西央为代表的吐蕃禅宗的活动有关；而大日如来与八大菩萨的图像组合依据的则是敦煌古藏文文献 P.T.108，而非不空的译本，但是并未

33　勒巴沟吾娜桑嘎石刻《般若心经》藏文题记的拓片、转录和翻译见：青海省文物考古研究所、四川大学中国藏学研究所、四川大学考古学系：《青海玉树勒巴沟吾娜桑嘎佛教摩崖石刻调查简报》，《藏学学刊》第 16 辑，2017：116-124。比较两者即可知该书转录的是勒巴沟吾娜桑嘎的题记，并非是贝沟的题记。

34　马小琴、马忠、桑杰加整理：《青海世居少数民族金石录》，西宁：青海人民出版社，2018：86-100，109-111。

对 P.T.108 的具体内容和石刻造像的图像特征进行比对；关于藏东这批吐蕃佛教造像的背景，作者不完全同意霍巍“兴佛证盟”的观点，认为“以佛证盟”只是部分造像出现的背景因素之一，并非必要背景因素[35]。

通过以上简要概述，可知玉树大日如来佛堂的石刻造像和多处藏文题记自上世纪五十年代起就吸引了国内外众多学者的目光，是一处非常重要的吐蕃时期佛教考古遗存，但由于迄今尚没有一部完整的调查报告，学者们无法在全面掌握石刻造像和题记资料的基础上进行系统研究，因而除了造像年代基本达成共识外，关于造像来源、益西央身份等问题尚未取得一致意见。2013 年 7-8 月，青海省文物考古研究所、四川大学中国藏学研究所和成都文物考古研究院联合组成的考古队，对该处遗址进行了全面调查，现将调查所获资料报告如下，希冀能够为学界提供完整的第一手资料，并就上述学界讨论的相关问题进行进一步的探讨。

## 二、石刻造像和题记

现存的大日如来佛堂为一座三重檐二角攒尖式的建筑形制，共分三层，底层是双开的大门，二层是巨大的藏式窗户，第三层一排六扇藏式窗户，整个建筑风格具有浓郁的藏式风格（图二）。这座木构藏式建筑是为了保护崖壁上的石刻造像而建，最早建于 1938 年，1989 年进行了扩建和修缮，将造像保护了起来[36]。

造像和石刻所在位置为东经 97.075°，北纬 32.897°，海拔 3860 米。石刻所在崖壁为东南向（南偏西 77°），崖壁后倾，与地面夹角 105°。

大日如来佛堂内共有高浮雕造像九尊，紧临其西侧有大段藏文题记，东侧有梵文、

35 张建林、席琳、夏格旺堆、田有前、胡春勃：《西藏东部吐蕃佛教造像——芒康、察雅考古调查与研究报告》，北京：社会科学文献出版社，2018：107-109，117-122，164，166-176，185-187。该著作出版前，第一作者也曾多次在学术会议发表演讲或学术讲座，对藏东地区发现的吐蕃佛教造像进行总结和分析，如 2013 年 7 月，在成都召开的“7-17 世纪西藏历史与考古、宗教与艺术国际学术研讨会”上，作者做了题为《青海、四川、西藏吐蕃佛教造像的发现——兼谈唐蕃之间佛教传播路线》的大会发言。2014 年在“大足石刻艺术国际合作工作营”做讲座《藏、川、青吐蕃佛教造像的发现与研究》，后收入秦臻主编：《佛像、图像与遗产：美术考古与大足学研究》，重庆大学出版社，2016：70-94。

36 本文采用张宝玺的提法，同时调查组在现场调查时亦有当地僧人持此说法。张宝玺提到雕像前建经堂是在 1938 年，见张宝玺：《青海境内丝绸之路及唐蕃故道上的石窟》，1996：155，不过该文并未给出此说法的出处。另有巴桑旺堆引桑结嘉措文认为保护雕像的佛堂修建于 1950 年，见巴桑旺堆：《关于仁达吐蕃摩崖石刻的几个问题——仁达吐蕃摩崖石刻实地考察心得》，《中国藏学》2017（2）：52，注释 5。总之，保护雕像的佛堂系建于上个世纪上半叶，是晚近的建筑，并非吐蕃时期的古建筑。

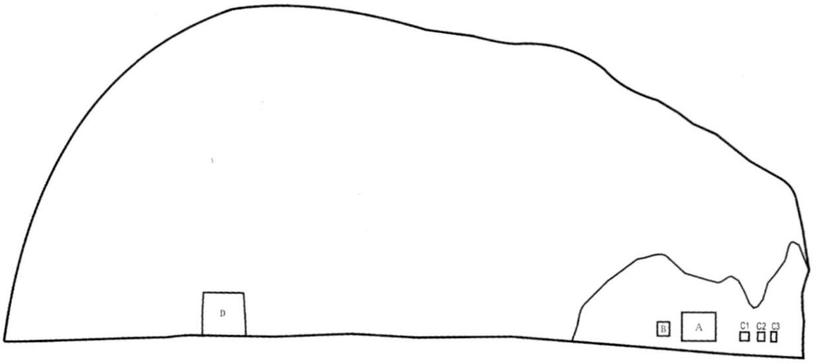


图三　大日如来佛堂造像与题刻分布示意图（卢素文制图）

汉文、藏文三样文字的题记，分别编号为 A 组、B 组和 C 组（图三），这三者是不可分割的整体，系同时期刻造，应整体观照，只是晚近修建的佛殿仅将雕像遮蔽了起来，外围的院墙压在了 B 组东端的部分题记上，将大部分的题记围在了院墙之外，而 C 组的题记更是全部被围在了院墙之外[37]，造成了以往研究者仅关注佛堂内的雕像和题记，忽视了佛堂外的 B 组和 C 组的原始题记。此外，在大日如来佛堂西侧约 130 米处，还有一处石刻造像和题记，内容为阴线刻的汉式屋顶、大日如来及二胁侍与十方佛造像和 36 行的《普贤行愿经》藏文题刻，编为 D 组，推测与 A、B、C 组的造像和题记系同时期刻造而成。为避免单篇简报篇幅过于冗长，将 D 组的造像和题记另文专门报告[38]。

A 组造像

A 组造像为高浮雕的大日如来和八大菩萨造像（图四[39]、图五），系在一处崖面上开龛雕刻佛像，高约 9.4 米，底部宽 10.9 约米，顶部宽约 11.9 米。大日如来居中呈坐姿，两侧各侍立有四位菩萨，竖列两排，每排两位，九尊造像均系高浮雕而成；两侧有阴线

37　至今在西藏昌都、四川石渠和青海玉树勒巴沟已经发现有多处吐蕃时期的石刻，仍然是露天状态，没有像此处一样修建佛殿对石刻加以保护，与此处石刻最为接近的西藏昌都芒康嘎托镇孜许村发现的拉果顶大日如来和八大菩萨造像亦是如此，可以想见未建佛殿以前露天的雕像与两侧题记共处一体的情状。见四川大学中国藏学研究所、考古学系、西藏自治区昌都芒康县文物局、旅游局：《西藏芒康嘎托镇新发现吐蕃摩崖石刻调查简报》，《藏学学刊》第 16 辑，2017：233-251。夏格旺堆根据该石刻点发现的小地名，命名为拉果顶摩崖造像，今从其命名。见《拉果顶摩崖造像》，载张建林等著：《西藏东部吐蕃佛教造像》，2018：61。

38　青海省文物考古研究所、四川大学中国藏学研究所、成都文物考古研究院：《青海玉树大日如来佛堂西侧崖壁摩崖石刻及线刻佛塔调查简报》，《藏学学刊》第 20 辑，2019：69-101。

39　因殿堂内空间狭窄，无法拍得造像全景，该照片系用三张照片进行拼接而成，略有变形和失真，但是可以观察到九尊造像的全貌。感谢李晓华女士帮助拼接该照片。

图四　大日如来与八大菩萨浮雕造像

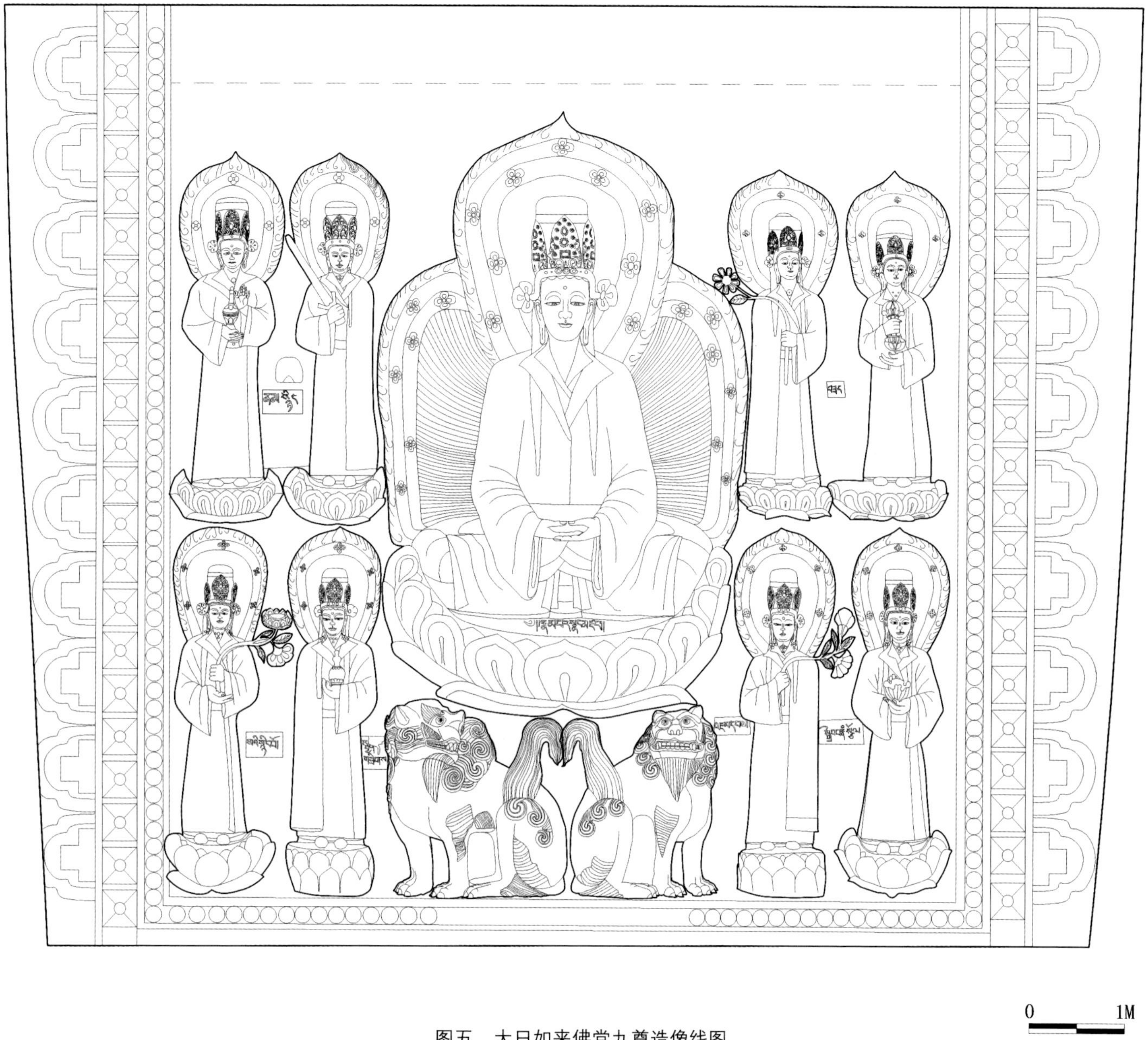


图五　大日如来佛堂九尊造像线图

图六　造像两侧的装饰边框

图七　造像下方的边框装饰

图八　题记和狮子局部

图九　九尊造像编号示意图

图一〇　中央的大日如来像

图一一　大日如来题记

刻的联珠纹、方块十字交叉纹、凸字纹和莲瓣构成的边框（图六）；底部形成高约0.5米的台子，仅阴线刻一道联珠纹（图七）；顶部被帷幔所遮，但可见阴线刻的茂密枝叶，象征菩提树。整铺雕像现被遮蔽保护于依山而建的藏式佛堂之内。原始的雕像上后期被敷了一层泥杖，在泥杖上涂以蓝色作为背景，佛和菩萨的衣服上彩绘有各种装饰图案，旁边有黑色的题记框，里面有藏文题记标明各菩萨的名号。菩萨像的面部、颈部、手部和头冠的冠叶反复泥金，遮住了原始样貌。不过，在泥杖脱落的地方可以见到有原始的石刻题记，系阴线刻写，内容与现在的题记一致，因此现在看到的题记应是对早期原始题记的复制。此外，在石狮腿部泥杖脱落的地方也可以看到狮腿上原先阴线刻的平行线纹饰（图

图一二　大日如来莲座下的狮子

八），晚期的彩绘亦沿着原先的刻纹在泥杖上塑出了平行线纹并进行了涂彩。由此推测晚期在浮雕造像上敷抹了泥杖之后进行彩绘时遵循了早期的石刻纹饰，题记亦是照原样复制。但衣服的纹饰图案过于繁密，绘制粗糙，图案样式也比较晚近，应该有后期新绘的成分在里面。不过服饰和头冠的样式、手中的执物仍保留了原来的特征，可以窥见当时的原貌。

为方便叙述，本文将大日如来和八大菩萨进行了编号[40]，如图九所示，下面对各尊造像分别进行介绍。

1号：大日如来（图一〇）。居于整铺造像的中央位置。整身雕像连同狮子座、莲座总高约8.1米。其中造像高约6.13米（含头光、莲座），双肘间宽约1.96米；莲座高约0.8米，宽约3.7米；狮子座高约2米，宽约3.5米。大日如来像头戴高三叶冠，冠后发髻高耸，面部高约0.66米，头冠高约0.8米，头冠和发髻的高度高于面部；两耳上方

40　编号时笔者参照晚期藏传佛教唐卡常见的在中央主尊两侧交叉分别配置眷属的做法，即右一、左一、右二、左二……，如故宫博物院佛日楼二楼悬挂的十八罗汉唐卡，即是在中央三世佛的两侧按右一、左一、右二、左二的顺序将十八罗汉依次排列，图片可参见文明：《佛日九层悬最上 智珠三界证真如——佛日楼内部景观陈设》，《紫禁城》2008（12）：117。

图一三　观音和地藏菩萨

图一四　文殊菩萨的莲座

有两朵小花。椭圆脸，弓形眉，双眼大睁，眉间有白毫，鼻梁高挺，脸部泥金，双耳垂肩。身穿双层三角形翻领宽袍，两根发辮从脑后垂至胸前，腰间束有带，悬垂的衣摆遮住了双腿。身后有内凹的尖顶椭圆形头光和舟形大背光，背光里有放射状蝌蚪纹，身光和背光的外缘均装饰有两道花瓣纹和一道火焰纹。头光高约 2.6 米，宽约 2.3 米；背光宽约 3.9 米，高约 2.9 米。造像结跏趺坐于仰莲座上，双腿和莲座之间有藏文题记“༄།། རྣམ་པར་སྣང་མཛད།།”（图一一），即大日如来，也译为毗卢遮那，标明该主尊的身份。造像头面部宽约 0.4 米，肩宽约 1.5 米，双肘间宽约 1.96 米，双腿宽约 3.16 米，形成稳定的三角形状坐姿。莲座为多层仰莲座，莲瓣宽大扁平，底层莲瓣几与地面平行。莲座下方有双狮撑托（图八、图一二）。双狮背向而坐，均双目怒睁，毗牙外露，小耳竖起，下巴有呈三角形的阴线刻竖线胡须，脑后有卷曲的鬃毛，腿部和臀部阴线刻平行线纹，大腿部刻有三朵卷曲纹，双狮尾巴上竖，尾端弯曲对接，一只狮子面向前方，一只狮子回头望。

2 号：观音菩萨。观音菩萨位于大日如来右侧下方里侧。该身像通高约 3.75 米。其中像含头光高约 3.27 米，不含头光高约 2.85 米，肩宽约 0.8 米，莲座高约 0.48 米。菩

图一五　文殊和除盖障菩萨

萨的面部特征和头冠样式同大日如来造像相似，亦是椭圆脸、三高叶冠，高发髻，耳朵上方有两朵小花，两条发辮垂至胸前。面部高约 0.3 米，冠高约 0.4 米。像背后仅有头光，没有身光，头光高约 1.2 米，宽约 0.97 米，椭圆形，尖顶，头光外缘有一道火焰纹和一道花瓣纹。菩萨身穿双层三角形翻领长袍，右袖长几乎垂及脚踝处，右手藏于袖中不可见，左手于胸前捧瓶（图一三）。双脚露于袍外站于莲座上，莲座造型与 3 号菩萨相似，均为双层仰莲座，莲瓣略呈圭形，分两层竖直排开，单薄扁平（图一四）。观音菩萨身体左侧刻有藏文题记，晚近新涂的泥杖脱落，露出原先崖面阴线刻写的“སྤྱན་རས……”字样，晚期新涂的泥杖上在蓝色的背景上又涂出一块黑框，里面题写题记，系复制原先崖面的题记，为“སྤྱན་རས་གཟིགས”（图八），即观音，表明该尊菩萨的身份是观音菩萨。

3 号：文殊菩萨。文殊菩萨位于大日如来左侧下方里侧。该身像通高约 3.7 米。其中像含头光高约 3.3 米，不含头光高约 2.86 米，肩宽约 0.72 米，莲座高约 0.44 米。菩萨的面部特征和头冠样式同观音菩萨相似，亦是椭圆脸、三高叶冠，冠后束有高发髻，耳朵上方有两朵小花，两条发辮垂至胸前。脸部圆润饱满，弓形眉，双目大睁，眉间有白毫，鼻子小巧，鼻梁挺直，嘴唇紧闭，略带笑意，双耳垂肩，佩有耳环（图一五）。

图一六　文殊菩萨局部

面部高约 0.3 米，冠高约 0.44 米。像背后仅有头光，没有身光，头光高约 1.32 米，宽约 1.06 米，椭圆形，尖顶。菩萨身穿双层三角形翻领长袍，左袖长几乎垂及脚踝处，左手藏于袖中不可见，右手于胸前持花茎，繁盛的邬钵罗花叶伸展至左肩侧，枝叶间有两朵邬钵罗花，一朵盛开、一朵未开（图一六）。双脚露于袍外，可见脚头略呈半圆形，站于双层仰莲座上，莲瓣略呈圭形，单薄扁平，竖向排列（图一四）。文殊菩萨身体右侧

图一七　虚空藏菩萨和弥勒菩萨

有藏文题记“འཇམ་དཔལ”，表明该尊菩萨的身份是文殊菩萨。

4 号：地藏菩萨。地藏菩萨位于大日如来右侧下方外侧、2 号观音菩萨的右侧。该身像通高约 3.71 米。其中像含头光高约 3.21 米，不含头光高约 2.83 米，肩宽约 0.73 米，莲座高约 0.5 米。菩萨的面部特征、头冠样式、服饰样式同观音菩萨类似。面部高约 0.26 米，冠高约 0.4 米。头光高约 1.15 米，宽约 0.98 米。菩萨双手捧花茎，莲花盛放于左肩侧（图一三）。身体左侧有藏文题记“སའི་སྙིང་པོ”，即地藏，表明该尊菩萨的身份是地藏菩萨。

5 号：除盖障菩萨。除盖障菩萨位于大日如来左侧下方外侧、3 号文殊菩萨的左侧。该身像通高约 3.75 米。其中像含头光高约 3.3 米，不含头光高约 2.89 米，肩宽约 0.72 米，莲座高约 0.5 米。菩萨的面部特征、头冠样式、服饰样式同文殊菩萨类似。面部高约 0.28 米，冠高约 0.44 米。头光高约 1.27 米，宽约 1.03 米。菩萨双手捧宝珠（图一五）。身体右侧有藏文题记“སྒྲིབ་པ་རྣཾ་སྐྱོལ”，即 སྒྲིབ་པ་རྣམ་པ་སྐྱལ་བ，表明该尊菩萨的身份是除盖障菩萨。

6 号：虚空藏菩萨。虚空藏菩萨位于大日如来右侧上方内侧。该身像通高约 3.75 米。

图一八　普贤和金刚手菩萨

其中像含头光高约 3.38 米，不含头光高约 2.89 米，肩宽约 0.71 米，莲座高约 0.37 米。菩萨的面部特征、头冠样式、服饰样式同地藏菩萨类似。面部高约 0.26 米，冠高约 0.45 米。头光高约 1.31 米，宽约 1.04 米。菩萨右手执长剑，左手藏于袖中（图一七）。上方四位菩萨的莲座样式接近，均为单层仰莲座，高度大约 0.3-0.4 米（图一八）。在身体右侧有藏文题记“ནམ་སྙིང”，即 ནམ་མཁའི་སྙིང་པོ 或 ནམ་ཀའི་སྙིང་པོ，虚空藏，表明该尊菩萨的身份是虚空藏菩萨。

7 号：普贤菩萨。普贤菩萨位于大日如来左侧上方内侧。该身像通高约 3.56 米。其中像含头光高约 3.22 米，不含头光高约 2.78 米，肩宽约 0.76 米，莲座高约 0.34 米。菩萨的面部特征、头冠样式、服饰样式同其他菩萨类似。面部高约 0.28 米，冠高约 0.4 米。

头光高约 1.27 米，宽约 1.16 米。菩萨左手于胸前执莲茎，莲花外伸至右肩侧，右手藏于袖中（图一八）。身体右侧有藏文题记“(ཀུན) བཟང”，即 ཀུན་ཏུ་བཟང་པོ，普贤，表明该尊菩萨的身份是普贤菩萨。

8 号：弥勒菩萨。弥勒菩萨位于大日如来右侧上方外侧、6 号虚空藏菩萨右侧。该身像通高约 3.74 米。其中像含头光高约 3.39 米，不含头光高约 2.93 米，肩宽约 0.8 米，莲座高约 0.35 米。菩萨的面部特征、头冠样式、服饰样式同其他菩萨类似。面部高约 0.29 米，冠高约 0.43 米。头光高约 1.33 米，宽约 1.09 米。菩萨双手置于胸前，右手捧瓶，左手施无畏印（图一七）。未见藏文题记，但从执物可判定其身份为弥勒菩萨。

9 号：金刚手菩萨。金刚手菩萨位于大日如来左侧上方外侧、7 号普贤菩萨的左侧。该身像通高约 3.5 米。其中像含头光高约 3.2 米，不含头光高约 2.7 米，肩宽约 0.71 米，莲座高约 0.28 米。菩萨的面部特征、头冠样式、服饰样式同其他类似。面部高约 0.28 米，冠高约 0.39 米。头光高约 1.3 米，宽约 1.1 米。菩萨双手于胸前捧一竖置金刚杵（图一八）。未见藏文题记，但从执物可判定其身份为金刚手菩萨。

表一：造像尺寸和持物一览表

| 序号：名号 | 藏文题记 | 持物 | 通高（含莲座头光） | 像高（不含莲座头光） | 肩宽 | 莲座高 |
|---|---|---|---|---|---|---|
| 1 号：大日如来 | རྣམ་པར་སྣང་མཛད | 双手禅定印 | 6.13 米 | 4.3 米 | 1.5 米 | 0.8 米 |
| 2 号：观音菩萨 | སྤྱན་རས་གཟིགས | 左手捧宝瓶<br>右手藏袖中 | 3.75 米 | 2.85 米 | 0.8 米 | 0.48 米 |
| 3 号：文殊菩萨 | འཇམ་དཔལ | 右手持邬钵罗花茎<br>左手藏袖中 | 3.7 米 | 2.86 米 | 0.72 米 | 0.44 米 |
| 4 号：地藏菩萨 | སའི་སྙིང་པོ | 双手执持莲花花茎 | 3.71 米 | 2.83 米 | 0.73 米 | 0.5 米 |
| 5 号：除盖障菩萨 | སྒྲིབ་པ་རྣཾ་སྐྱོལ | 双手捧宝珠 | 3.75 米 | 2.89 米 | 0.72 米 | 0.5 米 |
| 6 号：虚空藏菩萨 | ནམ་སྙིང | 右手执宝剑<br>左手藏于袖中 | 3.75 米 | 2.89 米 | 0.71 米 | 0.37 米 |
| 7 号：普贤菩萨 | (ཀུན) བཟང | 左手执莲茎<br>右手藏于袖中 | 3.56 米 | 2.78 米 | 0.76 米 | 0.34 米 |
| 8 号：弥勒菩萨 | 不详 | 右手捧瓶<br>左手施无畏印 | 3.74 米 | 2.93 米 | 0.8 米 | 0.35 米 |
| 9 号：金刚手菩萨 | 不详 | 双手捧金刚杵 | 3.5 米 | 2.7 米 | 0.71 米 | 0.28 米 |

B 组题记

B 组题记位于大日如来和八大菩萨造像的右侧，原共处于同一崖壁，现在在造像和题记之间修建有一道围墙，部分题记压于西侧围墙下（图一九）。题记分布面积宽约 6.5

图一九 B组题记

图二〇　B组题记左侧部分

图二一　B 组题记拓片

图二二　晚期复制的狗年题记石刻

图二三　B 组题记左侧

图二四　B 组题记中间部分

图二五　B 组题记右侧上部

米，高约 3 米，共有 23 行（图二〇、图二一）。题记可分为两大段，第一段共 18 行，宽约 6.4 米，高约 2 米，底部距地表约 0.2 米，暂以起首句和内容命名为《大日如来及众眷属赞》，亦即前述岩尾一史提到的“题记 I”。第二段紧接于第一段结束后的右下方，共 5 行，宽约 2.45 米，高约 0.65 米，距地表约 1.2 米。该段即学界广为引用的所谓的“狗年题记”，本文仍以起首词沿用这一学界惯用名。该段题记右端约有 0.2 米被压于寺庙墙壁下不可见，但该段题记被僧人复制后刻于一块石板上，推测为修建殿堂时所刻，今嵌于寺庙内的一面墙上（图二二），也即前述岩尾一史提到的“题记 II”，学界广为刊布和引用的即是该题记。尽管是晚近的石刻，但是内容系忠实地抄录自原题记，被墙壁叠压的部分可以据此进行复原。

题记所在崖壁表面粗糙，凹凸不平，石质为灰褐色和红褐色砂岩，局部风化严重。题记为阴线刻，刻痕较深，从左至右横书，排列整齐，字体古朴，有些部分因风化剥蚀严重无法辨识（图二三至二五）。经调查组工作人员现场仔细辨认，现将题记原文转录如下，前面的数字为行号。

第一段：

1. ༄། །**རྣམ་པར་སྣང་མཛད་ལ་བསྟོད་པ**། །རྣམ་པར་སྣང་མཛད་ □ ནི་སྤྱན་གྱིས་ □ ། །
□□□□□□□□□□ ། །□□□□□□□□□□ ། །ཕྱོགས་བཅུའི་སེམས་ཅན་ཀུན་དུ་ □ པར་སྣང་། །
གསུང་གི་དབྱངས་ཀྱིས་ཆོས་ཀྱི་འཁོར་ལོ་སྐོར། །

2. སྐད་ཅིག་ལ་ནི་གསུང་གཅིག་གསུངས་པས་ཀྱང་། །སེམས་ཅན་ཁམས་ནི་ཇི་སྙེད་ □□□ ། །□□□ དུ་གོ་སྒྲི་
གྲངས་མེད་སྒྲོལ། །ཐུགས་ཀྱིས་ཆོས་ □□□□□□ ། །དུས་གསུམ་ □ ནས་ཡིད་ཀྱི་ཉིད་དུ་ཆུད། །□□ མཁྱེན་
པ □ ནི □ མ་ཀྱང་མེད། །ཁྱོད་ཀྱི་ཕྱག་གིས་ཇེ □

3. དབུས་ན་ནི། །འཇིག་རྟེན་ཁམས་ནི་རྒྱ་མཚོའི་གྲངས་སྙེད་གནས། །འཇིག་རྟེན་ཀུན་དུ་ □□ ནད་པ་འཕྲིན། །
སངས་རྒྱས་ཁཾས་སུ་བཅས་པ་གྲངས་མེད་བཞུགས། །སངས་རྒྱས □□□□□□□□ ། །ཁྱོད་ཀྱི་ཡོན་ཏན་བསཾ་
ཀྱིས་མི་ཁྱབ་བོ། །

4. སྐུ་ཡི་ཡོན་ཏན་བརྗོད་པར་མི་ནུས་ན། །ཁྱོད་ཀྱི་མཛད་པ་གཞན་ལྷར་བསྒྱུ་མི་འཚལ། ༔ **ཕོ་བྲང་ལ་བསྟོད་པ**། །
ཁྱོད་ནི་ཕོ་བྲང་གཞལ་ཡས་ཁང་ཆེན་ན། །ནཾ་ཀའི་དབྱིངས □□□□□□ ། །རྒྱན་སྟོང་ □□□□ གྲངས་
ཀྱང་མེད། །□□□□□□□□□ ། །འོད་གཟེར་ཕྱོགས་བཅུ་ཀུན་ཏུ་བཞི □□ ། །

5. པན་གདུགས་རྒྱལ་མཚན་ལྷབ་ལྷུབ་སྣ་ཚོགས་པ། །དེ་དག་རེ་རེའི་གྲངས་ཀྱང་རྒྱ་མཚོ་སྙེད། །
□□□□□□□□□ ། །ཕྱོགས་བཅུ་ཀུན་ནས་མང་པོ་འདུས་ □□ ། །□□□□□□□□□ ། ༔ **པད་མ་
ལ་བསྟོད་པ**། །པད་མ་བརྒྱ་ □□□□

6. ཅན་ཡིན། །འདབ་མའི་ཡན་ལག་གྲངས་ནི་རྒྱ་མཚོ་སྙེད། །ཁ་དོག་ཕུན་སུཾ་ཚོགས་པ་དཔག་མེད་པ། །
□□□□□□□ ཀྱང་འབྱུང་། ༔ **སེང་འགེ་ལ་བསྟོད་པ**། །སྤྲུལ་པའི་སེང་འགེ་ཁྱོད་ནི་བསམ་མི་ཁྱབ། །ཕྱོགས་

བཅུའི་སངས་རྒྱས་ཁྱོད་ཀྱིས་ □□□།། དུད་འགྲོ་གཅན་ཟན་ཁ་□

7. སྤྱ་ཡང་བཀོང་།༔ **བྱང་ཆུབ་ཀྱི་ཤིང་ལ་བསྟོད་པ**། བྱང་ཆུབ་ཤིང་གི་རྒྱལ་པོ་ཆེན་པོ་ནི།། རྒྱལ་པོ་བཞི་ནི་རིན་ཆེན་ □□ ཚོགས་།། དབྱིབས་ཀྱིས་ཆོས་དང་མཐའ་མེད་ □□□།། □□ སྙིང་གི་ཚད་ཀྱི་གྲངས་ཧྲ་མཉམ།། འདབ་མའི་ཡན་ལག་བྱུང་ན་ཕྱུག་བརྒྱ་ཡོད།། འཇིག་རྟེན་ཁམས་ □□□□□□□།།

8. འོན་ཀྱང་སྒྲིབ་ཅིང་དོག་པ་ཡོང་མེད་དེ།། ཤིང་གི་འདབ་མ་རེ་རེར་དག་ལ་ཡང་།། བྱང་ཆུབ་སེམས་དཔའ་གྲངས་མེད་བྱུང་ཞིང་སྐྱེ། །དེ་ཕྱིར་བྱང་ཆུབ་ཤིང་རྒྱལ་བསམ་མི་ཁྱབ།༔ **འཁོར་ལ་བསྟོད་པ**། བྱང་ཆུབ་སེམས་དཔའ་སྤྱན་རས་གཟིགས་དབང་ཕྱུག། བྱམས་པ་ཧྲ་ནི་ནམ་མཁའི་སྙིང་པོ་དང་།། ཀུན་ཏུ་བཟང་པོ་ཕྱག་ན་རྡོ་རྗེ་དང་།།

9. འཇམ་དཔལ་བསྒྲིབས་པ་ཐམས་ཅད་སེལ་པ་ཧྲ།། ས་ཡི་སྙིང་པོ་ལས་ནི་སྟོགས་པའི་རྣམས། བྱང་ཆུབ་སེམས་དཔའ་སེམས་དཔའ་ཆེན་པོ་ནི། སངས་རྒྱས་ཞིང་ནི་བརྗོད་པ་མེད་པ་ཡི།། ཤིན་ཏུ་ཐྲན་བུ་རྟུལ་སྙེད་གྲངས་ཀྱིས་བསྐོར།། ལྷ་དང་ཀླུ་ཧྲ་དྲི་ཟ་གནོད་སྦྱིན་ཧྲ།། སྟོའི་ཕྱོ་གྲུལ་བུམ་ལས་སྟོགས་པ།།

10. དེ་དག་རེ་རེའི་འཁོར་ཀྱང་བྱེ་བ་སྙེད། །དེ་ལས་མདུན་དུ་བྱས་ཏེ་ཐབས་གཅིག་བཞུགས།༔ **སྤྱན་རས་གཟིགས་ལ་བསྟོད་པ**། ཁྱོད་ཀྱི་ཐུགས་རྒྱབ་སྐྱིད་དུ་ཁྱད་པར་ཆེ། སེམས་ཅན་ཐམས་ཅད་མྱ་ངན □ □ པར། ཁྱོད་ནི་མྱ་ངན་བསུ་པར་ཡོང་མི་མཛད།། གཅིག་ཏུ་སེམས་བཏུལ་ཁྱོད་ཀྱི་མཚན་འབོད □།།

11. སེམས་ཅན་སུ་ཕྱ་བསམ་པ་བཞིན་དུ་འགྲུབ།༔ **བྱམས་པ་ལ་བསྟོད་པ**། སེམས་ཅན་ཀུན་ནི་བྱམས་པ་ཆེན་པོ་བྱམ། སྐྱེ་བོ་ཀུན་གྱི་དོན་ནི་ཡིད་བཞིན་མཛད། །◌ི□□ མི་ཐོགས་བྱང་ཆུབ་འཆང □□།། □□□□ འཇིག་རྟེན་ཁྱོད་ལ་རྟོན།༔ **ནམ་མཁའི་སྙིང་པོ་ལ་བསྟོད་པ**། ཁྱོད་ཀྱི་སྐུ་ནི་ནམ་མཁའི་དབྱངས □□།།

12. ཕྱོགས་བཅུའི་ནམ་མཁའི་དབྱིངས་དག་ཐམས་ཅད་ནས།།ཡོ་བྱད་རིན་ཆེན་ནོར་རྫས་ཕུན་སུམ་ཚོགས། །བྱས་སྨན་བཞོན་པ་སྣ་ཚོགས་ཡིད་བཞིན་འབྱིན། སེམས་ཆན་ཀུན་གྱི་རེ་བ་ཡོངས་སུ་སྐོང་།༔ **ཀུན་ཏུ་བཟང་པོ་ལ་བསྟོད་པ**། ཀུན་ཏུ་བཟང་པོ་ཁྱོད་ནི་ཆོས་ཀྱི་སྒོ། བ་སྤུའི་ཕྱུཟླ་རེ་རེ་དག་ནས་ཀྱང་།། སྐད་ཅིག □□□

13. པ་གྲངས་མེད་བཀྱི། ཕྱོགས་བཅུ་མཐྲ་ཡས་སུ་མེད་ཀུན་དག་ཏུ།། སེམས་ཅན་རབ་འབྱམས་དེ་དག་སྨིན་པར་སྣང་།༔ ལུས་ཀྱི་བ་སྤུ་རེ་རེར་དག་ནས་ཀྱང་།། རིན་ཆེན་མཆོད་པ་སྣ་ཚོགས་གྲངས་མེད་པ། ཕྱོགས་བཅུ་སངས་རྒྱས་ཀུན་ལ་མཆོད་པ་བྱེད།། སའི་ □□□□□ བསམ་མི་ཁྱབ།། **ཕྱག་ན་རྡོ་རྗེ་ལ་བསྟོད་པ**།།

14. ཐབས་མཁས་གཟི་བརྗིད་ཆེ་པ་བསམ་མི་ཁྱབ། སེམས་ཅན་མི་སྨུན་དགུ་ཤུལ་ཐབས་ཀྱིས་འདུལ། དུས་གསུམ་སེམས་ཆན་དོན་ཀུན་ཁྱོད་ལ་བསྟོས། སངས་རྒྱས་ཐམས་ཅད □□□□ བསྔགས།༔ **འཇམ་དཔལ་ལ་བསྟོད་པ**། □□□□ སེམས་ཅན་ཀུན་གྱི་དཔལ། སྐུ་གསུང་ཐུགས་ཀྱི □□□□□□།།

15. དུས་གསུམ་སེམས་ཅན་ཀུན་གྱི་ཡབ་ཡུམ་ལགས། །ཆོ་འཕྲུལ་ཆེན་པོ་ཕྱོགས་བཅུར་རྒྱད་དུ་གྲགས། སྐད་ཅིག་གིས་ཀྱང་སེམས་ཅན་གྲངས་མེད་སྒྲོལ།༔ **བསྒྲིབས་པ་རྣམ་པར་སེལ་པ་ལ་བསྟོད་པ**། ཁྱོད་ཀྱི་ཡེ་ཤེས་དུས་གསུམ་ཀུན་ཏུ་ཁྱབ། སེམས་ཅན □□□□□□□།། □□□□ ས་བཅུའི་

16. ཆུབ་སེམས་དཔས་ཀྱང་།། ཁྱོད་ཀྱི་ཏིང་འཛིན་མཐིང་ཙམ་ཡོང་མི་ཤེས། སྤྱོད་པ་རྒྱ་ཆེན་གཞན་དག་སྟོས་མི་འཚལ།༔ **སའི་སྙིང་པོ་ལ་བསྟོད་པ**། ཁྱོད་ཀྱི་སྐུ་ནི་དཔག་ཡས་ཚད་མེད་པ།༔ འཇིག་རྟེན་ཐེམས་ཆད་ཁྱོད་ཀྱི་ལུས་ལ་གནས། དེ་སྙེད་འཇིག་རྟེན་ལུས □□□□།། □□□

图二六　B 组题记第二段左侧

图二七　B 组题记第二段右侧

17. སེམས་ཅན་གྲངས་མེད་སྒྲོལ།༔ འཕགས་པ་སྐྱེས་བུ་ཁྱོད་ཀྱི་ཡོན་ཏན་དག །བསྐལ་པ་གྲངས་མེད་པར་ནི་བརྗོད་བྱས་ཀྱང་། །མཐར་ན་ཕྱིན་ཆེང་རྫོགས་པར་ཡོང་མི་ནུས། །དེ་ཕྱིར་ཁྱོད་ལ་རྗེས་སུ་ཡི་རང་སྟེ། །གུས་པར་ཕྱག་འཚལ་མཆོད་ཅིང་ཡོངས་སུ་བསྟོད། །བདག་ཅག་སེམས་ཅན་འགྲོ་བ་སུ་དག་ཁྱིམ། །ཁྱོད་ཀྱིས་ □□□□

18. □□□ | | □□□□□□□□□□ | |བདག་གིས་དགེ་བ་ཙུང་ཟད་ཇི་སྙེད་པས། །བྱང་ཆུབ་སྤྱོད་པ་ཡོངས་སུ་རྫོགས་བྱས་ཤིང་། །ཁྱེད་ཀྱི་སྐུ་གསུང་ཐུགས་རྣམས་ཇི་འདྲ་བར། །དེ་འདྲར་བདག་ནི □□□□□ | | མ་ལུས་སེམས་ཙད་ཀུན་ཀྱི་དེ་འདྲར་ཤོག །༔

第二段（图二六、二七）：

1. ༄། །ཁྱིའི་ལོ་ལ་སྐུ་གཟུགས་འབུར་དུ་བརྐོས་པ་དང་དར་མ་ཀུན་ཤྲིས་པའི་སྨོན་ལཾ་ལས་སྤྱོགས་པ། །བཙན་པོ་ཁྲི་ལྡེ་སྲོང་[བཙན་ཀྱི་སྐུ་རིང་]

2. ལ་རྗེ་བློན་ཡོན་བདག་ཐྲ་སེམས་ཅན་ཐམས་ཅད་ཀྱི་དོན་གྱི་ཕྱིར། དགེ་སློང་ལོ་ཆེན་ཡེ་ཤེས་དབྱངས་ཀྱིས་བགྱིསྟེ། བཟོ་བོ་དགེ་སློང་རིན[ཆེན་སྣང་མཛད་དང་།]

3. རྒྱལ་བཟང་ཐྲ། དཔལ་ལྡན་ཐྲ། ལག་དཔོན་ཐམས་ཅད་དགེ་ལེགས་སུ་བྱེད་པ་གཙུག་ནས་བླ་ལ་ཕྱི་སྟོབས་ལྡན་རྣམསྟེ། ཐག་ལ་སྐུ་གཟུགས་[དང་དར་མ་འདི་]

4. རྣམས་ཤྲིས་པ་ཐྲ། དཀོན་མཆོག་གསུམ་གྱི་རྟེན་གྱི་རྣམ་པ་སེམས་ཅན་གང་དགོས་མཐོང་བ་ཐྲ། རིག་པ་ཐྲ། ཕྱག་འཚལ་པ་དང་ཐོ[ས་པ་དང་ལྡན་པའི་]

5. བསོད་ནམས་དང་ཡེ་ཤེས་ཀྱིས་བཙན་པོ་ཡབ་སྲས་དང་སེམས་ཅན་ཐམས་ཅད་བླ་ན་མེད་པའི་བྱང་ཆུབ་ཏུ་གྲུབ་པར་སྨོན་ཏོ། །

译文：

**大日如来赞！**大日如来双目□□□，□□□□□□□□□，□□□□□□ □□□，十方有情□□□□显，说法音声转动法轮，如来说法音声所到处，世间有情悉皆□□□，□□□□无数得解脱，慈悲为怀佛法□□□，三世众生悉皆闻法音，□□□□无不□□□，如来掌中□□□□□，无边世间广博如大海，其上□□解除疾疫苦，无量众生得入佛境地，世尊□□□□□□□，世尊功德无量难思议。身相奇异善妙言无尽，世尊功德世间无能比。**佛刹赞**：世尊佛刹无量无边际，□□□□□□如虚空，无量严饰□□□□饰，□□□□□□□□□，璀璨光芒□□于十方，飘扬无数胜幢与伞盖，犹如无边大海难计量。□□□□□□□□□，十方世界□□聚其中，□□□□□□□□□。**莲花赞**：百千莲花□□□□□，花瓣枝叶如大海难计量，色彩缤纷鲜艳难尽述，□□□□□□□显现。**狮子赞**：幻化狮子功德难思量，□□□□承载十方佛，□□旁生猛兽皆镇服。**菩提树赞**：万木之王当为菩提树，四大天王□□珍宝聚，枝叶犹如佛法无边□，枝广叶茂遍覆□□□，枝叶伸展犹如百千手，□□□□□□□世间，毫无遮挡障蔽与塞阻，菩提树上无数菩提叶，一一生出无数众菩萨，如是菩提树王难思议。**眷属赞**：菩提萨埵自在观世音，弥勒菩萨虚空藏菩萨，普贤菩萨金刚手菩萨，文殊菩萨除盖障菩萨，地藏菩萨如是众菩萨。难以言说无量之佛土，无数菩提萨埵摩訶薩，犹如无数微尘绕其间。天龙药叉还如乾闼婆，再如俱槃茶与紧那罗，八部天龙眷属如微尘，悉皆围绕聚集于佛土。**观世音菩萨赞**：心胸宽广博大观世音，无量众生□□□涅槃，圣观自在永不般涅槃，虔诚恭敬呼唤观音名，无量众生所求皆如愿。**弥勒菩萨赞**：慈悲眷顾一切有情众，无量众生所求皆如愿，□□□□无碍获菩提，□□□□世间归依处。**虚空藏菩萨赞**：菩萨身如虚空□□□，遍布十方虚空之境界，所用资具珍宝皆充满，往来所用乘骑皆如愿，无量众生所求皆如愿。**普贤菩萨赞**：普贤菩萨当为妙法分，菩萨身诸一一毛孔中，瞬间□□无数□□□，十方无边无际之世间，无量众生悉皆得解脱，身相所具一一毛孔中，珍宝财物悉皆出其间，奉于十方诸佛作供养，□□□□□土难思议。**金刚手菩萨赞**：善巧方便炽盛难思议，巧用方便度化众冥顽，无量三世众生得圆满，众佛悉皆称颂□□□。**文殊菩萨赞**：□□吉祥具足有情众，□□□□□□身语意，三世有情众生之父母，奇异神变名闻播十方，瞬间度化无量有情众。**除盖障菩萨赞**：菩萨智慧布散于三世，众生□□□□□□□，□□□□十地众菩萨，难及菩萨等持三摩地，菩萨大行余皆难企及。**地藏菩萨赞**：菩萨身相无量无边际，世间万物皆居菩萨身，无量世间身□□□□，□□无量得入解脱道。殊圣菩萨所具之功德。一一陈说即便無量劫，如是功德述说难完结，是故菩萨功德无量难随喜，恭敬顶礼称颂菩萨行，我等有情众生之眷属，仰咐菩萨□□□□□，□□□□□□□□□，吾等储積些许之善业，悉皆成就圆满菩提行，犹如菩萨所具身语意，我等成就□□□□□，无量众生尽皆得成就！[41]

狗年，浮雕众佛像及缮写如上所有经文之祝愿等，为今上赞普赤德松赞之世君臣、施主及一切众生之故也。此乃比丘大译师益西央主持、工巧比丘仁钦囊则、杰桑、班丹及工匠人等均行妙善事业，具无上福德之力。在崖面刻写佛像、经文及三宝之所依，众生之任何人或目睹，或触摸、或礼敬、或听闻，或

41 题记翻译：张延清。此处石刻题记第一段此前未曾有人翻译过。第二段题记参考了王尧先生的译文，见王尧：《青海玉树地区贝考石窟摩崖吐蕃碑文释读》，《唐研究》第十卷，北京大学出版社，2004：493-499。该文后收入金雅声、束锡红、才让主编：《敦煌古藏文文献论文集》（上），上海古籍出版社，2007：53-58。

图二八　B 组题记细部

忆念，其福德及智慧之力，均回向赞普父子及一切众生，登于无上菩提也。此愿！

从上述题记的转录和翻译可以看出，第一段的内容是对大日如来、其所居住的宫殿、莲花、狮子、菩提树及八位眷属的赞文，为偈颂体，每句九字，每一赞辞均以“……ལ་བསྟོད་པ”开始，与上一偈颂之间以“༑༄༑”符号相隔（图二八）。其中赞颂大日如来的共 19 句；赞颂佛刹无量宫的有 10 句；赞颂莲花的 4 句；赞颂狮子的 3 句；赞颂菩提树的 10 句；对众眷属的名号列举和总体性赞颂计 12 句，然后又对八位菩萨分别进行了赞颂。赞颂观音菩萨的有 5 句；赞颂弥勒菩萨的有 4 句；赞颂虚空藏菩萨的有 5 句；赞颂普贤菩萨的有 9 句；赞颂金刚手菩萨的有 4 句；赞颂文殊菩萨的有 5 句；赞颂除盖障菩萨的有 5 句；赞颂地藏菩萨的有 4 句；最后总结赞颂诸菩萨功德 13 句。从上面的统计可以看出，对大日如来的赞颂最多，达 19 句！大日如来正是九尊高浮雕造像的主尊。紧接着是对大日如来所处佛刹及莲座、狮子和菩提树的赞颂。在距此不远的西侧约百米的 D

组石刻的最上方就是阴线刻的佛刹图像[42]，由此推测D组的石刻和此处的石刻是同一时期的，有可能是同时刻造的；莲花是大日如来和众眷属身下都有的座台，D组的十方佛也是坐在莲花座上；狮子是大日如来的坐骑；在大日如来和八大菩萨的最上方阴线刻有繁茂的枝叶，应该象征着菩提树，现被帷幔遮盖，但仍能观察到一部分。对菩提树的赞颂和对佛刹的一样多，均有10句！超过对八大菩萨的赞颂。这两者分别出现在D组和A组图像的上方，D组佛刹下方为大日如来、二胁侍和十方佛，A组大菩提树下为大日如来和八大菩萨，这两者均是诸佛菩萨的居所，广博无际、枝叶无数，不可思议，象征佛法无边。在对大日如来及其居所、莲座、坐骑等的赞颂之后是对他的八位眷属菩萨的赞颂，首先列出了八位菩萨的名号，总体赞颂之后，又一一进行了赞颂，其中对普贤菩萨的赞颂最长，有9句，其它菩萨只有4句或5句。八大菩萨的名号和顺序依次为：①观音（སྤྱན་རས་གཟིགས་དབང་ཕྱུག）、②弥勒（བྱམས་པ）、③虚空藏（ནམ་ཀའི་སྙིང་པོ）、④普贤（ཀུན་ཏུ་བཟང་པོ）、⑤金刚手（ཕྱག་ན་རྡོ་རྗེ）、⑥文殊（འཇམ་དཔལ）、⑦除盖障（བསྒྲིབས་པ་ཐམས་ཅད་སེལ་བ）、⑧地藏（ས་ཡི་སྙིང་པོ）。菩萨的名号和雕像的题记基本是一致的，再加上石刻题记里提到的佛刹、莲花、狮子和菩提树均有雕造，因此这里的高浮雕造像就是根据这部石刻文本《大日如来及众眷属赞》雕造的。

按照石刻题记中提到的八大菩萨的顺序，我们对浮雕造像进行排序如下图所示：

<table>
<tr><td>②弥勒</td><td>③虚空藏</td><td rowspan="2">大日如来</td><td>④普贤</td><td>⑤金刚手</td></tr>
<tr><td>⑧地藏</td><td>①观音</td><td>⑥文殊</td><td>⑦除盖障</td></tr>
</table>

乍一看，似乎是没有规律，和石刻《大日如来及众眷属赞》中描述的顺序不吻合，但如果将之想象成曼荼罗，从①观音开始，按顺时针方向观察，最后到⑧地藏结束，那么就和文本就能对应上了。不仅如此，我们如果两侧的菩萨纵排成一列，那么就可以看得更清楚，如下图：

42 D组的图像和题记见本刊发表的《青海玉树大日如来佛堂西侧崖壁摩崖石刻及线刻佛塔调查简报》，《藏学学刊》第20辑，2019：69-101，图三、图四。

<table>
<tr><td>③虚空藏</td><td rowspan="4">大<br>日<br>如<br>来</td><td>④普贤</td></tr>
<tr><td>②弥勒</td><td>⑤金刚手</td></tr>
<tr><td>①观音</td><td>⑥文殊</td></tr>
<tr><td>⑧地藏</td><td>⑦除盖障</td></tr>
</table>

仍然是从①观音开始，按顺时针方向最后到⑧地藏结束。这样的排列次序不仅能和石刻题记《大日如来及众眷属赞》的顺序相吻合，并且菩萨之间的对应关系也与浮雕造像相吻合，即上面两种排列方式菩萨之间的对应关系都是：观音——文殊、弥勒——金刚手、虚空藏——普贤、除盖障——地藏。因此这两种排列方式都是和石刻《大日如来及众眷属赞》相吻合的，并且在藏东地区均有实例发现。西藏芒康嘎托镇拉果顶大日如来和八大菩萨浮雕造像即是第一种排列方式，与本文浮雕造像的排列完全一致，也是两侧的菩萨排成两层两列（图三八）[43]。西藏昌都察雅仁达摩崖造像也是大日如来和八大菩萨，尽管已经有很多研究发表，但是没有进行过图像辨识。从简报公布的线图看，大日如来右侧最上一位手中执剑，为虚空藏；右侧自上而下第三尊左手执莲茎，盛放的莲花开在头部左侧，是观音；左侧上方第一位右手施与愿印，左手执一朵花茎，应是普贤；左侧上方第二位手中执金刚杵，为金刚手；左侧自上而下第三位菩萨的头上是五髻，不同于其他诸菩萨头上的三花冠，右手施与愿印，左手执花茎，左肩侧的花朵可辨是小叶如花苞状，不是莲花，是邬钵罗花[44]，如此发髻和邬钵罗花是文殊菩萨的典型图像特征[45]。剩下的三位菩萨因手中执物不明无法确认其身份，但从已经能够辨认的这五身菩萨看，其座次排序与上述第二种排列方式相吻合，图像学特征也与贝沟浮雕造像接近，由此可以推测其余的三尊也应是按第二种排列方式进行布局的，进而可以推定其身份，如下图所示。

43 四川大学中国藏学研究所、考古系，西藏自治区昌都芒康县文物局、旅游局：《西藏芒康嘎托镇新发现吐蕃摩崖石刻调查简报》，《藏学学刊》第16辑，2017：236，图二、图三。

44 陕西省考古研究院、西藏自治区文物保护研究所：《西藏察雅县丹玛札摩崖造像考古调查简报》，《考古与文物》2014（6）：7-14。《仁达摩崖造像》，载张建林等著：《西藏东部吐蕃佛教造像》，2018：83-1103。

45 关于8-12世纪文殊菩萨的典型图像特征探讨见张雅静：《印度帕拉时期的文殊菩萨造像》，《收藏家》2019（4）：15-22。

<table>
<tr><td>虚空藏</td><td rowspan="4">大<br>日<br>如<br>来</td><td>普贤</td></tr>
<tr><td>（弥勒？）</td><td>金刚手</td></tr>
<tr><td>观音</td><td>文殊</td></tr>
<tr><td>（地藏？）</td><td>（除盖障？）</td></tr>
</table>

与该部石刻版《大日如来及众眷属赞》完全相同的藏文文本目前没有发现，最接近的文本当属法藏敦煌藏文写本 Pt.108 和 Pt.7AV，均为《毗卢遮那及眷属赞》。Pt.108 保存有大半，开头完整，先是大日如来的赞文，然后是八大菩萨的赞文，接着是维摩、宝吉祥和降三世的赞文，此后部分缺失[46]。Pt.7AV 保存不完整，从观音菩萨的赞文第二句开始，此前部分缺失[47]。Pt.108 和 Pt.7AV 中八大菩萨的赞文内容完全一样，每位菩萨赞文 8 句，每句 7 字。Pt.7AV 在赞颂完八大菩萨后就结束了，没有维摩及其以后的赞文。考虑到这两个写本中八大菩萨的赞文完全一致，他们可能出自同一底本，只是 Pt.7AV 为缩简本。比较 Pt.108 和本文石刻《大日如来及众眷属赞》，我们发现赞颂大日如来和八大菩萨的赞文均不相同，并且 Pt.108 中没有关于佛刹、莲花、狮子和菩提树的赞文，唯一相同的地方在于八大菩萨的描述顺序是一致的，但是名号又略有不同。Pt.108 中的八大菩萨名号依次为：སྤྱན་རས་གཟིགས་དབང་（即观音）、དཀའ་ལྡན་ཆོས་ཀྱི་རྗེ（即弥勒）、ནམ་མཁའི་སྙིང་པོ（虚空藏）、ཀུན་དུ་བཟང་（普贤）、ཕྱག་ན་རྡོ་རྗེ（金刚手）、འཇམ་པའི་དབྱངས（文殊）、སྒྲིབ་པ་ཐམས་ཅད་རྣམ་སེལ་པ（除盖障）、ས་ཡི་སྙིང་པོ（地藏）。这两者显然不是译自同一个底本，表明当时有多个藏文本的《大日如来及众眷属赞》流行，现今已经发现有多处吐蕃时期大日如来和八大菩萨的石刻、壁画、绘画等，也可以看出这是当时非常流行的一个题材。这些赞文除了 Pt.108 和 Pt.7AV 言及观音是白色以外，缺乏图像学上的描述，不能从文本上得知大日如来和八大菩萨的身色、姿势和印契、执物，不过浮雕的造像为我们提供了图像学的证据，除了身色已经不可见外，姿势、印契和执物均可看到，可以看作是对文本的补充。因此此处大日如来和八大菩萨的浮雕造像与石刻题记一起共同构成了一部图文并茂的《大日如来及众眷属赞》，两者合观得其全璧，同时也为其它地方发现的同时期同类题材造像提供了参照标尺。

46 Pt. 108 སངས་རྒྱས་བཅོམ་ལྡན་འདས་རྣམ་པར་སྣང་མཛད་འཁོར་དང་བཅས་པ་ལ་བསྟོད་པ་（《佛世尊毗卢遮那及眷众赞》）全文见《法国国家图书馆藏敦煌藏文文献》③，上海古籍出版社，2007：184。

47 Pt. 7AV རྣམ་པར་སྣང་མཛད་འཁོར་དང་བཅས་པ་ལ་བསྟོད་པ་（《毗卢遮那及眷众赞》）全文见《法国国家图书馆藏敦煌藏文文献》①，上海古籍出版社，2006：44-45。

图二九　殿堂内的狗年题记石刻

石刻题记的第二段即所谓的“狗年题记”，共有 5 行，记载了赞普名字，主持雕造者和参与工匠的名字以及刻经造像的目的（图二六、二七）。目前可知最早注意到该题记的是玉树当地僧人桑结嘉措，他最早公布了晚期刻在一块石板上的题记[48]，是对原始“狗年题记”的复制，后来聂贡 · 贡却才旦、白玛奔 1988 年在《中国藏学》藏文版上发表《玉树吐蕃时期的摩崖造像》[49] 参考了桑结嘉措的录文，引起学术界关注，广被引用。这块石刻现被嵌于大日如来佛堂里面的一面墙中（图二二、二九），共有 10 行，内容完

48　སངས་རྒྱས་རྒྱ་མཚོ། མདོ་སྨད་གནས་ཆེན་འབིས་རྣམ་སྣང་ཞེས་ལྷ་གཅིག་རྒྱ་བཟའ་ཀོང་ཇོས་བརྐོས་པའི་དཀར་ཆག་དོན་བཞིན་སྟོན་པའི་ཞལ་ལུང་། 载丹玛 · 江永慈诚著 :《康木朵简史》（藏文），兰州 ：甘肃民族出版社，1995 : 50。

49　གཉའ་གོང་དཀོན་མཆོག་ཚེ་བརྟན། པདྨ་འབུམ། ཡུལ་ཤུལ་ཁུལ་གྱི་བོད་བཙན་པོའི་སྐབས་ཀྱི་རྗེས་ཡིག་བྲག་བརྐོས་མ་འགའ། ཀྲུང་གོའི་བོད་ཀྱི་ཤེས་རིག། 1988（4）: 52-75。

整。桑结嘉措录文公布的时间为 1958 年，可知此时原始崖壁上的第二段石刻题记已经被复制雕刻完成，或许该方石刻就是在建造佛堂之前的 1930 或 1940 年代专门刻制的，笔锋锐利，与崖壁上古朴质拙的字体风格迥然不同。桑结嘉措的录文如下：

1. ༄།། ཁྱིའི་ལོ་ལ་སྐུ་གཟུགས་འབུར་དུ་བརྐོས་པ་དང་
2. དར་མ་ཀུན་བྲིས་པའི་སྨོན་ལམ་ལ་སོགས་པ་བཙན་པོ་ཁྲི་ལྡེ་སྲོང་བཙན་གྱི་
3. སྐུ་རིང་ལ་རྗེ་བློན་ཡོན་བདག་དང་སེམས་ཅན་ཐམས་ཅད་ཀྱི་དོན་གྱི་ཕྱིར་དགེ་
4. སློང་ལོ་ཆེན་ཡེ་ཤེས་དབྱངས་ཀྱིས་བགྱིསྟེ། བཟོ་བོ་དགེ་སློང་རིན་ཆེན་སྣང་མཛད་དང་། རྒྱལ་
5. བཟང་དང་དཔལ་ལྷུན་དང་ལག་དཔོན་ཐམས་ཅད་དགེ་ལེགས་སུ་བྱེད་པ་གཙུག་ནས་
6. བླ་ལ་མི་སྟོབས་ལྷུན་རྣམསྟེ། བྲག་ལ་སྐུ་གཟུགས་དང་དར་མ་འདི་རྣམས་བྲིས་པ་དང་
7. དཀོན་མཆོག་གསུམ་གྱི་རྟེན་གྱི་རྣམ་པ་སེམས་ཅན་གང་དག་གིས་མཐོང་
8. བ་དང་རེག་པ་དང་ཕྱག་འཚལ་བ་དང་ཐོས་པ་དང་དྲན་པའི་བསོད་ནམས་
9. དང་ཡེ་ཤེས་ཀྱིས་བཙན་པོ་ཡབ་སྲས་དང་སེམས་ཅན་ཐམས་ཅད་བླ་
10. ན་མེད་པའི་བྱང་ཆུབ་ཏུ་གྲུབ་པར་སྨོན་ཏོ།།

通过与原始题记进行比较，可知这方晚期复制的石刻题记在寺庙围墙建起来之前比较忠实地转录了原始题记的内容，现在可以据此将围墙叠压下的题记进行复原。

题记中提到“赞普赤德松赞之世”，赞普赤德松赞在位时间为公元 798 至 815 年[50]，这期间只有一个狗年，即 806 年，因此此处浮雕造像和刻经的年代为 806 年，主持人为益西央，他是一位比丘大译师，是一位出家人。参与的工巧工匠有仁钦囊则、杰桑和班丹，他们也是比丘。刻经造像的目的是为了赞普君臣、施主及一切众生，如果能够目睹、或触摸、或礼敬、或听闻、或忆念该刻经造像将会具有福德和智慧，证得圆满无上菩提！

C 组题记

在大日如来和八大菩萨造像左侧的崖面也刻有大量题记，现被围在了寺庙围墙外面，编为 C 组（图三〇）。从左至右（观者的方向）依次为梵文（C1）、汉文（C2）和藏文（C3）的题记。题记所在崖面亦是凹凸不平，风化严重。

梵文题记（C1）左侧距现今围墙寺庙最宽处约 2.2 米，最窄处约 1.94 米，距地面约

50 本文所言赤松德赞、赤德松赞、赤祖德赞的生卒年、在位年均采自林冠群：《唐代吐蕃史研究》，台北：联经出版事业股份有限公司，2011：251-335。

图三〇　C 组题记所在崖壁

0.15 米，分布面积宽约 1.55 米，高约 1 米。题记现残存 11 行（图三一、三二），因崖面凹凸不平，字迹漫漶，非常难以识读，只有前三行稍微能辨识，其余部分风化严重。能识读的部分是佛经常见的序分，即“如是我闻，一时佛在三十三天善法堂，与大比丘众，及弥勒、文殊等大菩萨众”，因为主体部分的正宗分和结尾部分的流通分无法识读，所以不能确定刻写的是哪一部佛经，但应当是一部短小的大乘经典[51]。

1. evaṃ mayā śrutam ekasmin samay[e] bhagavān trayo[str]i[ṃśe]ṣ[u] d[eveṣu] viharati sma ma[su?]
2. dharma[yāṃ] devasabhāyāṃ mahatā bhikṣusaṃghena ma … .e [bo]dhi .. ..ttver mahāsattver maitreyamaṃjuśrī
3. (pūrva)ṃgamai[ḥ] .. .. .. .. .. .. .. .airyabodhisattvaṃ mahā.. .. .. .. ..sma .. .. .irmetra .. dharme

51　该识读意见来自北京大学萨尔吉教授，以下梵文题记的识读亦由萨尔吉教授完成，谨致谢意！

4.… .. .. .. .. || śūnyā .. ti .. .. .. .. …

5.…

6.…

7.… ya …

8.…[52]

汉文题记（C2）西距梵文题记（C1）约 1.13 米，分布面积宽约 1.65 米，高约 1.67 米，底端接近现地面。汉字从右至左竖书、字体端庄大方、笔画流畅，但风化剥蚀严重，原先共有 13 或 14 列，今仅能够辨认几个字（图三三）。但从能够辨识的几个字里可知其内容为《般若心经》，并且为玄奘译的简本，即至今仍广为流行的简本《般若心经》。在寺庙里面保存有一方汉白玉石刻般若心经，亦是玄奘译简本，用玻璃装框（图三四），推测可能与“狗年题记”一样，系当地僧人在建造佛堂前从原始崖面题记复制雕刻的，内容可资参考。

藏文题记（C3）在汉文题记（C2）右侧约 0.8 米处，分布面积宽约 4.4 米，高约 4.9 米，距地面约 0.4 米（图三五至三七）。由于历经千年的风雨侵蚀，加之崖面凹凸不平，还有后期人为在上面新刻六字真言等的破坏，原有题记已经漫漶不清，依稀可辨者仅有 2 行，从最下方结尾文字可以看出是其内容也是《般若心经》：གསུངས་པ་ལ་མངོན་པར་དགའོ། འཕགས་པ་མན་ཏོག······ཞེས་བྱ་བའི་གཟུངས་རྫོགས་སོ།།

在 C3 的右侧约 2.2 米处的崖壁，分布有大面积的藏文题记，从可辨认的、有题记的分布面积宽约 3.7 米，高约 3.6 米，系阴线刻，横书，排列整齐，可惜由于风化严重，已不可识读（图三〇）。从其分布面积看，应当是一部完整的经典，考虑到当时藏文写经流行的程度和在相距不远的勒巴沟发现的石刻佛经[53]，推测也许是《般若波罗蜜多心经》或《无量寿经》。

52 转写凡例：( ) 表示重构的字；[ ] 表示受损严重的字或不确定的释读；.. 一个无法辨识的字；… 多个无法辨识的字；. 无法辨识的字的一部分——萨尔吉教授提供。

53 在青海玉树勒巴沟吾娜桑嘎石刻点，发现有石刻的般若心经和无量寿经。见青海省文物考古研究所、四川大学中国藏学研究所、四川大学考古学系：《青海玉树勒巴沟吾娜桑嘎佛教摩崖石刻调查简报》，《藏学学刊》第 16 辑，2017：95-147。

图三一　C1 梵文题记

图三二　C1 梵文题记拓片

| | | | | | | | | | | | | |
|---|---|---|---|---|---|---|---|---|---|---|---|---|
| 即說咒曰 | | 般 羅蜜多是大 大明 | 羅 多 得阿耨 | | 般若 | | | | | 是 | 皆空度一切苦 | 自在菩薩行深般 |

图三三　C2 汉文题记

图三四　佛堂内晚近刻写的般若心经

图三五　C3 藏文题记细部

图三六　C3 藏文题记细部

图三七　C3 藏文题记局部拓片

## 三、相关问题讨论

### 1. 文献记载文成公主刻石造像的地点

自玉树结古寺僧人桑杰嘉措于 1958 年在《上部康区圣地汉公主所刻贝大日如来造像题记所示言教》提出贝沟的造像和刻经系文成公主进藏时途经此地所刻以来，这一观点很快流行开来，后期建造的佛堂也被称为“文成公主庙”。其实，桑杰嘉措的观点来自《柱间史》《西藏王统记》《贤者喜宴》等藏文史籍中关于文成公主入藏的记载。《柱间史》记载：“文成公主途中在康区丹玛地方的一处青石崖壁上，勒石刻写了《广论首卷》和《普贤行愿》等经文，在夏德朗纳造立了一尊八十肘高的释迦牟尼佛像。”[54]《西藏王统记》记载：“尔时，汉女公主同诸蕃使已行至邓马岩。曾于岩上刻弥勒菩萨像一尊，高约七肘，《普贤行愿品文》两部。”[55]《贤者喜宴》记载：“此后，文成公主臣仆一行到达康地。为了等候噶尔，于山崖上雕刻佛之圆满头像、佛之善行（即普贤行愿品——译者注）以及八十肘长石佛像。”[56]这些记载都讲的是文成公主在入藏途中，途经康地的丹玛，在一处岩石上雕造了佛像，刻写了佛经，于是在藏东发现的多处吐蕃时期的造像常常被附会为文成公主进藏时所刻。关于造像刻经的具体地点，因为《西藏王统记》的记载为“ལྡན་མ་བྲག”，常被认为是一个地名，汉文翻译为“邓马岩”“丹玛岩”或“丹玛札”，过去学界常把文献记载提到的这处石刻比定为同样刻有大日如来和八大菩萨造像的西藏昌都地区察雅县的仁达摩崖石刻[57]。巴桑旺堆先生重新考证了这一地名，认为《西藏王统记》

---

54 卢亚军译注：《柱间史——松赞干布的遗训》，北京：中国藏学出版社，2010：117。藏文原文为：“ཁམས་སུ་ལྡན་མའི་བྲག་སྔོན་ཅི་དཀར་ཅན་ལ་རྒྱས་པའི་དབུ་དུམ་དང་། བཟང་པོ་སྤྱོད་པའི་སྨོན་ལམ་འབྱུར་དུ་བཏོད་པ་བཀོས་ནས་བྲིས། བྱ་དུར་སྣང་སྣར་ཐུབ་པའི་སྐུ་ཁྲུ་བརྒྱད་ཅུ་པ་གཅིག་བཞེངས།”，见 བཀའ་ཆེམས་ཀ་ཁོལ་མ། ཀན་སུའུ་མི་རིགས་དཔེ་སྐྲུན་ཁང་། 1989: 185-186。黄颢、周润年关于这段藏文的翻译为：“在康地之丹玛青岩处，有呈白色之（岩），上刻大佛头像，并将梦中突然显出之《普贤行愿品》刻于其上。在恰图朗纳建八十肘高之能仁佛像……”，见巴卧·祖拉陈瓦著、黄颢、周润年译注：《贤者喜宴·吐蕃史》，西宁：青海人民出版社，2017：179，注 28。巴桑旺堆译为：“汉公主在途中康区丹玛之地青白色山崖上刻上了《广论首卷》和《普贤行愿经》。”见巴桑旺堆：《关于仁达吐蕃摩崖石刻的几个问题——仁达吐蕃摩崖石刻实地考察心得》，《中国藏学》2017（2）：52。

55 索南坚赞著、刘立千译注：《西藏王统记》，北京：民族出版社，2000：72。藏文原文为：“དེར་བར་ལ་རྒྱ་མོ་བཟའ་ལ་སོགས་པའི་བོད་བློན་རྣམས་ཀྱིས་ལྡན་མ་བྲག་རྩར་ཕེབས་ནས། བྲག་ལ་བྱམས་པ་ཁྲུ་བདུན་པ་ཞིག་དང་། བཟང་སྤྱོད་གཉིས་བཀོས་མར་བཞེངས”。巴桑旺堆翻译为：“此时，汉公主（文成公主）与吐蕃使臣，已抵达丹玛山崖处，在此地，汉公主等候‘论’（禄东赞）一个多月。期间在岩石上镌刻了一尊高 7 肘的弥勒像以及《普贤行愿经》两部。”见巴桑旺堆：《关于仁达吐蕃摩崖石刻的几个问题——仁达吐蕃摩崖石刻实地考察心得》，《中国藏学》2017（2）：51。

56 巴卧·祖拉陈瓦著、黄颢、周润年译注：《贤者喜宴·吐蕃史》，西宁：青海人民出版社，2017：115。藏文原文为：“དེ་ནས་ཀོང་ཇོ་དཔོན་གཡོག་གིས་ཁམས་སུ་ཕེབས་ནས་མགར་སྒུག་པའི་ཕྱིར་བྲག་ལོགས་ལ་རྒྱས་པའི་དབུ་དུམ་དང་བཟང་སྤྱོད་བཀོས། ཇོ་སྐུ་ཁྲུ་བརྒྱད་བཅུ་པ་བཀོས། ཤ་བ་བཟུང་ནས་ཞིང་རྨོས། རྒྱ་སྐོར་བཙུགས།”， 见 དཔའ་བོ་གཙུག་ལག་ཕྲེང་བ། ཆོས་འབྱུང་མཁས་པའི་དགའ་སྟོན། པེ་ཅིན། མི་རིགས་དཔེ་སྐྲུན་ཁང་། 2006: 115.

57 Amy Heller, “Ninth Century Buddhist Images Carved at lDan ma brag to Commemorate Tibeto-Chinese Negotiations.” In *Tibetan Studies (Proceedings of the 6th Seminar of IATS, Fagernes 1992)*. ed. Per Kvaerne. Oslo: The Institute for Comparative Research in Human Culture, 1994: 335-349. 汉译文见张岩译：《九世纪汉藏和盟的丹玛札佛教造像》，《西藏艺术研究》1996（2）：12-21。Amy Heller, “Buddhist Images and Rock Inscriptions from Eastern Tibet, VIIIth to Xth century, Part IV.” *In Tibetan Studies (Proceedings of the 7th Seminar of IATS, Graz 1995)*, ed.Ernst Steinkellner. Wien: Verlag der Österreichischen Akademie der Wissenschaften, 1997: 385-404; 汉译本见［瑞］艾米·赫勒著，杨莉译：《公元 8-10 世纪东藏的佛教造像及摩崖刻石（节录)》，《国外藏学研究译文集》第十五辑，拉萨：西藏人民出版社，2001：189-210。该文称仁达摩崖石刻点为“ldan ma brag”，两篇译文分别译为丹玛札、丹玛岩。恰白·次旦平措撰、郑堆、丹增译：《简析新发现的吐蕃摩崖石文》，《中国藏学》1988（1）：76-81。汤惠生：《青海玉树地区唐代佛教摩崖考述》，《中国藏学》1998（1）：114-124。陕西省考古研究院、西藏自治区文物保护研究所：《西藏察雅县丹玛札摩崖造像考古调查简报》，《考古与文物》2014（6）：7-14。谢继胜：《川青藏交界地区藏传摩崖石刻造像与题记分析—兼论吐蕃时期大日如来与八大菩萨造像渊源》，《中国藏学》2009（1）：123-141。

中的“ལྡན་མ་བྲག”和《柱间史》中的“ལྡན་མའི་བྲག”应理解为是康地的丹玛的一处岩石，具体地点就是今天的玉树贝沟大日如来和八大菩萨石刻，而非西藏昌都察雅仁达的吐蕃摩崖石刻[58],《贤者喜宴》的译注者显然也认为是在玉树结古[59]。上述史籍中记载的石刻的内容，除了有佛像，还有佛经，《柱间史》《西藏王统记》《贤者喜宴》《司徒班钦自传》中均提到刻写有《普贤行愿经》，在贝沟大日如来佛堂的西侧有发现，即D组的题记[60]。此外，《嘛呢全集》[61]《柱间史》《贤者喜宴》都还提到了“རྒྱས་པའི་དབུ་དུམ”，卢亚军、巴桑旺堆译为《广论首卷》，黄颢、周润年译为“大佛头像”“佛之圆满头像”。这两种翻译都值得商榷，若译为《广论首卷》，则看似是一部经的名字，但在吐蕃时期的译经目录《旁塘目录》和《丹噶目录》以及西藏大藏经中均未找到有这样一部经。“大佛头像、佛之圆满头像”的翻译似乎与“རྒྱས་པའི་དབུ་དུམ”的意思不符，“དབུ་དུམ”意为“书籍的开头部分”，[62] 似与头像无关，考虑到紧接其后行文中的《普贤行愿经》，推测这里应指的是一部经的开头部分。“རྒྱས་པ”令人联想到最重要的佛经“འབུམ་རྒྱས་པ”，《大般若经》，即般若经十万颂，位于《甘珠尔·般若部》之首。无独有偶，贝沟大日如来佛像东侧约2米处的崖壁上刻写有汉文的《般若心经》，梵文的部分因风化严重，尚不能全部识别，但可判断为一部经的开头部分，另外，还有大面积的藏文题记也因风化严重而无法识别，不排除是般若经的可能。因此笔者认为此处“རྒྱས་པ”指的是《大般若经》，“རྒྱས་པའི་དབུ་དུམ”应翻译为“大般若经起首部分”。其实早在18世纪20年代，司徒班钦就已经正确地考证为《般若心经》，想必他对于各史籍的这段记载也是熟悉的，再结合实地考察得到这样的认识。所刻的佛像，《柱间史》说是“释迦牟尼像”，《西藏王统记》说是“弥勒菩萨像”，《贤者喜宴》笼统地称“石佛像”。再次，唯有司徒班钦，将石刻的内容正确地描述为“大日如来主像及眷属像”[63]。可惜他的记述未能引起人们的足够重视，未能像他

58 见巴桑旺堆：《关于仁达吐蕃摩崖石刻的几个问题——仁达吐蕃摩崖石刻实地考察心得》，《中国藏学》2017（2）：50-65。关于丹玛这一地名的考释，还可参见根旺：《“丹玛”史地杂考》，《西藏研究》1998（3）：94-96。

59 巴卧·祖拉陈瓦著、黄颢、周润年译注：《贤者喜宴·吐蕃史》，2017：180，在注28中，该书译注者写道：“文成公主塑像见于布达拉宫观世音佛堂、大昭寺、山南昌珠寺以及玉树结古（石像）等地。”显然，译注者认为《柱间史》、《贤者喜宴》所载的丹玛岩石所刻石像是在青海玉树县结古镇，也就是本文要讨论的贝沟的石刻佛像。

60 见本辑刊发的简报《青海玉树大日如来佛堂西侧崖壁摩崖石刻及线刻佛塔调查简报》，《藏学学刊》第20辑，2019：69-101。

61 མ་ཎི་བཀའ་འབུམ། ལྷ་ས། བོད་ལྗོངས་མི་དམངས་དཔེ་སྐྲུན་ཁང་། 2011：309.

62 张怡荪主编：《藏汉大辞典》，北京：民族出版社，2003：1939。

63 见本文前引《司徒班钦自传》里的记载及译文。

图三八　西藏昌都芒康拉果顶大日如来与八大菩萨造像（图片出处见注释 43）

图三九　西藏昌都察雅仁达大日如来与八大菩萨造像（感谢李永宪教授、夏格旺堆研究员供图）

一样将文献记载与实地考证相结合，做出正确的认识，以至谬误延续至今。综上，笔者认为，《柱间史》《西藏王统记》《贤者喜宴》《司徒班钦自传》等藏文史籍所载文成公主刻石造像的地点是在今玉树贝沟的大日如来佛堂所在地，并非西藏昌都察雅的仁达摩崖石刻，文献记载的刻石内容指的是至今仍留存的 A 组大日如来像和眷属像、C 组《般若心经》和 D 组《普贤行愿经》。尽管今天我们根据题记得知此处浮雕造像和刻经造于公元 806 年，不可能是文成公主或金城公主雕造的，但仍然是吐蕃时期的刻经和造像，只不过是造于赞普赤德松赞时期，而非松赞干布或赤松德赞时期，后世史籍记载尽管附会到了文成公主身上，有失实之处，但是这些吐蕃时期的古老刻经和造像的确是存在的，并非妄言虚构，这也是后期西藏佛教史籍的一大特点，看似怪诞的神话传说背后隐藏着历史的真实，需要拨开迷雾析出真相。

2. 造像的题材——大日如来和八大菩萨

贝沟的浮雕造像题材为大日如来和八大菩萨，其所依据的经典就是其旁边所刻的 B 组藏文题记《大日如来及众眷属赞》。根据每尊造像旁边的藏文题记，可以得知每尊造像的身份，并且结合刻经的描述顺序可以推导出八位菩萨的座次排序，如前文所述，可以有横排两层两列和纵排一列两种排列方式。西藏昌都芒康嘎托镇拉果顶大日如来和八大菩萨石刻无论在菩萨的排列方式、造像的图像学特征还是衣着服饰方面均与贝沟的相同（图三八），仅菩萨的名号略有不同。西藏昌都察雅仁达的大日如来和八大菩萨石刻造像呈第二种方式排列，菩萨的图像学特征目前能够辨识出来的也与贝沟的相吻合（图三九）。由此推测青海玉树和西藏昌都发现的这些大日如来和八大菩萨造像大约刻造于相同的时间，即 8 世纪末 9 世纪初（昌都察雅仁达的造像根据题记造于 804 年）[64]，依据相同的经典。此外，昌都地区还发现有三处大日如来和八大菩萨石刻造像，但因图像无法辨识，不能做进一步的比对。目前除贝沟外，其余的几处大日如来和八大菩萨石刻均发现于西藏昌都地区，共计有 5 处[65]。除了大日如来与八大菩萨的组合，近年来，在川青藏交界地区还发现有大日如来的单尊造像，与观音和金刚手菩萨一起构成的三尊组合造

64 ཆབ་སྤེལ་ཚེ་བརྟན་ཕུན་ཚོགས། བཙན་པོའི་དུས་ཀྱི་བྲག་བརྐོས་ཡིག་རིས་གཅིག་གསར་དུ་མཚམས་སྦྱོར་ཞུས་པ། ཀྲུང་གོའི་བོད་ཀྱི་ཤེས་རིག། 1988（1）：44-53。恰白 · 次旦平措撰、郑堆、丹增译：《简析新发现的吐蕃摩崖石文》，《中国藏学》，1988（1）：76-81。马林：《仁达摩崖刻石考证》，《青海民族学院学报》，1988（1）：97-105。

65 张建林等著：《西藏东部吐蕃佛教造像》，2018：1-103。张长虹：《藏东地区吐蕃时期大日如来图像研究》，《青海民族研究》2017（1）：14-20。

像等[66]，反映了吐蕃中后期大日如来信仰的盛行，引起了学界的广泛关注[67]。

在卫藏腹地，早就有人注意到大日如来和八大菩萨的佛教遗存。最早的研究见于 19 世纪末叶僧采（1820–1892 年）的巡礼记录。他在记录中说洛扎的库定拉康（Khom ting lha khang）[68]与藏王松赞干布有关联，寺中存有四面大日与五佛、八大菩萨。在雅砻的昌珠寺，集会堂内的多罗菩萨殿也供奉有五佛、八大菩萨和守门神[69]。黎吉生也较早地关注到了西藏的大日如来信仰，他实地考察了卫藏地区的古寺，有九座均以大日如来为主供，有大日如来和五方佛的组合，有单尊的大日如来，有大日如来与八菩萨的组合，他也提到了库定拉康和昌珠寺[70]。可见在卫藏腹心地区也有大日如来和八大菩萨的遗存。

除了卫藏地区和川青藏交界的藏东地区，在敦煌也发现较多的大日如来和八大菩萨题材的佛教艺术遗存。目前可以确认属于吐蕃时期的有斯坦因收藏的敦煌绢画（Stein Painting 50. Ch.0074）[71]，美国堪萨斯纳尔逊艺术博物馆（Nelson-Atkins Museum of Art）藏佛龛[72]和榆林第 25 窟东壁[73]。刘永增又辨识出敦煌莫高窟晚唐第 14 窟南壁、五代榆林第 20、35、38 窟、宋代莫高窟第 234、170 窟和西夏瓜州东千佛洞第 7 窟也有八大菩萨曼

66 张长虹：《藏东地区吐蕃时期大日如来图像研究》，《青海民族研究》2017（1）：14-20。

67 谢继胜：《川青藏交界地区藏传摩崖石刻造像与题记分析——兼论吐蕃时期大日如来与八大菩萨造像渊源》，《中国藏学》2009（1）：123-141。霍巍：《青藏高原东麓吐蕃时期佛教摩崖造像的发现与研究》，《考古学报》2011（3）：353-384，等等。

68 黎吉生和大羽惠美关于该佛殿的藏文转写均为 Khom ting lha khang。在《东噶藏学大辞典》中，有一个洛扎库定的条目，不过拼写为 Kho thing 或 kho mthing，是镇压女魔左腿膝盖的镇边神殿之一，应该指的是同一座佛殿。“ལྷོ་བྲག་ཁོ་མཐིང། ལྷོ་བྲག་ཁུལ་དུ་ཡོད་པའི་ཁོ་མཐིང་ལྷ་ཁང་སྟེ། བོད་ཀྱི་ས་དབྱིབས་སྲིན་མོ་གན་རྐྱལ་འདུ་བའི་གྲུ་མོ་གཡོན་པ་ནོན་པའི་ཆེད་དུ་བཞེངས་པ།”，《东噶藏学大辞典》（藏文），北京：中国藏学出版社，2002：2218。感谢夏格旺堆研究员向笔者提供这一信息。

69 大羽惠美：《中央チベットにおける八大菩萨と併置される仏と守门神》，《密教图像》第 26 号，2007：14，注 4，5。转引自刘永增：《敦煌石窟八大菩萨曼荼罗图像解说》（上）：《敦煌研究》2009（4）：17。刘永增引文中提到的劳达库根据转写 Lho drag 应为洛扎，库姆亭拉勘根据转写 Khom ting lha khang 应为库定拉康，雅砻的汤吐库拉勘（Khra 'brug lha khang）应为昌珠拉康，即昌珠寺。

70 H.E. Richardson, “The Cult of vairocana in Early Tibet.” In *Indo-Tibetan Studies, Papers in honour and appreciation of Professor David L. Snellgrove's contribution to Indo-Tibetan Studies*, ed. Tadeusz Skopupski, Tring: The Institute of Buddhist Studies, U.K., 1990: 271-274.

71 Roderick Whitfield, *The Art of Central Asia, the Stein Collection in the British Museum*, Tokyo: Kodansha International Ltd., 1982: plate 17. 原图录定名为“阿弥陀八大菩萨图”，时间定为 9 世纪初，田中公明定名为“胎藏大日八大菩萨”（田中公明：《敦煌 密教と美术》，京都：法藏馆，2000：20-22）。考虑到卫藏腹地、藏东和敦煌发现诸多类似的题材，该幅画的题材为大日如来与八大菩萨无疑。

72 Rob Linrothe, with Melissa R. Kerin and Christian Luczanits, *Collecting Paradise: Buddhist Art of Kashmir and Its Legacies*. New York: Rubin Museum of Art and Mary and Leigh Block Museum of Art. 2014: 32, Fig.1.1.

73 沙武田：《榆林窟第 25 窟：敦煌图像中的唐蕃关系》，北京：商务印书馆，2016：112-113。

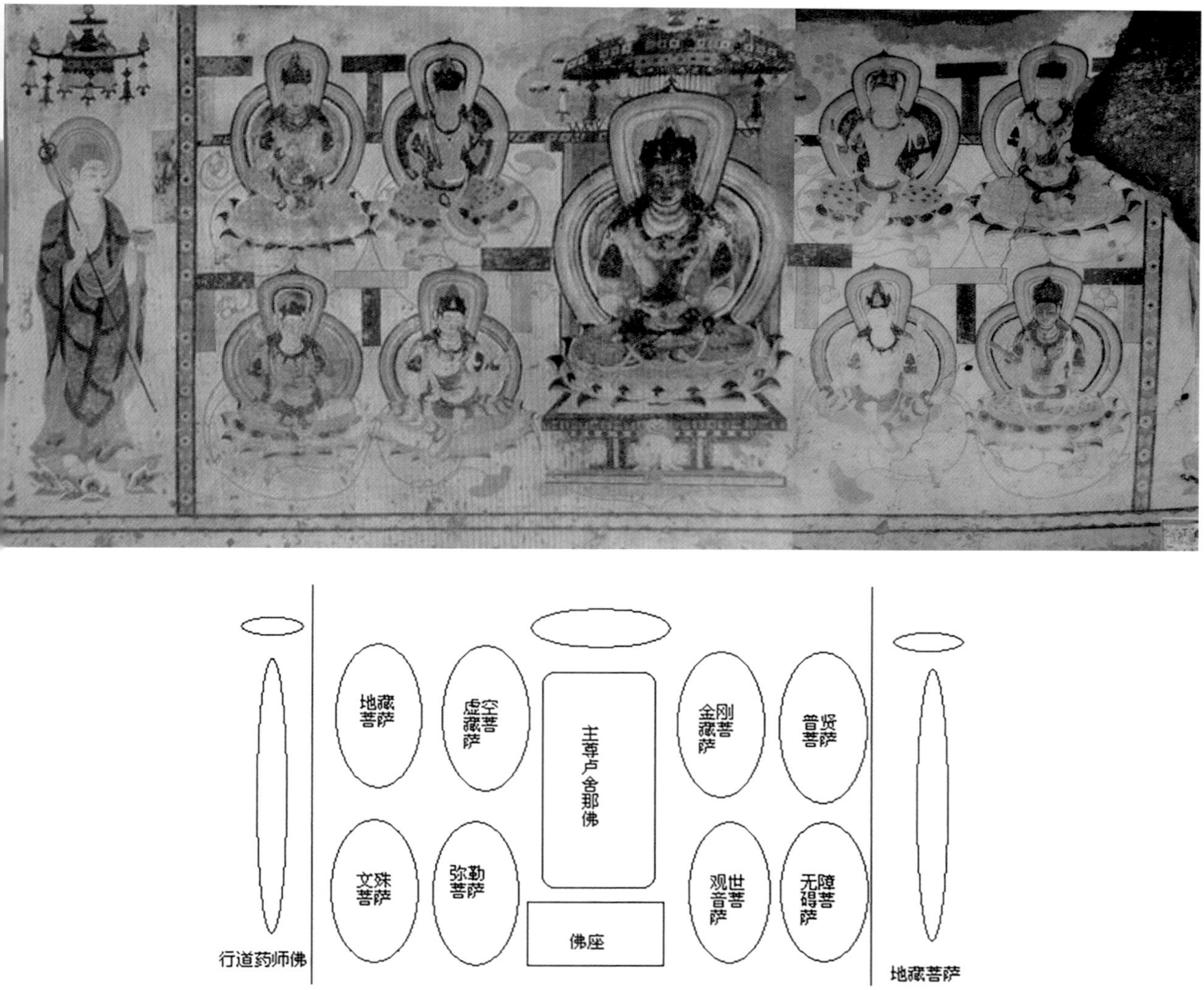


图四〇　榆林窟 25 窟大日如来与八大菩萨（感谢沙武田教授供图）

荼罗题材[74]。其中吐蕃时期的几例大日如来和八大菩萨图像，学者们多有讨论，尤其是榆

74　刘永增：《敦煌石窟八大菩萨曼荼罗图像解说》（上、下）：《敦煌研究》2009（4）：12-23；2009（5）：8-17。

林 25 窟的大日如来和八大菩萨（图四〇）[75]。在讨论这些八大菩萨的题材时，往往会将玉树贝沟和昌都察雅仁达的大日如来和八大菩萨拿来作对比，视为同一题材进行讨论，但在图像来源和传播途径等问题上并未达成一致意见。有学者认为这种图像是受到唐代不空所译《八大菩萨曼荼罗经》的影响，另一种意见则认为这种图像的粉本来自吐蕃藏地，是依据藏文本的《八大菩萨曼荼罗经》，如 Pt.108 或 Stein No.317.1 之类的藏文文本，而非不空的译本[76]。在传播路线上，也有两种截然不同的意见，一种认为川青藏边界的八大菩萨图像是受到了来自敦煌的影响，系"敦煌传向川边"，[77] 另一种意见则认为是敦煌受到了吐蕃的影响[78]。玉树贝沟的大日如来和八大菩萨高浮雕造像及其旁边的藏文题记《大日如来及众眷属赞》为解决这些问题提供了重要证据。玉树贝沟的大日如来和八大菩萨高浮雕造像就是依据其旁边题刻的藏文题刻《大日如来及众眷属赞》而造，尽管在赞文中没有描述九尊造像的图像学特征，但是浮雕造像的持物基本清楚，两者结合提供了一个可资参照的范本。我们可将之与其它类似的造像题材和文本进行比较，一些问题或许可以找到解决办法。

我们先来看大家讨论较多的不空的译本《八大菩萨曼荼罗经》，该经第一部分是八大菩萨曼荼罗的供养观行法，给出了八大菩萨的名号、座次和身色、印契、执物、坐姿等图像学特征。第二部分是八大菩萨赞[79]。八大菩萨的出场顺序与贝沟 B 组题记相同。但是不空《八大菩萨曼荼罗经》中所描述的诸菩萨的持物与榆林 25 窟和贝沟造像均不相同，如不空译本中观音菩萨持莲花，虚空藏菩萨持宝，普贤菩萨持剑，而榆林 25 窟和贝沟造像中观音菩萨持净瓶，虚空藏菩萨持剑，普贤菩萨未见持剑。刘永增在比较了敦

75 赖文英：《唐代安西榆林 25 窟之卢舍那佛》，《圆光佛学学报》，1999（4）：340-345。田中公明：《敦煌出土の胎藏大日八大菩萨像》，载《敦煌 密教と美术》，京都：法藏馆，2000：20-39。汉译文见田中公明著、刘永增译：《敦煌出土胎藏大日八大菩萨像》：《敦煌研究》2010（5）：59-67。郭佑孟：《敦煌石窟"卢舍那佛并八大菩萨曼荼罗"初探》，《敦煌学辑刊》2007（1）：45-63。赖鹏举：《中唐榆林 25 窟密法"毗卢遮那佛"与佛顶尊胜系造像的形成》，《中国藏学》2007（4）：18-23。陈粟裕：《榆林 25 窟一佛八菩萨图研究》，《故宫博物院院刊》2009（5）：56-82。席琳：《吐蕃禅定印毗卢遮那与八大菩萨组合图像研究》，《考古与文物》2014（6）：41-48。卢素文：《藏东地区大日如来与八大菩萨图像研究》，《藏学学刊》第 13 辑，2015：1-31。沙武田：《八大菩萨曼荼罗图像补遗》，载氏著《榆林窟第 25 窟：敦煌图像中的唐蕃关系》，2016：96-125。Michelle C. Wang, *Maṇḍalas in the Making, The visual Culture of Esoteric Buddhism at Dunhuang*, Leiden/Boston: Brill, 2018: 111-121.

76 持第一种意见的如霍巍，持第二种意见的如田中公明、阿米·海勒、陈粟裕、沙武田、席琳等，见前引注释所列各学者的论著。

77 持此观点者如谢继胜。

78 持此观点者如沙武田、刘永增。

79 （唐）不空译：《八大菩萨曼荼罗经》（No.1167），《大正藏》第 20 册，第 675-676 页。

煌石窟壁画中的八幅八大菩萨曼荼罗图像后，认为只有东千佛洞第 7 窟是依照不空译《八大菩萨曼荼罗经》绘制，其余的 7 幅则与印度传来的图像有着深刻的渊源关系[80]，而东千佛洞第 7 窟则已经晚到了西夏时期。因此，无论是榆林 25 窟还是贝沟的八大菩萨都不是依据不空的译本而做。尽管不空译本和贝沟 B 组题记八大菩萨的出场顺序一致，但是前述敦煌发现的三例吐蕃时期的八大菩萨的排列方式互不相同，也与贝沟的不同[81]，而贝沟和西藏昌都芒康拉果顶、察雅仁达八大菩萨的排列则保持一致，与文本描述的顺序相吻合。

在印度奥利萨的 Udayagiri 和埃罗拉第 12 窟都发现有大日如来与八大菩萨的配置[82]。其中埃罗拉第 12 窟有五铺九宫型八大菩萨曼荼罗，年代大约在公元 8 世纪早期至中期，其中一铺布局配置如下图所示[83]。

| | | |
|---|---|---|
| ②弥勒 | ③虚空藏 | ④普贤 |
| ①观自在 | 大日如来 | ⑤金刚手 |
| ⑧地藏 | ⑦除盖障 | ⑥文殊 |

若将此曼荼罗按顺时针展开，则可能变成：

<table>
<tr><td>③虚空藏</td><td rowspan="4">大<br>日<br>如<br>来</td><td>④普贤</td></tr>
<tr><td>②弥勒</td><td>⑤金刚手</td></tr>
<tr><td>①观音</td><td>⑥文殊</td></tr>
<tr><td>⑧地藏</td><td>⑦除盖障</td></tr>
</table>

展开后的八大菩萨的布局与本文所述察雅仁达八大菩萨的排列方式相吻合，其中虚

80 刘永增：《敦煌石窟八大菩萨曼荼罗图像解说》（上、下）：《敦煌研究》2009（4）：12-23；2009（5）：8-17。

81 各例八大菩萨图像和排列方式的详细对比限于篇幅，不在此展开讨论，另见张长虹：《再论大日如来和八大菩萨》，待刊文。

82 赖富本宏：《八大菩萨像について》，载佐和隆研编：《密教美术の原像》，京都：法藏馆，1982：114-127。松长惠史：《インドネシアの密教》，京都：法藏馆，1999：55-113。Geri H. Malandra, *Unfolding a Maṇḍala, The Buddhist Cave Temples at Ellora*, New York: State University of New York Press, 1993: 75-90. 张同标：《印度埃洛拉石窟第 12 窟的八大菩萨造像》，《吐鲁学研究》2018（2）：31-46。

83 松长惠史：《インドネシアの密教》，京都：法藏馆，1999：96，图 16-1。

空藏菩萨也是持剑，而非不空译本中的持宝。由此推测，玉树贝沟、西藏昌都芒康拉果顶和察雅仁达石刻造像的题材和图像应源自印度，印度至迟在 8 世纪中期已经有了大日如来或释迦牟尼配八大菩萨的题材，随后传到了西藏，公元 779 年建成的桑耶寺亦模仿印度，顶层造像即为大日如来和八大菩萨[84]。8 世纪末 9 世纪初这一题材已经流传至藏东地区，并且相对比较忠实地遵循了印度的图像。

此外，从经典的翻译，也能看出这一时期这一题材在藏地的流行。除了本文 B 组题记的石刻《大日如来及众眷属赞》，在吐蕃时期的译经目录《旁塘目录》和《丹噶目录》中均收录有一部《圣薄伽梵大日如来及眷属八菩萨赞及明咒二卷》（འཕགས་པ་སངས་རྒྱས་བཅོམ་ལྡན་འདས་རྣམ་པར་སྣང་མཛད། འཁོར་སེམས་དཔའ་བརྒྱད་དང་བཅས་པ་ལ་སོ་སོར་བསྟོད་པ་དང་། གཟུངས་སྔགས་དང་བཅས་པ་ལ་བམ་པོ་གཉིས），这部经布顿大师亦有收录，并注明了译者为却季协饶（法智）[85]。《旁塘目录》中在赤松德赞所撰目录下面还有一部《圣大日如来、释迦牟尼及八菩萨赞》（འཕགས་པ་རྣམ་པར་སྣང་མཛད་དང་། ཤཱཀྱ་ཐུབ་པ་དང་། བྱང་ཆུབ་སེམས་དཔའ་བརྒྱད་ལ་བསྟོད་པ）[86]，但在《丹噶目录》中未见收录该经，不过布顿大师亦有收录[87]。在敦煌藏经洞发现的古藏文写本中，有关八大菩萨的除了前面提到的 Pt. 108 和 Pt.7AV 外，还有英 IOL.Tib.J.VOL.39《圣八大菩萨赞》，不过该版本中八大菩萨的赞颂顺序依次为：虚空藏、弥勒、观音、地藏、普贤、金刚手和文殊[88]，其名号也与 Pt. 108 和题记中略有不同。以往学者在研究吐蕃时期大日如来和八大菩萨这一题材时，除了注意到 Pt. 108 和 Pt.7AV 外，还注意到了 Pt.240、

---

84 关于桑耶寺建筑内塑像的情况，在《第吴宗教源流》《娘氏宗教源流》《贤者喜宴》等藏文史籍中均有记载，卢素文对相关文献记载进行了梳理，见卢素文：《藏东地区大日如来与八大菩萨图像研究》，《藏学学刊》第 13 辑，2015：8-13。

85 西藏博物馆编：《旁塘目录、声明要领二卷》，北京：民族出版社，2003：31。徐丽华译《旁唐目录》中编号 No. 420，见徐丽华：《藏文〈旁唐目录〉研究》，北京：民族出版社，2013：133。《丹噶目录》中的名称略有不同，但显然是同一部经，名为 སངས་རྒྱས་བཅོམ་ལྡན་འདས་འཁོར་བྱང་ཆུབ་སེམས་དཔའ་བརྒྱད་དང་བཅས་པའི་མཚན་བརྒྱ་རྩ་བརྒྱད་གཟུངས་སྔགས་དང་བཅས་པ། 见 Marcelle Lalou, “Les Textes Bouddhiques au Temps Du Roi Khri sroṅ lde bcan.” In *Journal Asiatique*, 1953 (3): 21, 拉露编号 No.437。这部经应该也就是布顿收录的《薄伽梵佛名号一百零八陀罗尼及如是侍围圣眷观世音菩萨、弥勒菩萨、虚空藏菩萨、普贤菩萨、金刚手菩萨、文殊菩萨、除盖障菩萨、地藏菩萨等名号一百零八陀罗尼》，见布顿大师著、郭和卿译：《佛教史大宝藏论》，北京：民族出版社，1986：314。藏译名见 བུ་སྟོན་ཆོས་འབྱུང་། པེ་ཅིན། ཀྲུང་གོའི་བོད་ཀྱི་ཤེས་རིག་དཔེ་སྐྲུན་ཁང་། 1988: 258。八菩萨的顺序与贝沟 B 组题记相同。

86 西藏博物馆编：《旁塘目录、声明要领二卷》，2003：47。徐丽华编号 No.674，但是译为《毗卢舍那佛释迦牟尼佛千手千眼圣观自在菩萨赞颂》，疑有误。见徐丽华：《藏文〈旁唐目录〉研究》，2013：146。

87 布顿大师著、郭和卿译：《佛教史大宝藏论》，1986：436。བུ་སྟོན་ཆོས་འབྱུང་། 1988: 309.

88 《英国国家图书馆藏敦煌西域藏文文献⑧》，上海古籍出版社，2016：112-121。

丹珠尔北京版 No.3489 和 Stein No.317.1 和 Pt.104[89]。笔者检视 Pt.240，为《毗卢遮那及明妃天女仪轨》，其中描述大日如来的身色为金色，结智拳印[90]，与本文的大日如来和八大菩萨题材无涉。Pt.104 中有命名为《圣八曼荼罗大乘经》的残片，连八大菩萨的名号都没有提到[91]。丹珠尔北京版 No.3489 也即德格版 No.2665，为《毗卢遮那成就法仪轨》，收入《中华大藏经·丹珠尔》（对勘本）第 35 卷[92]，这部成就法讲的是以毗卢遮那为中心的崇拜仪轨，八大菩萨并非重点。

通过上面的梳理可以看出，公元 8 世纪下半叶，很可能在赤松德赞统治时期，就已经有多个不同版本的《大日如来及众眷属赞》或《八大菩萨赞》之类的藏译本流传，以藏译经典为基础，在卫藏腹地，如桑耶寺，在藏东昌都察雅、芒康等地以及青海玉树都出现了大日如来和八大菩萨的造像，其来源或可追溯至印度。

作为佛教文化重镇的敦煌地区，在吐蕃统治以前即已经有密教流传[93]。唐代开元年间，善无畏（Śubhakara，637–735 年）、金刚智（Vajrabodhi，671–741 年）先后入唐，传译密教经轨，传授密法。他们的共同弟子一行（683–727 年）融真言乘、金刚乘两派密教于一宗，疏释胎藏、大日两部密典，建立密宗理论体系。金刚智的弟子不空金刚（Amoghavajra，705–774 年）则在肃宗、代宗两朝广译经轨，弘扬密法，提出以佛法护国思想，受到皇帝尊崇，礼为国师。善无畏 724 年译出《大毗卢遮那成佛神变加持经》，是真言乘密教的根本经典；不空于 754 年左右译出《金刚顶一切如来真实摄大乘现证大

89 田中公明提到，在藏经洞出土的文献中，有与八大菩萨相关的经典和赞文，他专门研究了 PT.108，在注释中列举了 Stein No.317.I, Pelliot No.104（I）等。见田中公明：《敦煌出土の胎藏大日八大菩萨像》，载《敦煌 密教と美术》，京都：法藏馆，2000：20-39，注③。汉译文见田中公明著、刘永增译：《敦煌出土胎藏大日八大菩萨像》：《敦煌研究》2010（5）：59-67，注③。阿米 · 海勒则对 P.T.7a, P.T.108, P.T.240 和《丹珠尔》北京版 No. 3489 进行了分析，见 Amy Heller, “P.T.7a, P.T.108, P.T.240 and Beijing bsTan 'gyur 3489: Ancient Tibetan Rituals Dedicated to Vairocana.” In *The Pandita and the Siddha, Tibetan Studies in Honour of E. Gene Smith*. ed. Ramon N. Prats. Dharamshala: Amnye Machen Institute, 2007: 85-91. 一些学者不加考证据此引用，认为敦煌和藏东发现的大日如来和八大菩萨图像与这些藏文本有关。

90 Pt.240《毗卢遮那及明妃天女仪轨》全文见《法国国家图书馆藏敦煌藏文文献》④，上海古籍出版社，2007：161-164。

91 Pt.104V འཕགས་པ་དཀྱིལ་འཁོར་བརྒྱད་པ་ཞེས་བྱ་བ་ཐེག་པ་ཆེན་པོའི་མདོ（《圣八曼荼罗大乘经》）全文见《法国国家图书馆藏敦煌藏文文献》③，上海古籍出版社，2007：140。

92 རྣམ་པར་སྣང་མཛད་ཀྱི་སྒྲུབ་པའི་ཐབས་ཀྱི་ཆོ་ག,《中华大藏经 · 丹珠尔》（对勘本）第 35 卷，北京：中国藏学出版社，1999：1281-1299。

93 776 年瓜州陷蕃，786 年沙州陷蕃，至 848 年张议潮起义推翻吐蕃统治，这一段时期为吐蕃统治时期。学界关于沙州陷蕃时间有 777、781、785、786、788 年等不同观点，见金滢坤：《敦煌陷蕃年代研究综述》，《丝绸之路》1997（1）：47-48。本文采纳陈国灿的观点，见陈国灿：《唐朝吐蕃陷落沙州城的时间问题》，《敦煌学辑刊》1985（1）：1-7。薛宗正亦持此观点，见薛宗正：《吐蕃王国的兴衰》，北京：民族出版社，1997：150-152。

教王经》，是金刚乘密教的根本经典[94]。两部经典的主尊均为毗卢遮那佛，即大日如来。754年不空被陇右节度使哥舒翰迎至河西，请福疆场。不空在河西的传法译经活动，影响了敦煌的写经和石窟造像，敦煌写经中有不少密教经典，敦煌盛唐及中晚唐时期出现密教窟[95]，“不空系密教曾给予敦煌以深刻影响”。[96]榆林25窟大日如来和八大菩萨壁画被认为是受到不空的影响也就丝毫不足为奇了[97]。不过，学者们在谈到这种影响时，往往认为是经由西藏，即由印度先传到西藏，然后再由藏地传至敦煌[98]。但是根据学者们对榆林25窟年代的讨论，认为其营建时间大致在776-786年间，即瓜州陷蕃后、沙州陷蕃前[99]。如前所述，自7世纪上半叶开元三大士入唐，来自印度的密教影响就抵达了汉地，早在吐蕃密教影响抵达之前。佛教传入西藏的过程也是充满波折，并非一帆风顺，与本土宗教苯教之间有着惨烈的争斗，迟至779年赞普赤松德赞（754–797年在位）时期才建立了第一座正规的寺院，有了第一批出家人[100]。因此很难讲佛教摇摇晃晃地刚在西藏站稳脚跟就迅速向外传播，新建桑耶寺刚采用的图像题材就被充分认识吸收并传到瓜州，被有着深厚佛教底蕴的当地人接受并绘制在榆林窟中。由此我们也不排除另一种可能，即这一题材早在吐蕃影响抵达瓜州、沙州之前，因为不空等佛教僧人的传法活动，已经被人们所熟悉。至八世纪下半叶，汉地佛教已经经过几百年的发展，有着悠久的坚固基础，复杂而多变，对印度来的密教图像新样不会原封不动地照搬，常会因地制宜，根据自己的理解和需要做些改变，如榆林窟25窟八大菩萨曼荼罗的主尊有汉文榜题“清净法身卢舍那佛”，有学者认为是以华严教主题名来架构曼荼罗[101]。这或许也可以解释榆林

94 周一良著、钱文忠译：《唐代密宗》，上海远东出版社，1996：3-79。吕建福：《中国密教史》，北京：中国社会科学出版社，2011：4-7，269-387。

95 吕建福：《中国密教史》，2011：336-340。

96 刘永增：《敦煌石窟八大菩萨曼荼罗图像解说》（上）：《敦煌研究》2009（4）：23。

97 早在1987年，段文杰先生就提到榆林窟25窟东壁八大菩萨曼荼罗的出现与不空河西传密教有密切关系，见段文杰：《榆林窟第25窟壁画艺术探讨》，《敦煌研究》1987（4）：1-7。近年仍有学者坚持这一观点，如尤利·霍赫洛夫在“第七届西藏考古与艺术国际学术讨论会”（2018年10月20日，成都）上的发言：“河西地区南印度风格的唐密遗迹”（Yury Khokhlov, *South Indian Style in Hexi as a Vestige of Chinese Esoteric Buddhism of the Tang Dynasty*），正式论文见 Yury Khokhlov, *Uncovering Amoghavajra's Legacy in the Hexi Corridor and Tibet*,《藏学学刊》第21辑，即刊文。

98 如刘永增认为“敦煌石窟中7幅八大菩萨曼荼罗，当是印度后期密教影响西藏进而影响敦煌的结果”。见氏著《敦煌石窟八大菩萨曼荼罗图像解说》（下）：《敦煌研究》2009（5）：17。沙武田认为“这种艺术（即榆林25窟八大菩萨壁画）在当时是全新的画样画稿，即吐蕃藏地艺术传入的结果。”见氏著《榆林窟第25窟：敦煌图像中的唐蕃关系》，2016：120-121。

99 关于榆林窟第25窟营建年代的讨论，见沙武田：《榆林窟第25窟：敦煌图像中的唐蕃关系》，2016：17-24。

100 林冠群：《唐代吐蕃史研究》，台北：联经出版事业股份有限公司，2011：251-285。

101 郭佑孟：《敦煌石窟“卢舍那佛并八大菩萨曼荼罗”初探》，《敦煌学辑刊》2007（1）：45-63。

25 窟八大菩萨的排列方式与玉树贝沟不同的原因，尽管这一题材都是来自于印度，但是藏地此前佛教基础薄弱，对新来的佛教很大程度上自然先是忠实仿效，因此可以说是相对忠实地遵循了文本和印度的模式，汉地则固然有可能是因为源自不同的文本或传自印度不同的模本，但亦有可能是根据自身的理解和需求对传来图像和文本做出了调整，并不原封照搬。汉藏佛教在初期接触的过程中，尽管是相互交流、融合，但在九世纪以前，可能更多地是汉地佛教影响藏地，藏地尚处于饥渴的求法阶段，不断邀请印度、迦湿弥罗、于阗、汉地等地的佛学家前来，与本土学者一起合作，译经传法。如吐蕃著名的译师益西旺布曾受赞普赤松德赞派遣到内地取经，迎请汉僧在吐蕃传法。781 年吐蕃又请求唐廷派良琇、文素入蕃传法 [102]。敦煌古藏文文献的外貌形式也大量采用汉地的经卷式，吐蕃统治敦煌时期新营建的石窟形制多数继承盛唐的敦煌传统形制 [103]。当然，吐蕃完全统治敦煌和河西等地以后，藏地的佛教无疑也会影响到这一地区，敦煌地区发现的其他八大菩萨实例需要一一仔细甄别，细致考辨其年代、图像特征和艺术风格等之后再做出进一步判断。

3. 造像的年代、主持人与造像背景

B 组题记明确提到“狗年……今上赞普赤德松赞”，赤德松赞在位期间只有一个狗年，即公元 806 年。主持雕造众佛像的是“比丘大译师益西央”（དགེ་སློང་ལོ་ཆེན་ཡེ་ཤེས་དབྱངས）。在青甘川藏交界地带，共发现有 4 处刻有“益西央”名字的佛教石刻造像地点，其中甘肃扁都口和西藏昌都仁达的石刻题记中完整地给出了益西央的姓和名：“巴廓 · 益西央”（བ་གོར་ཡེ་ཤེས་དབྱངས）[104]，有时亦译成“巴果 / 郭·益西央”。推测另两处没有给出姓氏的益西央也应该指的是这位巴廓 · 益西央，是他负责主持了在藏东地区九世纪初的这批佛教石刻的雕造工作。长期以来，学界多认为出现在藏东吐蕃佛教石刻题记中的这位益西央就是敦煌古藏文文献 P.T.996 中记载的禅宗大师布 · 益西央（སྦུག་ཡེ་ཤེས་དབྱངས）（见本文第一部分的研究回顾）。巴桑旺堆经过考证，认为吐蕃时期曾经有过三个益西央，除了这两位，还有一位韦 · 益西央（དབའ་ཡེ་ཤེས་དབྱངས）。巴廓、布、韦均是吐蕃时期的大姓，著名的大译师贝如遮那（བཻ་རོ་ཙ་ན）出自巴廓家族，布 · 吉木赞芒迥（སྦུག་གྱིམ་བརྩན་མང་ཅུང）在松赞干布征服象雄的过程中立有首功，白央（དཔལ་དབྱངས）、益西旺布（ཡེ་ཤེས་དབང་པོ）、热那（རད་ན）等人则出自声名赫赫的韦氏家族。再者，P.T.996 中的布 · 益西央是一位禅宗大

102 黄明信：《吐蕃时期的译经事业》，载《黄明信藏学文集：藏传佛教 · 因明 · 文献研究》，北京：中国藏学出版社，2007：171，215。

103 黄明信：《吐蕃佛教在敦煌》，载《黄明信藏学文集：藏传佛教 · 因明 · 文献研究》，2007：157-163。

104 华青道尔杰：《吐蕃高僧益西央考辨》，《青海民族研究》2017（1）：21-27。

师，毕生修行，观修义理，而巴廓·益西央是一位比丘译师，率领团队雕造佛像、刻写佛经[105]。藏东发现的这批佛教石刻多以大日如来为中心，大日如来与观音、金刚手菩萨三尊成组出现或与八大菩萨成组出现，目前发现刻写的佛经有般若波罗蜜多经、无量寿经、普贤行愿经等，这些造像题材和佛经与禅宗之间没有密切的关系，因此在找到进一步的证据之前，笔者认同巴桑旺堆的考证，暂不确定这两位同名异姓的益西央是同一人。

浮雕众佛像及缮写经文的目的在B组题记中直接表明，是为了“众生之任何人或目睹，或触摸、或礼敬、或听闻、或忆念，其福德及智慧之力，均回向赞普父子及一切众生，登于无上菩提”。在昌都察雅仁达有着同样造像题材的804年石刻题记中，也提到刻经造像的目的是“为赞普之功德、众生之福泽，雕刻佛像与经文”，“但凡对此佛像及经文顶礼供养者，将会祈愿成真，后世往生天界；若恶语戏骂，短则招致疾病等诸恶果，长则坠入恶途；对毁法者，王法亦将株连加罪！是故，无论何人，均不得对此詈骂讥讽！”[106]从题记可知，刻石造像缮写经文是为了赞普之功德，众生之福泽，赞普敬信佛事，众生对造像和佛经顶礼供养，将会祈愿成真，获得智慧和功德，同时亦回向赞普父子和一切众生，证得菩提。这批藏东吐蕃佛教石刻所处地点均为唐蕃古道的交通要道，且造像刻经均接近地面，就在人们交通往来所经之地、视线极易所及范围之内，显然也是为了方便人们目睹、触摸、礼敬、听闻和忆念，从而生起对佛法的敬信，达到弘扬佛法之目的。

除了上述直接明显的目的之外，在昌都仁达804年题记中还提到“赞普赤德松赞封授比丘为佛法和议政大臣之衔，赐金字以下告身……命宰相比丘勃阑伽·允丹、洛·屯堂、大相……等开始着手与唐议和之事。故，堪布巴廓·益西央、比丘悉诺庐善谛、凯·南喀宁波央等为赞普之功德，众生之福泽，雕刻佛像与经文。”[107]从这段重要的记载可知，赤德松赞之时，比丘已经统领佛法和政务大臣之衔，并位居宰相高位，雕刻佛像与经文的益西央等人亦为比丘，正如霍巍教授所指出的那样，彰显了赤德松赞时期吐蕃

105 巴桑旺堆：《关于仁达吐蕃摩崖石刻的几个问题——仁达吐蕃摩崖石刻实地考察心得》，《中国藏学》2017（2）：50-65。

106 西藏昌都仁达摩崖石刻的题记公布和翻译见恰白·次旦平措撰、郑堆、丹增译：《简析新发现的吐蕃摩崖石文》，《中国藏学》，1988（1）：76-81；马林：《仁达摩崖刻石考证》，《青海民族学院学报》，1988（1）：97-105；华青道尔杰：《吐蕃高僧益西央考辨》，《青海民族研究》2017（1）：21-27；巴桑旺堆：《关于仁达吐蕃摩崖石刻的几个问题——仁达吐蕃摩崖石刻实地考察心得》，《中国藏学》2017（2）：50-65。本文采纳的是华青道尔杰的译文。

107 巴桑旺堆：《关于仁达吐蕃摩崖石刻的几个问题——仁达吐蕃摩崖石刻实地考察心得》，《中国藏学》2017（2）：54。

高僧在吐蕃对外势力扩张过程中政治地位的凸显和宗教活动的活跃，具有某种显示吐蕃王朝权势扩张、树立赞普威望的意义在内，是具有“纪念碑”性质的石刻[108]。“参与唐蕃和盟者们专门在此地雕刻佛像和经文、祈求赞普敬事，功业昌隆、众生安乐，其目的是为了顺利实现汉藏团结、天下太平的盟约。”[109] 霍巍教授进一步论证藏东这批吐蕃佛教造像建造的动机是吐蕃高僧益西央所推动发起的、旨在掀起为新一轮唐蕃会盟造势的“宗教攻势”，有可能是 821 年唐蕃长庆会盟的前期“宗教运作”。[110] 关于雕刻佛像和经文与唐蕃和盟之间的关系，因对“རྒྱ་དང་མཇལ་དུམ་གྱི་མགོའ་བཙུགས་པའི་ལས་ལ”一句的翻译不同而有着不同的解释，马林译为“首与唐会盟”，是为了纪念 804 年之前某次唐蕃之间的会盟，他经过分析 804 之前的唐蕃关系，认为指的是 803 年唐使薛伾出使吐蕃，就唐蕃守界问题同吐蕃初步交换意见[111]。华青道尔杰译为“作为与唐和盟的起始”，巴桑旺堆译为“开始着手与唐议和之事”[112]，指的应是 804 年之后唐蕃之间的议和。“བཙུགས་པ”有“着手、开始、发动”之义，因此笔者同意后两位学者的意见，应指的是 804 年之后与唐的议和。我们来看一下 804-806 年前后唐蕃之间的关系。自贞元三年（787 年）平凉劫盟以来，唐蕃全面交恶，双方关系断绝达 17 年之久，甚至赞普赤松德赞 797 年薨逝的消息 804 年才传至唐廷。直至贞元十九年（803 年），吐蕃遣使入朝，李唐接纳了吐蕃使者并派遣薛伾出使吐蕃，双方才开始恢复交往[113]。赤德松赞在位的 803-815 年，计 13 年间，仅有 812 年吐蕃寇泾州的记载，其余时间唐蕃边界烽烟不起[114]，是一段关系相对友好的时期。吐蕃请求与唐和好，实际上是赤德松赞即位以来遭受亚洲四强围攻，西与大食，北与回鹘，东南与南诏都有激战，东顾不暇，不得不于 803 年开始于东陲采取守势，与唐和解。而李唐也因受到内部藩镇问题等的困扰，对于收回河陇失地，有心无力，因此接受吐蕃示好，恢复双方互动[115]。因此这批 9 世纪初的佛教造像应是 803 年唐蕃关系恢复之后吐

108 霍巍：《论藏东吐蕃摩崖造像与吐蕃高僧益西央》，《西藏大学学报》2015（6）：68。

109 恰白 · 次旦平措撰、郑堆、丹增译：《简析新发现的吐蕃摩崖石文》，《中国藏学》，1988（1）：80。

110 霍巍：《藏东吐蕃佛教摩崖造像背景初探》，《民族研究》2015（5）：92-101。霍巍：《青海玉树大日如来佛堂的考古调查与新发现》，《青海民族研究》2017（1）：4-9。霍巍：《唐蕃会盟与吐蕃佛教》，《世界宗教研究》2017（1）：57-72。

111 马林：《仁达摩崖刻石考证》，《青海民族学院学报》，1988（1）：103-104。

112“开始着手与唐议和之事”一句，恰白 · 次旦平措、马林、华青道尔杰、巴桑旺堆等有多种译法：“与初见（初盟）之事”，“首先与唐会盟”，“初与唐会盟时”，“作为与唐和盟的起始”，……见注释 106 所引各文。本文采纳巴桑旺堆的译法。

113 林冠群：《玉帛干戈：唐蕃关系史研究》，台北：联经出版事业股份有限公司，2016：529-542

114 林冠群：《唐代吐蕃史研究》，台北：联经出版事业股份有限公司，2011：305-306。

115 林冠群：《玉帛干戈：唐蕃关系史研究》，2016：529-542。薛宗正：《吐蕃王国的兴衰》，1997：164-175。

蕃的示好之举、议和之姿，并不一定特指某一次正式会盟。但双方经过长达十余年的相对友好相处和议和往来，最终导致了唐穆宗年间唐蕃长庆会盟的达成。玉树贝沟雕刻的佛像和经文距昌都察雅仁达石刻仅隔两年，为806年，造像题材完全一样，均为大日如来与八大菩萨，造像主持人相同，均为比丘益西央，所刻经文《普贤行愿经》亦在两地均有出现，因此其应该有着相同的建造动机和目的。

尽管玉树贝沟与昌都察雅仁达的佛教石刻有着诸多相似之处，但仔细比较，两者也有一些相异之处，比较突出的是，贝沟的佛和菩萨均穿上了吐蕃王室服装，同样穿蕃装的一佛八菩萨还出现在昌都芒康拉果顶佛教石刻。此外，贝沟的B组题记中还出现了“赞普父子”的字样，是仁达石刻题记所未见。赞普赤德松赞的儿子赤祖德赞出生于806年，这里的“均回向赞普父子及一切众生，登于无上菩提”应该是806年王子赤祖德赞诞生，为了庆祝这位王子新诞，造像为赞普父子祈愿，仁达石刻题记刻于804年，其时王子尚未出生，因此未见“赞普父子”字样。玉树贝沟的大日如来佛和八大菩萨均穿上了世俗蕃装，可能有将藏王比附为大日如来佛、希望最高统治者能够代代护持佛法的含义。

佛教政治是一种大王政治，不仅具有世界大王的内涵，也含有道德及宗教王行者的形象。就世界大王而言，他必须是一位“转轮王”，或“统四天下”的王中之王。就道德及宗教王行者而言，他必须是一位“法王”，用道德与宗教治己及治他。这种政治传统创自贵霜王朝（约50–244年）的第一代王丘就却·卡德费些斯（Kujūla Kadphises，公元前5年–78年）时期，大成于后贵霜（187–244年）的迦腻色迦王时代（Kaniska III），后来传到印度、中亚、中国、韩国和东南亚等，影响深远[116]。中国早在北魏道武帝（386–409年在位）时期，僧人法果就称道武帝“即是当今如来，沙门宜应尽敬”，并谓“能鸿道者人主也，我非拜天子，乃是礼佛耳。”明确提出皇帝即是如来[117]。文成帝（452–465年在位）时期，沙门统昙曜于平城武州塞开凿石窟五所，为文成帝及其祖先造佛像五尊，其中一尊即为文成帝的转轮王像[118]。文成帝既是一位佛教帝王，也即转轮王，用开窟造像的方法来宣传佛教帝王的政治和宗教信仰。佛教经过多次的起起落落，僧人们认识到佛教要想得到更好的发展，必须取得最高统治者的支持。唐代武后时期（684–705年），命人造《大云经》，宣称她是弥勒佛转世，并于690年下令在每个州各建

116 古正美：《贵霜佛教政治传统与大乘佛教》，台北：允晨文化实业股份有限公司，1993：X-XI。

117（北齐）魏收撰：《魏书·释老志》，北京：中华书局，1974：3031。

118 古正美：《贵霜佛教政治传统与大乘佛教》，1993：589-599。

一座大云寺。武后更在 693 年自号“金轮圣神皇帝”，毫无疑问是借用了佛教政治中统治世界的理想君主“转轮王”的称号。695 年，武后又在自己的尊号中加“慈氏”，以示自己是俗世的帝王与佛教中未来弥勒的结合[119]。与吐蕃赞普赤松德赞大体同时代的唐代宗统治时期（762–779 年），僧人不空受到重用，他不断强调佛教的“镇国”作用，同时强调帝王是佛陀在世间的代言人，将密教提升为国教，在全国大力推广文殊信仰[120]。吐蕃从印度和唐朝引进佛教，势必对两地的这种佛教政治也十分熟悉，并且运用到了吐蕃的治国理念之中。林冠群指出，赤松德赞时期吐蕃佛教政治的发展特色基本与古正美总结的贵霜王朝佛教政治的 9 项特色相吻合。立佛教为国教、以桑耶寺为倡佛根据地、在吐蕃各地广建塔寺、制作佛像、供养僧人、资助翻译和抄经、以佛僧为宰相、兴佛证盟、建立僧官体制等[121]。正是因为赤松德赞对佛教发展的重大贡献，他被后世佛教史家称为三大“法王”之一，吐蕃疆土也在他的统治期内得到极大拓展，成为一代名王，屡挫李唐王朝。其子赤德松赞在他的基础上将佛教政治更推进一步，继续崇佛抑本，以僧人为相，以佛法治国[122]。不过林冠群在总结吐蕃的佛教政治特色时，因不确定吐蕃是否存在弥勒下生的说法，认为吐蕃奉行佛教政治并未以赞普为菩萨化身或菩萨下凡作为诉求，而是以佛教教义能为世人带来利益为着眼点[123]。其实不然，吐蕃琼结桥碑（上限为 783 年）[124]碑刻题记在赞颂赤松德赞的盛世武功之后，最后一句称“全体臣民上尊号‘圣神大觉’”（ཕྱི་ཡོངས་ཀྱིས་མཚན་ཡང་འཕྲུལ་གྱི་ལྷ་བྱང་ཆུབ་ཆེན་པོར་གསོལ་ཏོ）[125],这是第一次用佛教名号称呼赞普。在四川石渠照阿拉姆大日如来与二菩萨石刻题记中直接称颂赤松德赞为“菩萨赞普”（བཙན་པོ་བྱང་ཆུབ་སེམས་དཔའ་ཁྲི་སྲོང་ལྡེ་བཙན）[126]。把赞普神化、头后加上佛、菩萨才有的头光的赞普形像在吐蕃时期也已有出现，如四川石渠须巴神山第 1 铺石刻赞普像[127]和敦煌石

119 [ 美 ] 斯坦利 · 威斯坦因著，张煜译：《唐代佛教》，上海古籍出版社，2010：39-49。

120 [ 美 ] 斯坦利 · 威斯坦因著，张煜译：《唐代佛教》，2010：85-98。

121 林冠群：《玉帛干戈：唐蕃关系史研究》，2016：491-497。

122 关于赤德松赞的崇佛具体情况，参见陈庆英：《吐蕃赞普赤德松赞生平简述》，载《陈庆英藏学论文集 · 上》北京：中国藏学出版社，2006：42-77。林冠群：《玉帛干戈：唐蕃关系史研究》，2016：520-527。

123 林冠群：《玉帛干戈：唐蕃关系史研究》，2016：494-495。

124 该碑的年代推断采用张延清、张子鹏：《莫高窟第 158 窟建窟年代新探》，《藏学学刊》第 12 辑，2015：41-43。

125 巴桑旺堆：《吐蕃啤文与摩崖石刻考证》，拉萨：西藏人民出版社，2011：33。李方桂译为“all men called him by the Supernatural God of Great Wisdom.”见 Li Fangkuei and W.South Coblin, *A Study of the Old Tibetan Inscriptions*, Taipei: Nankang, 1987: 230, 233. 张延清译为“上尊号为‘圣神菩萨赞普’”（见注 124，第 42 页），按 བྱང་ཆུབ་ཆེན་པོ 即 mahābodhi，音译应为大菩提，意译为大觉，若是菩萨应为 བྱང་ཆུབ་སེམས་དཔའ。

126 于春：《四川石渠县洛须“照阿拉姆”摩崖石刻》，《四川文物》2006（3）：29。夏吾卡先：《石渠吐蕃摩崖刻文的整理与研究》，《藏学学刊》第 12 辑，2015：29

127 王婷：《四川石渠县新发现吐蕃石刻群调查简报》，《四川文物》2013（6）：4，图四。

图四一　敦煌 158 窟和石渠须巴神山吐蕃赞普图像（图片出处见注释 128、127）

窟第 158 窟有着“赞普”题记的赞普像（图四一）[128]。这两幅图像中赞普头上除了常见的吐蕃赞普高桶状缠头外 [129]，前面还戴有三叶花冠，这种宝冠加高桶状缠头的头冠样式也常出现在吐蕃时期发现的大日如来头上，如四川石渠烟角村大日如来和须巴神石山石刻中的大日如来 [130]。这些题记和图像的出现应

128 *Mission Pelliot en Asie Centrale I: Les Grottes de Touen-houang*, Paris: Librairie Paul Geuthner, 1914: pl. LXIV.

129 更多的吐蕃赞普形像见卢素文、张长虹等：《青海玉树勒巴沟古秀泽玛佛教摩崖造像调查简报》，《藏学学刊》第 16 辑，2017：80，图二二。

130 王婷：《四川石渠县新发现吐蕃石刻群调查简报》，《四川文物》2013（6）：8，13，图一一，图二〇。

该不是随意为之或偶然的巧合，而是吐蕃推行佛教政治的产物，吐蕃赞普的身份已不仅仅是世俗的藏王，而是大觉、是菩萨。玉树贝沟和昌都芒康拉果顶的大日如来穿上了吐蕃赞普服装，戴着与赞普相似的头冠，甚至胸前也有赞普有的发辫，这是吐蕃佛教政治在赤德松赞时期的进一步发展，很有可能就是受到了“转轮王”佛教治世理念的影响。以益西央为首的僧团为大日如来佛穿上吐蕃赞普的服装，将大日如来佛塑造成吐蕃赞普的样子，不乏有将支持佛教的吐蕃赞普比附为“转轮圣王”和“佛法之王”，希冀佛法能够得到最高统治者的支持，永久驻世的意味在里面。这一理念也与吐蕃最高统治者借用佛教这一宗教信仰稳固自己的统治，实践自己的治国理念这一目的相吻合。尽管这一时期没有发现弥勒下生或文殊菩萨信仰广泛流行的实证，但是众多大日如来题材石刻的发现，可知当时盛行的是大日如来的信仰，而这种信仰正是在王室的推崇下得以在吐蕃全境流行[131]。由此推断，藏东地区发现的以大日如来为主尊的佛教石刻是始于以779年桑耶寺建立为标志，赞普赤松德赞立佛教为国教，采用佛教政治的理念来治理国家，在吐蕃全境通过造像建寺、开窟建塔、翻译、刻写佛经等方式来推行佛教信仰、践行佛教政治的产物，因此这批石刻的年代应该为779年至吐蕃末代赞朗达玛被刺的841年之间。

## 四、结语

青海玉树大日如来佛堂石刻造像和题记的发现是吐蕃时期佛教考古的重要发现，是一处造像时间、地点明确，文字、图像并存的石刻地点，为研究吐蕃时期的佛教艺术和佛教刻经提供了参照标尺。造像题材为大日如来和八大菩萨，其所据经典即其旁边所刻B组藏文题刻《大日如来及众眷属赞》，同时刻写的还有C组梵、汉、藏三种文字的佛经，目前可知汉文刻经为简本《般若心经》。D组的阴线刻大日如来和十方佛造像以及佛经《普贤行愿经》亦有可能属于同一时期。刻石造像的时间为吐蕃赞普赤德松赞统治时期的806年，传说中文成公主勒石造像的地点指的就是此处的造像和刻经，尽管其时间早不到文成公主时期。大日如来和八大菩萨造像题材是吐蕃赞普赤松德赞建立桑耶寺之后和赤德松赞时期、吐蕃王朝灭亡之前比较流行的题材，其图像来源可追溯至印度。B组和C组题记具有吐蕃时期古藏文的书写特点，B组保存完整、基本可以识读的藏文题刻《大日如来及众眷属赞》目前还没有发现与之完全相同的敦煌古藏文写本，是对吐

131 关于吐蕃王室大日如来信仰的研究参见Matthew T. Kapstein, *The Tibetan Assimilation of Buddhism: Conversion, Contestation, and Memory*, Oxford/New York: Oxford University Press, 2000: 58-65.

蕃时期古藏文文献的重要补充，弥足珍贵。该处造像和刻经的目的为了弘扬佛法、利益众生，为赞普父子祈愿，其时代背景为803年唐蕃关系相对和缓之后，以僧人译师益西央为主持的团队在汉藏交界地带为推动双方议和、汉藏友好而雕造；是779年以桑耶寺的建立为标志，赞普赤松德赞及其子赤德松赞为抵制旧的苯教势力，从印度、汉地和中亚等周边地区引进佛教，以佛教政治理念治国，通过开凿造像、建寺立塔、翻译刻写佛经等方式传播佛教信仰、践行佛教政治的产物。

项目领队：任晓燕、霍巍、李永宪

参与调查：乔虹、宋耀春、张长虹、张延清、杨清凡、江滔、霍大清、卢素文、龙析贝、朱德涛、李若愚

藏文题记抄录、对勘：张延清、杨清凡

藏文题记翻译：张延清

梵文题记转写、翻译：萨尔吉

拍照：卢素文、张长虹

拓片：霍大清、卢素文

三维数据采集：李飞

线图：郭巍、李飞

资料整理：张长虹、张延清、朱德涛

执笔：张长虹、张延清

# 青海玉树大日如来佛堂西侧崖壁摩崖石刻及线刻佛塔调查简报

青海省文物考古研究所

四川大学中国藏学研究所

成都文物考古研究院

**内容摘要**：2012–2013 年，青海省文物考古研究所、四川大学中国藏学研究所、成都文物考古研究院组成联合调查组，对青海省玉树贝沟大日如来佛堂石刻和勒巴沟吐蕃石刻群进行了系统的考古调查。本文是对玉树贝沟大日如来佛堂西侧、贝曲河北岸崖壁上的吐蕃时期石刻及贝曲河南岸的两座线刻佛塔的简要报告。大日如来佛堂西侧崖壁石刻内容分上、下两部分，上部为大日如来及二胁侍、十方佛阴线刻造像，左侧及下方为古藏文《普贤行愿陀罗尼》及《普贤行愿王经》。石刻佛像和经文的年代应该与大日如来佛堂石刻和题记属于同一时期，即 9 世纪初期。两座佛塔均为阴线刻，形状相似，为藏式覆钵塔，推测其年代亦为 9 世纪。

2013 年夏，青海省文物考古研究所、四川大学中国藏学研究所、成都文物考古研究院组成的联合调查组在对青海省玉树贝沟大日如来佛堂石刻进行调查的过程中，在其西侧一处平整的崖壁上也发现有线刻造像和藏文题记，编为 D 组[1]。此外，还在河对面的崖面上发现有两处线刻佛塔，于是一并作了调查，现简要报告如下。

## 一、青海玉树大日如来佛堂西侧崖壁摩崖石刻

摩崖石刻位于贝曲河北岸、大日如来佛堂西约 130 米处的一块崖壁上，地理位置为东经 97.074°、北纬 32.896°，海拔 3870 米。崖壁高约 13 米，面向东北（北偏西约 40°），与地面夹角约 102°。崖壁壁面平整，略呈圭形，上面阴线刻有造像和题记，分布面积高约 12.5 米、最宽处 7.9 米。造像上方距崖面顶端 1.04 米，左侧距崖壁 0.74 米，右侧距崖壁 0.48 米，下方藏文题记距现存地面约 0.10 米。崖壁上空布满经幡，南侧为公路和贝曲河（图一）。

图一　大日如来佛堂西侧崖壁摩崖石刻所在地外景

石刻最上方为汉式宫殿式佛刹，象征诸佛所居的无量天宫，由三层装饰图案和帷幔

1　关于青海玉树大日如来佛堂佛教石刻的调查简报参见本辑刊发的《青海玉树贝沟大日如来佛堂佛教石刻调查简报》。

图二　1. 摩崖上方的宫殿式佛刹

图二　2. 佛刹装饰图案细部

图三　摩崖石刻造像和题记拓片

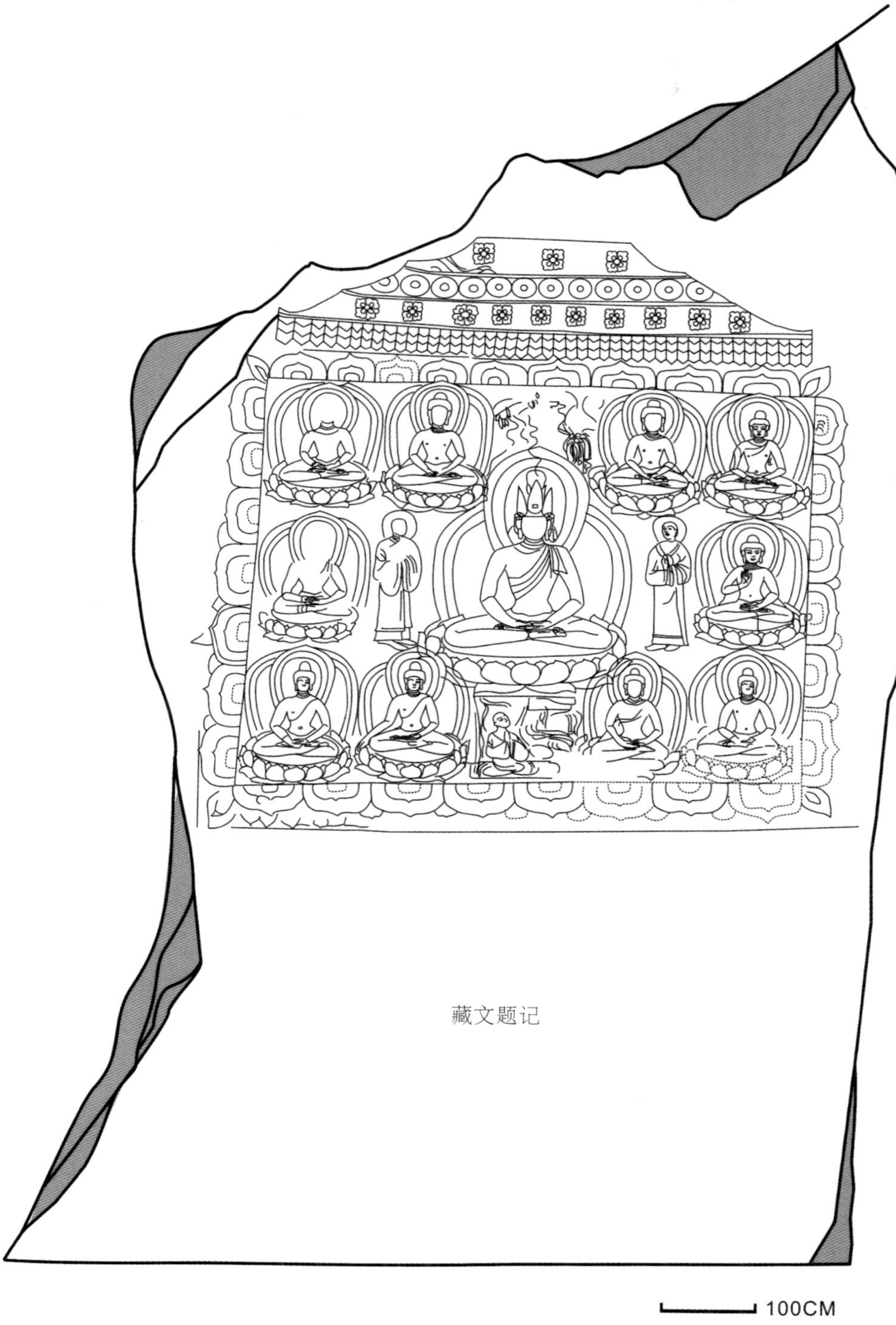


图四　摩崖石刻造像线图

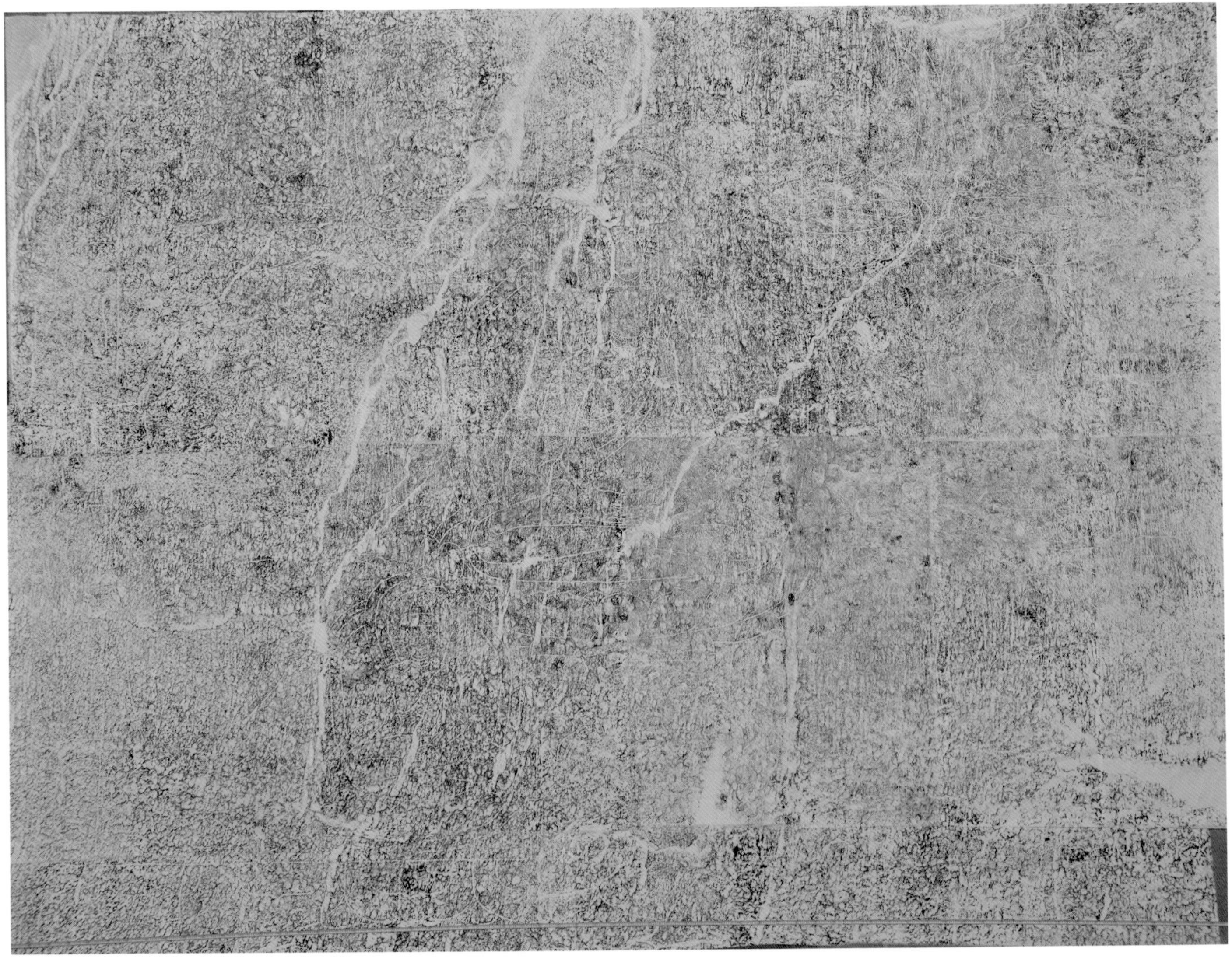

图五　大日如来和十方佛造像拓片

图六　十四尊造像编号示意图

构成，上宽下窄略呈梯形。最上层残存宽度约 1.62 米，高约 0.38 米，可见有三朵团花纹；第二层上端宽约 3 米，高约 0.34 米，横向排列十二个同心圆纹；第三层上端宽约 4.2 米，高约 0.38 米，可见十朵团花纹图案，团花之间有间隔。装饰宫殿屋顶的三层图案排列整齐，自上而下呈喇叭形张开。三层图案之下为整齐下垂的帷幔，帷幔呈细长条圭形，每条帷幔上有二道波折线，连成一排构成起伏有序的连续波浪纹，精致美观（图二、图三、图四）。

佛刹下方阴线刻有一大方框，宽约 5.6 米，高约 4.6 米。方框四周均刻有莲瓣，每个莲瓣宽约 0.71 米，高约 0.33 米。方框里面阴线刻有 14 尊造像，中央为大日如来和二胁侍，四周围绕有十位坐佛，大日如来像下方也阴线刻有一小方框，里面刻有一位跪坐供养人（图五）。当地称该处摩崖石刻为“十方佛石刻”。为叙述方便，将中央主尊大日如来和二胁侍编号为 A、B、C，十方佛编号为 1-10，主尊下方的供养人编号 11（图六），分别叙述如下：

中央主尊（A）：居于整个造像的中央，体量最大，通高约 2.82 米，像高约 2.1 米

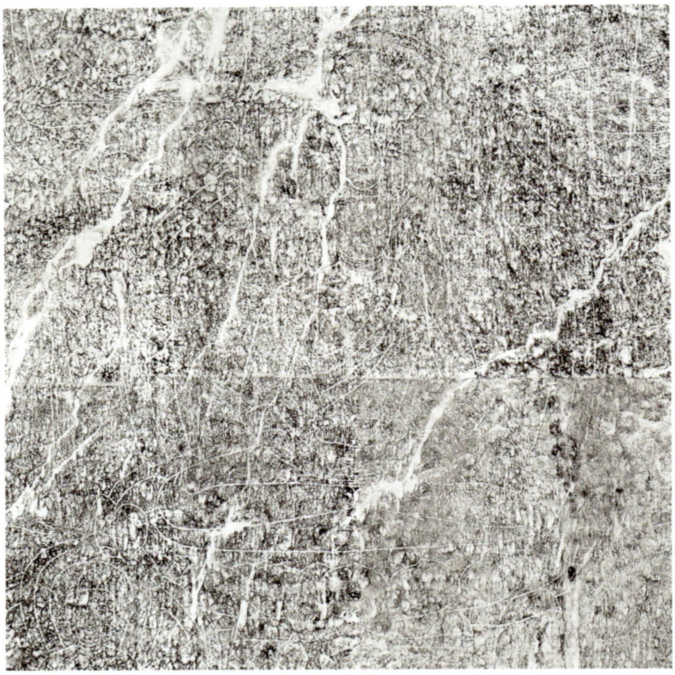

图七　大日如来像

图八　大日如来的头冠

（图七）。主尊头戴高花冠，似有两层，前面有三叶，后面有两叶，中间冠叶呈水滴状，其余冠叶略呈锐角三角形，头冠后面有高高的发髻，高出冠叶许多。整个造像头冠和发髻的高度高于面部的高度，面部高约 0.3 米，头冠和发髻高约 0.52 米，宽约 0.26 米（图八）。面部圆润丰满，略呈椭圆形，前额呈直线，五官已不可辨，大耳垂肩，两耳上方与冠叶连接处有一朵小花结，颈下有三道蚕节纹。造像宽肩细腰，身姿挺拔；上身袒露，自左肩向右胁斜披宽帛带，尾端从身后绕至左肩垂下。双手交叠于腹前，右手叠压在左手上结禅定印。下身着裙，双腿结跏趺坐于大仰莲座之上，双腿间的宽度为 1.6 米。主尊头后有双重舟形大背光和桃形头光，头光高约 1.26 米，宽约 1.06 米，身光高约 1.44 米，宽约 1.98 米。圆形莲座高约 0.4 米，莲瓣浑圆肥厚，顶部稍尖，最外层莲瓣几乎与地面平行。莲座下面有方形台座，台座前跪坐一位供养人（编号 11），为 14 尊造像中体量最小者。

右侧胁侍弟子（B）：四分之三侧面立于主尊右侧。通高约 1.57 米，肩宽约 0.38 米。面部隐约可见，弯长眉，保存情况一般，有单层圆形头光，头光线条比较清晰，直径约 0.4 米。身着宽袖长袍，双手似合十于胸前，长袍下露出两条裤腿，脚上穿鞋。

左侧胁侍弟子（C）：四分之三侧面立于主尊左侧。通高约 1.56 米，肩宽约 0.39 米。有单层圆形头光，直径约 0.34 米。长眉弯弯，鼻梁高挺。身着宽袖长袍，两手从宽袖口伸出，于胸前合十。长袍下方露出裤腿，脚上穿鞋。

中央主尊和二胁侍的上方有四位坐佛，两侧各有一位，下方有四位，总计十位。十位坐佛的造型、头光、背光和莲座的样式均与中央主尊相似，只是体量略小。

1 号坐佛：位于第一排最左侧，因靠近崖壁边缘，风化严重，头光和背光隐约可见，头部线条不清。通高约 1.48 米，肩宽约 0.4 米。颈部三道隐约可见。双手交叠于腹前似结禅定印。

2 号坐佛：总体轮廓比较清晰，通高约 1.53 米，肩宽约 0.43 米。有双层双重舟形大背光和桃形头光，背光高约 1.08 米，宽约 1.12 米，头光高约 0.6 米，宽约 0.6 米。面部轮廓清晰，但五官模糊，略呈椭圆形脸，前额平直。螺发肉髻，肉髻呈馒头状，大耳垂肩，颈部有三道；上身衣饰不详，双手交叠于腹前结禅定印，下身脚腕处可见刻线，知穿有长裙，双腿结跏趺坐于莲座之上，双腿宽约 0.7 米（图九）。莲座左侧长出一长茎莲花，盛开在佛像左肩身光外侧。

3 号坐佛：风化较为严重，只可看到大致轮廓线。通高约 1.56 米，头高约 0.30 米，肩宽约 0.4 米；面部轮廓不清晰，颈部三道纹隐约可见；双手交叠于腹前，似结禅定印；双腿结跏趺坐于莲座之上。身后有双层双重舟形大背光和桃形头光，顶部尖端重合，身

图九　1. 2 号佛像

图九　2. 2 号佛像拓片

图一〇　4号佛像

光高约1米，宽约1.12米，头光高约0.7米，宽约0.62米。

4号坐佛：居于第一排最右侧，为十位坐佛中保存较好的一尊。通高约1.5米，头部高约0.32米，椭圆形脸高约0.16米，宽约0.13米，脸型圆润，细眉弯长，眼线平直，鼻翼丰满，双耳下垂，接近肩部；头顶有高螺发高肉髻，高约0.16米；颈部施三道蚕纹；肩宽约0.4米。身后有双重舟形大背光和桃形头光，顶部均呈尖状，头光位于身光之内，身光高约1.14米，宽约1.08米，头光高约0.6米，宽约0.53米。身姿健硕优雅，上身着衣不详，双手交叠于腹前，右手上左手下结禅定印。腰以下似着裙，双腿结跏趺座于莲座之上，莲座高约0.25米（图一〇）。

5号坐佛：居于第二排最左侧，因靠近崖壁边缘，风化十分严重。通高约1.48米，肩宽约 0.39 米。有双重舟形大身光和桃形头光，头光尺寸不详，身光高约 1.06 米，宽约 1.2 米。头部线条不清，腿部线条隐约可见，结跏趺坐于莲座之上。莲瓣模糊不清。

6 号坐佛：居于第二排最右侧，保存较好，线条保存较为清晰。通高约 1.54 米，肩宽约 0.40 米。椭圆形脸，细眉弯长，眼线平直，鼻翼丰满，双耳下垂，头顶有高肉髻，颈下施三道。身后有双重舟形大身光和桃形头光，头光高约 0.62 米，宽约 0.64 米，身光高约 1.05 米，宽约 1.18 米。身姿健硕挺拔，上身似袒露，右手当胸施无畏印，左手仰掌于腹前结禅定印。腰以下似着裙，双腿结跏趺坐于莲座之上，莲瓣丰满。

7 号坐佛：位于第三排最左侧，因靠近崖壁边缘，风化严重，保存较差。通高约 1.46 米，肩宽约 0.38 米。隐约可见头光和身光线条，细部轮廓模糊不清。

8 号坐佛：保存情况较好。通高约 1.42 米，肩宽约 0.4 米。身后有双重舟形大身光和桃形头光，头光顶部凸出身光之外。头光高约 0.56 米，宽约 0.6 米，身光高约 0.8 米，宽约 1.16 米。头顶有馒头状高肉髻，面部线条不清，颈部有三道，宽肩细腰。自左肩向下斜披双重帛带，右手伸展放于右腿上，左手于腹前结禅定印。双腿结跏趺坐于莲座之上。

9 号坐佛：保存情况一般。通高约 1.4 米，肩宽约 0.46 米。身后有双重舟形大身光和桃形头光，头光线条模糊难辨，身光高约 0.9 米，宽约 1.04 米。头顶有肉髻，面部线条不清，颈部施有三道。宽肩，腰部线条不清。双手于腹前似结禅定印。双腿结跏趺坐于莲座上。

10 号坐佛：保存情况一般。通高约 1.5 米，肩宽约 0.41 米。有双层桃形头光和背光。头光高约 0.6 米，宽约 0.64 米，背光高约 0.75 米，宽约 1.2 米。头顶有肉髻，面部轮廓线较为清晰，长椭圆形脸，细眉弯长，眼线平直，鼻翼丰满，双耳下垂，颈部有三道。肩部以下线条不清。

11 号人物：中央主尊大日如来像下方隐约可见有一方框，边长约 1 米，里面可辨有一位人物形象，仰头看向上方的主尊，双手于胸前姿势不详，似呈跪坐姿。

图一一　藏文题记拓片

表一：玉树大日如来佛堂西侧摩崖石刻各造像数据统计表（单位：厘米）

| 数据<br>编号 | 通高 | 头高 | 面高 | 面宽 | 肩宽 | 头光高 | 头光宽 | 身光高 | 身光宽 | 座高 | 座宽 |
|---|---|---|---|---|---|---|---|---|---|---|---|
| A | 282 | 82 | 29 | 26 | 67 | 126 | 106 | 144 | 198 | 40 | 206 |
| B | 157 | 29 | 23 | | 38 | 32 | 40 | | | | |
| C | 156 | 28 | | | 39 | 34 | 38 | | | | |
| 1 | 148 | | | | 40 | 60 | | | 123 | 22 | 111 |
| 2 | 153 | 30 | 20 | 14 | 43 | 60 | 60 | 108 | 112 | 22 | 106 |
| 3 | 156 | 30 | | | 40 | 70 | 62 | 100 | 112 | 30 | 112 |
| 4 | 150 | 32 | 16 | 13 | 40 | 60 | 53 | 114 | 108 | 25 | 110 |
| 5 | 148 | | | | 39 | | | 106 | 120 | | 100 |
| 6 | 154 | 32 | 21 | 16 | 40 | 62 | 64 | 105 | 118 | 26 | 117 |
| 7 | 146 | | | | 38 | | | | 109 | 25 | 110 |
| 8 | 142 | 30 | 18 | 14 | 40 | 56 | 60 | 80 | 116 | 26 | 115 |
| 9 | 140 | | | | 46 | | | 90 | 104 | | |
| 10 | 150 | 32 | 19 | 16 | 41 | 60 | 64 | 75 | 120 | | |

在阴线刻十方佛像的下方是古藏文题记（图三、图一一），共有 36 行，其中第 1-8 行为普贤陀罗尼[2]，第 9-36 行为《普贤行愿王经》，在已经发现的《普贤行愿》摩崖题刻中属最完整者，共有 60 偈，这部佛经在大藏经永乐版、理塘版、北京版、那塘版、卓尼版、库仑版、拉萨雪版中均有收录。这处《普贤行愿王经》早年有多位学者进行过收录。最先收录并研究此题刻的是高瑞，他在《吐蕃古藏文文献诠释》一书中对题刻进行了识读和转录[3]，其后恰嘎·旦正在《藏文碑文研究》一书中照录了高瑞录文[4]，并对录文作了翻译。巴桑旺堆则在高瑞录文的基础上，又对录文作了一些修订和补充[5]。2013 年，

2　高瑞、恰嘎 · 旦正、巴桑旺堆等学者的著作中只登录了 7 行，缺 1 行，且识读字数有限，今作补正。

3　高瑞（གཞའ་གོང་དཀོན་མཆོག་ཚེ་བརྟན）编著：《吐蕃古藏文文献诠释》（བོད་ཀྱི་བརྡ་རྙིང་ཡིག་ཆ་རྩ་ཆེན་བདམས་བསྒྲིགས་རྣམས་ཀྱི་ཚིག་དོན་ཀུན་ནས་ཁྲོལ་བར་བྱས་པ་རབ་གསལ་མེ་ལོང），兰州：甘肃民族出版社，2001：163-171。

4　恰嘎 · 旦正（ཆབ་འགག་རྟ་མགྲིན）：《藏文碑文研究》（བོད་ཡིག་རྗེ་རིང་ཞིབ་འཇུག），拉萨：西藏人民出版社，2012：98-104。

5　巴桑旺堆（པ་ཚབ་པ་སངས་དབང་འདུས）：《吐蕃碑文与摩崖石刻考证》（སྤུ་རྒྱལ་བོད་ཀྱི་རྗེ་བརྐོས་ཡི་གེ་ཕྱོགས་བསྒྲིགས་ཀྱི་མ་ཡིག་དག་བཞེར་དང་དེའི་ཚིག་འགྲེལ་དྲངས་སང་གདངས་རྒྱ），拉萨：西藏人民出版社，2011：108-113。

联合调查组在此地考古调查期间，幸运地得到了玉树州结古镇禅古寺僧人更噶索南（ཀུན་དགའ་བསོད་ནམས）的帮助，他慷慨地提供了早年当地僧人们的录文，以此录文为基础，我们又对照石壁刻文进行了仔细的核对和识读，补充了普贤陀罗尼，修订和补充了部分经文，希望能够为学界提供一份完整的、可靠的版本。现将原题记转录如下，前面的数字为行号：

1. ༄། །འཕགས་པ་ཀུན་ཏུ་བཟང་པོའི་གཟུངསོ། །འདི □□□□□□ ◌ི་སྒྲ། །བཅོམ་ལྡན་འདས་རྒྱལ་པོའི □□□□□□
2. རེ་རེའི □□□ བསྐོར་ཞུས་སོ། །□□□□□□
3. བསྒྲིབ་པ། །□□□□□□
4. ཀྱི་སྐྱེ་བའི་ཚེས་ལ་བཟློ་བ་ཐོས་ □□□□□□ འགྲོ་བའི་ཏིང་འཛིན་ཀུང་ཐོབ་ □□□□□□
5. སྟོང་གཡུ་ཀླུའི་རི་རིའི □□□□□□
6. □□□ འདི་སྒྲོས། །དཀོན་མཆོག་
7. □□□□□□ ཏད་ཡ་ཐཱ་སུ་ར་ཤི་ན □□ ཧཱ་ཨུ་ཕ་ཏི □□□□□□
8. གཟུངས་འདི་ཐོས □□□ །།དེ་ཕྱིར་བྱང་ཆུབ་སེམས་དཔའ་ཅེ་བ་ □□□ འགྲོ་བའི་ཕྱིར་འཛིན་ □□□ །།བྱང་ཆུབ་སེམས་དཔའ □□□ སའི་ཏིང་ངེ་འཛིན □□□
9. ༄༅།།ཕྱོགས་བཅུར་སངས་རྒྱས་ཀྱི་ཞིང་ཁམས་སུ་ཀུན་ཏུ་བཟང་པོ་བྱང་ཆུབ་སེམས་དཔས་ཅིག་ཅར་ཚིགས་སུ་བཅད་པའི་དབྱངས་ཀྱིས་སྨོན་ལམ་གསུངས་པ། ཕྱོགས་བཅུ་ཇི་སྙེད་གྲངས་ག་འཇིག་རྟེན་ན། །དུས་སུཾ་གཤེགས་པ་མི་ཡི་སེང་འགེ་ཀུན། །བདགིས་མ་ལུས་དེ་དག་ཐམས་ཅད་ལ། །
10. ལུས་ཏྲ་དག་ཡིད་དང་བས་ཕྱག་བགྱིའོ། །བཟང་པོ་སྤྱོད་པའི་སྨོན་ལཾ་སྟོབས་དག་གིས། རྒྱལ་བ་ཐམས་ཅད་ཡིད་ཀྱིས་མངོན་སུཾ་དུ། །ཞིང་གི་རྡུལ་སྙེད་ལུས་རབ་བཏུད་པ་ཡིས། །རྒྱལ་བ་ཀུན་ལ་རབ་ཏུ་ཕྱག་འཚལ་ལོ། །རྡུལ་ཅིག་སྟེང་ན་རྡུལ་སྙེད་སངས་རྒྱས་རྣམས། །སངས་རྒྱས་སྲས་ཀྱི་དབུསྣ་བཞུགས་པ་དག །
11. དེ་ལྟར་ཆོས་ཀྱི་དབྱིངས་རྣམས་མ་ལུས་པར། །ཐམས་ཅད་རྒྱལ་བ་དག་གིས་གང་བར་མོས། དེ་ཡི་བསྔགས་པ་མི་ཟད་རྒྱ་མཚོ་རྣམས། །དབྱངས་ཀྱི་ཡན་ལག་རྒྱ་མཚོའི་སྒྲ་ཀུན་ཀྱིས། །རྒྱལ་བ་ཀུན་གྱི་ཡོན་ཏན་རབ་བརྗོད་ཅིང་། །བདེ་བར་གཤེགས་པ་ཐམས་ཅད་བདག་གིས་བསྟོད། །མེ་ཏོག་དམ་པ་ཕྲེང་བ་མཆོག་རྣམས་ཏྲ། །
12. སིལ་སྙན་རྣམས་ཏྲ་བྱུག་པའི་གདུགས་རབ་དང་། །མར་མེ་མཆོག་ཏྲ་བདུག་པ་དཾ་པ་ཡིས། །རྒྱལ་ད་དེ་དག་ཀུན་ལ་མཆོད་པར་བགྱི། །ན་བཟའ་དཾ་པ་རྣམས་ཏྲ་དྲི་མཆོག་ཏྲ། །ཕྱེ་མའི་ཕུར་མ་རི་རབ་མཉཾ་པ་ཏྲ། །བཀོད་པ་ཁྱད་པར་འཕགས་པའི་མཆོག་ཀུན་གྱིས། །རྒྱལ་བ་དེ་དག་ལ་ནི་མཆོད་པར་བགྱི། །མཆོད་པ་གང་རྣམས་བླ་མེད་རྒྱ་ཆེ་བ། །
13. དེ་དག་རྒྱལ་བ་ཀུན་ལ་ལྷག་པར་མོས། །བཟང་པོ་སྤྱོད་ལ་དད་པའི་སྟོབས་དག་གིས། །རྒྱལ་བ་ཀུན་ལ་ཕྱག་འཚལ་མཆོད་པར་བགྱི། །འདོད་ཆགས་ཞེ་སྡང་གཏི་མུག་དབང་གིས་ནི། །དེ་བཞིན་ལུས་ཏྲ་དག་ཏྲ་ཡིད་ཀྱིས་ཀྱང་། །བདག་གིས་སྡིག་པ་བགྱིས་པ་ཅི་མཆིས་པ། །དེ་དག་ཐམས་ཅད་བདག་གིས་སོ་སོར་བཤགས། །

14. ཕྱོགས་བཅུའི་རྒྱལ་བ་ཀུན་དང་སངས་རྒྱས་སྲས། །རང་རྒྱལ་རྣམས་དང་སློབ་དང་མི་སློབ་དང་། །འགྲོ་བ་རྣམས་ཀྱི་བསོད་ནམས་གང་ལ་ཡང་། །དེ་དག་ཀུན་གྱི་རྗེས་སུ་བདག་ཡི་རང་། །སུ་དག་ཕྱོགས་བཅུའི་འཇིག་རྟེན་སྒྲོན་མ་རྣམས། །བྱང་ཆུབ་རམ་པར་ཆུད་པས་མ་ཆགས་བརྙེས། །བདག་གིས་མགོན་པོ་དེ་དག་ཐམས་ཅད་ལ། །བླ་མེད་ཆོས་ཀྱི་འཁོར་ལོ་བསྐོར་བར་བསྐུལ། ། 15. མྱ་ངན་འདའ་སྟོན་གང་བཞེད་དེ་དག་ལ། ། འགྲོ་བ་ཀུན་ལ་ཕན་ཞིང་བདེ་བའི་ཕྱིར། །ཞིང་གི་རྡུལ་སྙེད་བསྐལ་པར་བཞུགས་པར་ཡང་། ། བདག་གིས་ཐལ་མོ་རབ་སྦྱར་གསོལ་བར་བགྱི། །ཕྱག་འཚལ་བ་དང་མཆོད་ཅིང་བཤགས་པ་དང་། །རྗེས་སུ་ཡི་རང་བསྐུལ་ཞིང་གསོལ་བ་ཡི། །བདག་གིས་དགེ་བ་ཅུང་ཟད་ཅི་བསགས་པ། །དེ་དག་ཐམས་ཅད་བླ་མེད་བྱང་ཆུབ་བསྔོ། །འདས་དང་འཇིག་རྟེན་ཕྱོགས་བཞུགས་སངས་རྒྱས་རྣམས། ། 16. གང་རྣམས་མ་བྱོན་དེ་དག་རབ་མྱུར་བར། །བྱང་ཆུབ་རྣམ་པར་ཆུད་པས་བསམ་རྫོགས་སྤྱོན། །ཕྱོགས་བཅུ་དུས་གསུམ་སངས་རྒྱས་མཆོད་གྱུར་ཅིག །ཕྱོགས་བཅུ་གང་ན་ཞིང་རྣམས་ཇི་སྙེད་པ། །དེ་དག་རྒྱ་ཆེར་ཡོངས་སུ་དག་པར་གྱུརད། །རྒྱལ་བ་བྱང་ཆུབ་ཤིང་དབང་དྲུང་གཤེགས་ཤིང་། །སངས་རྒྱལ་སྲས་ཀྱིས་རབ་ཏུ་གང་བར་ཤོག །ཕྱོགས་བཅུའི་སེམས་ཅན་གང་རྣམས་ཇི་སྙེད་པ། །དེ་དག་རྟག་ཏུ་ནད་མེད

17. བདེ་བར་གྱུརད། །འགྲོ་བ་ཀུན་གྱི་ཆོས་ཀྱི་དོན་རྣམས་ནི། །མཐུན་པར་གྱུར་ཅིང་རེ་བའང་འགྲུབ་པར་ཤོག །བྱང་ཆུབ་སྤྱོད་པ་དག་ནི་བདག་སྤྱོད་ཅིང་། །འགྲོ་བ་ཀུན་ཏུ་སྐྱེ་བ་དྲན་པར་གྱུརད། །ཚེ་རབས་ཀུན་ཏུ་འཆི་འཕོ་སྐྱེས་པ་ན། ། བདག་ནི་རྟག་ཏུ་རབ་ཏུ་འབྱུང་བར་ཤོག །རྒྱལ་བ་ཀུན་གྱི་རྗེས་སུ་སློབ་གྱུར་ཏེ། །བཟང་པོ་སྤྱོད་པ་ཡོངས་སུ་རྫོགས་བྱེད་ཅིང་། །ཚུལ་ཁྲིམས་རྟག་ཏུ་མཉེ་ས་སྐྱོན་མེད་པར། །

18. དྲི་མ་མེད་པར་ཡོངས་དག་སྤྱོད་པར་ཤོག །ལྷའི་སྐད་དང་ཀླུ་དང་གནོད་སྦྱིན་སྐད། །གྲུལ་འབུམ་དག་དང་མི་ཡི་སྐད་རྣམས་དང་། །འགྲོ་བ་ཀུན་གྱི་སྒྲ་རྣམས་ཇི་བཞིན་བར། །ཐམས་ཅད་སྐད་དུ་བདག་གིས་ཆོས་བསྟན་ཏོ། །དེས་ཕྲ་པ་རོལ་ཕྱིནད་པ་རབ་བརྩོན་ཞིང་། །བྱང་ཆུབ་སེམས་ནི་ནམ་ཡང་བརྗེད་མི་གྱུར། །སྡིག་པ་གང་རྣམས་སྒྲིབ་པར་འགྱུར་བ་དག །དེ་དག་མ་ལུས་ཡོངས་སུ་བྱང་བར་ཤོག །

19. ལས་དང་ཉོན་མོངས་བདུད་ཀྱི་ལས་རྣམས་དང་། །འཇིག་རྟེན་རྒྱུད་ལས་རྣམ་པར་གྲོལ་སྤྱད་པ། ། ཇི་ལྟར་པད་མོ་ཆུས་མི་ཆགས་པ་ལྟར། །ཉི་ཟླ་ནམ་མཁར་ཐོགས་པ་མེད་པ་བཞིན། །ཕྱོགས་རྣམས་དང་ནི་ཞིང་ཁྱོན་ཇི་ཙམ་པར། །ངན་འགྲོ་སྡུག་བསྔལ་ཐམས་ཅད་ཞི་བར་བགྱི། །བདེ་བ་དག་ལ་འགྲོ་བ་ཀུན་འགོད་ཅིང་། །འགྲོ་བ་ཐམས་ཅད་ལ་ནི་ཕན་པར་སྤྱད། །བྱང་ཆུབ་སྤྱོད་པ་ཡོངས་སུ་རྫོགས་བྱེད་ཅིང་། །

20. སེམས་ཅན་དག་གི་སྤྱོད་དང་མཐུན་པར་འཇུག །བཟང་པོ་སྤྱོད་པ་དག་ནི་རབ་སྟོན་པ། །མ་འོངས་བསྐལ་བ་ཀུན་ཏུ་སྤྱོད་པར་གྱུརད། །བདག་གི་སྤྱོད་དང་མཚུངས་པར་སུ་སྤྱོད་པ། །དེ་དག་དང་ནི་རྟག་ཏུ་འགྲོགས་པར་ཤོག །ལུས་དང་ངག་རྣམས་དང་ནི་སེམས་ཀྱིས་ཀྱང་། །སྤྱོད་པ་དག་དང་སྨོན་ལམ་གཅིག་ཏུ་སྤྱད། །བདག་ལ་ཕན་པར་འདོད་པའི་གྲོགས་པོ་དག །བཟང་པོ་སྤྱོད་པ་རབ་ཏུ་སྟོན་པ་རྣམས། །

21. དེ་དག་དང་ནི་རྟག་ཏུ་ཕྲད་པར་ཤོག །དེ་དག་བདག་གིས་ནམ་ཀྱང་ཡིད་མི་དབྱུང་། །མགོན་པོ་སངས་རྒྱས་སྲས་ཀྱིས་བསྐོར་བའི་རྣམས། །བདག་གིས་རྟག་ཏུ་རྒྱལ་བ་མངོན་སུམ་བལྟ། །མ་འོངས་བསྐལ་པ་ཀུན་ཏུ་མི་སྐྱོ་བར། །དེ་དག་ལ་ཡང་མཆོད་པ་རྒྱ་ཆེར་བགྱི། །རྒྱལ་བ་རྣམས་ཀྱི་དམ་པའི་ཆོས་འཛིན་ཅིང་། །བྱང་ཆུབ་སྤྱོད་པ་ཀུན་ཏུ་སྣང་བར་བགྱི། །བཟང་པོ་སྤྱོད་པ་□ས་པར་སྦྱང་བ་ཡང་། །

22. མ་འོངས་བསྐལ་པ་ཀུན་ཏུ་སྤྱོད་པར་བགྱི། །སྲིད་པ་ཐམས་ཅད་དུ་ཡང་འཁོར་བ་ན། །བསོད་ནམས་ཡེ་ཤེས་ཚོགས་ནི་མི་ཟད་རྙེད། །ཐབས་དང་ཤེས་རབ་ཏིང་འཛིན་རྣམ་ཐར་དང་། །ཡོན་ཏན་ཀུན་གྱི་མི་ཟད་མཛོད་དུ་གྱུརད། །རྡུལ་གཅིག་སྟེང་ན་རྡུལ་སྙེད་ཞིང་རྣམས་སྟེ། །ཞིང་དེར་བསམ་གྱིས་མི་ཁྱབ་སངས་རྒྱས་རྣམས། །སངས་རྒྱས་སྲས་ཀྱི་དབུས་ན་བཞུགས་པ་ལ། །བྱང་ཆུབ་སྤྱོད་པ་སྤྱོད་ཅིང་བལྟ་བར་བགྱི། །

23. དེ་ལྟར་ཕྱོགས་རྣམས་མ་ལུས་ཐམས་ཅད་དུ། །སྐྲ་ཙམ་ཁྱོན་ལ་དུས་གསུམ་ཚད་སྙེད་ཀྱི། །ཞིང་རྣམས་རྒྱ་མཚོ་སངས་རྒྱས་རྒྱ་མཚོ་ལ། །བསྐལ་པ་རྒྱ་མཚོར་འཇུག་ཅིང་རབ་ཏུ་སྤྱད། །རྒྱལ་བ་ཀུན་དབྱངས་ཡན་ལག་རྣ་དག་པ། །གསུང་གཅིག་ཡན་ལག་རྒྱ་མཚོ་སྒྲ་ཀུན་གྱིས། །འགྲོ་བ་ཀུན་གྱི་བསམ་པ་ཇི་བཞིན་དབྱངས། །སངས་རྒྱས་གསུང་ལ་རྟག་ཏུ་འཇུག་པར་བགྱི། །དུས་གསུམ་གཤེགས་པ་རྒྱལ་བ་ཐམས་ཅད་དག །

24. དེ་དག་གི་ཡང་གསུང་དབྱངས་མི་ཟད་ལ། །ཆོས་ཀྱི་འཁོར་ལོ་ཚུལ་བཞིན་བསྐོར་བ་ལ། །བདག་ཀྱང་བློའི་སྟོབས་ཀྱིས་རབ་ཏུ་འཇུག །མ་འོངས་བསྐལ་བ་ཀུན་དུ་འཇུག་པར་ཡང་། །བདག་གིས་སྐད་ཅིག་གིས་ནི་འཇུག་པར་བགྱི། །བསྐལ་པ་གང་རྣམས་དུས་གསུམ་ཚད་དེ་དག །སྐད་ཅིག་ཡུད་ཙམ་ཆ་ཡིས་འཇུག་པར་སྤྱད། །དུས་གསུམ་གཤེགས་པ་མིའི་སེང་འགེ་དག །དེ་དག་སྐད་ཅིག་གཅིག་ལ་བདག་གིས་བལྟ། །

25. རྟག་ཏུ་དེ་དག་ཀུན་གྱི་སྤྱོད་ཡུལ་ལ། །རྣམ་ཐར་སྒྱུ་མར་གྱུར་པའི་སྟོབས་ཀྱིས་འཇུག །དུས་གསུམ་གང་དག་གི་ནི་ཞིང་བཀོད་པ། །དེ་དག་རྡུལ་གཅིག་སྟེང་དུ་མངོན་པར་བསྒྲུབ། །དེ་ལྟར་མ་ལུས་ཕྱོགས་རྣམས་ཐམས་ཅད་དུ། །རྒྱལ་བ་དག་གི་ཞིང་བཀོད་རྣམས་ལ་འཇུག །སུ་དག་མ་བྱོན་འཇིག་རྟེན་སྒྲོན་མ་རྣམས། །བྱང་ཆུབ་རྣམ་པར་འཚང་རྒྱ་འཁོར་ལོ་བསྐོར། །ཞི་བ་མྱ་ངན་འདས་པ་རབ་ཏུ་སྟོན། །

26. མགོན་པོ་ཀུན་གྱི་དྲུང་དུ་བདག་མཆིའོ། །རྫུ་འཕྲུལ་ཀུན་དུ་མྱུར་བའི་སྟོབས་རྣམས་དང་། །ཐེག་པ་ཀུན་ནས་སྒོ་ཡི་སྟོབས་དག་དང་། །ཡོན་ཏན་ཀུན་ཏུ་སྤྱོད་པའི་སྟོབས་རྣམས་དང་། །བྱམས་པ་ཀུན་དུ་ཁྱབ་པ་དག་གི་སྟོབས། །བསོད་ནམས་ཀུན་དུ་དགེ་བའི་སྟོབས་རྣམས་དང་། །ཡེ་ཤེས་ཆགས་པ་མེད་པར་གྱུར་པའི་སྟོབས། །ཤེས་རབ་ཐབས་དང་ཏིང་འཛིན་སྟོབས་དག་གིས། །ཡང་དག་བྱང་ཆུབ་སྟོབས་རྣམས་བསྒྲུབ་པར་བགྱི། །

27. ལས་ཀྱི་སྟོབས་རྣམས་ཡོངས་སུ་དག་བྱེད་ཅིང་། །ཉོན་མོངས་སྟོབས་རྣམས་ཀུན་ཏུ་འཇོམས་པར་བྱེད། །བདུད་ཀྱི་སྟོབས་རྣམས་སྟོབས་མེད་རབ་བྱེད་ཅིང་། །བཟང་པོ་སྤྱོད་པའི་སྟོབས་ནི་རྫོགས་པར་བགྱི། །ཞིང་རྣམས་རྒྱ་མཚོ་རྣམ་པར་དག་བྱེད་ཅིང་། །སེམས་ཅན་རྒྱ་མཚོ་རྣམ་པར་སྨིན་པར་བྱེད། །ཆོས་རྣམས་རྒྱ་མཚོ་རབ་ཏུ་མཐོང་བྱེད་ཅིང་། །ཡེ་ཤེས་རྒྱ་མཚོ་རབ་ཏུ་རྟོགས་པར་བྱེད། །སྤྱོད་པ་རྒྱ་མཚོ་རྣམ་པར་

28. དག་བྱེད་ཅིང་། །སྨོན་ལམ་རྒྱ་མཚོ་རབ་ཏུ་རྫོགས་པར་བྱེད། །སངས་རྒྱས་རྒྱ་མཚོ་རབ་ཏུ་མཆོད་བྱེད་པ། །བསྐལ་པ་རྒྱ་མཚོར་མི་སྐྱོ་སྤྱད་པར་བགྱི། །དུས་གསུམ་གཤེགས་པའི་རྒྱལ་བ་གང་དག་གི །བྱང་ཆུབ་སྤྱོད་པའི་སྨོན་ལམ་ཁྱད་པར་རྣམས། །བཟང་སྤྱོད་རྣམ་པར་ཆུད་པས་བྱང་ཆུབ་སྟེ། །དེ་ཀུན་མ་ལུས་བདག་གིས་རྫོགས་པར་བགྱི། །རྒྱལ་བ་ཀུན་གྱི་སྲས་ཀྱི་ཐུ་བོ་པ། །མིང་ནི་ཀུན་ཏུ་བཟང་ཞེས་གང་བྱ་བ། །མཁས་པ་དེ་བས་མཚུངས་པར་སྤྱད་པའི་ཕྱིར། །

29. དགེ་བ་འདི་ཀུན་རྣམས་ནི་རབ་ཏུ་བསྔོ། །ལུས་དང་ངག་དང་ཡིད་ཀྱང་རྣམ་དག་ཅིང་། །སྤྱོད་པ་ཡོངས་དག་ཞིང་རྣམས་ཡོངས་དག་དང་། །ཇི་ལྟར་བཟང་པོས་བསྔོས་པ་དེ་བཞིན་དུ། །དེ་འདྲར་བདག་ཀྱང་དེ་དང་མཚུངས་པར་

图一二　藏文题记第 23 至 30 行左侧

ཤོག། བཟང་པོ་སྤྱོད་པ་ཀུན་ཏུ་དགེ་བ་ཐ།། འཇམ་དཔལ་གྱི་ནི་སྨོན་ལམ་སྤྱད་པ་ཡང་།། མ་འོངས་བསྐལ་པ་ཀུན་ཏུ་ཐེ་སྐྱོ་བར། དེ་ཡི་བྱ་བ་མ་ལུས་རྫོགས་པར་བགྱི། སྤྱོད་པ་དག་ནི་ཚད་ཡོད་མ་གྱུར་ཅིག། ཡོན་ཏན་རྣམས་ཀྱང་ཚད་

30. གཟུང་མེད་པར་ཤོག། སྤྱོད་པ་ཚད་མེད་པ་ལ་གནས་བྱས་ཤིང་།། དེ་ཡི་རྫུ་འཕྲུལ་ཐམས་ཅད་འཚལད་བར་བགྱི། ནམ་ཀའི་མཐར་གྱུར་ཐུག་པ་ཇི་ཙམ་པར། སེམས་ཅན་མ་ལུས་མཐའ་ཡང་དེ་བཞིན་ཏེ།། ལས་དྲ་ཉོན་མོངས་རྣམ་ཟད་ཇི་ཙམ་བར།། བདག་གི་སྨོན་ལམ་མཐའ་ཡང་དེ་བཞིན་ནོ། ཕྱོགས་བཅུ་གང་ན་ཞིང་རྣམས་མཐའ་ཡས་པ། རིན་ཆེན་བརྒྱན་དེ་རྒྱལ་བ་རྣམས་ལ་ཕུལ། □□□□ བདེ་བ་མཆོག་རྣམས་ཀྱང་།།

31. ཞིང་གི་རྡུལ་སྙེད་བསྐལ་བར་ཕུལ་བ་བས། གང་གིས་བསྔོ་བའི་རྒྱལ་པོ་འདི་ཐོས་ནས། བྱང་ཆུབ་མཆོག་གི་རྗེས་སུ་རབ་སྨོ་ཤིང་།། ལན་གཅིག་ཙམ་ཡང་དད་པ་བསྐྱེད་པ་ནི། བསོད་ནམས་དམ་པའི་མཆོག་ཏུ་འདི་འགྱུར་རོ།

图一三　藏文题记第 32 至 36 行左侧

གང་གིས་བཟང་སྤྱོད་སྨོན་ལམ་འདི་བཏབ་པས། །དེས་ནི་ངན་འགྲོ་ཐམས་ཅད་སྤངས་པར་འགྱུར། །དེས་ནི་གྲོགས་པོ་ངན་པ་སྤངས་པ་ཡིན། །འོད་དཔག་མེད་པ་དེ་ཡྔ་དེས་མྱུར་མཐོང་། །དེ་དག་རྙེད་པར་བརྙེད་བ་དེ་བར་འཚོ། །

32. མི་ཚེ་འདིར་ཡྔ་དེ་དག་ལེགས་པར་འོངས། །ཀུན་ཏུ་བཟང་པོ་དེ་ཡང་ཇི་འདྲ་བར། །དེ་དག་རིང་པོ་མྱི་ཐོགས་དེ་འདྲར་འགྱུར། །མཚམས་མེད་ལྔ་པོ་དག་གི་སྡིག་པ་རྣམས། །གང་གིས་མྱི་ཤེས་དབང་གིས་བྱས་པ་དག །དེ་ཡིས་བཟང་པོ་སྤྱོད་པ་འདི་བརྗོད་ན། །མྱུར་དུ་མ་ལུས་ཡོངས་སུ་བྱང་བར་འགྱུར།། ཡེ་ཤེས་དྔ་ནི་གཟུགས་དྔ་མཚན་རྣམས་དྔ། །རིགས་དྔ་ཁ་དོག་རྣམས་དྔ་ལྡན་པར་འགྱུར། །བདུད་དྔ་མྱི་སྟེགས་མང་པོས་དེ་མྱི་ཐུབ། །

33. འཇིག་རྟེན་གསུམ་པོ་ཀུན་ན་མཆོད་པར་འགྱུར། །བྱང་ཆུབ་ཤིང་དབང་དྲུང་དུ་དེ་མྱུར་འགྲོ། །སོང་ནས་སེམས་ཅན་ཕན་པའི་ཕྱིར་འདུག་སྟེ། །བྱང་ཆུབ་སངས་རྒྱས་འཁོར་ལོ་རབ་ཏུ་བསྐོར། །བདུད་རྣམས་སྡེ་དྔ་བཅས་པར་ཐམས་ཅད་བཏུལ། །གང་གིས་བཟང་པོ་སྤྱོད་པའི་སྨོན་ལམ་འདི། །འཛིན་པ་དྔ་ནི་སྟོན □ □ □ □ ། །□ □ □ □ □ དེ་སངས་རྒྱས་མཁྱེན། །བྱང་ཆུབ་མཆོག་ལ་སོམ་ཉི་མ་བྱེད་ཅིག །འཇམ་དཔལ་དཔའ་བོ་ཇི་ལྟར་མཁྱེན་པ་དང་། །

34. ཀུན་ཏུ་བཟང་པོ་ཡྔ་ནི་དེ་བཞིན་ཏེ། །དེ་དག་གི་ནི་རྗེས་སུ་བདག་སློབ་པར། །དགེ་བ་འདི་དག་ཀུན་གྱིས་རབ་ཏུ་བསྔོ། །དུས་གསུམ་གཤེགས་པ་རྒྱལ་བ་ཐམས་ཅད་ཀྱི། །བསྔོ་བ་གང་དག་མཆོག་ཏུ་བསྔགསྤ་དེས། །བདག་གིས་

དགེ་ཕྲི་ཆ་བ་འདི་ཀུན་ཀྱང་། །བཟང་པོ་སྤྱོད་ཕྱིར་རབ་ཏུ་བསྔོ་བར་བགྱི། །བདག་ནི་འཆི་བའི་དུས་བྱེད་གྱུར་པ་ན། །སྒྲིབ་པ་ཐམས་ཅད་དག་ནི་ཕྱིརད་སླལ་ཏེ། །འོད་དཔག་མྱེད་པ་མངོན་སུམ་དེ་མཐོང་ནས། །བདེ་བ་ཅན་གྱི་ཞིང་དེར་རབ་ཏུ་འགྲོ། །

35. རྒྱལ་བའི་དཀྱིལ་ཀོར་བཟང་ཞིང་དགའ་བ་དེར། པདྨ་དམ་པ་ཤིན་ཏུ་མཛེས་ལས་སྐྱེས། །དེར་ཕྱིན་ནས་ནི་སྨོན་ལཾ་འདི་དག་ཀྱང་། །ཐམས་ཅད་མ་ལུས་མངོན་སུམ་སྤྱོད་པར་ཤོག །དེ་ཀུན་བདག་གིས་མ་ལུས་ཡོངས་སུ་བསྐང་། །འཇིག་རྟེན་ཇི་སྲིད་སེམས་ཅན་ཕན་པར་བགྱི། །རྒྱལ་བ་འོད་དཔག་མྱེད་པས་མངོན་སུམ་དུ། དེར་ནི་བདག་ཀྱང་ལུང་བསྟན་ཐོབ་པར་ཤོག །དེར་ནི་བདག་གིས་ལུང་བསྟན་རབ་ཐོབ་ནས། །སྤྲུལ་པ་བྱེ་བ་ཁྲག་བརྒྱ་མང་པོ་ཡིས། །

36. བློ་ཡི་སྟོབས་ཀྱིས་ཕྱོགས་བཅུ་ཀུན་དུ་ཡཱ། །སེམས་ཅན་རྣམས་ལ་ཕན་པ་མང་པོ་བགྱི། །ཀུན་དུ་བཟང་པོ་སྤྱོད་པའི་སྨོན་ལམ་གྱི་རྒྱལ་པོ་རྫོགས་སོ། །（图一二、一三）

将题刻《普贤行愿王经》与德格版大藏经[6]和敦煌版如法藏 Pt.0045 所载《普贤行愿王经》中的经文进行比对后，我们发现题刻中的《普贤行愿王经》与敦煌版为同一版本。英藏 S. 2361 和 S.2324 是《普贤行愿王经》敦煌汉文版，共有 60 偈，是由吐蕃译师无分别译出，其母本很可能是藏文，且与本文题刻《普贤行愿王经》为同一版本。S. 2361 和 S.2324 二者虽然是同一版本，但在抄写过程中个别地方出现笔误，《大正藏》第 85 册收录了 S.2361，用注脚标出了二者的差异。而经过笔者的核对，尽管语种不同，但其内容和顺序与此处藏文题刻完全对应，而且此处题刻可以纠正上引英藏两个卷号经文的笔误。今依英藏 S.2361 译出，并将 S.2361 与 S.2324 的差异和修订作为脚注标出[7]。

汉译文：

圣普贤陀罗尼：圣普贤陀罗尼：……世尊……障蔽……人初生时听颂……获得等持三昧耶……每条龙……如此云……哒亚塔苏惹比那 ×× 哈俄帕底…听闻此陀罗尼……是故无数菩萨…为了众生……菩萨…三昧耶……

十方佛土，普贤菩萨偈颂誓愿云：

6 《中华大藏经 · 甘珠尔》（对勘本）第 98 卷，北京：中国藏学出版社，2008：921-928。

7 译文母本源自《大正藏》第 85 册第 1452-1454 页，英藏敦煌文献 S.2361 及 S.2324, 这两个抄本均来自同一母本，但在传抄中有多处误差，只靠两种文本本身，很难做出选择，今根据石刻藏文，经考证、比对后得出此译文，在这里用注脚标明二者的差异。

尽诸十方世界尊　　普游三世人师子
我身口意具清净　　是故今当遍稽首
以普贤行诸愿力　　一切最胜相现前
俯身量等刹土尘　　虔心率礼于大圣
一微尘上众尘佛　　各居[8]其中佛子遶
是诸法界尽无边　　如来皆遍当胜解
是诸德海量难尽　　以言枝派浩[9]无涯
诸佛功德敷演故　　一切善逝[10]我当赞
最胜妙华及花鬘　　最胜妙灯及炉[11]香
音声涂香及宝盖　　恭敬供养一切佛
胜妙衣服及熏香　　末香积里等须弥
胜妙一切庄严具　　恭敬供养于善游
深信普贤行愿力　　如是无上广大施
此皆将献于十方　　恭敬供养一切佛
为以贪嗔痴为因　　身业口业及意业
若有所造于不善　　如是[12]我今皆忏悔
十方诸佛与菩萨　　缘觉有学及无学
及与众生诸功德　　我当随喜于一切
十方诸界作灯者　　愿证无着佛菩萨
如是于诸大导师　　我请转于无上轮
有佛欲趣[13]于涅槃　　为利一切有情故

---

8　S.2361 作“居”，S.2324 作“于”，此行对应题刻藏文为“རྡུལ་ཅིག་སྟེང་ན་རྡུལ་སྙེད་སངས་རྒྱས་རྣམས། །སངས་རྒྱས་སྲས་ཀྱི་དབུས་ན་བཞུགས་པ་དག །”，根据藏文，今从 S.2324，作“居”。

9　S.2361 作“结”，S.2324 作“浩”，此行对应题刻藏文为“དེ་ཡི་བསྔགས་པ་མི་ཟད་རྒྱ་མཚོ་རྣམས། །དབྱངས་ཀྱི་ཡན་ལག་རྒྱ་མཚོའི་སྒྲ་ཀུན་གྱིས། །”，根据藏文，今从 S.2324，作“浩”。

10　S.2361 作“愿”，S.2324 作“逝”，此行对应题刻藏文为“རྒྱལ་བ་ཀུན་གྱི་ཡོན་ཏན་རབ་བརྗོད་ཅིང་། །བདེ་བར་གཤེགས་པ་ཐམས་ཅད་བདག་གིས་བསྟོད། །”，根据藏文，今从 S.2324，作“逝”。

11　S.2361 作“鑪”，S.2324 作“爐”，此行对应题刻藏文为“མར་མེ་མཆོག་ཏྲ་བདུག་པ་དཾ་པ་ཡིས། །”，根据藏文，今从 S.2324，作“爐”，即“炉”。

12　S.2361 作“来”，S.2324 作“是”，此行对应题刻藏文为“བདག་གིས་སྡིག་པ་བགྱིས་པ་ཅི་མཆིས་པ། །དེ་དག་ཐམས་ཅད་བདག་གིས་སོ་སོར་བཤགས། །”，根据藏文，今从 S.2324，作“是”。

13　S.2361 作“取”，S.2324 作“趣”，此行对应题刻藏文为“མྱ་ངན་འདའ་སྟོན་གང་བཞེད་དེ་དག་ལ། །འགྲོ་བ་ཀུན་ལ་ཕན་ཞིང་བདེ་བའི་ཕྱིར། །”，根据藏文，今从 S.2324，作“趣”。

我以合掌当跪请　　令愿住劫刹土尘
礼拜供养与忏悔　　随喜启发及劝请
我于积集少善根　　皆用回向大菩提
过去十方诸善逝　　住于世者皆供养
所有未来诸善逝　　速令愿满证菩提
尽于十方诸刹土　　皆得广大令清净
菩提[14]树下等觉尊　　及诸佛子愿圆满
所是十方有情类　　愿得无病[15]常安乐
所是众生诸法义　　愿所希望随意成
菩提诸行我当行　　愿生六趣智宿命
若于世世[16]受身时　　愿我出家果恒遂
随顺修学诸最胜　　普贤行行令圆满
无垢清净尸罗行[17]　　愿常无缺无瑕秽
天龙夜叉鸠盘茶　　人及诸类发众声
各各所有一切音　　我随彼音为说法
调善精勤修十度　　愿常不忘[18]菩提心
所有诸恶成障者　　如是皆愿尽消灭
业与烦恼诸魔道　　行于世间得解脱
不着于水喻莲花　　经空无碍如日月
所有十方刹土中　　恶趣众苦尽消除

14 S.2361 作“萨”，S.2324 作“提”，此行对应题刻藏文为“རྒྱལ་བ་བྱང་ཆུབ་ཤིང་དབང་དྲུང་གཤེགས་ཤིང་། །སངས་རྒྱལ་སྲས་ཀྱིས་རབ་ཏུ་གང་བར་ཤོག །”，根据藏文，今从 S.2324，作“提”。

15 S.2361 作“漏”，S.2324 作“病”，此行对应题刻藏文为“ཕྱོགས་བཅུའི་སེམྣ་ཅན་གྲ་རྣམས་ཇི་སྙེད་པ། །དེ་དག་རྟག་ཏུ་ནད་མེད་བདེ་བར་གྱུརད། །”，根据藏文，今从 S.2324，作“病”。

16 S.2361 作“世”，S.2324 作“界”，此行对应题刻藏文为“ཚེ་རབས་ཀུན་ཏུ་འཆི་འཕོ་སྐྱེས་པ་ན། །བདག་ནི་རྟག་ཏུ་རབ་ཏུ་འབྱུང་བར་ཤོག །”，根据藏文，今从 S.2324，作“世”。

17 S.2361 作“等”，S.2324 作“行”，此行对应题刻藏文为“ཚུལ་ཁྲིམས་རྟག་ཏུ་མཉེ་ས་སྐྱོན་མེད་པར། །དྲི་མ་མེད་པར་ཡོངས་དག་སྤྱོད་པར་ཤོག །”，根据藏文，今从 S.2324，作“行”。

18 S.2361 作“忘”，S.2324 作“妄”，此行对应题刻藏文为“དེས་ཕྱི་ཕ་རོལ་ཕྱིནད་པ་རབ་བརྩོན་ཞིང་། །བྱང་ཆུབ་སེམས་ནི་ནམ་ཡང་བརྗེད་མི་གྱུར། །”，根据藏文，今从 S.2361，作“忘”。

令[19]致有情安隐[20]处　饶益诸行利群品
能令圆满菩提行　随顺众生转彼行
开示普贤菩萨行　尽未来劫行此行
熟能与我同行行　愿得与之常相随
身业口业及意业　与彼行行愿为一
欲利[21]于我诸善友　开演普贤诸行者
如是愿得常相遇[22]　我不违背于彼意
佛子围绕大尊[23]师　愿我常得亲睹见
于中广行大供养　尽未来劫无厌惓
恒持诸佛最妙法　菩萨之行令普示
为净普贤菩萨行　于未来劫我愿行
于三有中轮转时　证得无尽福德智
定惠方便及解脱　愿成诸德[24]无尽藏
一微尘上微尘刹　于一刹中无量佛
佛子围绕居中尊　菩萨行行我瞻仰
如是无边众方所　一毫发上载三世
佛与刹土量如海　行行如海众多劫
一音言枝方大海　皆是诸佛清净音
随其众意[25]而敷演　愿我常趣诸佛教

19 S.2361 作“安”，S.2324 作“令”，此行对应题刻藏文为“བདེ་བ་དག་ལ་འགྲོ་བ་ཀུན་འགོད་ཅིང་། །འགྲོ་བ་ཐམས་ཅད་ལ་ནི་ཕན་པར་སྤྱད། །”，根据藏文，今从 S.2324，作“令”。

20 S.2361 作“乐”，S.2324 作“隐”，此行对应题刻藏文为“བདེ་བ་དག་ལ་འགྲོ་བ་ཀུན་འགོད་ཅིང་། །འགྲོ་བ་ཐམས་ཅད་ལ་ནི་ཕན་པར་སྤྱད། །”，对应藏文为“བདེ་བ”，“安乐”“安隐”均可，根据佛书翻译的特点，“安隐”较雅，今从 S.2324，作“隐”。

21 S.2361 作“利”，S.2324 作“离”，此行对应题刻藏文为“བདག་ལ་ཕན་པར་འདོད་པའི་གྲོགས་པོ་དག །བཟང་པོ་སྤྱོད་པ་རབ་ཏུ་སྟོན་པ་རྣམས། །”，根据藏文，今从 S.2361，作“利”。

22 S.2361 作“遇”，S.2324 作“随”，此行对应题刻藏文为“དེ་དག་དང་ནི་རྟག་ཏུ་ཕྲད་པར་ཤོག །དེ་དག་བདག་གིས་ནམ་ཡང་ཡིད་མི་དབྱུང་། །”，根据藏文，今从 S.2361，作“遇”。

23 S.2361 作“尊”，S.2324 作“导”，此行对应题刻藏文为“མགོན་པོ་སངས་རྒྱས་སྲས་ཀྱིས་བསྐོར་བའི་རྣམས། །བདག་གིས་རྟག་ཏུ་རྒྱལ་བ་མངོན་སུམ་བལྟ། །”，“尊师”、“导师”对应藏文“མགོན་པོ”，二者均可，但藏文的释义中偏向于“尊师”，今从 S.2361，作“尊”。

24 S.2361 作“得”，S.2324 作“德”，此行对应题刻藏文为“ཐབས་དང་ཤེས་རབ་ཏིང་འཛིན་རྣམ་ཐར་དང་། །ཡོན་ཏན་ཀུན་གྱི་མི་ཟད་མཛོད་དུ་གྱུར་ད། །”，根据藏文，今从 S.2324，作“德”。

25 S.2361 作“意”，S.2324 作“音”，此行对应题刻藏文为“འགྲོ་བ་ཀུན་གྱི་བསམ་པ་ཇི་བཞིན་སྒྲུངས། །སངས་རྒྱས་གསུང་ལ་རྟག་ཏུ་འཇུག་པར་བགྱི། །”，根据藏文，今从 S.2361，作“意”。

游于三世诸最胜　　当转无上法轮时
如上诸佛无尽教　　我以惠力令善入
所有未来众多劫　　于一刹那我当证
如是诸劫历三世　　刹那分中我当行
游于三世人师子　　我于刹那尽瞻仰
常于诸佛上境界　　证得如幻解脱力
三世刹土众庄严　　尽力[26]建立一尘上
如是无量诸方所　　我愿遍入佛净土[27]
所有未来诸世灯[28]　　尽证等觉转法轮
示入涅槃证真际　　我愿行于诸佛前
令诸神力速普往　　以大乘力趣普门
以行行力普功德　　诸大慈力普遍满
普于众善诸福力　　无有染着大智力
智惠方便诸定力　　令正修行菩提力
常以清净诸业力　　永除一切烦恼力
诸作魔力令无力　　圆满普贤行行力
诸刹如海令诸净　　有情诸海令解脱
诸法如海令了见　　智惠如海令善证
行行如海令清净　　誓愿如海令圆满
诸佛如海令供养　　历劫如海行无倦
所游三世最胜尊　　菩提行愿有众多
用普贤行等觉已　　如是我当令圆满
诸佛子中最为尊　　是故号之为普贤
与此大智同行故　　如是诸善悉回向
身口意业极清净　　行净众刹亦清净

26　S.2361 作“用”，S.2324 作“力”，此行对应题刻藏文为“དུས་གསུམ་གང་དག་གི་ནི་ཞིང་བཀོད་པ། །དེ་དག་རྡུལ་གཅིག་སྟེང་དུ་མངོན་པར་བསྒྲུབ། །”，根据藏文，今从 S.2324，作“力”。

27　S.2361 作“亦愿佛刹遍庄严”，S.2324 作“我愿遍入佛净土”，此行对应题刻藏文为“དེ་ལྟར་མ་ལུས་ཕྱོགས་རྣམས་ཐམས་ཅད་དུ། །རྒྱལ་བ་དག་གི་ཞིང་བཀོད་རྣམས་ལ་འཇུག །”，根据藏文，今从 S.2324，作“我愿遍入佛净土”。

28　S.2361 作“证”，S.2324 作“灯”，此行对应题刻藏文为“སུ་དག་མ་བྱོན་འཇིག་རྟེན་སྒྲོན་མ་རྣམས། །བྱང་ཆུབ་རྣམ་པར་འཚང་རྒྱ་འཁོར་ལོ་བསྐོར། །”，根据藏文，今从 S.2324，作“灯”。

普贤如何善回向　　愿我亦同于此行
为行极善普贤行　　文殊大愿亦当行
未来诸劫勿厌疲　　菩萨此行皆圆满
如是等行勿有量　　亦愿诸福勿有量
处于如是无量行　　一切变化愿我知
若于[29]尽于虚空际　　众生无尽亦如是
尽于业与烦恼际　　我之愿际量亦然
所有十方无量刹　　众宝庄严献诸佛
人及诸天[30]最胜乐　　如刹尘劫将供养
宁有闻此回向经　　随顺深信大菩提
唯于此中生一信　　即成最胜功德聚
若人发此普贤愿　　此乃远离诸恶趣
又以弃绝诸恶友　　是人速见阿弥陀
此皆获证最胜寿　　善来于此寿[31]人身
有如普贤大菩萨　　皆能不久速成就
谁以无明力所作　　五无间等诸众罪
其人诵此普贤愿　　应时速得永尽际
于诸色相及智惠　　种族容质皆圆满
众魔外道不能屈　　通[32]于三界咸供养
为利一切有情故　　菩提树下速安住
成等正觉转法轮　　降伏一切魔军众
若此普贤行行愿　　受持（读诵）解说者
（此之果报）唯佛知　　无上菩提勿生惑
譬如文殊威德智　　普贤菩萨亦如是

29 S.2361 作“有”，S.2324 作“于”，此行对应题刻藏文为“ནམ་ཀའི་མཐར་གྱུར་ཐུག་པ་ཇི་ཙམ་པར། སེམས་ཅན་མ་ལུས་མཐའ་ཡང་དེ་བཞིན་ཏེ།།”，根据藏文，今从 S.2324，作“于”。

30 S.2361 作“大”，S.2324 作“天”，此行对应题刻字迹模糊，对应的德格版为“ལྷ་དང་མི་ཡི་བདེ་བ་མཆོག་རྣམས་ཀྱང་། །ཞིང་གི་རྡུལ་སྙེད་བསྐལ་པར་ཕུལ་བ་བས།”，根据德格版藏文，今从 S.2324，作“天”。

31 S.2361 作“寿”，S.2324 作“受”，此行对应题刻藏文为“དེ་དག་རྙེད་པར་བརྙེད་པ་དེ་བར་འཚོ། །ཕྱི་ཆེ་འདིར་ཡང་དེ་དག་ལེགས་པར་འོངས།།”，根据藏文，今从 S.2361，作“寿”。

32 S.2361 作“道”，S.2324 作“通”，此行对应题刻藏文为“བདུད་ཧྲ་ཕྱི་སྟེགས་མང་པོས་དེ་ཕྱི་ཐུབ། །འཇིག་རྟེན་གསུམ་པོ་ཀུན་ན་མཆོད་པར་འགྱུར།།”，根据藏文，今从 S.2324，作“通”。

我随修学如彼行　　是等诸善悉回向
游于三世诸最胜　　所可称赞所[33]回向
我之如是众善根　　为修普贤行回向
若我当于命终时　　蠲除一切诸覆障
目所亲睹弥陀已　　游彼极乐刹土中
既到彼已如是愿　　誓得一切皆现前
令我此皆极圆满　　尽于世界利群生
秀丽极乐佛道场　　生于上妙莲花上
亲向弥陀世尊所　　愿我于此得授记
我得最胜授记已　　变化众多百俱胝
令以惠力于十方　　于诸有情作饶益
普贤菩萨行愿王经终了

## 二、青海玉树大日如来佛堂西侧河对岸线刻佛塔

### 1.1 号佛塔

该塔位于大日如来佛堂西侧约 130 米处河对岸的崖面之上，地理位置为东经 97.074°，北纬 32.895°，海拔 3870 米，崖面坐南朝北（北偏东约 70°），与地面夹角约 95°。崖壁上空布满经幡，无法拍摄佛塔全貌。塔系阴线刻制而成的覆钵式佛塔，保存尚好。

佛塔总高约 6.6 米，共由莲座、阶基、塔瓶和相轮四部分组成（图一四）。一般而言，佛塔最下部都有塔基，该佛塔则未见塔基，而是在底部有莲座托起佛塔。莲座为仰莲座，莲瓣肥厚，最外一层莲瓣几乎与地面平行，与藏东地区发现的吐蕃时期石刻造像的莲座类似。莲座上方为四层阶基，自下而上逐层收分（图一五）。第一层宽约 4.28 米，高约 0.48 米；第二层宽约 3.88 米、高约 0.4 米，上面自左至右阴刻藏文一行（图一六）：

33 S.2361 作“所”，S.2324 作“胜”，此行对应题刻藏文为“དུས་གསུམ་གཤེགས་པ་རྒྱལ་བ་ཐིམས་ཅད་ཀྱི། །བསྔོ་བ་གང་དག་མཆོག་ཏུ་བསྔགས་པ་དེས། །”，根据藏文，今从 S.2361，作“所”。

图一四　1 号佛塔线图

图一五　1 号佛塔底部

图一六　1. 1 号佛塔第二层阶基上的题记

༄། །ཆོས་གང་རྒྱུ་ལས་སྐྱེས་པ་ནི། རྒྱུ་དེ་དེ་བཞིན་གཤེགས་པས་གསུངས་པ། སེམས་ཀྱི་ནི་གང་འགོག་པ་ལས་སྐྱོང་ན་ □□□□□□

可译为：

万法皆由因而生，如来言：此法乃由心自寂灭净治（而生？）□□□□□□

第三层阶基宽约 3.56 米、高约 0.32 米；第四层宽约 3.16 米、高约 0.40 米。

四层阶基之上为倒钟状塔瓶，塔瓶和阶基之间未见瓶座（图一七）。

塔瓶之上为相轮，总高 2.6 米，共有八级，中间宽两端窄，呈橄榄形，八级相轮均呈横长方形（图一八）。相轮之上、塔的顶端为一个小伞盖。一般而言，相轮通常为五个、七个、九个，晚期出现十三个甚至十五个，均为奇数，此处为八个。

2. 2 号佛塔

该塔系由禅古寺喇嘛更尕索南指引而发现，塔所在崖面位于大日如来佛堂西南方约 200 米处，崖壁位于贝曲河和庙前公路的南侧，地理位置为东经 97.074°，北纬 32.895°，海拔 3867 米。崖面略呈正南北走向，与地面夹角约 109°，高约 15-20 米，崖壁上空挂满经幡。佛塔系阴线刻制而成，保存尚好，阴线宽约 1 厘米，现深 0.4-0.6 厘米。在塔基的最底层隐约有一

图一六　2. 1 号佛塔第二层阶基上的题记拓片

图一七　1 号佛塔的塔瓶和相轮

图一八　1 号佛塔的相轮

图一九　2 号佛塔

图二〇　2 号佛塔线图

行藏文题记，但已遭破坏，模糊不清。另有后期“六字真言”等藏文题记打破原线刻，塔的下部有许多圆窝，直径多在 10 厘米以下，深 2-4 厘米，应是当地藏民取崖壁石末入药所致。

该塔由阶基、塔瓶、相轮和伞盖四部分构成（图一九），通高约 4.72 米，最宽处（最底层阶基）约 4 米，最窄处（塔顶）约 0.14 米（图二〇）。

底部为长方形阶基，共有四层，由下往上逐层收分。阶基底下隐约可辨有莲瓣线条，莲瓣肥厚，推测原先有与 1 号佛塔类似的莲座。最下一层阶基宽约 4 米，高约 0.48 米，从左至

图二一　2 号佛塔顶部

右仍可看出阴刻藏文痕迹，但具体文字及内容已不可辨识；第二层宽约 3.64 米、高约 0.28 米；第三层宽约 3.28 米、高约 0.32 米；第四层宽约 2.92 米、高约 0.32 米。

阶基之上为塔瓶，呈半球形，高约 1.28 米、底边宽约 2.44 米。

塔瓶之上有七级相轮，套叠在一直立的竖杆上，由下向上渐次缩小。除最下方第一级相轮为方形外，其余的六级相轮均为圆形。

塔瓶之上、塔的顶端有一个小伞盖，左右两端各坠有一串铃铎状饰物（图二一）。

这两座线刻佛塔均为典型的藏式覆钵形塔，造型简洁大方，均由莲座、阶基、塔瓶、相轮和伞盖构成，不见塔基、瓶座和平头等，相轮也仅有七级，不是后期常见的十三级，顶端也未见新月、日轮和宝珠，这些都表明这两座佛塔的年代较早，表现的是佛塔早期的形制造型，古朴庄严、稳重大方。

“佛塔”的藏语称为 མཆོད་རྟེན，本意为供养所依处，相当于梵文的 caitya（支提）或 stūpa（窣堵波）。建造佛塔具有多种功德，属于以造像、抄经、建寺来弘法或供养佛菩萨的诸多善业之一，不仅意味着以具象实体表达自己的信仰，而且还是施行佛教谆谆倡导的难行有益的善业之一——布施。布施者在财施、身命施、法施之际，实践舍离，利他胜过自利。其中最为殊胜的法施也体现在塔和嘛呢经墙的建造，将总摄教法的偈颂依托于塔和石来弘法，建塔意味着再次宣说佛法，路过佛塔的人们，信解礼敬之情油然而生，他会发愿、供养、礼拜，即他会施行许多种植善根的善行，从而在今生和来世得到果报。建塔者在为自己修功德的同时，又利益他人，实现自利利他[34]。1号佛塔阶基所刻题记“万法皆由因而生，如来言……”即体现了刻制佛塔的目的——宣说佛法、自利利他。当造塔条件不具备时，为了修功德或还愿，不一定要造一座真正的塔。据佛教教义，行为的发心最为重要，刻划塔或造小塔亦有功德[35]。1号和2号佛塔均为在岩石上按照规矩刻划的佛塔，其所具有的功德与建造一座真正的佛塔是一致的。

## 三、小结

本简报的主要内容分两部分，第一部分对大日如来佛堂西侧贝曲河北岸的摩崖石刻“大日如来及二胁侍、十方佛摩崖石刻”作了介绍，在汉式宫殿殿顶下，大日如来左右两侧的二胁侍均身着宽袖长袈裟，两手从宽袖口伸出，于胸前合十，颇似汉地和尚的装束，结合汉式宫殿的佛刹屋顶，以及大日如来佛堂大殿后壁的汉文题刻，反映出来自中原汉地的深刻影响。大日如来和十方佛均为袒露上身，斜披帛带，身躯刚直健硕，反映了来自印度佛教艺术的影响。藏、汉、印三种佛教艺术浑然一体地呈现在一起，丝毫无违和之感，反映了藏东汉藏交界地带多元文化的深度交流与融合以及高原丝绸之路上文化交流的历史盛况。

大日如来和十方佛下方刻写的藏文版《普贤行愿王经》，在吐蕃经营丝绸之路期间，曾经广泛凿刻和传抄于唐蕃古道和丝绸之路上，这从藏经洞出土的多达四十多个《普贤行愿王经》及其注疏写本可以得到证明，同时此版本也在吐蕃王廷的诏令之下，由译师无分别（རྣམ་པར་མི་རྟོག་པ）翻译为汉文，《大正新修大藏经》第85册收录了英藏S.2361《普贤行愿王经》，此经即为无分别由藏文所译。敦煌莫高窟中唐第159、237窟主室西壁南侧普贤变下的屏风画中，出现了《普贤行愿王经》中“十大行愿”的画面[36]，这从一个侧面反映出，吐蕃经营敦煌期间，为丝路文明的建构做出了历史性贡献。

本简报的第二部分为贝曲河南岸崖面阴线刻制的二座佛塔，样式相似，均托起于莲

34 [意]图齐著，魏正中、萨尔吉主编：《梵天佛地》（第一卷），上海古籍出版社，意大利亚非研究院，2009：3-17。

35 [意]图齐著，魏正中、萨尔吉主编：《梵天佛地》（第一卷），2009：17-19。

36 王中旭：《敦煌吐蕃晚期〈普贤行愿图〉〈普贤并万菩萨化现图〉与相关问题研究》，《中国国家博物馆馆刊》2013（10）：101-112。

座之上，由阶基、塔瓶、相轮和伞盖等几个主要部分构成，不见后期佛塔几乎均具有的塔基、瓶座、平头、日月宝珠等部分，相轮也仅有七级，不是后期常见的十三级，塔瓶为倒钟形和半球形，相轮分别为长方形和圆形，显示出仿照印度早期覆钵塔的样式，为十分罕见的早期佛塔样式，结合其附近大日如来和十方佛线刻造像以及大日如来佛堂石刻，其年代应当属于同一历史时期。

大日如来和十方佛造像及藏文题刻《普贤行愿王经》等，经过核对、比较，与大日如来佛堂后壁的狗年题记系属于同一时期摩崖石刻，即九世纪初期，1 号和 2 号佛塔大致也应属于这一时期。这些石刻浮雕造像、线刻造像、经文题记、线刻佛塔等组合出现，反映出唐代玉树作为唐蕃古道上的耀眼明珠，经由拉萨，与唐蕃古道西端的印度以及丝绸之路上的佛教圣地敦煌之间的密切联系。中原、西域以及印度尼泊尔宗教、文化在这儿交流、融汇，形成了别具特色的艺术形式。

项目领队：任晓燕、霍巍、李永宪

参与调查：乔虹、宋耀春、张延清、张长虹、杨清凡、江滔、霍大清、卢素文、龙忻贝、朱德涛、李若愚

藏文题记抄录、翻译、对勘：张延清

拍照：张延清、卢素文、张长虹

拓片：霍大清、卢素文

绘图：江滔、张仁增昂姆

资料整理：张延清、朱德涛、张长虹

执笔：张延清、张长虹

# 甘青交界扁都口佛教摩崖石刻调查简报

青海省文物考古研究所

四川大学中国藏学研究所

成都文物考古研究院

**内容摘要：**2013年，青海省文物考古研究所、四川大学中国藏学研究所、成都文物考古研究院组成联合调查组，对甘肃、青海交界地带的扁都口佛教摩崖石刻作了考古调查。石刻内容为阴线刻一佛二菩萨像及左下角的一尊坐佛像。主尊为大日如来，两侧是观音和金刚手菩萨，左下方的坐佛也是大日如来。右下方有两行阴线刻藏文题记，点明此石刻系益西央监制，时间为九世纪初。

## 一、石刻概况

扁都口佛教摩崖石刻位于今甘肃省张掖市民乐县永固镇，地理位置为东经100.93°，北纬38.14°，海拔3073米。石刻所在崖壁坐东向西，与地面夹角96°。原石刻上方现已修建有寺庙，名为“石佛寺”（图一），石刻置于寺内。寺庙长为8.45米，进深3.6米。石刻距离左侧（观者的左侧）崖壁及寺墙为2.1米，距对面寺庙墙壁1.36米。石刻下方有一条溪流，对面为公路。

图一　石刻所在石佛寺外景

石刻内容为阴线刻一佛二菩萨像及左下角的一尊单体造像（图二、三），总计四身造像（图四）。一佛二菩萨置于阴线刻方框内，宽约 1.6 米，高约 1.6 米，方框下缘受崖面所限未曾刻出。造像中央主尊为大日如来，像高约 0.95 米，肩宽约 0.4 米，双腿宽约 0.8 米。主尊面部椭圆，前额广平，双眉舒展，双眼细长，注目内视，眉心有白毫，鼻头圆大，未刻画鼻梁，大耳垂肩，项饰三道蚕纹，头戴高三叶冠，冠叶圆钝，冠后可见束有高髻。造像健硕威严，宽肩细腰，结构匀称；上身袒露，仅披一条贴体帛带，帛带从左肩绕至右胁，尾端从后背绕至左肩自然垂下；双手手腕各饰三道钏环，于腹部结禅定印，结跏趺坐，跣足；下身穿贴体长裙，仅从双腿根部及脚踝处的衣纹，能够辨别出穿有长裙。主尊结跏趺坐于仰莲座上，莲座宽约 0.9 米，高约 0.2 米；莲瓣浑圆肥厚，顶部有尖，底层莲瓣与地面平行。身后有圆形身光和圆桃形头光，顶部有尖，均为双线刻。头顶上方有伞状华盖，伞盖上部饰有半圆形宝珠，下垂帷幔。

主尊两侧各有一尊菩萨，均呈正面站立。主尊右侧的菩萨像高约 1.2 米，宽约 0.35 米，头戴一叶冠，面部前额宽平，弓形眉，细长眼，注目内视，鼻头圆大，未刻画鼻梁，双唇抿起，大耳下垂；右手屈于胸前，拇指与无名指拈长茎莲，莲花开在右耳侧；左手

图二　扁都口阴线刻佛教造像

图三　左下角佛像

图四　佛教造像线图

下垂，自肘部内弯于左腿前，手中持物不详，双手手腕各有一道钏环。菩萨上身袒露，从左肩至右胁斜披帛带；腰间系束带，一端从脐下自然下垂及膝，末端呈矩形；下身着贴体长裤，仅从腿根部及脚裸处的衣纹能辨别出穿有长裤；双脚跣足略呈八字形站于覆莲座上，莲座宽约 0.35 米，高约 0.1 米。菩萨头后有圆形头光，头顶有伞状华盖，华盖顶部中央略微隆起，饰有宝珠，两端各悬垂两个类似铃铛的装饰。

主尊左侧的菩萨高像高约 1.25 米，宽约 0.35 米，头戴同主尊类似的高三叶冠，冠后可见发髻高耸，顶部略平。面部五官已模糊不清，方额大耳；双手屈于胸前，左手持物，疑似金刚杵，右手结印。菩萨上身袒露，从左肩至右胁斜披帛带；腰间束带，一端

图五　藏文题记

从脐下自然下垂及膝，末端呈矩形；下身穿贴体长裤，腿根部及脚裸处可辨有衣纹；双脚跣足呈八字形分别朝向外侧站立于覆莲座上，莲座宽约 0.45 米，高约 0.08 米。菩萨头后有圆形头光，头光上方有华盖，华盖顶部中央隆起饰宝珠。

方框左侧下方崖面凹进一块，底部平整，阴线刻有一小坐佛像（图三），像高约 0.75 米，宽约 0.35 米；佛像身后有桃形头光和圆形身光，直径分别约为 0.37 米和 0.64 米；头光上方无华盖；造像头戴高三叶冠，冠叶圆钝，冠后发髻高耸；脸部轮廓略方，面部特征不清晰，大耳垂肩；肩宽腰细，肩头浑圆，身体比例匀称；结跏趺坐，双手于腹前结禅定印；身上似穿圆领通肩袈裟，贴体透明，双腿根部及脚踝处可见衣纹；双层仰莲座莲瓣扁圆肥厚，底层莲瓣几乎与地面平行。

右下方阴线刻有古藏文题记两行（图五），宽 0.5 米、高 0.21 米，距地面 0.92 米，行距 0.05 米，录文及翻译如下：

༄།། བཙན་པོའི་སྐུ་ཡོན་དང་།། སེམས་ཅན་གྱྀ་དོན་གྱི་ཕྱིར།།
དགེ་སློང་པ་གོར་ཡེ་ཤེས་དབྱངས་ཀྱིས་བགྱིས།།

译文：

为了赞普之功德和有情之利益，比丘巴廓 · 益西央造。[1]

1　笔者在拙著《吐蕃高僧益西央考辨》一文中的录文和译文有几处失误，现更正，见华青道尔杰：《吐蕃高僧益西央考辨》，《青海民族研究》2017（1）：21-27。

## 二、石刻年代及题材

从石刻题记可知刻造石刻的负责人为巴廓·益西央（པ་གོར་ཡེ་ཤེས་དབྱངས）。近年来青藏高原东麓的一系列考古发现中，都有益西央的身影。作为受命于吐蕃王廷，为唐蕃和盟和弘扬佛法奔波于高原丝绸之路的益西央，他的名字最早出现在西藏昌都察雅县仁达摩崖石刻：

> ……作为与唐和盟的起始，由堪布巴廓·益西央、比丘息诺罗旦德、格·南喀宁波央等，为赞普之功德与众生之福泽，凿刻此等佛像与经文。[2]

从公元 804 年起，奉吐蕃王廷之命，益西央率领他的弘佛、和盟团队在今西藏芒康、察雅，青海玉树、甘肃扁都口一线凿刻了系列密教题材的摩崖造像，并附有凿刻题记。扁都口摩崖题刻中的益西央与芒康、察雅仁达、玉树摩崖题刻中的益西央为同一人[3]。

扁都口摩崖造像中的主佛，其造型与装束与西藏昌都察雅仁达摩崖造像中的主佛大日如来及敦煌榆林窟第 25 窟正壁毗卢遮那佛非常相似，"丹玛札摩崖造像的组合为禅定印毗卢遮那与八大菩萨，是吐蕃时期西藏东部、四川西北部、青海西南部、敦煌地区非常流行的佛教造像题材"[4] 这一结论已得到国内外专家学者的一致认同[5]。

自公元八世纪中叶起，以今印度东部孟加拉地方为中心兴起了波罗王朝。当时，以著名的那烂陀寺、欧丹多富梨寺和超戒寺三寺为中心的印度佛教，全以密教为主。以"大日如来、八大菩萨"为主的密教题材和艺术风格，经由青藏高原，经扁都口传入敦煌。这一

---

2　该处石刻题已有多位学者研究，其中对题记进行公布、翻译和研究的有：恰白·次旦平措撰、郑堆、丹增译：《简析新发现的吐蕃摩崖石文》，《中国藏学》1988（1）：76-81；马林：《仁达摩崖刻石考证》，《青海民族学院学报》1988（1）：97-105；土呷：《吐蕃时期昌都社会历史初探》，《西藏研究》2002（3）：90-96；华青道尔杰（张延清）：《吐蕃高僧益西央考辨》，《青海民族研究》2017（1）：21-27；巴桑旺堆：《关于仁达吐蕃摩崖石刻的几个问题——仁达吐蕃摩崖石刻实地考察心得》，《中国藏学》2017（2）：50-65。此处译文为笔者所译。

3　华青道尔杰：《吐蕃高僧益西央考辨》，《青海民族研究》2017（1）：21-27。

4　陕西省考古研究院西藏自治区文物保护研究所：《西藏察雅县丹玛札摩崖造像考古调查简报》，《考古与文物》2014（6）：14。

5　霍巍：《青藏高原东麓吐蕃时期佛教摩崖造像的发现与研究》，《考古学报》2011（3）：353-384；谢继胜：《川青藏交界地区藏传摩崖石刻造像与题记分析》，《中国藏学》2009（1）：123-141；李光文、杨松、格勒等：《西藏昌都——历史·传统·现代化》，重庆出版社，2000：40- 42；[瑞士]艾米·赫勒著、杨莉译：《公元 8—10 世纪东藏的佛教造像及摩崖刻石》，《国外藏学研究译文》第十五辑，拉萨：西藏人民出版社，2001：189-210；[英] H.E. 理查德森著、石应平译：《吐蕃摩崖石刻研究札记》，《西藏考古》第一辑，成都：四川大学出版社，1994：127-130。

艺术风格的人物形象，其主要特点是“曲发披肩，坦胸露背，斜披天衣，着紧身透体长裤，钏环佩饰华丽”[6]。毗卢遮那佛被称为大日如来，是密教的最高神祇，也是佛祖释迦永恒不变的法身。而密教的毗卢遮那佛，装束有别于其他教派的毗卢遮那佛，其特点是：

> 菩萨装，梳高髻，戴宝冠，曲发披肩，裸上身着胸饰，斜披天衣，穿紧身长裢，衣饰华贵，在众神之中，更显一派帝王气势。[7]

扁都口摩崖造像中主佛大日如来右侧菩萨立像，左手施印，右手持长莲茎，是观音菩萨的标识，左侧菩萨左手持物，右手结印，所持之物，疑似金刚杵，很可能是金刚手菩萨。类似组合出现在玉树勒巴沟。勒巴沟石刻群中的恰冈石刻由摩崖造像和藏文题刻两部分组成。造像由主尊（大日如来）、观音、金刚手以及供养天女四部分组成。藏文题记刻写于造像下方，录文及翻译如下：

1. སངས་རྒྱས་རྣམ་པར་སྣང་མཛད་དང་
2. ཕྱག་ན་རྡོ་རྗེ་དང་ཨ་རྱ་པ་ལོ་ལ་ཕྱག་འཚལོ
3. རྟའི་ལོ་ལ་བགྱིས||

译文：

> 向大日如来佛、金刚手菩萨和圣观音顶礼！刻于马年。[8]

扁都口摩崖造像一佛二菩萨左下方崖壁凹进一块，底部平整，阴刻有一尊坐佛，其造型、装束与主尊大日如来像如出一辙，应为大日如来，这种单体的大日如来像在四川石渠县有发现[9]。

---

6 敦煌研究院主编：《敦煌石窟全集 · 敦煌密教画卷》，北京：商务印书馆，2003：62。

7 敦煌研究院主编：《敦煌石窟全集 · 敦煌密教画卷》，2003：63。

8 乔虹、卢素文：《青海玉树勒巴沟恰冈佛教摩崖造像调查简报》，《藏学学刊》第 16 辑，2017：148-163。

9 四川省文物考古研究院、石渠县文化局：《四川石渠县新发现吐蕃石刻群调查简报》，《四川文物》2013（6）：3-15；张长虹：《藏东地区吐蕃时期大日如来图像研究》，《青海民族研究》2017（1）：14-20。

## 三、小结

扁都口一线，曾经是丝绸之路上由长安通往甘州（张掖）的重要通道。早在汉代，从湟水谷地穿越祁连山中段的扁都口进入河西走廊这条路已经开辟[10]。东晋名僧法显西去取经，“初发迹长安，度陇，至乾归国夏坐。夏坐讫，前行至耨檀国。度养楼山，至张掖镇。”[11]，法显从长安度陇至西秦，也即乾归国时，其都城尚在金城（兰州），“故址在今甘肃兰州市西”[12]。从乾归国至耨檀国（都城今青海西宁市），从西宁翻越养楼山至张掖，养楼山即《水经注》所载之“养女山”，“在今青海西宁市以北、大通河南一带”[13]，也即今天的大通山达坂。法显翻越大通山达坂，渡过大通河，途经扁都口至张掖的线路，当无疑问。

到了隋代，扁都口已成丝绸之路上的重要支线，隋炀帝于大业五年（609 年）西征吐谷浑，穿越扁都口至张掖，不料六月飞雪“风霰晦冥，与从官相失，士卒冻死者太半。”[14]

到了唐代，扁都口成为吐蕃势力进入丝绸之路的主要孔道，及至安史之乱后，吐蕃控制丝绸之路，扁都口更成为吐蕃融入丝绸之路、与丝绸之路沿线民族进行物质、文化交流的重要关口，扁都口摩崖石刻即是明证。

综上所述，扁都口摩崖石刻的负责人是益西央，他听命于吐蕃王廷，肩负唐蕃和盟和弘扬佛法的历史使命，在青藏高原东麓唐蕃交界地带，凿刻了以密教主神大日如来为题材的系列摩崖题刻，扁都口摩崖石刻即是其中之一。扁都口佛教造像中的主佛即为大日如来，其右侧立像应是观音菩萨，左侧立像很可能是金刚手菩萨。左下方小坐佛也是大日如来佛，石刻雕造的时间与察雅仁达和玉树大日如来佛堂摩崖石刻是同时期作品，即九世纪初叶。结合西藏芒康、察雅、青海玉树的系列摩崖石刻，扁都口处在唐蕃古道和丝绸之路的交接点上，摩崖石刻为敦煌中唐洞窟密教题材及波罗艺术的出现，显示了清晰的传播线路；扁都口摩崖石刻，也从一个侧面揭示了吐蕃为建构和传播丝路文明所做的历史贡献。

项目领队：任晓燕、贾鸿键、霍巍、李永宪

参与调查：乔虹、宋耀春、张延清、杨清凡、卢素文、李若愚、江滔、霍大清

10 鲜肖威：《甘肃境内的丝绸之路》，《兰州大学学报》1980（2）：14-21。

11 （东晋）释法显撰、章巽校注《法显传校注》，北京：中华书局，2008：3。

12 《法显传校注》，2008：4。

13 《法显传校注》，2008：4。

14 （唐）魏徵等撰：《隋书·卷三·帝纪第三·炀帝上》，北京：中华书局，1973：73。

资料整理：张延清、张长虹

藏文题记抄录、翻译：张延清

拍照：张延清、江滔

拓片：霍大清、卢素文

绘图：江滔、张仁增昂姆

执笔：张延清

# 略论大渡河上游地区的史前文化

范永刚　陈剑　何锟宇

**内容摘要**：近年在大渡河上游地区开展的考古调查、发掘取得了重大收获，其中以马尔康哈休、金川刘家寨遗址的发现最为重要。这些史前遗存的年代大体在距今5000年前后，为构建川西高原的史前文化序列和马家窑类型的南传提供了宝贵资料，同时也为探讨与岷江上游、大渡河中游地区的史前文化关系奠定了基础。

## 一、前言

大渡河发源于青海省班玛县巴颜喀拉山东端的果洛山，全长1070公里，流域面积9.2万平方公里，流至乐山注入岷江，为岷江的最大支流。脚木足河流至马尔康县与金川县交界的可尔因与绰斯甲河相汇后，称为大金川。大金川河谷宽阔，与小金川在甘孜州丹巴县城汇合后，始称大渡河。地理特征上，大渡河在泸定县以上为上游，石棉县、汉源县、甘洛县、金口河区境内为中游，金口河区以下为下游。

这一区域的考古调查可追溯至20世纪初至30年代，当时个别外国传教士、考察队

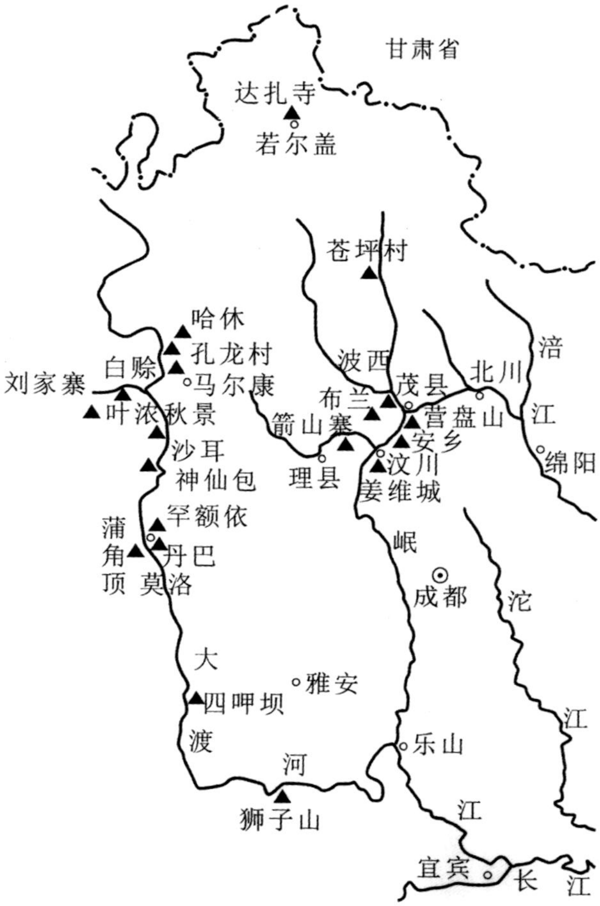


图一　大渡河上游史前遗址分布图

先后在大渡河上游及其附近地区采集到打制石器，发现零星的史前遗址[1]。1989年对丹巴县罕额依遗址进行了发掘[2]。同年，阿坝州文管所人员与四川大学考古专业教师选择学生实习地点时，对马尔康县孔龙村遗址进行过调查[3]。2000年，四川省文物考古研究所、丹巴县文管所为配合《四川省文物地图集》的编写工作，又对丹巴县蒲角顶等遗址进行了

1　郑德坤：《四川古代文化史》，成都：巴蜀书社，2004：1-4。

2　四川省文物考古研究所、甘孜藏族自治州文化局：《丹巴县中路乡罕额依遗址发掘简报》，载《四川考古报告集》，北京：文物出版社，1998：59-77。

3　成都文物考古研究所、阿坝藏族羌族自治州文物管理所、马尔康县文化体育局：《四川马尔康县孔龙村遗址调查简报》，《成都考古发现2005》，北京：科学出版社，2007：41-50。

调查。2005年6月，四川省文物考古研究院、阿坝州文管所对双江口水电站库区进行地下文物调查，确认了多处史前遗址[4]。2006年3月，对哈休遗址进行了考古试掘，揭露面积87平方米，发现灰坑等遗迹10余处，出土了玉石器、陶器、骨角器、蚌器、兽骨等类遗物上千件[5]。2006年4月，考古调查确认了蒲角顶遗址，同时在莫洛村、左比村采集到少量磨制石器、夹砂陶片等史前遗物[6]。在考古材料不断丰富和研究手段多学科相结合的基础上，有学者也曾就大渡河上游史前文化、环境与生业方面的相关问题做过有益的探讨[7]。但最近十年，随着马尔康哈休[8]、孔龙村[9]、白赊村[10]，金川县刘家寨[11]、沙尔尼[12]、神仙包遗址[13]的调查、发掘以及相关考古发掘报告的发表，为研究大渡河上游的史前文化序列、生业方式、地貌、气候环境、聚落变迁以及对外交流提供了宝贵材料。本文拟在前人研究的基础上，对大渡河上游地区的史前考古学文化、生业经济、环境变迁等作简要分析，以勾勒出这一区域的史前文化景观。

## 二、文化序列

大渡河上游地区目前发现的史前文化遗存主要集中在距今5000–4000年，早期主要为马家窑文化马家窑类型，晚期主要为带有浓郁地方特色的史前文化遗存，大体相当于

4 四川省文物考古研究院、阿坝藏族羌族自治州文管所：《大渡河双江口水电站地下文物遗存调查》，《四川文物》2005（6）：17-20。

5 阿坝藏族羌族自治州文物管理所、成都文物考古研究所、马尔康县文化体育局：《四川马尔康县哈休遗址2006年的试掘》，《南方民族考古》第六辑，北京：科学出版社，2010：295-374。

6 陈剑、陈学志：《大渡河上游史前文化寻踪》，《中华文化论坛》2006（3）：5-10。

7 陈剑、陈学志：《大渡河上游史前文化寻踪》，《中华文化论坛》2006（3）：5-10。陈剑、何锟宇：《大渡河上游史前文化、环境与生业初析》，《四川文物》2007（5）：57-65。李映福：《川西高原区新石器时代至早起铁器时代生业经济的考古学观察》，《西南民族大学学报》2014（11）：14-20。何锟宇：《马尔康哈休遗址史前文化与生业》，《考古》2015（5）：72-82。

8 阿坝藏族羌族自治州文物管理所、四川省文物考古研究院、成都文物考古研究所、马尔康县文化体育局：《四川马尔康县哈休遗址2003、2005年调查简报》，《成都考古发现2006》，北京：科学出版社，2008：1-14页。《四川马尔康县遗址2006年的试掘》，《南方民族考古》第六辑，2010：295-374。

9 《四川马尔康县孔龙村遗址调查简报》，《成都考古发现2005》，北京：科学出版社，2007：41-50。

10 四川省文物考古研究院、阿坝藏族羌族自治州文物管理所、成都文物考古研究所、马尔康县文化体育局：《四川马尔康县白赊村遗址调查简报》，《成都考古发现2005》，北京：科学出版社，2007：51-61。

11 四川省文物考古研究院、阿坝藏族羌族自治州文物管理所、金川县文化体育局、壤塘县文化体育局：《四川金川县刘家寨遗址调查简报》，《四川文物》2012（5）：3-7。四川省文物考古研究院、阿坝州文物管理所、金川县文物管理所：《四川金川刘家寨遗址》，《中国文物报》2012年9月14日第5版。

12 陈剑、陈学志：《大渡河上游史前文化寻踪》，《中华文化论坛》2006（3）：5-10。

13 阿坝藏族羌族自治州文物管理所：《四川金川县神仙包遗址调查简报》，《四川文物》2017（3）：5-9。

龙山时代晚期。丹巴罕额依遗址是相对较早发现的，哈休遗址虽然面积小，但对动植物遗存标本做了详尽的收集和鉴定，资料也已经全面发表，是该区域史前文化研究十分重要的材料。近年发现的金川县刘家寨遗址更是获得了2012年“全国十大考古新发现”，得到了学界的广泛认可。这三处遗址无疑是研究大渡河上游区史前文化的重要标尺，下文我们将对这几处遗址的考古发现予以重点探讨。

1. 马尔康哈休遗址

哈休遗址地处四川省阿坝藏族羌族自治州马尔康县沙尔宗乡西北约1500米的哈休村一组，位于大渡河正源脚木足河一级支流茶堡河北岸一级台地上，海拔2840米，台地高出茶堡河约80米。2003年、2005年四川省有关文物部门先后对该遗址进行了调查[14]，2006年对其进行发掘，发掘者认为以哈休遗址为代表的遗存是分布于大渡河上游地区的一种新石器时代文化，包含有本土土著文化、仰韶晚期文化、马家窑文化等文化因素，其年代为距今5500–4700年，可命名为“哈休类型”。并将史前遗存其分为早、中、晚连续三段，认为早段上限与大地湾遗址四期遗存、天水师赵村遗址四期、武山县傅家门遗址石岭下类型遗存等的时代相当，约在距今5500年左右[15]。哈休遗址所处区域海拔高、地势险峻，考古基础工作相对薄弱，其在川西北地区史前文化序列构建中的重要性不言而喻。

关于遗址的分期，我们认为将其分为早晚两段更能反映其阶段性变化，早段即为原报告的早段，包括H2、H3、H4、H6、H10、T4⑤等地层单位；晚段将原报告的中段、晚段合并为一段，包括H1、H5、H7、H8、H9、④、T4②B、T5②B等地层单位[16]。哈休遗址出土的器物由陶器、石器、骨角牙蚌器几类构成。陶器以泥质陶为主，包括灰陶、红陶、褐陶、黑皮陶，含少量彩陶；夹砂陶占一定的比例，主要为灰陶和褐陶。纹饰主要有绳纹、附加堆纹、弦纹、戳印纹和复合纹饰。彩陶基本都是红衣黑彩，图案题材包括弧边三角纹、圆点纹、网格纹、水波纹、粗细线条纹、草叶纹等。泥质陶以素面磨光为主，器形主要有小口尖底瓶、小口壶、鼓腹罐、缸、瓮、盆、钵、碗、杯等；夹砂陶器的种类则主要为侈口深腹罐、小罐、钵等，早晚两段器类变化不大（图二、图三）。哈休遗址发现的彩陶均为黑彩，仅装饰于泥质陶，器类主要有瓶、罐、盆、钵四类，纹饰主要有平行条带纹、弧边三角纹、圆点纹、网格纹、水波纹、草叶纹等，其风格与兰

14 《四川马尔康县哈休遗址2003、2005年调查简报》，《成都考古发现2006》，2008：1-14。

15 《四川马尔康县哈休遗址2006年的试掘》，《南方民族考古》第六辑，2010：295-374。

16 何锟宇：《马尔康哈休遗址史前文化与生业——兼论岷江上游地区马家窑类型的生业方式》，《考古》2015（5）：72-82。

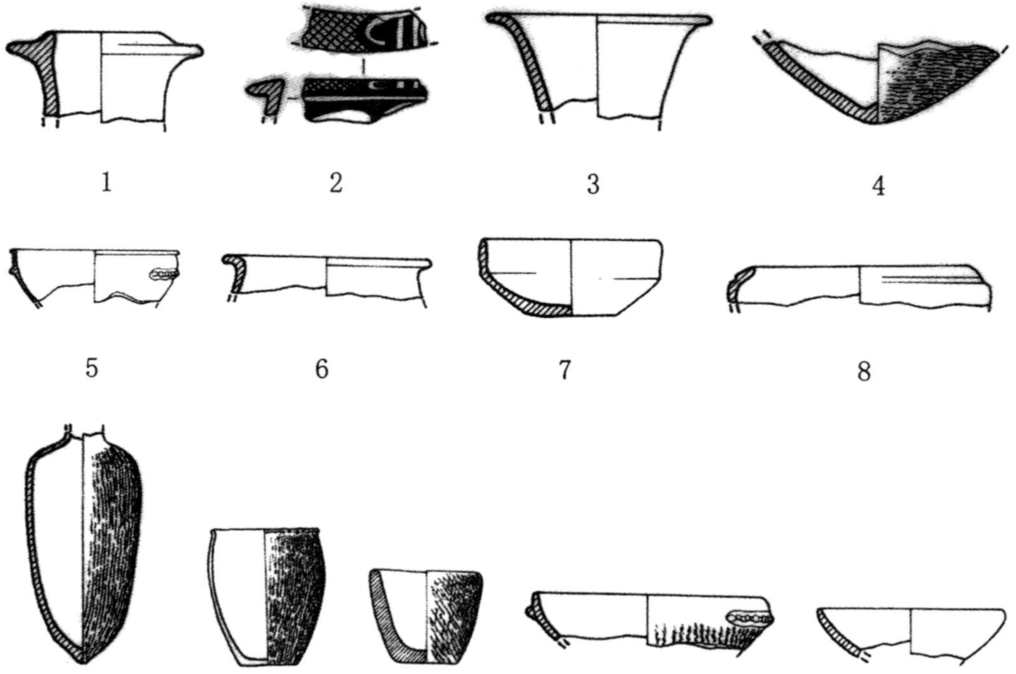


图二　哈休遗址史前文化遗存早段陶器

1、小口瓶（H4: 1）2、彩陶盆（H3: 19）3、小口瓶（H4: 2）4、瓶底（H3: 61）
5、盆（H10: 4）6、缸（H10: 16）7、钵（H2: 8）8、敛口瓮（H2: 22）
9、尖底瓶（H2: 1）10、侈口罐（H2: 48）11、杯（H3: 4）12、钵（H10: 38）13、碗（H2: 30）

州雁儿湾较接近[17]。陶器中的泥质陶小口尖底瓶、缸、各种型式的盆、钵、碗、杯、陶塑人面、夹砂陶侈口深腹罐，石器中的刀、斧、锛、环、镯、珠、砺石，骨器中的椎、镞、簪和骨梗刀等，它们承庙底沟类型而来，延续的时间较长，多见于仰韶晚期遗存和马家窑文化中；泥质陶敛口瓮、折腹钵则多见于仰韶晚期遗存。也有一些本土文化因素，如泥质陶小口壶、鼓腹罐，夹砂陶直腹罐、小罐等器类，以及泥质陶中的瓦棱纹、磨光黑皮和锯齿花边装饰等。就哈休遗址史前文化遗存的属性来讲，当归属包含一定仰韶晚期遗存和本土文化因素的马家窑类型。

17　严文明、张万仓：《雁儿湾与西坡山瓜》，《考古学文化论集》第三辑，北京：文物出版社，1993：12-31。

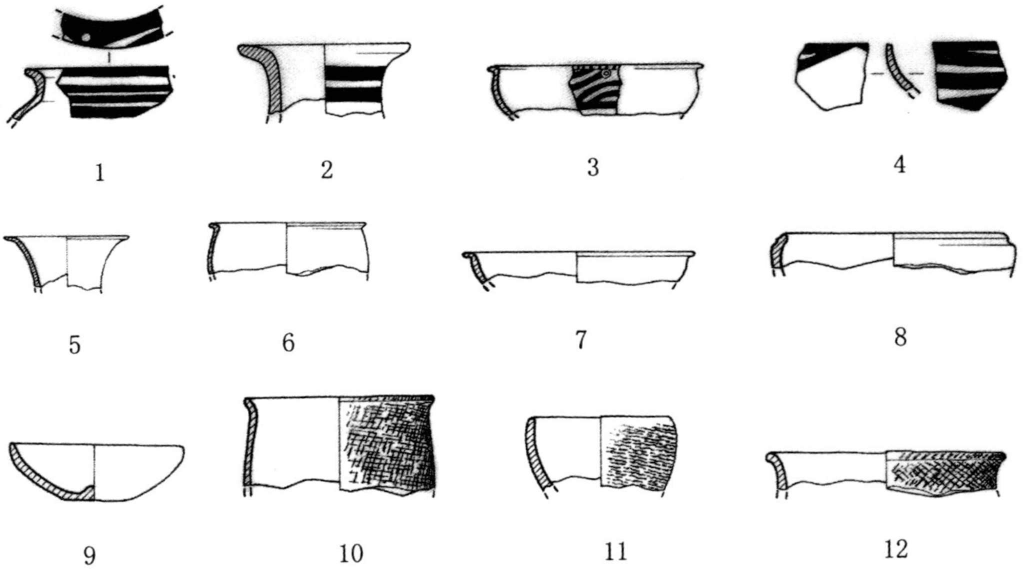


图三　哈休遗址史前文化遗存晚段陶器

1、彩陶罐（H1: 27）2、彩陶瓶（H9: 96）3、彩陶盆（H9: 93）4、彩陶钵（H5: 8）
5、小口瓶（H8: 1）6、缸（H9: 112）7、盆（H9: 109）8、敛口瓮（H5: 16）
9、碗（H1: 25）10、侈口罐（H9: 70）11、钵（H5: 4）12、侈口罐（H9: 71）

2. 金川刘家寨遗址

刘家寨遗址位于四川省阿坝藏族羌族自治州金川县二嘎里乡二嘎里村刘家寨，地处绰斯甲河北岸的一级台地之上，高出河床 50—60 米，遗址中心地理坐标为东经 101°32′，北纬 31°47′05″，海拔 2642 米。遗址分布在东西 250、南北 150 米，面积 37500 平方米的台地上[18]。调查报告认为其与哈休遗址属于同一考古学文化无疑是正确的，调查采集的器类有彩陶瓶、罐，泥质陶盆、钵、碗，夹砂陶侈口罐等（图四）。2011、2012 年，四川省文物考古研究院联合阿坝州、金川县文物管理所分两次对该遗址进行了考古发掘，共计 3500 平方米发掘面积，取得了丰富的成果[19]。

两次发掘共清理新石器时代各类遗迹 350 处，其中灰坑 298 座、灰沟 1 条、房址 16 座、陶窑址 26 座、灶 7 座、墓葬 2 座。早期层位只见方形木骨泥墙房址和圆形柱洞式

18 《四川金川县刘家寨遗址调查简报》，《四川文物》2012（5）：3-7。
19 《四川金川刘家寨遗址》，《中国文物报》2012 年 9 月 14 日第 5 版。

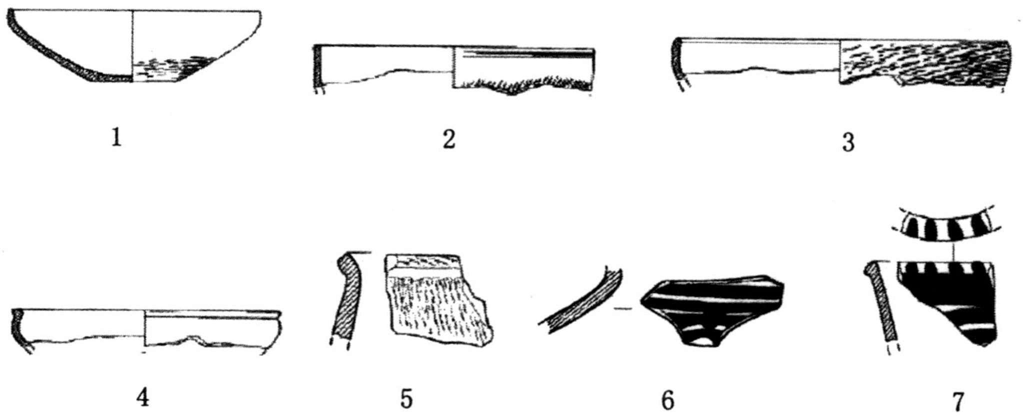


图四 刘家寨遗址调查采集器物

1、碗（采:013）2、盆（采:011）3、钵（采:017）4、盆（采:04）5、侈口罐（采:49）6、彩陶罐（采:026）7、彩陶瓶（采：025）

房址，基槽宽约15—20厘米，柱洞径小，建筑面积仅有数平方米。晚期层位出现方形石墙建筑，这类房屋基槽较深，墙体一般达50厘米厚，多开间，甚者有二进深，建筑面积数十平方米。部分房址内堆积含大量草木灰。遗址南部区域堆积较厚，保存有4处活动面。其中可辨识的3处为建筑遗迹内活动面。遗址内清理的2座墓葬均位于房址附近，依墓主骨骼特征初步判断为十岁多的儿童，均不见随葬品。M1为土坑竖穴墓，仰身直肢。M2埋葬于圆形灰坑底部一侧，俯身直肢[20]。这是川西地区首次发现马家窑类型时期的墓葬，同时继营盘山遗址后再次出现人祭坑（灰坑葬）。虽然发掘报告还没有公布，但从现有公布的资料对刘家寨遗址的聚落布局可管窥一二。聚落以房址为中心，房屋室内的活动面经过整饬加工，墓葬位于房址附近，陶窑、灶的分布在特定的区域，这一聚落格局与茂县营盘山遗址基本一致。由于报告尚未发表，不清楚其具体延续时间，从现有发表的材料来看当与哈休遗址、营盘山遗址史前文化遗存同时。

3. 丹巴罕额依遗址

罕额依遗址位于四川省丹巴县东北约3公里的中路乡罕额依村，地处大渡河上游支流小金河左岸的半山上，高出河面约600米，海拔2400米，遗址面积约2万平方米。

20 《四川金川刘家寨遗址》，《中国文物报》2012年9月14日第5版。

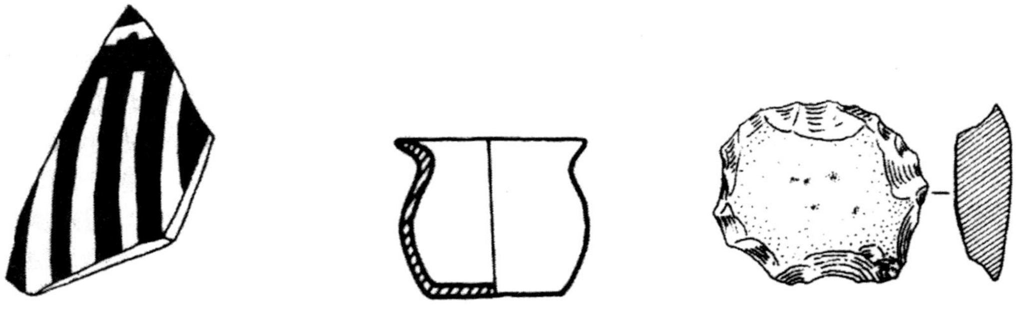

1　　2　　3

图五　罕额依遗址一期 A 组器物

1、彩陶片（90DZhT1 ⑩ : 173）2、侈口罐（90DZhT1⑪: 152）3、盘状砍砸器（90DZF17 ① : 13）

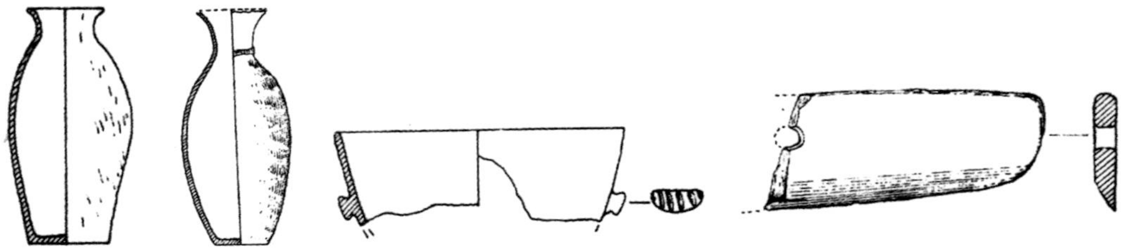

1　2　3　4

图六　罕额依遗址一期 B 组器物

1、瓶(90DZhT1 ⑩ :137) 2、瓶(90DZhT1 ⑩ :136) 3、钵(90DZhT1 ⑩ :433) 4、石刀(90DZhT1 ⑩ :162)

发掘者将遗址分为三期，其中第一、第二期文化为史前时期遗存[21]。第一期，陶器均系手制，以夹砂陶为主，泥质陶较少；纹饰以细绳纹为大宗，其次为附加堆纹，另有少量戳印纹、刻划纹，有少量细泥红陶线条纹黑彩陶片，素面陶片占总数的三分之一，个别器物上见有钻孔；器类以瓶、罐、钵为大宗，有少量缸，均为平底器。石器数量较少，有打制石器和磨制石器两大类。我们认为第一期与马尔康哈休遗址晚段接近，同属于马家窑类型偏晚阶段，年代距今 5000 年前后。第二期，陶器均系手制，陶质以泥质陶略居多，夹砂陶次之；磨光陶片占有相当大的比例，素面陶片占绝大多数，纹饰有细绳纹、

21　四川省文物考古研究所、甘孜藏族自治州文化局：《丹巴县中路乡罕额依遗址发掘简报》，《四川考古报告集》，北京：文物出版社，1998：59-77。

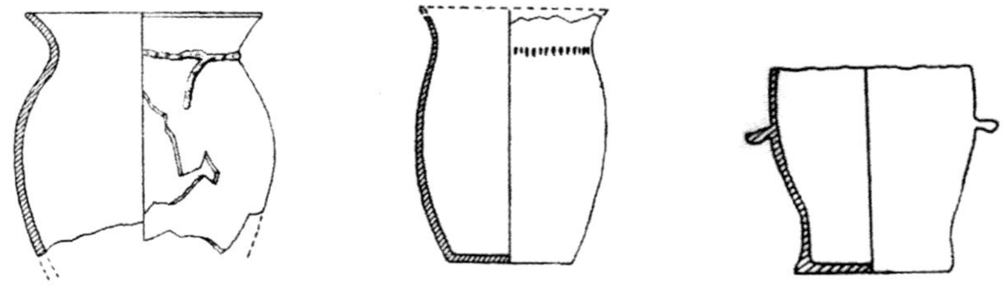

1　　　　　　　　2　　　　　　　　3

图七　罕额依遗址二期出土器物

1、罐（90DZhT1 ⑧ : 376）2、罐（90DZhT1 ⑥ : 103）3、带鋬罐（90DZhT1 ⑨ : 117）

附加堆纹、戳印纹、刻划纹等；器类以各种罐类为大宗，另有瓶、钵、杯等，平底器占绝大多数，只有极个别的杯类有浅圈足。带耳器较第一期有明显增多，不见鸡冠状横耳。石器技术和形制较第一期变化不大，可能为当地土著文化，第二期的年代则距今约4800–4000年左右[22]。但随着目前考古资料的增加，笔者认为一期的器物分为两组更加合适，A组包括彩陶、侈口罐、盘状砍砸器等（图五），B组包括瓶、钵、穿孔石刀等（图六），A组器物当与哈休、刘家寨遗址晚期遗存年代相当，B组器物应晚于A组。另外，原报告将罕额依遗址第二期的年代上限推断过早，在距今4300年或更加合适，陶器种类有鼓腹罐、侈口罐、带鋬罐等（图七），而器物群中带耳器、圈足器或为早期石棺葬的遗物，年代当在距今4000年之后。

距离罕额依遗址不远的蒲角顶遗址位于泽周村东部边缘的三角形台地上（靠近泽公村），地理坐标为东经101°55′59"、北纬30°50'24"，海拔约2400米，高出大渡河河床近600米（与罕额依遗址地势相近），地处大渡河西岸三级阶地之上。面积上万平方米，台地边缘的断面上有明显的文化层堆积，厚度1米以上。采集大量陶片和磨制石斧、弯月形石刀，陶片包括夹砂褐陶、泥质灰陶、泥质黑陶、泥质红陶等，纹饰包括绳纹、附加堆纹、划纹等，器形包括罐、瓶等，还有带耳器（图八）。初步判定其时代延续较长，从新石器时代至秦汉时代，史前文化遗存与罕额依遗址一期B组、二期相似，年代约为4300–4000a BP。

其他发现的遗址多仅做过调查，如马尔康县境内的孔龙、白赊、蒲志、迭哥寨、丹不落、南木足、英戈落、石广东、加达、热足等新石器时代遗址或地点多分布在河流的

22　陈剑、何锟宇：《大渡河上游史前文化、环境与生业初析》，《四川文物》2007（5）：57-65。

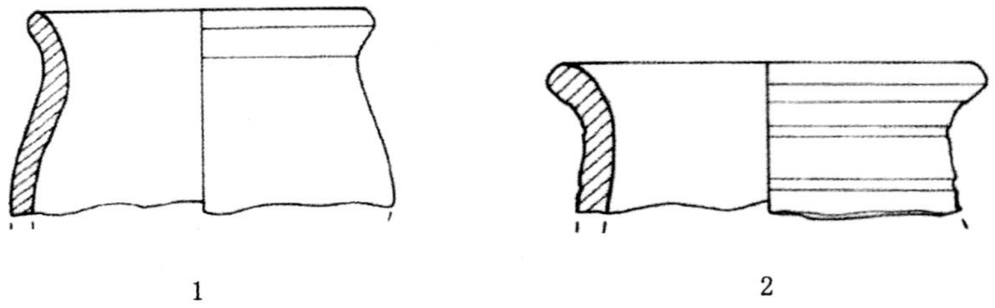

图八　蒲角顶遗址调查采集陶器
1、罐（采：8）2、罐（采：5）

一、二级阶地上，海拔 2300—2600 米，高出河面 15—50 米不等，面积一般较小，不超过 2000 平方米[23]。从采集的包含物基本可以判定孔龙（图九）、白赊遗址与哈休遗址基本同时[24]，但要对遗址的文化属性、年代、聚落布局有更清晰的认识还需要对遗址发掘予以确认。金川县境内的叶浓秋景遗址位于金川县集沐乡叶浓（隆）村二组，小地名为秋景，地处绰斯甲河西岸二级台地上，海拔 2320—2330 米，高出河床约 7—8 米，呈坡状，东高西低，东西长 50 米，南北宽 150 米。在地表采集到少量陶片，陶质、陶色为泥质褐陶、夹砂褐陶、泥质灰陶、红衣黑绘彩陶；纹饰有附加堆纹，泥条捏塑器耳；可辨器形有钵[25]。从调查报告的描述来看，其时代和文化属性与刘家寨遗址相近。四呷坝遗址采集的细绳纹灰褐陶片、夹细砂长颈瓶形器、陶宽状桥形耳等与罕额依遗址第二期遗存的陶片基本一致，年代也应相似[26]。

依据目前的考古发现，可将大渡河上游的史前文化遗存分文两期 4 段。一期 1 段以哈休遗址史前文化早期遗存为代表，包括刘家寨、孔龙、白赊、神仙包、叶浓秋景遗址等同类史前遗存；一期 2 段以哈休遗址晚期为代表，包括刘家寨、孔龙、白赊、神仙包、叶浓秋景等同类史前遗存以及罕额依 A 组遗存；二期 3 段以罕额依遗址 B 组遗存为代表，包括蒲角顶早期史前遗存；二期 4 段以罕额依遗址二期史前遗存为代表，包括蒲角顶晚期、四呷坝史前遗存（表一）。

23　四川省文物考古研究院、阿坝州文物管理所：《大渡河双江口水电站地下文物遗存调查》，《四川文物》2005（6）：17-20。

24　《四川马尔康县孔龙村遗址调查简报》，《成都考古发现 2005》，2007：41-50。《四川马尔康县白赊村遗址调查简报》，《成都考古发现 2005》，2007：51-61。

25　四川省文物考古研究院、阿坝州文物管理所：《大渡河双江口水电站地下文物遗存调查》，《四川文物》2005（6）：17-20。

26　陈剑、陈学志：《大渡河上游史前文化寻踪》，《中华文化论坛》2006（3）：3-10。

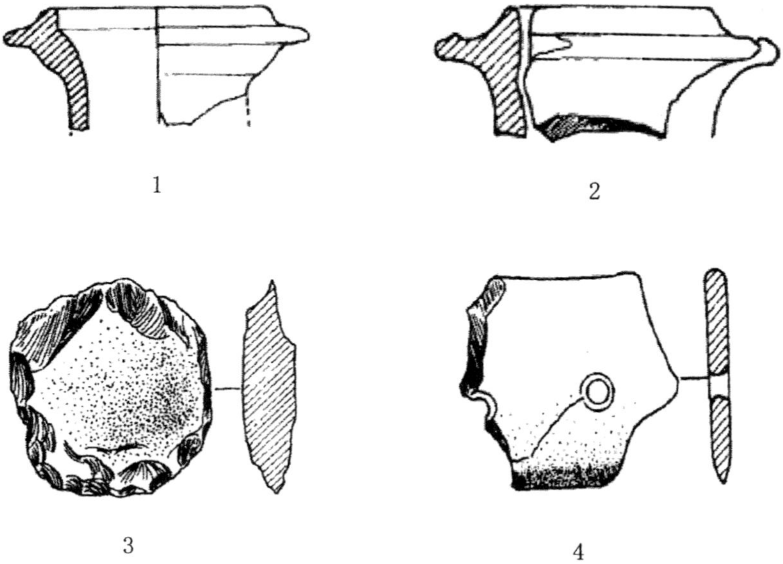


图九　孔龙遗址调查采集器物
1、小口瓶（采：15）2、小口瓶（采：14）3、盘状砍砸器（采：51）4、石刀（采：49）

表一：大渡河上游史前文化遗存分期表

| | 哈休 | 孔龙 | 白赊 | 刘家寨 | 神仙包 | 叶浓秋景 | 罕额依 | 蒲角顶 | 四呷坝 |
|---|---|---|---|---|---|---|---|---|---|
| 一期 1 段 | √ | √ | √ | √ | √ | √ | | | |
| 一期 2 段 | √ | √ | √ | √ | √ | √ | √ | | |
| 二期 3 段 | | | | | | | √ | √ | |
| 二期 4 段 | | | | | | | √ | √ | √ |

总的来看，大渡河上游地区马尔康县境内的遗址面积一般均较小，面积在 2000 平方米左右；而金川县内遗址的面积、聚落的规模都要大，刘家寨遗址甚至达到 37500 平方米。这无疑是河流下切侵蚀导致两岸阶地发育不平衡的结果，阶地面积大的利于旱作农业的种植，土地承载力增强，从而导致人口的增长和聚落的持续扩张。

## 二、聚落、生业与环境

大渡河上游史前一期文化时期先民的生业方式可以哈休遗址、刘家寨遗址为代表。

哈休遗址在发掘的过程中对出土的动物骨骼做了很细致地收集，虽然发掘面积较小，但共收集到动物骨骼2769件（含采集的），其中哺乳纲2755件，鸟纲14件。由于在埋藏过程中各种因素的影响，骨骼很破碎，有68件标本有烧痕，哺乳动物中可鉴定标本仅407件，代表最小个体数59，属种包括藏酋猴、狗、黑熊、猪獾、豹猫、野猪、小麂、水鹿、斑鹿、狍属、黄牛、斑羚、豪猪等[27]。哈休遗址出土的动物骨骼主要出自灰坑，这些骨骼应该为先民肉食消耗所剩的。从狩猎获得的野生动物属种构成来看，鹿科四种动物占绝大多数，体现出鹿科动物是先民狩猎的优先选择范围。遗址除发现大量的陶器外，还有骨器，包含少量细石器和骨梗刀，这些是常用的与狩猎有关的工具。虽然家养动物的种类仅有狗，但从我们收集的骨骼状况来看，哈休遗址的骨骼分布很密集，破碎程度也高，骨骼上保留有不少的砍切痕迹，而且还发现了很多的骨坯和制作骨器剩余的废料，这些都是定居聚落动物骨骼的遗留的特征。哈休遗址灰坑填土收集的植物标本经过初步鉴定，可以确认发现了粟等作物品种[28]，这说明哈休先民也栽培旱作谷物。刘家寨遗址出土动物骨骼经过初步辨识，有猪、羊、鹿、麂、獐、猴、豪猪、龟、鱼、禽类等，尤以羊、鹿、獐为大宗，与哈休遗址出土的动物属种接近，但不见家畜狗。遗址也浮选出了一些植物种子，尚未公布报告。结合遗址地貌来考察，刘家寨遗址的生业方式当与哈休遗址差距不大。

大渡河上游史前二期文化时期先民的生业方式则以罕额依遗址为代表。罕额依遗址未收集古动植物标本，对生业方式的探讨主要只能以出土的陶器、石器和骨器等文化遗物来推断。从罕额依遗址第一期出土的遗物来看，陶器为大宗，以夹砂陶居多，有些器物底部还可见烟炱痕迹；打制石器数量较少，另有少量细石器，磨制石器可见少量石斧、石锛和石凿等砍伐农具，少量用于农业收割或采集活动的穿孔石刀；骨器主要为骨锥和装饰品。从出土的器物来看，用于农业、狩猎和采集的工具均有，但由于采集的动物骨骼没有公布，也没有经过浮选获取植物标本，经济结构中农业、狩猎、采集或家畜所占的比例并不清楚。罕额依遗址第二期出土的器物继承了第一期的一些特点，但也有新的文化因素。陶器方面泥质陶较夹砂陶略多，器身穿孔的现象增多，出现了纺轮等新器型；石器方面，以磨制石器为主，打制石器少，石器种类中除有第一期的石斧、石锛、石凿和刮削器外，新出现了网坠、石杵、石璧等，不见第一期的盘状砍砸器、砸击器等重型工具；骨角器中新增加了矛和纺轮。从出土石杵等加工农具来看，农业可能比前期

27　成都文物考古研究所：《马尔康哈休遗址出土动物骨骼研究》，《成都考古发现2006》，2008：424-436。

28　陈剑、陈学志：《大渡河上游史前文化寻踪》，《中华文化论坛》2006（3）：3-10。

稍发达。最重要的是开始出现网坠，说明先民们开始拓广了食物资源，这也可能与文化的发展有关，随着文化的发展，人口密度的增加，从而导致食物的缺乏，人们必将寻找新的食物资源。也可能因为气候环境恶化，导致野生动物的迁徙或繁衍规律的改变，狩猎和采集的空间和对象缩小缩少有关。在这种情况下，先民们也只有通过发展农业、驯养动物或拓广渔猎和采集对象来获取食物。

从地理位置看，大渡河上游属高原峡谷区，山岭连绵，沟谷陡峻，具有典型的高山峡谷和高原高山地貌特征。由于这种地貌特征，区内为典型的高原大陆季风气候，干湿季明显，四季不大分明，气候垂直分异显著，植被垂直变化也十分明显，从河谷到山顶分别为干旱河谷灌丛、山地阔叶林、亚高山针叶林和高山灌丛草甸与流石滩植被。因此，我们认为以哈休遗址为代表的一期文化的先民在栽培旱作谷物的同时，又以狩猎作为获取肉食资源的主要手段，同时遗址周围植被浓郁，采集也应该是经济生活中不可或缺的补充形式，这种生业方式是先民对本土环境高度适应开拓食物资源的生存策略。同时，狩猎在先民的经济结构中所占的比例很高，经济结构单一性也突出。这一生业方式也说明遗址地处川西北高山峡谷之地，人口密度相对较小，食物资源压力也相对要小，人口压力和食物资源这一矛盾体没有造成人地关系的紧张，平时狩猎就可以满足日常肉食需要。但是，囿于地貌条件所限，聚落也很难发展扩张，而一旦发生恶性气候或地质灾害事件，聚落的发展难以为续，只能迁徙他处或逐渐没落。

罕额依遗址第一期A组遗存与B组以及第二期之间存在明显的文化断层现象，第一期A组的人群向中游迁徙的可能性最大，如汉源狮子山遗址也出现了马家窑类型的彩陶和其他器物[29]。因此，在马家窑类型时期大渡河从上游至中游的走廊应该是畅通的。但是，大致在距今4700–4300年左右，由于甘青地区马家窑文化南下的交往中断，大渡河流域的马家窑文化马家窑类型并没有像甘青地区一样直接发展为半山类型，大渡河上游地区均出现了明显的文化空白期，而中游地区则被以麦坪一期文化遗存为代表的人群所占据[30]。到距今4200年左右，甘青地区的马厂类型又重新恢复了与大渡河流域的交往，而且是自北向南直接到达大渡河中游，没有在上游地区过多的停留或定居，麦坪遗址发现的马厂类型时期的石棺葬墓地就是很好的例子。这说明在马家窑文化马厂类型时期，

29 马继贤：《汉源县狮子山新石器时代遗址》，《中国考古学年鉴》（1991），北京：文物出版社，1992：270。

30 四川省文物考古研究所等：《四川汉源县麦坪新石器时代遗址2007年的发掘》，《考古》2008（7）：11-19。四川省文物考古研究院等：《四川汉源麦坪遗址2008年发掘简报》，《考古》2011（9）：15-32。四川省文物考古研究院等：《四川省汉源县麦坪遗址2006年发掘简报》，《四川文物》2011（3）：3-22。四川大学历史文化学院考古学系等：《四川汉源县麦坪遗址B区2010年发掘简报》，《四川文物》2013（1）：3-15。

大渡河上游地区的气候环境可能依然恶劣。

现有古环境资料表明，马家窑类型文化之后，气候变得干冷，水位下降，大渡河上游水资源缺乏，而罕额依、蒲角顶等遗址高出河床600米以上，不适合聚落的持续发展，人群不断向海拔更低的中下游移动，大渡河中游汉源境内的河谷地带成为先民良好的栖息地。虽然目前大渡河上游地区目前没有史前考古遗址环境变迁的资料，但红原泥炭的孢粉分析结果可为我们提供一些参考。以HY2014剖面中的样品HY4（4261±25 a BP）、HY5（4717±30 a BP）为例，两者校正后的年代约为4800和5300 a BP左右，属作者分析的II-3孢粉带（4495—6016 a BP）。此孢粉带中作者分析了27个样品，最为明显的变化则是灌木和中旱生草本花粉的浓度升高，但仍以木本植物花粉的高含量为特征。该带在一定程度上反映的环境为针叶林，在周围山地上可能还分布着针叶、落叶阔叶混交林和灌丛草甸。而孢粉带III-1（3050—4495 a BP）则以乔木植物花粉含量下降、灌木和草本植物花粉含量明显上升，蕨类植物孢子含量变化不明显为特征[31]。另外，通过对孢粉主成分PCA1、PCA2的贡献率的分析可知，“孢粉带II分布在第一象限，样品主要集中于第一轴正方向的两侧，似乎对应较温暖的环境；孢粉带III分布在第三象限，样品全部分布于第一轴负方向的两侧，对应较干的气候环境。”[32] 从红原泥炭的孢粉分析来看，距今4800年之后，气候有变干冷的趋势。同样的环境变化出现了在岷江上游地区，茂县营盘山遗址植硅体、孢粉的检测结果也显示在营盘山史前文化最晚阶段（4800—4700 a BP）有变干、变冷的趋势[33]，此时的岷江上游仅有下关子、沙乌都等少量后续史前文化遗存的发现，而东部成都平原则崛起了新兴的宝墩文化。

## 小结

从目前的考古发现来看，大渡河上游的遗址多位于河岸一、二级阶地之上，主要是各支流两岸，干流两岸由于地势落差大，遗址相对少且小。不管是干流还是支流两岸，这些遗址距离河床的高度在80米以内，如哈休、孔龙村、白赊、叶浓秋景遗址等。也有少量例外，如罕额依、蒲角顶遗址，距河床600米，这或与大渡河上游地形复杂，相

31 曾蒙秀：《四川西北晚冰期以来植被和气候变化及其对人类活动的影响》，南京大学博士论文，2017：59-70。

32 曾蒙秀：《四川西北晚冰期以来植被和气候变化及其对人类活动的影响》，南京大学博士论文，2017：72。

33 刘德成：《植物硅酸体鉴定报告》，《茂县营盘山新石器时代遗址》，北京：文物出版社，2018：582-585；范淑贤：《孢粉分析鉴定报告》，《茂县营盘山新石器时代遗址》，2018：585-587。

同地理单元内环境差异较大有关[34]，也可能如同岷江上游的箭山寨[35]、沙乌都[36]遗址一样，属季节性或临时营地。

大渡河上游地区发现的史前文化遗存主要集中在马家窑类型阶段，后续史前聚落遗址或文化遗存十分少见，仅有少量的罕额依遗址一期B组、二期文化遗存。在此之后，这个区域内出现了明显的文化空白期或断层现象，造成这种文化景观格局变迁的原因主要是地理地貌决定的，大渡河上游地区海拔高，多在2200米以上，台地面积小，动植物垂直分布特征明显，容易受气候环境变迁的影响，特别是干旱降温容易导致高海拔地区的野生动物迁徙和旱作农业减产，从而造成生业资源紧张，也影响人口数量的增长和聚落的持续发展壮大，甚至为了生计被迫迁徙至更加温暖湿润宜居的地区。

◆ 范永刚　四川省阿坝藏族羌族自治州文管所副研究员
陈剑　成都文物考古研究院研究员
何锟宇　成都文物考古研究院副研究员

34 陈剑、何锟宇：《大渡河上游史前文化、环境与生业初析》，《四川文物》2007（5）：57-65。

35 成都文物考古研究所、阿坝藏族羌族自治州文物管理所、理县文物管理所：《四川理县箭山寨遗址2000年的调查》，《成都考古发现2005》，2007：15-24。

36 成都文物考古研究所、阿坝藏族羌族自治州文物管理所、茂县羌族博物馆：《四川茂县沙乌都遗址调查简报》，《成都考古发现2004》，北京：科学出版社，2006：13-19。

# 从塞康到楼阁式佛殿：强准祖拉康与吐蕃佛教前弘期佛殿建筑新风格的形成 *

毛中华

**内容摘要**：传统观点认为位于蕃尼古道吉隆地方的强准祖拉康是公元7世纪中叶吐蕃赞普松赞干布引入佛教时所建造的镇厌佛殿之一，代表着吐蕃王朝早期佛教建筑之风格特例，但这仅为后世佛教文献的记载。本文利用相关文献并结合吉隆与加德满都河谷两方面的实地调查，认为现存强准祖拉康之建筑形制并非松赞干布创寺之始作，或为赤松德赞兴佛之时，融合传统苯教石砌"塞康"建筑元素与加德满都河谷砖（石）木混合多层楼阁式神殿风格创制而成，同时很可能还受到唐代汉化佛教建筑的直接影响。更为重要的是，随着佛教在吐蕃的发展，这种砖（石）木混合多层楼阁式佛殿逐渐作为吐蕃王室重要的佛殿原型而广泛应用，并发展为吐蕃佛教前弘期最具象征意义的佛殿建筑新风格。

* 本文得到西藏自治区哲学社会科学专项基金项目"'蕃尼古道'文化线路之建筑遗产研究"（15BMZ001）和西藏大学喜马拉雅区域发展协同创新中心项目"环喜马拉雅区域佛教建筑研究：空间原型与艺术象征"（ZFYJY201901001）的资助。

图一 强准祖拉康外观

## 引言

西藏吉隆县附近（古称芒域）存有两座罕见的砖木混合多层楼阁式佛殿，一为强准祖拉康（图一），意为幻显神殿；二为帕巴寺（图二），意为观音殿[1]。此两处佛殿，除因其独特的楼阁式建筑风格，还因均位于“吐蕃—尼婆罗古道”（蕃尼古道）南段之蕃尼交接处，历为学者瞩目。基于传世佛教教法史文献，现有研究均认为此两座佛殿属于吐蕃松赞干布（629–649 年在位）在迎娶尼婆罗（今尼泊尔）赤尊公主及唐文成公主之后，根据文成公主的“五行算图”而营造的镇厌神殿，是用以镇压“罗刹魔女”及其他魔怪

1 除强准祖拉康和帕巴寺外，根据目前资料，吉隆还存有三处楼阁式建筑。其中两处为祖布拉康和度布寺，均已毁于“文革”，仅存遗址，经初步考证应为 10-11 世纪所建；另一处为玛尼拉康，体量较小，形制简陋，无挑檐，当为吐蕃王朝之后始建。参见霍巍、李永宪、尼玛：《吉隆县文物志》，拉萨：西藏人民出版社，1993：102、114。

图二　帕巴寺外观

的早期佛教建筑[2]。

蕃尼古道南北段的创通并成为重要的国际通道，一般认为始于公元 7 世纪中叶，且与公元 639–641 年松赞干布先后迎娶赤尊公主、文成公主相关。此道甫一开通，由于唐蕃、蕃尼之间亲密的政治关系及该道本身的便捷之利，唐使李义表、王玄策和汉僧玄照、玄太、道生等都在短时间内纷纷取道前往天竺，此道甚至一度取代了天山道等传统中印通道[3]。总之，蕃尼古道为吐蕃—泥婆罗—印度以及唐—印度之间的交通开创了新的局面。

从强准祖拉康居于蕃尼古道之重要位置及其独特的多层楼阁式建筑风格出发，人们

2　文成公主依据中原《八十种五行算观察法》推算西藏地形俨若罗刹魔女仰卧形状，功德与过患皆有，为镇压恶劣风水，在魔女的左右肩足分建四座“镇边寺庙”；又在魔女的左右肘膝盖分建四座“再镇寺庙”，其中之一为绛真格杰寺，即本文所讨论的强准祖拉康，又称强准格杰寺，汉译慈云宏善寺；此外还建镇压左右两翼的“镇肢寺庙”。参见五世达赖喇嘛著，郭和卿译：《西藏王臣记》，北京：民族出版社，1983：37-38。又：除上述镇边、再镇和镇肢十二神庙之外，还有文献记载在东西南北方向建造对治土、火、水、风四大灾害的寺庙，由此可见吐蕃松赞干布初期的建寺范围和规模。参见索南坚赞著，刘立千译注：《西藏王统记》，拉萨：西藏人民出版社，1985：85-86。同时，与强准祖拉康相邻的帕巴寺常被误指为镇边神殿之一，其实为供奉圣哇底（Wa-ti）观音像而造。这尊观音像与布达拉宫帕巴拉康所供圣罗格肖热观音像同属四昆仲观自在神像之一，可能是因与强准祖拉康相邻近且建筑样式相似，故常被人们所混淆。参见索南坚赞著，刘立千译注：《西藏王统记》，1985：51。

3　黄盛璋：《关于古代中国与尼泊尔的文化交流》，《历史研究》1962（1）：97-98。

图三　帕坦皇家广场楼阁式神庙建筑群

自然将其与另一端加德满都河谷鳞次栉比的多层楼阁式神庙[4]（图三）联系起来，进而诗意地将其与佛教初传下的拉萨圣城、松赞干布与赤尊、文成二位公主推算五行卦图选址，尚论臣工热烈建造大昭佛殿及十二镇边神殿联系起来，从而将其理所当然地归入松赞干布时期，但事实真的如此吗？

近年来，已有不少学者对强准祖拉康及帕巴寺展开过调查研究，且都毫不迟疑地将

4　构成加德满都河谷传统聚落绚丽的天际轮廓和城市景观标志的建筑类型主要为两种印度教神庙：其一是 Sikhra（北印度的称谓，锡哈拉）或 Granthakura（尼泊尔的称谓，格兰塔库塔），两者都指向一种砖石尖塔神庙；其二便是本文讨论的多层砖木楼阁式神庙，曾有西方学者将其命名为 Pagoda（帕格达，意为“宝塔”），但尼泊尔本土学者认为这种命名是将多层楼阁神庙与古代中国、日本等东亚地区的楼阁式佛塔混为一谈，而忽视了它们的差别。尼泊尔特里普文大学的 Tiwari 教授从相关的古代铭文以及当代语言学出发，认为这种多层楼阁式神庙类型应该被命名为 Tallakara（塔拉卡拉，尼泊尔语意为“斜坡屋顶”）风格或者直接称为 Tiered（多层楼阁式）风格。参见 Sudarshan Raj Tiwari：*The Temples of the Nepal Valley*, Patan Dhoka: Himal Books, 2009: 22-25. Nil. Ratan. Banerjee: *Nepalese Architecture,* Delhi: Agam Kala Parkashan, 1980: 72. 尼泊尔的佛教建筑主要为各种佛塔和被称为 Vihara（梵语，毘诃罗）或 Bahal（尼泊尔语，贝哈尔）的僧院式建筑，后者在外观上与普通建筑相仿，并不突出。参见 Wolfgang Korn：*The Traditional Architecture of the Kathmandu Valley*, Kathmandu: Ratna Pustak Bhandar, 2007: 43.

其现存建筑形制追溯至松赞干布时期[5]。但事实上，印度佛教初传雪域藏地之时，吐蕃社会长期为苯教势力把持，传统信仰习来已久，尚且缺乏佛教信仰的根基；至迟在赤松德赞（755–796年在位）大兴佛教建寺度僧之前，苯教传统可谓根深蒂固，佛教建筑艺术的传入料非一日之功。

此外，关于强准祖拉康现存之建筑形制，有学者认为“强准祖拉康与帕巴寺、尼泊尔神庙建筑在建筑形制上极为相似”，[6]“强准寺和位于吉隆的另一座古老寺院帕巴寺是尼泊尔建筑艺术对藏地佛教建筑影响的产物，……这两座建筑不论从建筑形制到寺中壁画风格，都与加德满都河谷的印度教神庙在立面与平面布局上非常相似”。[7]这似乎仅认识到两者在外观上的形似，暗指强准祖拉康实为尼泊尔楼阁式神殿风格在吐蕃的简单复制。众所周知，吐蕃王朝建立后，与周边国家和政权如李唐、尼婆罗、北印度诸国以及北方突厥、霍尔、于阗等时而和平相处，时而征战围堵，发生着广泛而直接的联系。特别是在李唐王朝沿循与周边兄弟民族政权的和亲政策，与吐蕃通婚之后，吐蕃与中原政治文化交往日益频繁，在建筑艺术方面，吐蕃受唐的影响不可谓不深。在王国内部则佛本之辩、渐顿之诤反反复复，纷繁激烈。这似乎表明在政治文化激荡发展的吐蕃社会，深受文化制约的建筑艺术发展是一个相对复杂的过程。强准祖拉康是否真如前人所言是尼泊尔神殿在藏地的简单复制，还是依据自己的民族气质融合多种文化所做的创新，正如宿白先生所说的“中国佛学对外来佛典的阐述不断有创造性的发挥，形成中国独有的理论体系。中国佛教艺术同样发展出符合自己民族精神特色的各种形象”。这确实值得我们进一步清理分析和深入探讨。

## 一、吐蕃王朝以前藏地的建筑营造

西藏原始时期，“人以地穴岩洞为家，只会以石砌盖小屋，不曾会干伐木编织等活

5　霍巍、李永宪、尼玛：《吉隆县文物志》，1993：50-51。李亚忠：《浅谈强谈强准祖拉康的建筑形制与艺术风格》，《藏学学刊》第9辑，北京：中国藏学出版社，2014：128；李亚忠：《浅谈强准祖拉康的建筑形制与艺术风格》，《西藏文物考古研究》第2辑，北京：科学技术出版社，2016：131。周晶、李天：《吉隆沟中的塔式神殿——西藏境内尼泊尔风格藏传佛教建筑研究》，《建筑与文化》2016（8）：239。

6　李亚忠：《浅谈强准祖拉康的建筑形制与艺术风格》，《藏学学刊》第9辑，2014：131。

7　周晶、李天：《吉隆沟中的塔式神殿——西藏境内尼泊尔风格藏传佛教建筑研究》，《建筑与文化》2016（8）：239。

儿，只以野菜和肉类为食，而无农业、栽果树等知识”。[8]经过漫长岁月，西藏高原出现若干氏族部落，一些强盛的氏族部落吞并若干弱小部落，形成了一些部落联盟或小邦国，藏文史料中统称为十二小邦和四十小邦。在敦煌吐蕃历史文书《小邦邦伯家臣及赞普世系》中记载：

> 遍布各地之小邦，各据一个堡寨。任小邦之王与小邦家臣者，其历史如下：象雄达尔巴之王为李聂秀，其家臣为“琼保·若桑结”与“东弄·木玛孜”二氏。……十二小邦，加上斯日赤共为十三，家臣二十有四，加上江日那共二十五家。堡寨十二，加上崇高中央牙帐共为十三。[9]

由此可见，各小邦大多依堡寨而居。敦煌古藏文写卷 Pt.1060 中还详细地记录了几处小邦堡寨（即“卡尔”，宫殿之意）：

> 在恰吉亚果（江河之源头）地方，在穹隆银堡之内有王李聂秀，家臣为琼波和热藏杰……；在卡拉藏堆地方之藏吉俄卡尔宫内，有神藏拉吉乌，王为藏杰王恰氏，家臣有苏杜和囊……；在吉若江俄地方之吉卡尔索雍俄波宫内，有神吉拉恰芒艾，王为吉杰王芒波，家臣有西乌和布……；在娘若香波之九层朗林宫内，有王罗昂杰和昂擦吉仲嘎波，家臣有俄米和直格……；在强嘎那杰地方之秀瓦巴列宫内，有神珠古之神玉和热，有王贺根和达尔根，家臣有杜举和阿玛加、库那珠和阿玛加……；在恰吉玛秀（江河之下游）地方之家卡尔德巴宫内，有神加拉仲囊，王为加杰王尼欽……。[10]

文书中将堡寨提高到与各邦王、臣及所奉之神同等重要的位置加以记录，说明堡寨当为各邦最为重要的建筑，并且似乎暗示在堡、王、臣、神之间有着某种宗教上的联系。这些“神”实际就是各邦信奉的“苯教之神”。苯教是吐蕃地方的原始宗教，盛行于吐

8 恰巴·次旦平措、诺昌·乌坚著，巴桑罗布、格桑益西译：《西藏简明通史》（选载），《西藏研究》1990（3）：26。

9 王尧：《敦煌本吐蕃历史文书·（P.T.1286）小邦邦伯家臣及赞普世系》，《王尧藏学文集（卷一）——敦煌吐蕃历史文书·吐蕃制度文化研究》，北京：中国藏学出版社，2011：248。

10 转引自阿贵：《论吐蕃远古小邦的历史演变——基于吐蕃出土文献与藏文传世文献的考察》，《青藏高原论坛》2013（3）：79。

蕃王朝及其前身——吐蕃悉补野王统小邦时代的卫藏和古象雄地区，素以占卜休咎、祈福消灾、治病送死为主要活动和特点[11]。相关资料记载，从吐蕃悉补野王统第一代赞普聂赤赞普（约公元前117年左右在位）起，共计有26代赞普都以苯教治国[12]。《旧唐书》载吐蕃："多事羱羝之神，人信巫觋"，从其将"羱羝"神化为"神"，并崇拜巫师来看，其崇信的应是某一类原始苯教。在松赞干布以前，苯教的领袖已经作为赞普的宗教导师，参与到统治者行列[13]。这些苯教徒通过占卜通神等手段而拥有了部分政治、军事权力[14]，当然也会对当时的建筑活动产生重要的影响。

穆赤赞普曾从象雄迎请一百零八位苯教师，并在卫藏地区修建了三十七座供苯教徒集会活动的名为"杜耐"的宗教活动场所[15]。随着苯教的发展，逐渐在"杜耐"的基础上发展出以供神为主同时进行宗教活动的名为"塞康"的苯教神殿建筑。这些苯教建筑的修建显然得到了王室的支持，并且每一个赞普修建一座塞康的传统一直持续到松赞干布之父囊日松赞时代[16]。在此过程中，苯教与王权高度结合，形成所谓的"王辛共制"的现象[17]。"塞"为象雄文，是"神"之意[18]，"塞康"即指苯教神殿。"塞康"在某些文献中又被称为"塞喀（同'卡'）尔"，"喀尔"意为高层的"堡垒式"建筑[19]，在此，"塞康"意为"神之城堡"或"神之堡垒"。虽然苯教"塞康"及"塞喀尔"的具体建筑形式已难复原探究，但是从其名称看，这些苯教神殿大概属于多层堡寨一类。石硕研究认为，正是由于原始苯教中的"天神"崇拜以及由此派生而来的以接近"天"的高处为神圣的观念促进了苯教"堡垒式"建筑的发展[20]。

---

11 五世达赖喇嘛著，郭和卿译：《西藏王臣记》，1983：14。索南坚赞著，刘立千译注：《西藏王统记》，1985：35。苯教九乘中的四因乘便以这些内容为主，参见才让太、顿珠拉杰：《苯教史纲要》，北京：中国藏学出版社，2012：53。

12 土观·罗桑却吉尼玛著，刘立千译注：《土观宗派源流》，北京：民族出版社，2000：194。

13 才让太：《论苯教的辛波、喇嘛、加嚓布和活佛》，《中国藏学》2014（2）：13。

14 才让太、顿珠拉杰：《苯教史纲要》，2012：14。

15 才让太：《苯教塞康文化再探》，《中国藏学》2001（3）：72。才让太、顿珠拉杰：《苯教史纲要》，2012：99。

16 才让太：《苯教塞康文化再探》，《中国藏学》2001（3）：72-73。张云、石硕：《西藏通史·早期卷》，北京：中国藏学出版社，2015：395。

17 "王"指赞普的王权，"辛"指以古辛为代表的苯教势力。才让太：《七赤天王时期的吐蕃本教》，《中国藏学》1995（1）：71-72。

18 "塞"在象雄文化中被视为与茹毛饮血的"赞"相敌对的"神"，参见才让太：《吐蕃的苯教与〈世间总堆〉》，《中国藏学》2011（4）：58。

19 西藏建筑勘察设计研究院：《神居之所——西藏建筑艺术》，北京：中国建筑工业出版社，2011：4。

20 石硕：《藏地山崖式建筑的起源及苯教文化内涵》，《中国藏学》2011（3）：148-153。

由于吐蕃赞普以“天神之子”[21]自称，“天神自天空降世。在天空降神之初上面，有天父六君之子，少兄三弟，连同墀顿祉共为七人。墀顿祉之子，即为墀聂墀赞也。来做大地之主，降临来到人间。”[22]赞普王室根据苯教神人天降的神话，自比为苯教所奉之神[23]。尽管目前我们仍然缺少小邦时期宫殿建筑的实物证据，但结合上文所引的各邦宫殿普遍采用“卡尔”“吉卡尔”一类的称谓来看，在吐蕃王统世系早期，籍由“塞喀尔”神庙的兴盛，各小邦宫殿或许均已采用与前者相似的堡垒式建筑风格。这种风格很可能即是西藏建筑渊源所在。

关于小邦时期的建筑形态，除了知道一系列堡寨的名称和采用堡垒式建筑风格，以及为了适应苯教“天神”崇拜而多建于山崖并表现为高耸结构外，我们目前还知之甚少。本世纪初，四川大学在阿里地区噶尔县、札达县开展的“象泉河流域考古调查”中发现的“卡尔东”遗址或许为我们了解这一时期的建筑面貌提供了一个机会。

该遗址位于噶尔县门士乡象泉河北岸的一处山梁上，本地人称“琼隆吾卡尔”，意为“琼隆银城”，即上述文献提及的象雄达尔巴之王李聂秀的都城王宫。鉴于该遗址还未正式发掘出与“象雄文明”直接相关的考古学证据，其真实身份尚有待进一步研究[24]。顿珠拉杰则根据苯教文献关于琼隆银城坐落于卡尔东（意即山梁之上的城堡）的记载，以及该遗址居于山梁之上的事实，认为此遗址便是琼隆银城[25]。事实上，从该遗址所处的时空关系上看，其与象雄文化的关系应当相当密切，即便不是象雄王国的都城，也应当是当时重要的城堡之一。

根据初步调查，该遗址分布于“卡尔东”长条形山梁之上，遗址内建筑可分为防御性工事建筑、家庭居住建筑、公共建筑、宗教祭祀建筑以及生活附属设施等类型，并且均由砾岩岩块砌筑而成。其中的防御性建筑由防墙和方形堡垒组合，在整个遗址中分布众多，岩块修整整齐，比较讲究，可见在防御上经过精心的安排；居住建筑常见为方形、圆形的单间或多间形式；有的公共建筑则依地势用岩块砌有多重阶梯；疑似的宗教祭祀

---

21 王尧、陈践译注：《敦煌本吐蕃历史文书（增订本）》，北京：民族出版社，1992：173。

22 王尧：《敦煌本吐蕃历史文书·（P.T.1286）小邦邦伯家臣及赞普世系》，《王尧藏学文集（卷一）——敦煌吐蕃历史文书·吐蕃制度文化研究》，2011：249。

23 恰白·次旦平措：《论工布地区第穆摩崖文字》，《中国藏学》1988（3）：112。

24 霍巍：《西藏西部早期文明的考古学探索》，《西藏研究》2005（1）：47。霍巍：《西藏西部象泉河流域穹隆遗址的考古调查》，载中国藏学研究中心、奥地利维也纳大学编：《西部西藏的文化历史》，北京：中国藏学出版社，2008：20-34。西藏自治区文物保护研究所于2018年完成了对“卡尔东”遗址的正式考古发掘，但成果尚未披露。

25 顿珠拉杰：《从本教文献看阿里穹隆卡尔董遗址的历史地位》，《藏学学刊》第9辑，北京：中国藏学出版社，2014：136-137。

图四　雍布拉康宫堡

性建筑常位于山顶等险要位置[26]。虽然关于这些建筑的功能和形象还有待进一步研究，但至少在一定程度上说明：在小邦时期，块石砌筑而成的碉房已成为最为主要的建筑形式，砌筑精致的防墙和方形堡垒大量使用，而宗教建筑往往处于重要的位置。

吐蕃腹地的小邦活动是吐蕃早期历史的重要内容，是西藏先民开发和建设西藏高原的历史印记，同时也是吐蕃王朝建立的坚实基础。在吐蕃王朝建立的过程中，诸小邦逐渐被吐蕃及其前身——吐蕃悉补野王统所征服，自然也就继承了当时的建筑营造系统。据载，聂赤赞普抵达雅隆后征服了松巴王阿勇，降服了奴王斯巴，建造了雅隆悉补野王统的首座王宫“雍布拉康宫”；[27] 直贡赞普之子布代贡杰复位后又在雅隆建造“青瓦达孜宫”；[28] 囊日松赞北伐孙波，于公元 600 年攻下“都瓦宇那堡”后，在今拉萨河上游的墨竹工卡雅嫩查堆园附近修建“强巴敏久林宫堡”，[29] 他还“用红色黄牛的奶汁和泥，修建了赤孜本都城堡”。[30] 上述所涉的宫堡几乎都已毁坏无存，仅存的雍布拉康也历经多次大

26　霍巍：《西藏西部早期文明的考古学探索》，《西藏研究》2005（1）：45-46。

27　巴卧·祖拉陈哇著，黄颢译注：《〈贤者喜宴〉摘译》，《西藏民族学院学报》1980（4）：32。

28　班钦·索南查巴著，黄颢译注：《新红史》，拉萨：西藏人民出版社，1984：15-16。

29　张云、石硕：《西藏通史·早期卷》，2015：260。

30　达仓宗巴·班觉桑布著，陈庆英译：《汉藏史集——贤者喜乐赡部洲明鉴》，拉萨：西藏人民出版社，1986：76。巴卧·祖拉陈哇著，黄颢译注：《〈贤者喜宴〉摘译》，《西藏民族学院学报》1980（4）：38。

的改造扩建，早已不复当日面貌，但从现存雍布拉康的建筑形态（图四）[31] 和青瓦达孜宫遗址分析，这些宫堡均应为居高而筑、依山而建的多层石砌碉房堡垒式结构。

从“青瓦达孜宫”到“赤孜本都城堡”之间的建筑发展情况，我们没有相关证据说明，但史料在记述松赞干布先祖拉托托日年赞等五赞王之陵墓时提到：“据说五赞王的陵墓建在琼垄额拉塘，陵墓为土堆，状如帐篷，没有装饰，也不是正方形”；[32] 拉托托日年赞之后的赤聂桑赞、达日年色（松赞干布之祖父）的陵墓也是没有装饰的土堆，“无冥器物平铺土”；[33] 到囊日松赞时期，史料记载其陵墓始有装饰并建有祭祀的建筑 [34]；再到松赞干布时期，其陵墓则更显华丽，在陵墓“四角建有四个拉康”，[35]《西藏王统记》还记载陵墓内部建有五座殿堂 [36]。霍巍先生综合历史文献及目前有限的墓葬考古材料认为：早期的吐蕃墓葬虽已有墓丘顶部祭祀建筑的萌芽，但并不凸显，随着吐蕃社会的进步与强盛，直至松赞干布时代才逐渐发展出墓葬规模更大、祭祀建筑更为完备的局面 [37]，这似乎说明在松赞干布之前吐蕃墓葬建筑的发展相当有限。基于墓葬建筑在一定程度上是对现实生活空间的模仿与再现的这个事实，我们或许可以推论现实生活中的建筑技术也同样难有大的进步。结合这一点，我们或可认为，直至松赞干布时期，吐蕃地方的宫堡及宗教建筑虽有大量的建造，但基本上还是延续小邦时期即已发展起来的石砌碉楼结构，并没有大的突破。这种居高而筑，依山而建的堡垒式石砌多层碉楼结构不仅构成了吐蕃悉补野王统最主要的世俗与宗教建筑文化景观，同时也是西藏建筑源流中最为古老的传统。

## 二、蕃尼古道与松赞干布时期的佛殿建筑

### （一）松赞干布与蕃尼古道的开通

敦煌吐蕃历史文书载：“松赞干布赞普之时，父王所属民庶心怀怨望，母后所属民庶公开叛离，外戚如象雄、犏牛苏毗、聂尼达布、工布、娘布等均公开叛变。父王囊日

31 被称为吐蕃王统第一座宫殿的雍布拉康，其准确称谓应当是“雍布拉喀尔”，不论是其名称还是现存的建筑形制均体现了“堡垒式”建筑内涵。参见西藏建筑勘察设计研究院：《神居之所——西藏建筑艺术》，2011：4。

32 达仓宗巴·班觉桑布著，陈庆英译：《汉藏史集 - 贤者喜乐赡部洲明鉴》，1986：75。

33 班钦·索南查巴著，黄颢译注：《新红史》，1984：37。

34 达仓宗巴·班觉桑布著，陈庆英译：《汉藏史集——贤者喜乐赡部洲明鉴》，1986：77。

35 弟吴贤者著，许德存译：《弟吴宗教源流》，拉萨：西藏人民出版社，2013：187。

36 索南坚赞著，刘立千译注：《 西藏王统记 》，1985：112。

37 霍巍：《西藏古代墓葬制度史》，成都：四川人民出版社，1995：196。

伦赞被进毒遇弑而薨逝。”[38]囊日松赞时期，虽然已形成以吐蕃王室悉补野为中心的上层氏族阶层，但仍属组织分散的部落联盟，以致在统治阶层内部造成内斗而导致赞普为大臣所弑。松赞干布在混乱中继立，通过一番努力将叛离之民再次收归治下，社会趋于稳定。为扩展吐蕃的生存空间，寻求更多的生活资源，以提高实力，巩固地位，松赞干布采取了对外扩张并积极寻求外部先进文化之路。

从地理上看，吐蕃为寻求北出黄河中上游及青海地区之路，首先积极经营吐蕃—吐谷浑道，并将吐谷浑收入治下，占有其地；其次开发吐蕃—勃律道，朝吐蕃北方与西北方进发，经略西域；再通过传统的滇藏、蜀藏线路，向东南横断山区，以及东部的蜀西和滇西北发展。在此几个方面，都与当时强大的李唐王朝展开竞逐与互动。公元641年，唐使李道宗送文成公主于河源，松赞干布迎请公主入藏，正式揭开唐蕃关系的新篇章，从而发展出著名的长安至逻些通道——唐蕃古道。在吐蕃的南方，当松赞干布励精图治，亟待引入佛教以加强社会制度建设之时，特别是在635年向唐初次请婚未果的情况下，松赞干布于639年经芒域迎娶了尼婆罗国王鸯输伐摩之女赤尊公主（尼婆罗称Bhrikuti，毗俱胝），由此正式拉开吐蕃至尼婆罗——蕃尼古道的序幕。

根据相关史料，一般以鄯城（今青海西宁）为分界点将唐蕃古道分为东西两段，东段即唐境内从长安至鄯城的道程，西段即吐蕃境内从鄯城到逻些的道程[39]；还有学者将唐蕃古道西段视为蕃尼古道北向的延伸，称其为蕃尼古道北段；同样也将蕃尼古道南段视为唐蕃古道南向的延伸。暂且抛开这些命名妥当与否不论，更加值得注意的是通过两条古道的连接，一条贯穿唐与吐蕃，越过喜马拉雅山脉进入加德满都谷地再至印度的国际大通道已然形成，也就是道宣所言的中印交通之“东道”。此道创通之后，由于唐蕃、蕃尼之间亲密的政治联系和道路的便捷，一时间聘使往来，求法高僧东西通行，甚至立即取代了传统的天山道[40]。

依道宣《释迦方志·遗迹篇》所记，从河州至吐蕃的路程自然清晰明了，但从吐蕃至尼婆罗这段蕃尼古道南段的走向：“又南少东至吐蕃国。又西南至小羊同国。又西南度旦仓法关。吐蕃南界也。又东少南度末上加三鼻关，东南入谷，经十三飞梯、十九栈道。又东南或西南，缘葛攀藤，野行四十余日，至北印度尼婆罗国”，[41]由于地名难辨，

38 王尧：《敦煌本吐蕃历史文书·小邦邦伯家臣及赞普世系》，《王尧藏学文集（卷一）——敦煌吐蕃历史文书·吐蕃制度文化研究》，2011：228。

39 陈小平：《唐蕃古道》，西安：三秦出版社，1989：14-15。

40 黄盛璋：《关于古代中国与尼泊尔的文化交流》，《历史研究》1962（1）：98。

41 道宣著，范祥雍点校：《释迦方志》，北京：中华书局，1983：14。

学界向来有多种解释。直至1990年，霍巍等人在西藏吉隆境内发现唐代摩崖石刻《大唐天竺使之铭》，此碑记录了唐显庆三年（658年）王玄策经吉隆出使印度的史实，首次从考古实物的角度证实了吐蕃—尼婆罗间的古代交通问题。霍巍认同日本学者足立喜六对《释迦方志》中“小羊同”的解释，即“小羊同”为Shigatse的对音，为现在之后藏日喀则；呾仓法关为答仓·宗喀，即今吉隆县城治地，此处历来是吐蕃南界的重要关口[42]。据此，霍巍指出吉隆道当系蕃尼古道南段的主要路线，在古代中国与尼泊尔、印度文化交流史上具有重要的地位。

事实上，吐蕃与尼婆罗山水相连，二者的关联由来已久。近年，藏族学者巴桑旺堆发表了新出土的苯教文献《当许噶塘蚌巴奇塔本古本教文书》，其中关于吐蕃所属小邦有载：“在比域（尼婆罗——引者注）朗塘地方，在卡热九门宫里，有王比杰王卡茹德……”。[43]说明在靠近尼婆罗的朗塘雪山（今吉隆附近）一带也有吐蕃小邦的存在[44]，这些小邦与尼婆罗在地理上的天然联系早就造就了传统的民间通道。蕃尼古道并非只有吉隆道一线，除此之外，如经定日、普兰、聂拉木、仲巴等地通往尼婆罗的众多线路如同毛细血管一般紧密地联系着喜马拉雅南北，形成了西藏高原与南亚的走廊网络。

### （二）加德满都河谷及北印度喜马拉雅南麓的楼阁式佛殿

尼泊尔自古以工巧闻名，玄奘于公元627-645年游历印度，可能曾亲访尼泊尔佛教圣地，其在《大唐西域记》中记载：

> 尼波罗国周四千余里，在雪山中。……无学艺，有工巧。……伽蓝、天祠，接堵连隅。王刹帝利栗呫婆种也，志学清高，纯信佛法。近代有王，号鸯输伐摩，唐言光胄。硕学聪叡，自製声明论，重学敬德，遐迩著闻。[45]

关于鸯输伐摩之后的那陵提婆时代，五代刘昫所著《旧唐书》亦载：

> 泥婆罗国在吐蕃西，……其王那陵提婆，身著真珠、玻瓈、车渠、珊瑚、

42 霍巍：《吉隆文物古迹与蕃尼道上古代中尼文化交通的若干问题》，《西藏研究》2000（1）：67。

43 此处的译文转引自阿贵：《论吐蕃远古小邦的历史演变——基于吐蕃出土文献与藏文传世文献的考察》，《青藏高原论坛》2013（3）：77-82。

44 这些小邦所在的吉隆地区，在松赞干布时期被正式划归为卫藏五茹之“茹拉”地区。

45 玄奘、辩机原著，季羡林等校注：《大唐西域记汇校》，北京：中华书局，2009：612-613。

琥珀、璎珞，耳垂金钩、玉珰，佩宝装，伏突坐狮子状。其堂内散花燃香，大臣及诸左右并坐于地，持兵数百，列侍其侧。宫中有七层之楼，覆以铜瓦，栏槛楹栿，皆饰珠宝。楼之四角，各悬铜槽，下有金龙激水。上楼注于槽中，从龙口而出，状若飞泉。[46]

道宣所著《释迦方志》中关于那陵提婆时期的尼婆罗建筑记录，与上述记载相呼应：

至尼婆罗国，杂信……王纯信佛，城内有阁，高二百余尺，周八十步，上容万人，面别三迭，迭别七层，徘徊四厦，刻以奇异，珍宝饰之。……城南十余里孤山特秀。寺居重叠，状若云霞。[47]

此处所引的"七层宫殿"与"七层楼阁"，应当是中国旅行者在加德满都河谷所见的阁楼式建筑，但目前尚未发现相关的实物例证[48]。作为尼泊尔最为重要的印度教神庙，帕苏帕提神庙（Pasupati Temple，兽主神庙）始建于公元 325 年，印度考古学家 Banerjee 利用鸯输伐摩时期的一系列笈多文铭文考证认为，至迟在公元 879 年以前，帕斯帕提神庙就已属于楼阁式风格，而同属加德满都河谷最为古老的神殿之一的昌古纳拉扬神庙（Changunarayan Dega），其现存建筑形制被认为源自于五至七世纪[49]。这两者都属于典型的二层砖木楼阁式神殿风格。如此看来，至少在七世纪之前，加德满都河谷便存在这种建筑风格，并已作为重要的印度教神庙的经典样式广泛使用。

关于此类建筑，玄奘对其游学之处的东、北印度还有多处相似记载：

---

46 刘昫：《旧唐书》，北京：中华书局，1975：5289。

47 道宣著，范祥雍点校：《释迦方志》，1983：49-50。

48 有学者考证中国旅行者描写的"高二百余尺，周八十步，上容万人"的宏大建筑可能就是加德满都现存"卡萨曼达普"（Kashtha Mandapa）的前身，其被认为是加德满都最大与最古的楼阁式建筑。从总体风格来说，"卡萨曼达普"与中国文献描述的建筑有一定的相似之处，但实际高仅 3 层，约 17.5 米，与文献所述的高七层，二百余尺（约 60 米？）相距甚远。这或许是由于屡次修复重建，导致其规模与原有建筑差异很大。此外，从建筑空间布局来看，上中下三层开放式大厅布局还是符合"曼达普"（Mandapa，尼泊尔语休息亭之意）作为一处公共集会大厅使用的本意，也在一定程度上印证了"上座万人"的溢美之词，但也确实不能指向任何的佛阁或宫殿。参见 Wolfgang Korn: *The Traditional Architecture of the Kathmandu Valley*, 2007: 134-135. Nil. Ratan. Banerjee: *Nepalese Architecture,* 1980: 83.

49 Wolfgang Korn: *The Traditional Architecture of the Kathmandu Valley*, 2007: 101.

大城东南行百余里，至纳缚提婆矩罗城，据殑伽河东岸，周二十余里。花林清池，互相影照。纳缚提婆矩罗城西北，殑伽河东，有一天祠，重阁层台，奇工异製。[50]

殑伽河北有那罗延天祠，重阁层台，奂其丽饰，诸天之像，镌石而成，工极人谋，灵应难究。[51]

菩提树东有精舍，高百六七十尺，下基面广二十余步，迭以青瓴，涂以石灰。层龛皆有金像，四壁镂作奇制，或连珠形，或天仙像，上置金铜阿摩落迦果。亦谓宝瓶，又称宝壶。东面接为重阁，檐宇特起三层，欀柱栋梁，户扉寮牖，金银彫镂以饰之，珠玉厕错以填之。奥室邃宇，洞户三重。外门左右各有龛室，左则观自在菩萨像，右则慈氏菩萨像，白银铸成，高十余尺。精舍故地，无忧王先建小精舍，后有婆罗门更广建焉。[52]

菩提树北门外摩诃菩提僧伽蓝，其先僧伽罗国王之所建也。庭宇六院，观阁三层，周堵垣墙高三四丈，极工人之妙，穷丹青之饰。[53]

综上，似乎说明在公元 7 世纪的北印度及尼泊尔，这种“重阁层台”、“檐宇特起三层”、“金银彫镂”的建筑是颇为常见的世俗宫殿与佛教及印度教神殿样式。问题是，这种建筑风格是否已经通过蕃尼古道及印度—尼婆罗之间的联系，被引入吐蕃了呢?

赤尊公主进藏后，主要的建筑活动之一便是修建了赤兹红宫。《贤者喜宴》引述《国王遗训》云：

宫为火砖之墙、每边为一俱卢舍，墙高三十六版，四门有硐楼牌坊等，小门房屋均有流苏、飞檐，且饰以诸种珍宝，环饰以小银币。单垂或双重宝珞处设有铃网，铃铃奏响，复又庄严以牦牛尾及丝缨之幡。宫内有宫室九百九十九间，连同宫顶，总为红堡一千。宫顶均诸一竖立系以红旗中间缠以杂彩之枪矛十杆，并设各种兵器，悬挂各种丝绸之流苏。在南墙之内，仿胡人宫堡建九层

50 玄奘、辩机原著，季羡林等校注：《大唐西域记汇校》，2009：446-447。纳缚提婆矩罗城在今印度北方邦温瑙专区邦格尔毛镇，最新考古发掘了一座建于 2 千年前的毗湿奴天神庙遗址。

51 玄奘、辩机原著，季羡林等校注：《大唐西域记汇校》，2009：584。

52 玄奘、辩机原著，季羡林等校注：《大唐西域记汇校》，2009：672-674。

53 玄奘、辩机原著，季羡林等校注：《大唐西域记汇校》，2009：693。摩诃菩提寺位于今印度比哈尔邦南部伽耶市近郊之菩提伽耶，其地原为古印度摩揭陀国伽耶城南方之优楼频螺聚落。

之神岩吉祥无量宫，复建与赞普王宫相同之王妃宫，王宫与王妃宫之间连有银桥，设置华丽的天窗，并连接以无数饰物，可使王与王后相互往来。虽有一亿军士前来，而五人即可防守，观之如克敌制胜之宫堡。论其精美，美不胜收；其如日轮，光射难当，又如罗刹域之楞伽布山那般可畏。[54]

从描述来看，赤兹红宫仍然是延续依山而建的堡寨式碉楼建筑特点，强调种种防御，并加以各种庄严装饰，其中提及“仿胡人宫堡建九层吉祥无量宫”，但未明确采用重阁层台建筑样式，很可能采取与同一时期拉萨“帕邦卡”九层石砌碉楼相似的建筑风格。

吐蕃王朝初创时的另一重大建筑活动便是十二镇边佛殿与大、小昭佛殿的建造。广为流传的是：文成公主通过“博唐”推算，认为“此吐蕃王土，地处仰卧之岩魔女身上，因此岩魔女之两臂、头、两胯、两肘、两膝盖及四肢等等，当需逐一建以镇压之神殿，既使不成，亦当施以铁橛。至于卧塘湖乃岩魔女之心血，系恶趣之门，故当除之，建以神殿。此外，还有八处凶地……对于上述种种凶地应加以镇摄。如是，一切福德将即出现。”[55]

提及所谓的“岩魔女”镇服和“凶地”镇摄，不禁让人联想到吐蕃的原始苯教。如前所述，苯教自吐蕃王统建立以来一直在社会政治中扮演重要角色，吐蕃王室一直或主动或被动地与苯教大法师阶层保持紧密而复杂的联系。这种关系毫不意外地延续至松赞干布引进佛教信仰之后的一段时期。黄颢摘引《玛尼宝训》认为，松赞干布本人在引进佛教的同时，也行崇奉苯教之事——“（赞普）松赞干布让上至公主、王子及内外一切眷属均学习《观音六字明经》之法，……又自香雄迎请香雄苯教徒拉岱木，让人们向被呼之为‘塞’（原注——住在神体内的男子）的苯教徒阿哇学习。对于病人，可以使之卜卦、祭神（天），举行本教活动。”[56]文成公主之所以还借助所谓的“博唐”即“五行算图表”占卜选定镇边佛殿的位置，很可能是受限于当时吐蕃社会尚本的热烈风气，初传的佛教和中原文化只能选择与苯教合作。

修建昌珠佛殿时，松赞干布还广召苯教徒举行苯教仪式——以大鹏将湖中“五首龙蛇”降伏，并收为护法，再建五尖塔镇压[57]。建造镇压魔女左肘的昆廷佛殿时，甚至还以

54 巴卧·祖拉陈哇著，黄颢译注：《〈贤者喜宴〉摘译（三）》，《西藏民族学院学报》1981（2）：19-20。
55 巴卧·祖拉陈哇著，黄颢译注：《〈贤者喜宴〉摘译（三）》，《西藏民族学院学报》1981（2）：24-25。
56 巴卧·祖拉陈哇著，黄颢译注：《〈贤者喜宴〉摘译（二）》，《西藏民族学院学报》1981（1）：19。
57 巴卧·祖拉陈哇著，黄颢译注：《〈贤者喜宴〉摘译（三）》，《西藏民族学院学报》1981（2）：28。

“昆廷塞康”这一苯教传统命名[58]。关于这些镇边佛殿的建造，无疑具有浓厚的苯教文化内涵。另据苯教史记载，松赞干布“自香雄迎请辛饶大师一岁身量之像，并建太钦寺”，还说松赞干布祷告修习《无垢水晶经》等三部苯教经典[59]。苯教文献《世间本教源流》甚至认为：“松赞干布兴建的佛教建筑都是仿造本教塞康建筑的”。[60]虽然其中可能有苯教文献夸耀以自重的成分，但也应当离事实不远，由此可见当时吐蕃社会对苯教倚重之一斑。

如果说镇边佛殿地处偏陋，少人问津，采用苯教塞康建筑传统不足为奇，那么对于王室神殿大昭寺，似乎应该郑重其事，但事实也不尽然。拉萨大昭佛殿建造中，一方面遵循“应建以石土之墙，用白山羊自澎域驮土，据此因缘可使湖水消除，……则所有美好之事即可获得，并可泯除一切灾害凶险”[61]等此类祈福消灾的苯教手段；同时对建成之大昭寺则“殿柱画金刚橛形，令咒师喜悦。四角画万字，令苯教徒喜悦”，[62]这些都无不透露出对苯教的倚重。这种倚重甚至也体现在大昭佛殿建造之始的建筑形制选择上。宿白先生曾怀疑，松赞干布时创建的大昭寺，已基本毁于玛香专政之日，大昭寺现存最早之建筑（中心佛殿一、二两层）应当与寂护入蕃及赤松德赞重整大昭寺有关[63]。也就是说，今日所存大昭佛殿建筑早已不是松赞干布草创之制，两者已相距逾150余年了。大昭佛殿最初采用何种形制，是否采用了苯教塞康建筑形式，目前尚缺直接的材料可考。但《玛尼宝训》说，“墀尊公主所建之大昭寺形如覆斗之形；文成公主所建之小昭寺，形如狮子上颚”，[64]这是否可理解为大昭寺最初曾采用平顶碉房结构，并由于石砌墙体的收分而成覆斗之状？联系到当时社会对苯教的器重和塞康建筑的建造工艺传统，我们认为大昭佛殿早期有可能就是采用了塞康平顶碉房形式[65]！

我们似乎可以得出结论，松赞干布虽在吐蕃王朝早期便已引入佛教，但仍然缺乏信仰的社会基础，印度佛教要融入吐蕃本土必然意味着它与本土宗教传统相结合，特别是在早期佛殿建筑的营造上更是如此。如根据占卜确定镇厌魔女佛殿的建造方位，完全是

58 索南坚赞著，刘立千译注：《西藏王统记》，1985：79。
59 巴卧·祖拉陈哇著，黄颢译注：《〈贤者喜宴〉摘译（三）》，《西藏民族学院学报》1981（2）：47。
60 才让太：《苯教塞康文化再探》，《中国藏学》，2001（3）：73
61 巴卧·祖拉陈哇著，黄颢译注：《〈贤者喜宴〉摘译（三）》，《西藏民族学院学报》1981（2）：25。
62 索南坚赞著，刘立千译注：《西藏王统记》，1985：85。
63 宿白：《藏传佛教寺院考古》，北京：文物出版社，1996：2-10。
64 巴卧·祖拉陈哇著，黄颢译注：《〈贤者喜宴〉摘译（三）》，《西藏民族学院学报》1981（2）：45。
65 在民间，苯教徒至今仍认为大昭寺是按塞康建筑模式而建的。才让太：《苯教塞康文化再探》，《中国藏学》2001（3）：76。

苯教占卜神通手段的再现，其建造的思想和目的还是苯教的；甚至各镇厌佛殿的分布排列也能从苯教“杜耐”神殿的营造中找到历史渊源，可谓一脉相承[66]；部分佛殿甚至还延续苯教塞康建筑的命名。有苯教文献提示松赞干布曾强行下令将卫藏地区的一些塞康改建为佛堂[67]，并继续利用这些塞康，只是将其中的苯教神祇换作佛教的神像，这在客观上延续了本土的石砌堡垒式碉楼传统[68]。因此，加德满都河谷及北印度那种重阁层台、金银彫镂的建筑风格虽然在它的故乡已蔚然流行，但仍难以在一时之内通过蕃尼古道来到吐蕃，也就不可能出现在此时的强准祖拉康之上了。

### （三）强准祖拉康：镇边神殿的特例？

霍巍等人于1990年调查了强准祖拉康和帕巴寺，并发表了最早的调查报告：

> 寺庙为一木结构的楼阁式建筑，塔身方正，共有四层，塔内中空，设有木质楼梯可达顶层。各层均建有挑檐及门窗，自下而上第3层墙面设有3座桃形壶门，顶层四角以铜套饰挑出飞檐，其上为塔刹。刹顶饰火焰宝珠。底层四周以木栏杆环绕成外环廊，廊周原设有转经玛尼筒108个。塔高约16米，底层最大宽度为22米。塔之底层以片石垒砌墙体，外抹泥墙，第2、3、4层皆以小型火砖砌筑，各层檐面皆以原木斫成梁架椽枋，其上铺以石板。
>
> 寺庙主体建筑分布于底层、第2层及第3层。底层西面为门廊，2柱，……门廊之东侧有内外回廊两重……回廊中心有密室6间，每间面积约3-4平方米，高度约1.8米，……在底层的东南角密室之内有水井一口，直径约60-70厘米，深度不详。
>
> 第2层楼阁的平面结构与底层相同，其中五间密室用作喇嘛修行之所，1间稍大为护法神殿，其外绕以回廊。
>
> 第3层楼阁系强准寺的主体建筑佛殿之所在。殿堂4柱，面阔3间，进深3间，面积约为14×13米=182平方米，立柱之上以十字形斗拱支撑横梁，上

66 苯教徒在修建37座杜耐建筑时，即是按照一定的规律遍布卫藏：八座在右冀，七座在左冀，十三座在中冀，九座在支冀。这可能就是魔女镇厌佛殿模仿的原型。参见才让太：《苯教塞康文化再探》，《中国藏学》2001（3）：87。

67 才让太：《苯教塞康文化再探》，《中国藏学》2001（3）：76。

68 如记载松赞干布建筑“帕邦卡”时仍旧采用传统建筑形式：“也就在吉雪梁正地方名拔邦喀的磐石上，用红炉铁水灌凝大砖，而建筑起九层高的碉堡，四面都用铁链紧拴使其牢固。”参见五世达赖喇嘛著，郭和卿译：《西藏王臣记》，1983：39。

设椽子，铺设天花板。其外亦绕以回廊一周。[69]

结合现场考察，笔者认为强准祖拉康的建筑特征不仅在于其规模较大，更在于其上下四层皆具回廊，底层甚至有内外回廊两重，更有喇嘛静修之密室及多处佛殿，形制趋于完备，与文献中关于松赞干布时期镇边佛殿规模建制明显不同[70]。松赞干布时，虽已引入佛教，但并未建立僧侣制度，所建之佛殿，大多仅供佛像一躯，因此无需照此设置所谓的喇嘛静修之密室，也无需设置多达两重的绕佛回廊。此外，根据文献可知赤尊公主入藏之蕃尼古道路途崎岖难行[71]，在当时的实际交通价值不大，而吉隆作为当时流放贬吏之所，已属僻陋之地，更缺少佛教信仰的基础。总之，在松赞干布那个佛法不兴的时代和如此偏陋之地，似乎缺乏建造如此大型佛殿的理由。

众所周知，西藏开始建立僧伽，始于赤松德赞时期。彼时，寂护和莲花生等人受赤松德赞和崇佛大臣的邀请，开始在桑耶建寺度僧，是为西藏拥有佛法之始。因此，强准祖拉康这种具备多重转经回廊与静修僧房的楼阁式佛殿是否与赤松德赞时的佛法中兴有关？如此设不虚，则其又是何人缘何所建？

## 三、一种佛殿新风格的形成

西藏历史上将松赞干布、赤松德赞和赤德松赞并称三大法王怙主，即观世音、文殊菩萨和金刚手菩萨之化身，认为正是此三代藏王对西藏佛教的引进、建立和光大做出了重要贡献。吐蕃一朝，佛教始终伴随佛本之争，起伏不定。公元 755 年，赤松德赞继位赞普，吐蕃国内掀起反佛热潮；赤松德赞二十岁（761 年）后决心奉佛，意图通过推动

69 霍巍、李永宪、尼玛：《吉隆县文物志》，1993：45-46。

70 根据苯教文献，吐蕃时期的塞康建筑里基本只有一尊核心塑像。见才让太：《苯教塞康文化再探》，《中国藏学》2001（3）：76。如松赞干布时期的大批镇边佛殿系苯教塞康建筑改宗而来的说法不虚，则这些镇边佛殿规模应当普遍不大。

71 在描述赤尊入藏的情形时记载“墀尊公主坐在一只高贵的巨象上……。由泥婆罗王臣等送至泥婆罗及芒域交界的一片广阔的树林处。由于道路狭窄，难以通过，便打发大象回去。诸路道窄难行，故诸珍宝等乃由溜索运送。自芒域开始，两尊佛像则用两头洁白犏雌牛奉迎，墀尊公主骑一白骡，由一百匹载运诸种珍宝，口颂天女犛麞度母之名而来”，可见当时的道路崎岖艰辛。参见巴卧·祖拉陈哇著，黄颢译注：《〈贤者喜宴〉摘译》，《西藏民族学院学报》1980（4）：19。

佛教信仰，排除苯教，压制贵族，提高吐蕃王室之威权[72]，故有一段与拥本贵族的斗争[73]；直到763年，印度佛教僧人寂护（又译静命）初次进藏弘法遇阻；公元771年，寂护携莲花生入藏，佛本辩论，佛教获胜，赤松德赞下令禁行苯教；775年始建桑耶寺，779年完工开光，吐蕃正式定佛教为国教[74]。在赤松德赞破本兴佛的过程中，身旁始终活跃着一些拥佛的重要人物，其中之一便是韦·塞囊。

## （一）强准祖拉康与韦·塞囊及吐蕃王室

韦·塞囊是赤松德赞时期的兴佛重臣，对佛教在吐蕃的弘扬做出了重大贡献。最初，他曾从唐朝禅宗和尚私授佛戒，并时常密修佛法。他一心前往印度及尼婆罗求佛法，因此赤松德赞任命其为吉隆地方的"卡伦"官职。他利用这个机会，不顾当时的禁令秘密地经尼婆罗去到北印度，既朝礼佛教胜迹，也暗中寻访高僧，备邀进藏传法。公元763年，著名的印度高僧寂护正是经韦·塞囊的暗下联络而接受赤松德赞之邀初次入蕃。鉴于当时苯教势力的强盛，韦·塞囊对寂护入蕃做了充分的准备：先是在吉隆建造两所佛寺，划拨土地属民供养，然后迎请寂护到吉隆传法并商议入藏的方法[75]。随后寂护返回尼婆罗等候，直到赤松德赞召请入藏，仍是先到吉隆，等到赞普派遣的三位使臣到吉隆迎至拉萨大昭寺。由于苯教势力的压迫，寂护的首次入蕃传法仅历数月便告中断，随后韦·塞囊等送其返回尼婆罗，再候时机。为再次弘法，赤松德赞于767年派遣以韦·塞囊、拔·桑希、章藏协为首的三十人赴长安求请可传授经戒之和尚及经典，结果如愿得到汉地禅宗和尚的修行教诫，带着唐廷所赐大批佛典及礼品回到吐蕃[76]。经过长久的准备，赤松德赞终于在771年再次派遣韦·塞囊前往尼婆罗，二度迎请寂护，并经后者推介，邀请莲花生一道经吉隆入蕃。随后经历佛本之争，佛教获胜，站稳脚跟。775年，在吐蕃王室的推动下，由寂护设计，尼泊尔占卜风水师勘定寺址，赤松德赞奠基始建桑耶寺，

72 张云、林冠群：《西藏通史·吐蕃卷（上）》，北京：中国藏学出版社，2015：79。

73 公元762年，吐蕃使者入唐请求和好，但拒绝唐廷的提议至光宅寺誓约结盟，理由是"蕃法盟誓，取三牲血歃之，无向佛寺之事，请明日须于鸿胪寺歃血，以申蕃戎之礼"，说明此时苯教势力仍然左右吐蕃朝政。参见刘昫：《旧唐书》，1975：5238。

74 林冠群：《汉文史料记载唐代吐蕃社会文化"失实部分"之研究》，《唐代吐蕃历史与文化论集》，北京：中国藏学出版社，2007：92。张云、林冠群：《西藏通史·吐蕃卷（上）》，2015：83-84。

75 韦·囊塞著，巴擦·巴桑旺堆译：《〈韦协〉译注》，拉萨：西藏人民出版社，2012：6。又见巴卧·祖拉陈哇著，黄颢译注：《〈贤者喜宴〉摘译（五）》，《西藏民族学院学报》1981（4）：58。

76 张云、林冠群：《西藏通史·吐蕃卷（上）》，2015：82。巴卧·祖拉陈哇著，黄颢译注：《〈贤者喜宴〉摘译（六）》，《西藏民族学院学报》1982（1）：39-40。韦·囊塞著，巴擦·巴桑旺堆译：《〈韦协〉译注》，2012：9-10。

779 年完工开光。此后，赤松德赞为建立僧伽制度，维系佛教在吐蕃的发展，选拔一些贵族子弟剃度出家，韦·塞囊也成为吐蕃最早出家的佛教“七试者”之一，取法名意希旺波[77]。

重要的是，韦·塞囊游历尼婆罗与北印度之时，曾参访摩诃菩提寺和释利那烂陀寺等地，这是当时世界上最为重要的大乘佛教传习中心。正是在参观了这些佛教圣地并在众多高僧尊前领受佛法后，韦·塞囊还归吉隆，并于 763 年之前修建了两座佛寺，为迎请寂护入蕃做好准备。在数次往返蕃尼，驻留吉隆之时，寂护也很可能就在这两座寺院中驻锡传法。由于对这两座佛寺缺乏详尽的记载，导致寺名也久已失传，有关韦·塞囊在吉隆边境建寺的这则史料并没有引起足够的重视，导致人们对它知之甚少。考虑到除强准祖拉康和帕巴寺外，吉隆并未发现其他吐蕃时期佛寺的存在[78]，他所建的两座佛寺是否与强准祖拉康有关呢？

首先，关于韦·塞囊所游历的印度摩诃菩提寺，如上文所引，玄奘在《大唐西域记》中的相关描述表现为楼阁式建筑风格。再联系到同一时期的尼泊尔河谷，以帕苏帕提神殿、昌古纳拉扬神庙为代表的砖木楼阁式建筑正处兴盛之时，我们或许可以大胆推测：限于局势，韦·塞囊当年返回吉隆修建的佛寺很可能就是在原有强准祖拉康的塞康建筑基础上翻修扩建而成，而另一座很可能就是帕巴寺，并且都采用了楼阁式风格。他一定是在喜玛拉雅南麓的尼婆罗和北印度停留期间，仔细观察了这种“庭宇六院，观阁三层”的建筑，并择其精要，移植吉隆，再划拨土地庶民加以供养，为迎接印度高僧入藏在蕃尼边境上做好准备。事实上，在当时强大的苯教势力压迫下，也只有在吉隆这种偏僻之地，才可能有这样的发展空间。

同时，这种在原有神殿的基础上改造扩建的做法，似乎正是从赤松德赞时代开始逐渐成为吐蕃佛寺的一种营建传统。这其中，最为明显的便是大昭寺，历经赤松德赞、赤德松赞和赤祖德赞祖孙三代大力扩建修整，最终改造为适合“未成年之后妃及尚论之子”

---

77 达仓宗巴·班觉桑布著，陈庆英译：《汉藏史集——贤者喜乐赡部洲明鉴》，1986：99。

78 除强准祖拉康和帕巴寺外，近代在吉隆日吾邦巴山还发现两座外观相似的楼阁式塔形佛寺建筑，祖布拉康和度布寺。虽然传说祖布拉康也与莲花生入藏有关，甚至度布寺更是先于此前就已建造，但从两寺远离古道，位于人迹罕至的日吾邦巴山顶来看，似乎不符合益希旺波建寺之后还划定田地和属民的情形；对两座寺庙的第一代祖师的记载，均非益希旺波其人。同时祖布拉康设置两层僧舍，应为后弘期佛寺僧侣渐增之后出现的空间布局方式，霍巍等人考察后将其年代定在 10-11 世纪左右，应是比较合理的。见霍巍、李永宪、尼玛：《吉隆县文物志》，1993：102。之所以将这两座寺庙与莲花生联系起来，可能是与具有相似建筑风格的强准祖拉康产生了混淆。

静修的毗诃罗僧房院形制[79]；同属松赞干布时期的佛殿如查叶巴神殿也在赤松德赞时期得以扩建，从单纯的神殿转变为静修院，以满足此时的宗教需求[80]。《噶迥寺建寺碑》也提到："父王赤松德赞之世，于札玛建桑耶寺等寺庙，中央及四境遍建神殿，立三宝之所依处"，[81]要在短时间内于中央和四境遍建神殿，在很大程度上也只能靠在原有神殿的基础上改造扩建。

此外，强准祖拉康还可能与赤松德赞五王妃之一的没卢氏妃墀洁莫赞有关，此妃也是吐蕃最早期的佛教徒之一，《贤者喜宴》记载：

> （墀洁莫赞）建造了格吉寺（即强准祖拉康——引者注）无量光佛之九眷属佛像，按照佛经中之规制在上部（阿里）建立教规。后来此妃被迎至巧地，故其而二眷属亦前往巧地。再者，在格吉寺之右殿内，有三种依祜神像。左殿内有药师佛像、普贤佛像及虚空佛等佛像。绛求洁赞因无子，而其父姓之没卢氏地方路途遥远。因此，后来据说赡养者未能前来，所以此妃出走，故未建寺规。格吉寺之墙壁系以砖及铅水粘合而成。该寺安有铜顶。寺内以所系之钟为乐器；建一旃檀井，以取供神之水；又在主要佛像眉间镶以发光之珠宝，以此为灯。[82]

上述旃檀井、钟仍留存于世[83]，或可推定没卢氏妃墀洁莫赞在强准祖拉康建造佛像确有其事。在寂护于桑耶寺圆寂后，韦·塞囊被赤松德赞立为"佛教宗师"，即类似于国师一类的头衔，并赐以大金字告身，地位在大尚伦之上，具有极高的宗教地位[84]。而墀洁莫赞作为王室成员出家受度，也被视为高贵的佛教徒。因此，墀洁莫赞在韦·塞囊建造的强准祖拉康塑造佛像也是符合传统的，同时也说明了强准祖拉康与吐蕃王室具有紧密的联系。

---

79 宿白：《藏传佛教寺院考古》，1996：10。

80 拉垅贝吉多吉扩建叶儿巴寺修道院。见巴卧·祖拉陈哇著，黄颢译注：《〈贤者喜宴〉摘译（九）》，《西藏民族学院学报》1982（4）：32-34。

81 王尧：《噶迥寺建寺碑》，《王尧藏学文集（卷二）——吐蕃金石录·藏文碑刻考释》，北京：中国藏学出版社，2011：153。

82 巴卧·祖拉陈哇著，黄颢译注：《〈贤者喜宴〉摘译（七）》，《西藏民族学院学报》1982（2）：46。

83 铜钟图版可参见西藏自治区文物保护研究所：《西藏古建筑测绘图集（第一辑）》，北京：科学出版社，2015：2。

84 巴卧·祖拉陈哇著，黄颢译注：《〈贤者喜宴〉摘译（十）》，《西藏民族学院学报》1983（1）：60。

综上，强准祖拉康或当就是韦·塞囊在游历尼婆罗、印度等地返回吉隆边地后，于763年初次迎请寂护入蕃之前在强准祖拉康原有塞康建筑基础上，揉入他在加德满都河谷所见的楼阁式神殿建筑风格，大刀阔斧改建而成，并以此作为迎请寂护进藏传法的据点。在建筑风格、规模、结构和布局上自然不同于普通的镇边佛殿。

## （二）多元文化交流与楼阁式佛殿建筑的藏地化

关于强准祖拉康的建筑形式，诚如上文所引某些学者所认为的“与尼泊尔神庙建筑在建筑形制上极为相似”。但事实是，他们或许仅注意到二者外观上的相似，但由于缺乏从风格意向、空间结构等方面作进一步的对比分析，既没能发掘二者在宗教空间与文化内涵方面的差异，当然也就无法认识到强准祖拉康对吐蕃佛教建筑营造的重大历史意义。

从外观风格来看，强准祖拉康平面方形，底层最大宽度达22米，向上逐层收缩。承重的核心墙体在底层采用片石砌筑，厚重粗犷，且在数量上远比加德满都河谷印度教神殿为多；从二层开始逐层收缩，采用烧结砖砌筑，具有向上挺拔与稳固之态，也体现了本体塞康石砌建筑传统（图五）。尼泊尔楼阁式神殿平面尺寸不大，底层宽度普遍在

图五　强准祖拉康西立面图
（采自西藏自治区文物保护研究所：《西藏古建筑测绘图集》第一辑，2015：14）

10 米以内[85]。从砖砌核心墙之上逐层伸出深远的木质飞檐，与紧凑的平面形成鲜明的对比，形成飞翔之势。因为这些神殿被印度教信徒设想并创造为一辆飞行的“战车”，以便载着神灵漂浮在半空，供其自由通行于天地之间[86]。这种追求轻盈的建筑形式配上神殿下方最高可达十层的台阶和神兽雕塑形成了一种富于象征性的景观（图六），尽管这种做法为建筑抗震造成了相当大的结构问题。这两种或厚重稳固或轻

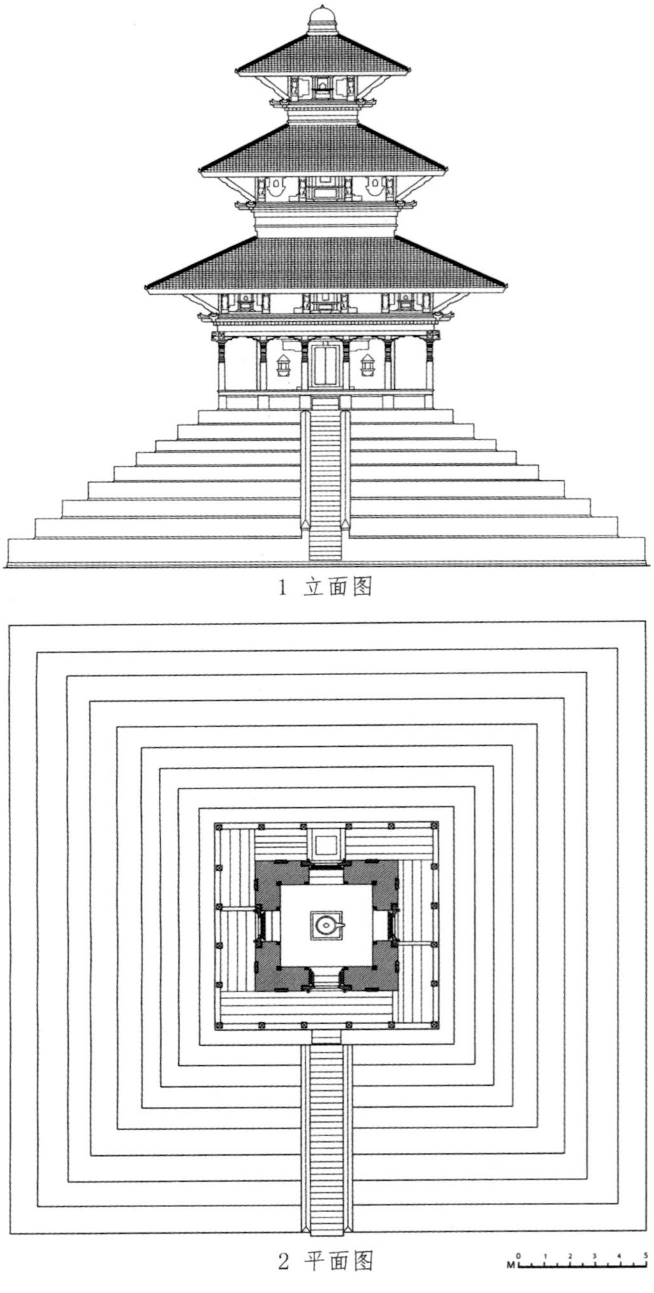


图六　加德满都皇家广场玛俱神庙（Maju Dega）平面、立面图（采自 Wolfgang Korn: *The Traditional Architecture of the Kathmandu Valley*, 2007: 119, 121）

85 Tiwari 教授研究认为，尼泊尔印度教寺庙不以建筑规模为追求，神庙的宏伟和神圣更多地是通过艺术装饰来和一套源自吠陀经典的印度教风水学——Vastushastra 来实现的，后者通过一系列复杂的算术来确定神庙的方位和比例。如位于巴克塔普尔陶马蒂（Bhaktapur Taumadhi）现存高度第一的楼阁式印度教神庙尼塔波拉（Nyatpola，建于 1708 年，高 5 层，是尼泊尔旅游标志性建筑），其底层平面只有 27 英尺 6 英寸见方（约合 8.4 米），最大的首层斜坡屋顶也仅有 49 英尺 6 英寸见方（约合 15.1 米）；而位于加德满都玛卢路（Maru Tole）现存平面最大的卡萨曼达普（Kashtha Mandap），其底层平面也仅为 65 英尺见方（约合 19.8 米）。Sudarshan Raj Tiwari：*The Temples of the Nepal Valley*, 2009: 23.

86 Sudarshan Raj Tiwari：*The Temples of the Nepal Valley*, 2009: 24.

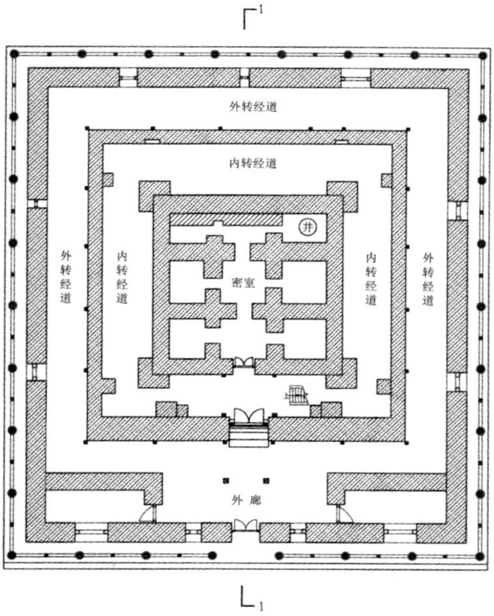


1 一层平面图

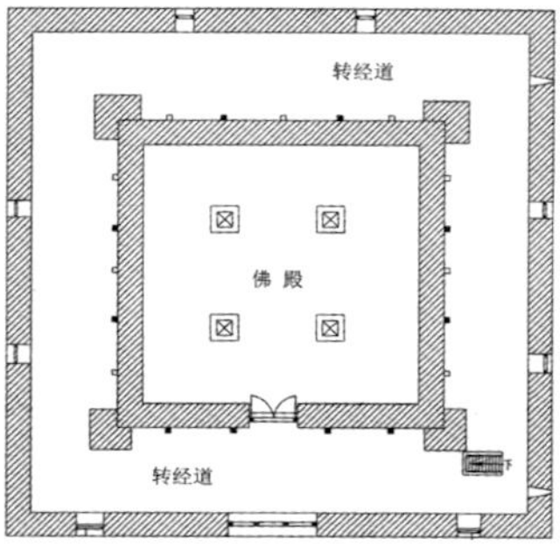


2 二层平面图

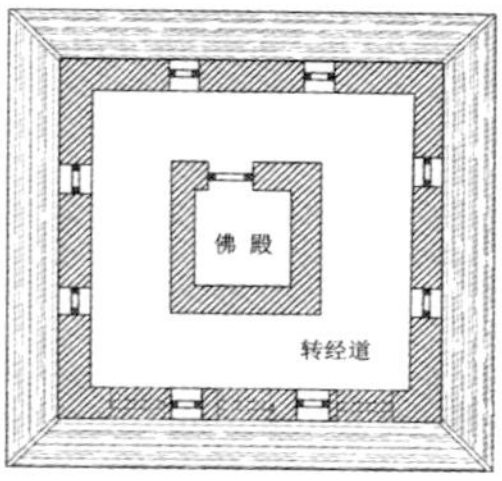


3 三层平面图

图七　强准祖拉康各层平面图

（根据西藏自治区文物保护研究所：《西藏古建筑测绘图集》第一辑，2015：6-9 整理）

盈灵动的风格或许代表了两种不同的精神审美追求。

从空间结构看，强准祖拉康最具特色之处在于各层设置单重甚至多重的回廊结构（图七），这很明显是为满足绕佛礼拜仪式而造的。佛教的绕转礼拜藉由佛教徒绕行佛塔或“支提”而形成的圣物崇拜而得以强化：通过这一过程，绕行礼拜者将其自身融入到以佛塔或“支提”为中心构成的三维曼陀罗——佛教宇宙图示中，以达到从尘世到灵境的转换[87]。逐渐地，由绕行礼拜而形成的绕转回廊结构成为佛教神殿建筑重要的空间原型，得到极大的强调与发展。

虽然“佛教徒所采纳的旋绕仪式，是一具有悠久传统并享有盛誉的印度宗教仪式”，[88]印度教也具有相似的绕转礼拜仪式，但后者更为注重的是中心“圣室”崇拜。所谓的“圣室”（Garbhagriha）是指一处设置在神庙中心位置的密室，原意为“胎室”，隐喻着

87　罗伊·C. 克雷文著，王镛、方广羊、陈聿东译：《印度艺术简史》，北京：中国人民大学出版社，2004：56。李崇峰：《佛教考古：从印度到中国》，上海古籍出版社，2014：19。

88　李崇峰：《佛教考古：从印度到中国》，2014：19。

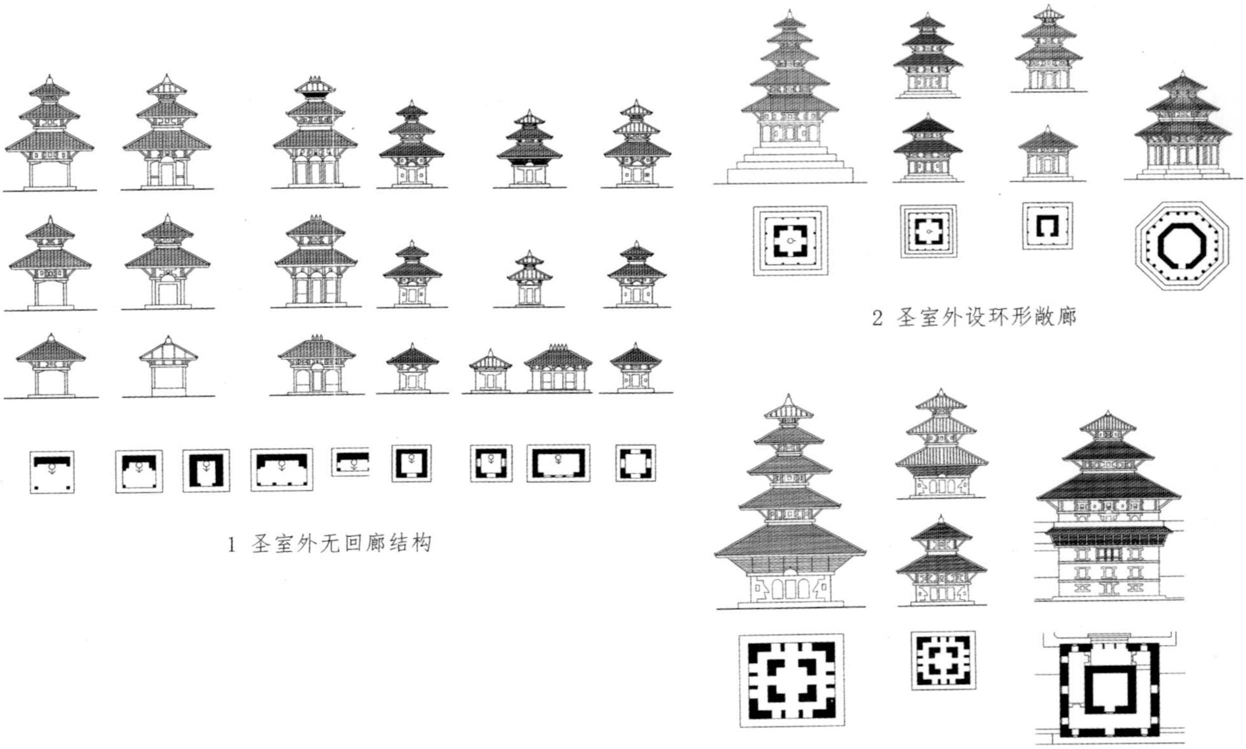


图八　加德满都河谷常见楼阁式神庙结构示意图
（根据 Wolfgang Korn: *The Traditional Architecture of the Kathmandu Valley*, 2007: 104-109 整理）

宇宙生命，是整座印度教神庙最为神圣的部分。调查所见加德满都河谷印度教神庙平面结构大致可分三类：第一类是只设“圣室”不设回廊（图八：1）；第二类是在“圣室”外用木柱或石柱形成一周敞廊（图八：2），宽度不大；第三类是在“圣室”外用砖墙砌筑宽约 1 米的封闭式回廊（图八：3）。印度教的“右旋礼”常在神庙外部进行，信徒在绕行神庙一周后，来在圣室门口做“达善”祷告，再由祭司举行献祭仪式。除祭司之外的人并不能进入圣室内部，除开敞性的回廊外，封闭性的回廊平常也并不开放，因此绕行回廊这个对佛教举足轻重的空间命题对印度教神庙而言是相对次要的。

“圣室”常为方形的小室，单面设门或四边设门，室内供奉特定的神，比如湿婆神或其象征物“湿婆林伽”（Linga）、“优尼”（Yoni）以及两者的结合物。印度教徒认为通过这样的布置，神会将象征宇宙生命的神力散发到各处。由于印度教教义中的空间方位与时间概念均来源于太阳的运行，因此太阳方位是决定神庙方向的一个重要因素，“圣

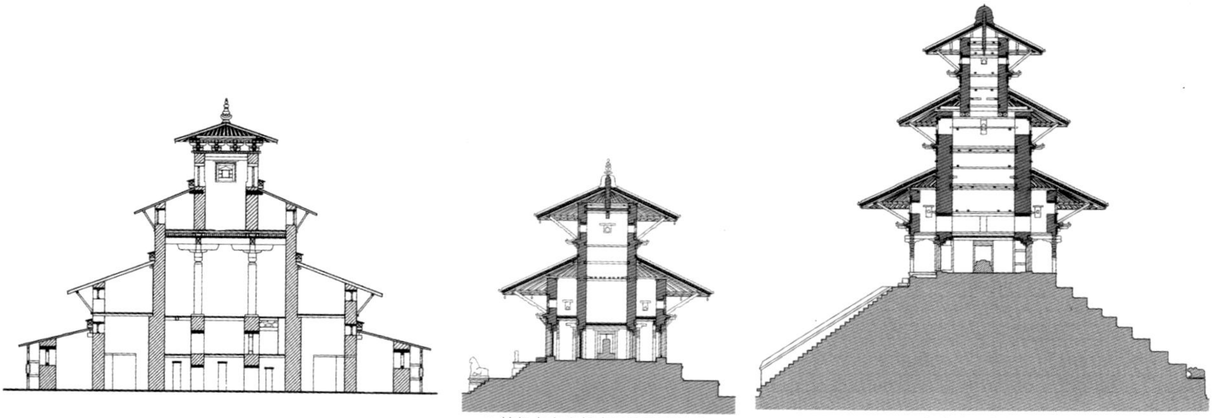

1 强准祖拉康剖面图　2 帕坦皇家广场查阿纳拉扬神庙（Char Narayan Dega）剖面图　3 加德满都皇家广场玛俱神庙（Maju Dega）剖面图

图九　强准祖拉康与加德满都河谷神庙剖面对比

（1 采自西藏自治区文物保护研究所：《西藏古建筑测绘图集》第一辑，2015：18；2-3 采自 Wolfgang Korn: *The Traditional Architecture of the Kathmandu Valley*, 2007: 116, 120）

室”的开口一般朝向东方，以便太阳光能照射到内部。同时，为了朝拜者能看到主神塑像，“圣室”主要布置在东西向的主要水平轴线上。在竖向空间上，强准祖拉康通过楼板分隔为四层不同的空间，可视为绕转回廊围绕中心在竖向上的叠加（图九：1）；而印度神庙为了强调神灵在天地之间自由通行，“圣室”几乎都设于底层，与地面紧密接触，甚至部分凹陷在地下。在某些需要抬升“圣室”的情况下，也是通过设置台阶，保持其与地面接触，同时在“圣室”上方不设置任何具有功能性的建筑空间[89]（图九:2-3）。如此，便在“圣室”的位置构建了神庙的垂直主轴，这条轴线也被理解为贯穿须弥山（Mount Meru）的世界中心之轴，而密室上部的多层屋面结构又象征为须弥山了。

纵观上述两种多层楼阁式神殿建筑，印度教“圣室”崇拜带来的是对神庙建筑中心圣室与轴线方位的重视，借助一套印度教风水学方法，通过神秘的圣室和上方多层飞檐屋顶的设立以及对其方位、尺度（平面和立面上的）的精确安排完成了对印度教宇宙中心——须弥山的象征和再现[90]，而在楼阁内部设置多重绕转礼拜回廊是强准祖拉康区别于尼泊尔楼阁式印度教神庙的一个重要特征。王迪认为，在隋唐之际的汉化佛塔建筑出现

89 Wolfgang Korn: *The Traditional Architecture of the Kathmandu Valley*, 2007: 99.

90 Sudarshan Raj Tiwari: *The Temples of the Nepal Valley*, 2009: 121.

了一个明显的转变："隋唐木构佛塔为了强调并完善塔身底层作为礼佛场所的功能，出现了压缩上部塔身层高、加大底层面宽的变化"，并引莫高窟隋代第302窟木构佛塔壁画、扶风法门寺唐阿育王塔及唐代青龙寺东塔院佛塔遗址及文献为证，说明通过扩大底层空间体量，当时确已在楼阁式佛塔内部形成完整的礼佛空间，以举行礼忏行道灌顶诸仪式[91]。特别是法门寺唐阿育王塔，底层通阔20.8米，与强准祖拉康尺寸非常接近，塔底层空间相当宽敞。众所周知，自松赞干布始，唐蕃之间的文化交流延续不断，除文成公主、金城公主携来大量汉文典籍及技艺百工外，赤松德赞更是多次派遣韦·塞囊、拔·桑希等赴汉地求取佛典与讲授教戒经之人[92]。我们有理由推测，韦·塞囊在建造这座楼阁式佛殿时，在内部转经回廊这个空间设置上或许正是受到了唐代汉化佛塔建筑的影响。事实上，霍巍先生早在调查之初便从塔身形式及柱础风格等方面指出此建筑当受唐塔影响[93]，如今从礼拜空间构成的角度或可与前说互为印证。

如此看来，强准祖拉康或许正是在本土多层石砌碉楼建筑传统的基础上，取唐代汉地佛塔礼拜空间之"意"及尼婆罗楼阁神殿之"象"发展出不同的意旨：通过设置多重绕转礼拜回廊，并将之在竖向上进行组织，再依佛教经义配置不同的佛尊塑绘，完成佛教宇宙图示——曼陀罗的立体营造，与加德满都河谷楼阁式印度教神庙虽然在外在风格上较为相似，但其空间营造又代表了两种互有联系而又各具差异的空间思维与文化信仰[94]，不能简单地将前者理解为对后者的简单复制，更不能忽略唐蕃文化交流大背景下汉化佛教对藏地的深刻影响。强准祖拉康应当是楼阁式佛殿建筑藏地化的重要尝试，反映了本土建筑传统兼收并蓄，与多民族文化交流融合的历史过程。

### （三）吐蕃王室佛殿新风格的形成

如上所述，尽管强准祖拉康开创的这种建筑风格还尚显粗略，但其植根于藏地土壤，兼容并蓄，富于活跃的生命力；加之此寺作为此时重要的王室佛寺，与寂护、韦·塞囊、王妃墀洁莫赞等均有重要而直接的联系，在赤松德赞大力弘扬佛教的背景下，这种综合了藏地自古有之的"塞康"多层碉房结构与多重绕佛转经回廊两大特征的楼阁式佛殿建

91 王迪：《汉化佛教空间的"象"与"教"》，天津大学博士论文，2013：186。

92 关于拔·桑希出使汉地求法，《贤者喜宴》记载有两次，《韦协》仅记载一次，可能后者有所遗漏。

93 霍巍、李永宪、尼玛：《吉隆县文物志》，1993：52。

94 印度教须弥山与佛教曼陀罗作为各自的宇宙图示，互为渊源。才让太先生认为源至冈底斯神山周边的以原始苯教为主要内容的冈底斯文化，特别是其"三界宇宙观"对婆罗门教、印度教、佛教、耆那教的宇宙图示均产生了深刻的影响。参见才让太：《冈底斯神山崇拜及其周边的古代文化》，《中国藏学》1996（1）：67-78。

筑似乎成为吐蕃社会最为重要的佛殿原型，影响到桑耶寺及此后一段时间王室重点佛殿的建造。

在赤松德赞、寂护、韦·塞囊及拔·桑希等一众崇佛王臣的推动下，桑耶寺于公元775–779年建成开光。从《桑耶寺兴佛证盟碑》铭文及建寺后颁布的“佛教之大法”[95]等内容来看，桑耶寺不仅是赤松德赞弘扬佛教、翻译经典的基地，更是吐蕃王室通过支持佛教与苯教大贵族集团争夺统治权力，凸显其王权正统与权威的重要标志，代表着吐蕃真正从苯教转向佛教的国家文化选择。桑耶寺建筑样式的选择无疑是至关重要的。

桑耶寺总体布局系仿照东印度波罗王朝摩揭陀的欧丹达菩黎寺而设——整体写仿佛教密宗的世界模型“曼陀罗”，其中最为重要的建筑便是居于中央的乌孜大殿，象征佛教的世界中心——须弥山（图一〇）。本文认为，乌孜大殿即是对前述石砌碉房楼阁式佛殿建筑原型的发展与应用。乌孜大殿虽历经多次修复，原始形制受到一定程度干扰，但基本上还能体现原有的建筑特征。乌孜大殿俗称三样寺，是指上中下三层分别采用藏地、汉地和印度的建筑与塑像形式，这也侧面证明桑耶寺是在藏地石砌碉房建筑的基础上融合汉地与印度元素而成，其中的印度元素很可能就是指上部的重檐顶阁结构，而汉地元素则体现在中层的木梁架结构上。从外观看，乌孜大殿建筑可视为是在石砌碉楼之上叠加一座攒尖重檐顶阁而成，在其外四隅还各建一攒尖形表饰金刚杵之幢式建筑，也可能是由小型楼阁式建筑转化而来（图一一）。在建筑空间规划上，乌孜大殿与强准祖拉康一样，都在楼阁内部作竖向空间划分，在不同的楼层平面设置单重或多重的回廊结构（图一二），以适应各层的宗教功能。虽然目前尚未能就桑耶乌孜大殿与强准祖拉康在各层佛殿具体功能及绘塑的配置方面展开具体比较，以确定两者所表达的佛教思想的异同，但从建筑空间基本形式来看，两者具有很强的相似性，乌孜大殿体现了对强准祖拉康石砌碉房楼阁式佛殿原型的继承与发展。

桑耶寺建成后，赞普王室成员纷纷效仿建立佛殿。《汉藏史集》记载“迦嘉措梅朵尊修建了三界铜殿，母后金城公主修建了九顶丹巴木殿”，[96]《贤者喜宴》记载“王妃蔡邦·美多纯因有子，她以父王（赤松德赞）之屋顶为模式，兴建了康松康桑林”。[97]关于金城公主修建的九顶丹巴木殿，目前还没有发现更多的细节资料，但从字面理解，应当

95 巴卧·祖拉陈哇著，黄颢译注：《〈贤者喜宴〉摘译（八）》，《西藏民族学院学报》1982（3）：41。

96 达仓宗巴·班觉桑布著，陈庆英译：《汉藏史集——贤者喜乐赡部洲明鉴》，1986：98。迦嘉措梅朵尊修建的三界铜殿，即是康松康桑林。参见娘·尼玛沃色著、许渊钦译注：《娘氏教法史》译注（八），《中国藏学》2017（1）：83。

97 巴卧·祖拉陈哇著，黄颢译注：《〈贤者喜宴〉摘译（七）》，《西藏民族学院学报》1982（2）：46。

图一〇　桑耶寺全景

图一一　桑耶寺乌孜大殿外观

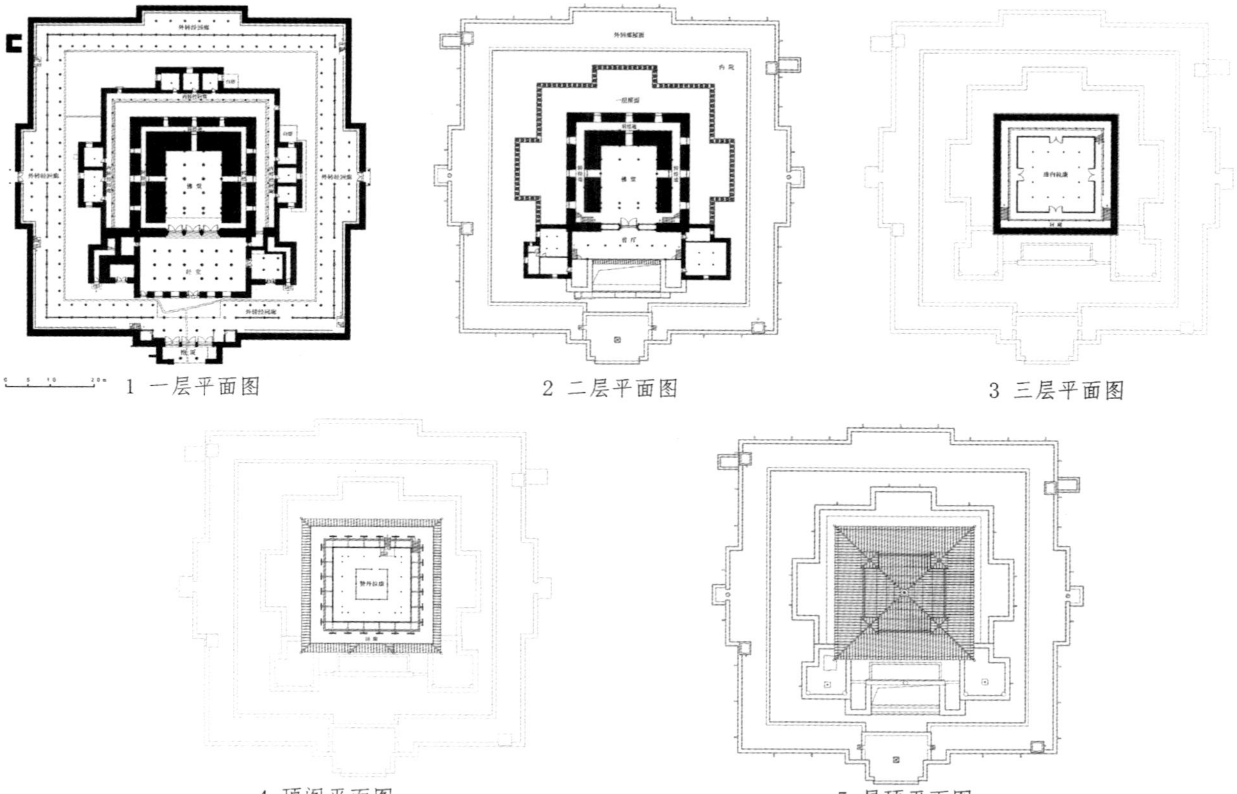

1 一层平面图　2 二层平面图　3 三层平面图　4 顶阁平面图　5 屋顶平面图

图一二　桑耶寺乌孜大殿各层平面图

是一座具有九层屋顶的木结构佛殿；至于康松康桑林，虽然历经多次修复重建，但从现状遗存来看，不论是屋顶飞檐风格还是顶层神殿平面形制，其与桑耶乌孜大殿建筑风格均是非常接近的，同样表现为石砌碉房楼阁式佛殿风格（图一三）。值得注意的是，在康松康桑林顶层佛殿中心采用木昂、踩、枋等组合承托天花板，具有一定的汉式风格[98]，可能正和乌孜大殿木梁架结构一样，受到汉地佛教建筑文化的影响。总之，在以桑耶和拉萨为中心的区域内似乎在此时形成了一股楼阁式佛殿建筑潮流。

继赤松德赞之后，赤德松赞（798–815 在位）修建了噶迴多吉央寺[99]（噶尔琼寺）。

98　索朗旺堆、何周德：《扎囊县文物志》，拉萨：西藏自治区文物管理委员会，1986：63-65。
99　达仓宗巴·班觉桑布著，陈庆英译：《汉藏史集——贤者喜乐赡部洲明鉴》，1986：106。

图一三　康松康桑林外观

关于此佛殿，很多历史文献均有提及，但关于其建筑形制，仅《娘氏教法源流》中简要记载“周围立起柱子，建汉式屋顶，在外围砌墙，完成殊胜的祖拉康。”[100]在最近的考古工作中，“发掘出土大量绿釉琉璃瓦残块，有筒瓦、板瓦及少量八瓣莲花纹瓦当，同时出土少量青砖”[101]。这些出土的琉璃瓦残块应该就是来自于文献记载的“汉式屋顶”。

事实上，从赤德祖赞始，吐蕃与汉地佛教交流频繁：赤德祖赞曾命桑希赴汉地取佛经并到访五台山[102]；于阗国王灭佛之时，大量僧人逃往吐蕃，并受到汉公主很好的供养[103]，从时间推算，这位汉公主应当就是金城公主；而韦·塞囊最初便是跟随一位据说

100 娘·尼玛沃色著，许渊钦译注：《〈娘氏教法史〉译注（十）》，《中国藏学》2018（4）：85。

101 陈祖军、夏格旺堆、乔炳武：《嘎尔琼拉康吐蕃石碑考古清理工作完成》，中国西藏新闻网 - 西藏商报，http://www.xzxw.com/xw/xzyw/201812/t20181227_2486600.html，更新日期 2018 年 12 月 27 日 09:39。

102《贤者喜宴》说桑希是唐使者汉人之子，在赤德祖赞和赤松德赞时先后两次赴汉地求法。桑希还赴五台山取“圣曼殊宫”之建筑样式，并作为楷模，铭记于心 。这又可能引发了此后的 824 年，吐蕃遣使求“五台山图”。参见巴卧·祖拉陈哇著，黄颢译注：《〈贤者喜宴〉摘译（五）》，《西藏民族学院学报》1981（4）：55-56。苏晋仁：《〈册府元龟〉吐蕃史料校证》，成都：四川民族出版社，1981：318。

103 达仓宗巴·班觉桑布著，陈庆英译：《汉藏史集——贤者喜乐赡部洲明鉴》，1986：52。

属于小昭寺的汉地禅宗和尚密修佛法[104]；公元 781 年，赤松德赞遣使入唐请求唐朝派汉僧入蕃传法，“初，吐蕃遣使求沙门之善讲者，至是，遣僧良琇、文素二人同行，每人岁一更之”[105]；《旧唐书》也提到，公元 782 年，吐蕃曾将八百名沦落在吐蕃的汉地人士送归唐廷，以作为后者交还五百名吐蕃俘虏的回报，这其中就包括一部分汉僧[106]。这些都说明在八世纪中后期，有大量的汉僧曾居留于吐蕃，汉地佛教文化的传播是自然而然的。更能说明问题的是以摩诃衍为代表的汉地禅宗入蕃，受到人们的风靡相从，包括赞普妃没庐氏与那囊氏在内的三十余名贵族妇女均从其出家[107]，一时声势浩大，这也直接导致了始于 792 年的吐蕃佛门渐顿之诤。联系到此时包括于阗在内的汉地佛教对吐蕃社会的深刻影响，噶迥多吉央寺发掘出土的绿琉璃瓦残件不仅能够确证这一吐蕃佛殿受汉地建筑风格影响甚深，而且似乎我们可以进一步思考，其模糊的建筑形象是否与汉地绿琉璃覆顶的重檐佛阁有某种联系？这种设想或许是值得考虑的。

公元 831 年，赤祖德赞（赤热巴巾，815–838 年在位）在桑耶附近的吐蕃王廷别宫“温江岛宫”[108]建造了一座九层高的顶阁大寺——吴祥多寺（又称为温姜多寺、伍香多福德无比吉祥增寿寺等），寺庙遗址在今拉萨柳梧南面吉曲河东岸。关于此寺的建筑形制，十二至十三世纪的文献《弟吴宗教源流》仅记载其为“九层宇拉康”[109]，成书于十四世纪的《西藏王统记》有详细描述：

“又王欲为安奉本尊，于吴祥多修建柏麦扎西格培寺。遂从李域招请善巧工艺匠师，由尼泊尔招请甚多之塑匠石匠等，修建九层佛殿。下三层并其门楼等，皆用石建造；中三层并其门楼皆用砖建造。上三层并其门楼，皆用木建造。上有顶阁，共为九层。每顶阁之游廊间，为诸沙门讲经说法之处。其最上顶，有金龙玉龙，为风鼓荡，如伞盖旋转。中间墙围之上，有宝石墙砖，飞檐、栏

104 韦・囊塞著，巴擦・巴桑旺堆译：《〈韦协〉译注》，2012：5-6。

105 王溥：《唐会要》，北京：中华书局，1955：1734。

106 刘昫：《旧唐书》，1975：5243。

107 由唐朝王锡撰写的《顿悟大乘正理决叙》记载“我大师密授禅门，明标法印。皇后没卢氏，划然开悟。剃除绀发，披挂缁衣。朗戒珠于情田，洞禅宗于定水。虽莲花不染，犹未足为喻也！善能为方便，化诱生灵；常为赞普姨母悉南囊氏及诸大臣夫人卅余人说大乘法，皆一时出家矣。”转引自戴密微著，耿昇译：《吐蕃僧诤记》，北京：中国藏学出版社，2013：36-50。

108 温江岛宫是吐蕃王廷重要的夏宫，公元 8 世纪初便已存在，是吐蕃王廷重要的集会议盟的场所，具有显著的地位。参见王尧：《谐拉康碑（乙）》，《王尧藏学文集（卷二）——吐蕃金石录・藏文碑刻考释》，2011：132。

109 弟吴贤者著，许德存译：《弟吴宗教源流》，2013：146。

杆，饰以流苏瓔珞。复有伞盖、幢幡、宝鬘、铃铎、小铃，其声铿锵。大殿金盖宝顶，高与山齐。此庙在吐蕃境内，亦绝其伦也。乍见之下，立生净信。为防巨风，顶盖四周，系以铁链，连于四方石狮子上。此上三层供奉赞普本尊神像，中三层内，居诸受供僧伽，其造塑之新奇者，既塑造帝释梵天像作为拉萨慈氏法轮殿之门神。木工之新奇者，于大通天柱上，均以珍宝作为庄饰。壁画之新奇者，若画古旧，仍可补绘。造一百零八柱瓶，作为修复之用。其熔铸之新奇者，则敬献大钟等是也。"[110]

《汉藏史集》也记载："阴铁猪年（辛亥，应为公元831年）修建了伍香多福德无比吉祥增寿寺，佛殿高九层，有大屋顶，形如大鹏冲天飞翔"。[111] 虽然近期有学者提出，九层飞檐形式的吴祥多寺只有在十三世纪之后的典籍或壁画、唐卡中出现，很可能说明其只是"藏族文献与史学传统在毁于灭法时期的建筑物和早期史料的基础上'再造'的寺院之一"，而"典籍作者描述的寺院建筑可以确定是辽金之际的石基九层密檐木塔"，是源于十三世纪后藏汉文化交流和汉地佛塔建筑的背景知识的文学创作，从而认为赤祖德赞时期的吴祥多寺并无后世描述的九层飞檐与辉煌壮丽[112]。但我们基于此前吐蕃王室多层楼阁式佛殿建筑史实的考证，认为文献中浓墨重彩描述的吴祥多寺很可能不仅不是纯粹精神意义上的文学创作，在历史上确实存有这座九层楼阁式辉煌壮观的大型佛殿，而且很可能强烈地受到汉地佛塔风格的影响，以至于其宏伟的气势与精妙的细节给古人留下了深刻的印象，才使得它的形象流传至今。

由此可见，由强准祖拉康始，这种以藏地古已有之的"塞康"多层石砌碉房为基础，融合多重绕转回廊与重檐顶阁的佛殿形式逐渐完善，成为吐蕃佛教前弘期王室佛殿最为重要的建筑原型，并由此发展出一个楼阁式佛殿建筑系列，形成一种具有特殊纪念碑意义的建筑风格。

## 四、结语

综上所述，现存强准祖拉康之建筑形制并非公元七世纪上半叶松赞干布引入佛教时

110 索南坚赞著，刘立千译注：《西藏王统记》，1985：137-138。

111 达仓宗巴·班觉桑布著，陈庆英译：《汉藏史集——贤者喜乐赡部洲明鉴》，1986：107。

112 谢继胜：《温姜多无例吉祥兴善寺修建史实考述——兼论藏文史书记载的温姜多寺、昌珠寺与于阗工匠入藏的关系》，《故宫博物院院刊》2011（6）：40。

所创，松赞干布时虽已引入佛教，并广建佛殿，但其建造思想和目的都还是苯教的观念，包括强准祖拉康的前身在内的诸多佛殿最初很可能就是延续传统“塞康”石砌碉房的形式而建造，不论是从体量规模还是空间模式来看，现存强准祖拉康的建筑形制均不可能源自这个时期。

在赤松德赞意图再度引入佛教，重建吐蕃社会文化之时，兴佛重臣韦·塞囊受命经蕃尼古道吉隆关口多次往返吐蕃与尼婆罗、北印度之间，寻访高僧入蕃。他结束游历回到吉隆建造的两座寺庙，很可能就是在原有石砌塞康建筑的基础上，揉入他在加德满都河谷所见到的楼阁式神殿外观风貌，大刀阔斧改建而成；在内部空间安排上，则很可能受到了汉地在楼阁式佛塔内部设置绕转礼拜空间的启发，从而在吉隆边地开创出一种独具特色的楼阁式佛殿原型，而强准祖拉康恰好是其中之一。

作为一种楼阁式宗教纪念物，强准祖拉康与加德满都河谷楼阁式印度教神庙虽然在外观和意欲表达的宗教内涵方面均有一定的相通之处，但实质上还是两种不同文化信仰和空间思维的殊异表达，不能将前者理解为对后者的简单复制，同时也不可忽略唐蕃文化交流背景下汉化佛教文化对藏地的影响。

强准祖拉康是楼阁式佛殿藏地化的一次重要尝试。在吐蕃王室大兴佛教的助推下，由它开创的多层石砌碉房楼阁式佛殿，已然成为吐蕃佛教前弘期最为重要的一种佛殿建筑原型，并在多元民族文化交流融合的过程中，逐渐发展出符合自己民族精神的建筑形象，最终形成一种具有非凡象征意义的建筑新风格，无论是从多元文化交流还是西藏佛教建筑艺术发展而言，强准祖拉康都具有深远的历史意义。

◆ 毛中华　西藏大学工学院建筑系、西藏大学中国藏学研究所（珠峰研究院）讲师

# 奥登堡集品敦煌遗画目录

张德明

**内容摘要：** 流失海外的敦煌遗画主要收藏在英国、法国和俄罗斯。法藏、英藏敦煌遗画的目录笔者此前已进行了整理。俄国奥登堡收集品中的敦煌遗画种类包括绢、麻、纸本的彩色画和白描，以及版画。关于这些敦煌遗画已有很多著作出版，其最重要者为1977–1998年由上海古籍出版社出版的《俄藏敦煌艺术品》。1992–2001年，上海古籍出版社出版了《俄藏敦煌文献》，即《俄罗斯科学院东方研究所圣彼得堡分所藏敦煌文献①-⑰》。《俄藏敦煌文献》中也有部分白画和版画。本目录辑录了《俄藏敦煌艺术品》、《俄藏敦煌文献》刊发的敦煌遗画（共374号）的馆藏编号、图版索引及中文题记等，以作为对俄藏敦煌遗画研究、鉴赏的一个基础工具。

## 前言

奥登堡考察队从敦煌获取的艺术品保存在俄罗斯艾尔米塔什博物馆。1997–2005年，俄罗斯艾尔米塔什博物馆、上海古籍出版社联合出版了《俄藏敦煌艺术品（Ⅰ - Ⅵ）》，全部出版该馆所藏的1914–1915年奥登堡考察队搜集的敦煌雕塑、壁画、绢画、麻布画、纸本白画和版画等艺术品，以及莫高窟测绘图、临摹图、照片等相关考古资料。俄罗斯艾尔米塔什博物馆东方部主任鲁多娃教授和纺织品专家陆柏教授在前言和叙录中详细地说明了俄藏敦煌艺术品的特点和价值。

艾尔米塔什博物馆藏敦煌艺术品中的绢画、麻布画、纸本白画和版画等，发布在《俄藏敦煌艺术品Ⅰ》、《俄藏敦煌艺术品Ⅱ》中（1997–1998）。其中Дx02877、Дx03223、Дx04844、Дx05518、Дx05981、Дx09433等6件是俄罗斯科学院东方研究所的藏品。敦煌遗画彩色图版为45-156，217-249；黑白图版为Fig.7-48，Fig.61-70。府宪展先生在《俄藏敦煌艺术品Ⅰ》序言中称："俄藏敦煌艺术品包括雕塑（含附件）43号，壁画16号，绢画59号，麻布画、幡画78号，纸画24号，残片49号。因为缀合、或者总号下包括多个残片，总数只能估计为大约300件"。[1] 本目录从《俄藏敦煌艺术品Ⅰ-Ⅱ》筛查到敦煌遗画232件，另加P.4、P.9（P-405）、出处不详的P.457（Ty667）、黑水城文物X2486（疑似敦煌文物），共236件。

值得注意的是，《俄藏敦煌艺术品》中的部分敦煌遗画不同于国际敦煌项目网站刊布的英藏敦煌遗画和法藏敦煌遗画那样一个编号对应一个图版。例如，英藏Or.8210/P.3-Or.8210/P.5三个编号都是版画"大圣文殊师利菩萨"，它们分别对应各自的图版，直观地反映三幅版画各自的残损情况及清晰度；法藏Pelliot chinois 4514 (1) 1- Pelliot chinois 4514 (1) 11版画"大圣毗沙门天王"11个编号对应并非绝对相同的11个图版，也很直观。但是，《俄藏敦煌艺术品》还有若干编号共用一个图版的情况，例如，《俄藏敦煌艺术品Ⅰ》图版45"弥勒上生经变"是由10个编号及20余个碎片共享：Дx15、155、158、159、162、180、184、217、223、224……这十个编号的纸张、残损度等不可能一模一样，只能理解为这十个编号分别是图版45的一部分。类似的情况还有图版48"观无量寿佛经变"，由6个编号共享，即Дx174、175、176、177、178、316。图版59"供养天女"，由3个编号共享，即Дx150、218、357（Дx150和Дx218缀合为Дx350）。还应该注意的是，《俄藏敦煌艺术品Ⅰ》"艺术品彩色图版目录"图版66"千手千眼观音图辟毒金刚莲花座"。但该图版并非俄罗斯藏品，而是印度国家博物馆藏品《韦利目录》第476号"千臂观音"（Ch.xxviii.006，H167.64cm，W118.11cm）[2]。真正的俄罗斯藏品是图版66.2的极小部分，即左下角辟毒金刚脚下色彩稍浅的那一小块：千手千眼观音图辟

1 俄罗斯国立艾尔米塔什博物馆、上海古籍出版社：《俄罗斯国立艾尔米塔什博物馆藏敦煌艺术品Ⅰ》，上海古籍出版社，1997：17。

2 见日本国立情报学研究所网站：http://dsr.nii.ac.jp/toyobunko/；[英]马尔克·奥莱尔·斯坦因著、郑涛译：《千佛：敦煌石窟寺的古代佛教壁画》图版42，及*Serindia.p.*1036; vol.4.pl.64，另见韦利目录pp.278-279第476号Ch.xxviii.006。另见张德明：《斯坦因集品敦煌遗画目录》，《藏学学刊》第17辑，北京：中国藏学出版社，2017：131，SP476。

毒金刚莲花座（12.5 × 30.7cm）。《俄藏敦煌艺术品 I》“艺术品彩色图版目录”图版 67 是“千手千眼观音图火头金刚莲花座”，但实际仅图版 67.2 即右下角火头金刚脚下色彩稍浅的那一小块才是“千手千眼观音图火头金刚莲花座”（18 × 32cm）。

1992–2001 年，上海古籍出版社与俄罗斯科学院东方所圣彼得堡分所、俄罗斯科学出版社东方文学部联合出版了 17 册大型图集《俄藏敦煌文献》，即《俄罗斯科学院东方研究所圣彼得堡分所藏敦煌文献 ①-⑰》。《俄藏敦煌文献》第 1-5 册收录弗鲁格编号文书 Φ001-Φ366，第 6-17 册收录 Дx00001-Дx19092 号文书，第 11-17 册所收文书绝大多数为碎片。《俄藏敦煌文献》中也有部分白画和版画，多数是相关写本的插图。本文从《俄藏敦煌文献》①-⑰ 筛选出含有敦煌遗画的文献 138 件。所以，《奥登堡集品敦煌遗画目录》含《俄藏敦煌艺术品》敦煌遗画 236 件，及《俄藏敦煌文献》敦煌遗画 138 件，共计 374 件。

李伟国指出：“有若干件黑水城汉文遗书被弗鲁格编入了敦煌文献序列，现已收入《俄藏敦煌文献》问世。其中的一部分已经在孟列夫《叙录》中得到厘正，也有不少在出版《俄藏敦煌文献》的编辑过程中得到了澄清。”[3] 本目录检索到《俄藏敦煌文献》中的黑水城文献有 7 件：Φ308A（黑⑥ p.109）、Φ312（黑⑥ p. 126）、Φ360（黑⑥ p.130）、Дx01390（黑⑥ p.133）、Дx02878（黑⑥ p.160）、Дx03143（黑⑥ p.161）、Дx08270（黑⑥ p.162）。

应该特别注意的是，府宪展先生在《俄藏敦煌艺术品 I》“序言”中说明：“俄罗斯科学院东方研究所圣彼得堡分所和国立艾尔米塔什博物馆对各自收藏的敦煌写本和敦煌艺术品，都以‘敦煌’的俄文缩写 Дx 编号，但是两者序号没有关联。”[4]《俄藏敦煌艺术品 II》“馆藏号和图号对照表”[5] 列出了艾尔米塔什博物馆收藏的泥塑、泥塑模印、木制品、纸剪刻、丝织品、绢画、纸画、麻布画、壁画、刺绣等敦煌艺术品的统一编号 Дx001-Дx364。为更醒目地区分这两个收藏机构的敦煌文物，本文在艾尔米塔什博物馆收藏品的“敦煌”Дx 编号前冠以艾尔米塔什 的俄文首字母 Э：Э Дx001-Э Дx364。

在《俄藏敦煌文献》中，俄罗斯科学院东方研究所圣彼得堡分所的 Дx 编号是 5 位数，即 Дx00001-Дx19092。而《俄藏敦煌艺术品 II》“馆藏号和图号对照表”艾尔米

3 俄罗斯科学院东方研究所圣彼得堡分所、中国社会科学院民族研究所、上海古籍出版社编：《俄罗斯科学院东方研究所圣彼得堡分所藏黑水城文献 1˙ 汉文部分》“前言（李伟国）”，上海古籍出版社，1996：2。

4 俄罗斯国立艾尔米塔什博物馆、上海古籍出版社：《俄罗斯国立艾尔米塔什博物馆藏敦煌艺术品 I》，上海古籍出版社，1997：20。

5 俄罗斯国立艾尔米塔什博物馆、上海古籍出版社：《俄藏敦煌艺术品 II》，上海古籍出版社，1998：217。

塔什博物馆的 Дx 编号是 3 位数，即 Дx001-Дx364。因而 Дx001-Дx364 和 Дx00001-Дx00364 各自对应的文物不同，是两个收藏机构的不同文物。例如，仅用 Дx1 就不知是哪家的藏品，但 Дx001 是艾尔米塔什博物馆收藏的泥塑彩绘护法兽，而 Дx00001 则是俄罗斯科学院东方研究所圣彼得堡分所收藏的大方等大集经菩萨念佛三昧分卷第一不空见本愿品第二之一；Дx046 是红色绸和紫红色绫，而 Дx00046 则是龙白画稿，纸本；Дx151 在《俄藏敦煌艺术品 I》图版 79 是晚唐的绢本彩绘东方提头赖吒天王，但 Дx00151 在《俄藏敦煌文献⑥》101 页却是写卷“妙法莲华经卷第二比喻品第二”，共 26 列文字，无图；Дx237 在《俄藏敦煌艺术品 II》图版 224 是纸本彩绘柳枝观音菩萨，但 Дx00237 在《俄藏敦煌文献⑰》354 页的图版却是佛说佛名经中的捺印加彩禅定千佛 5 身；Дx315 在《俄藏敦煌艺术品 I》是绢本彩绘武士，但 Дx00315 在《俄藏敦煌文献⑥》218 页却是纸本写卷“金光明经卷第三”，仅 30 字，无图……为避免混淆，建议学界在研究中应遵从《俄藏敦煌文献》、《俄藏敦煌艺术品》对 Дx 编号的 5 位数、3 位数原则，最好把编号数字较少的《俄藏敦煌艺术品》的 Дx 编号前冠以其收藏单位艾尔米塔什博物馆的俄文首字母 Э，例如：Э Дx001-Э Дx364。《俄藏敦煌文献》也有若干个编号共用一个图版的情况。例如，Дx02970、Дx03023、Дx03028、Дx03112、Дx03125 共用《俄藏敦煌文献⑩》148 页的图版。类似情况于此不一一列举。

有少数令人困惑的地方：

1. Дx183 在《俄藏敦煌艺术品 I》83 页艺术品彩色图版目录是图版 83，菩萨，五代，绢本彩绘 19.5 × 15；但在《俄藏敦煌艺术品 II》167 页叙录 Дx183 却是“东方提头赖吒天王”，同样是图版 83，但却成了“晚唐”，绢本彩绘 19.5 × 15。Дx183 到底是“五代”的“菩萨”还是“晚唐”的“东方提头赖吒天王”？

2. Дx315 在《俄藏敦煌艺术品 I》82 页“艺术品彩色图版目录”是武士，162 页彩色图版 62 为绢本彩绘 5 名武士半身像（26.5 × 18.7cm）；但在《俄藏敦煌艺术品 II》“艺术品黑白图版”中却是黑白图版 fig.15“菩萨（11.5 × 13cm）”，在“馆藏号和图号对照表”也是菩萨,207 页中为 fig.15 菩萨 1 组 4 身。Дx315 到底是“武士”还是“菩萨”？

3. Дx439 据李之檀编《中国版画全集 1 · 佛教版画》载，是俄国科学院东方研究所彼得格勒分所收藏的“朱印千佛像”[6]；但在《俄藏敦煌文献⑥》287 页，Дx00439 图版

6 李之檀主编：《中国版画全集 1 · 佛教版画》，北京：紫禁城出版社，2008：8。“图版二二 捺印朱色千佛图卷”出自敦煌、现藏中国国家图书馆，图版说明中提及“朱印千佛像，俄国科学院东方研究所彼得格勒分所也收藏一件，编号为 ДX-439 号”。

是“佛说佛名经卷第二”，无朱印千佛像。拍照难显朱印？

邰惠莉《敦煌版画叙录》[7]收录了俄藏敦煌版画 70 个 Дх 编号，其中仅有一个三位数的编号 Дх237，其余均为四位数或五位数编号，如 Дх1340、Дх00430 等等，均未注明具体出处。邰文中 Дх237 为捺印加彩禅定千佛，但《俄藏敦煌艺术品》的 Дх237 却是纸本彩绘柳枝观音菩萨。所以，捺印加彩禅定千佛 Дх237 应为 Дх00237，应出自《俄藏敦煌文献》。此外，邰文把 Дх12482 误为 Дх11482。

电子版《俄藏敦煌艺术品Ⅰ》、《俄藏敦煌艺术品Ⅱ》、《俄藏敦煌文献》①-⑰》均可从网上获得。在国际敦煌项目网站英文版中，ADVANCED SEARCH- Type of Artefact-Manuscript- Holding Institute- Institute of Oriental Manuscripts- Archaeological Site-Dunhuang Mogao 已能检索到俄罗斯科学院东方研究所的 Дх 和 Φ 编号的敦煌文献 2589 号和部分小图，其中有部分编号可以纳入敦煌遗画。俄文 Дх 的检索号为英文 Dx-，但在 ADVANCED SEARCH 的 enter search value 输入 Dx- 仅能检索到 4 条；俄文 Φ 的检索号为英文 F-。可以检索到 F-1 ～ F-325（其中有若干缺号）。

## 凡例

Дх 俄文“敦煌”的缩写，表示敦煌文物，俄罗斯科学院东方研究所圣彼得堡分所收藏品，编号是五位数，即 Дх00001-Дх19092。

ЭДх 表示俄罗斯艾尔米塔什博物馆收藏的敦煌文物，编号是三位数，即 ЭДх001-ЭДх364。

Φ 弗鲁格编号。例：《俄藏敦煌文献①》、《俄藏敦煌文献⑤》、《俄藏黑水城文献⑥》收录的 Φ312 墨印佛像。

P. 奥登堡采用的伯希和的敦煌洞窟编号。例：《俄藏敦煌艺术品Ⅱ》图版 217 收录的吐鲁番文物 P.457（Ty667）观音刺绣像。

Ty 《俄藏敦煌艺术品Ⅱ》图版 217 收录的吐鲁番文物 P.457（Ty667）观音刺绣像。

X 《俄藏敦煌艺术品Ⅱ》图版 218 收录的黑水城文物一佛二胁侍二供养纸本彩绘佛经卷首画 X2486。

艺 俄罗斯艾尔米塔什博物馆、上海古籍出版社：《俄藏敦煌艺术品》Ⅰ-Ⅵ，上海古籍出版社，1997–2005。例：“艺Ⅰ pl.45”表示“《俄藏敦煌艺术品Ⅰ》图版 45”；

7 邰惠莉：《敦煌版画叙录》，《敦煌研究》2005（2）：7-18。

艺Ⅱ pp.152-154 表示《俄藏敦煌艺术品Ⅱ》第 152-154 页。

文　俄罗斯科学院东方研究所圣彼得堡分所、俄罗斯科学出版社东方文学部、上海古籍出版社：《俄罗斯科学院东方研究所圣彼得堡分所藏敦煌文献》①-⑰，上海古籍出版社，1992–2001。例：文⑥ p.44 表示《俄罗斯科学院东方研究所圣彼得堡分所藏敦煌文献⑥》第 44 页。

黑　俄罗斯科学院东方研究所圣彼得堡分所、中国社会科学院民族研究所、上海古籍出版社：《俄罗斯科学院东方研究所圣彼得堡分所藏黑水城文献》① - ⑥，上海古籍出版社，1996–2000。例：黑⑥ p.160 表示《俄藏黑水城文献⑥》第 160 页。

邰　邰惠莉：《敦煌版画叙录》，《敦煌研究》2005（2）。例：邰 p.8 表示该文第 8 页。

每件俄藏敦煌遗画介绍顺序均依次为：博物馆编号、题名、简介、尺寸、索引、题记。

## 一、《俄藏敦煌艺术品》敦煌遗画（236 件），艾尔米塔什博物馆藏品

ЭДx015p 弥勒上生经变，绢本彩绘，由 ЭДx15p、ЭДx223、ЭДx224 及 30 余个碎片拼缀而成。

索引：艺Ⅰ pl.45；艺Ⅱ pp.152-154。（ЭДx015 是泥塑彩绘菩萨头部，图版 14。）

ЭДx039 菩萨，蓝地绢本银泥线描，五代，45 × 31cm，20 × 31cm。

索引：艺Ⅰ pl.89；艺Ⅱ p.168。

ЭДx048 花卉垂幔纹幡，五代，麻布彩绘，18 × 18.4cm。

索引：艺Ⅱ pl.158；艺Ⅱ p.189。

ЭДx057 观音菩萨，宋代，麻布彩绘，116 × 54cm。

索引：艺Ⅰ pl.99；艺Ⅱ p.172。

左上菩萨榜题：南无虚空藏菩萨

下左男供养人题记：

施主清信弟子常满儿一心供养

□□卓□□…

男弟子灵□…

下右女供养人题记：

施主康氏（？）一心供养

新妇索氏一心供养

ЭДx058 菩萨，五代，蓝地绢本线描，114×26.5cm。

索引：艺Ⅰ pl.88；艺Ⅱ p.168。

ЭДx059 菩萨，五代，蓝地绢本银泥线描，45×31cm，20×31cm。

索引：艺Ⅰ pl.89；艺Ⅱ p.168。

ЭДx060 菩萨像幡，五代，麻布彩绘，64×26cm。

索引：艺Ⅱ pl.130；艺Ⅱ p.183。

ЭДx061 佛像双面幡头，五代，麻布彩绘，38.5×62.5cm。

索引：艺Ⅱ pl.153；艺Ⅱ p.188。

ЭДx062 菩萨像幡，中晚唐，麻布彩绘，92×37.5cm。

索引：艺Ⅱ pl.126；艺Ⅱ p.182。

ЭДx063 菩萨像幡，五代，麻布彩绘，110×36cm。

索引：艺Ⅱ pl.128；艺Ⅱ p.182。

ЭДx064 菩萨像幡，五代，麻布彩绘，116×37cm。

索引：艺Ⅱ pl.120；艺Ⅱ p.181。

ЭДx065 佛像幡头，五代，麻布彩绘，114×32.5cm。

索引：艺Ⅱ pl.148；艺Ⅱ p.187。

ЭДx066 佛像幡头，五代，麻布彩绘，103×31cm。

索引：艺Ⅱ pl.143；艺Ⅱ p.186。

ЭДx067 菩萨像幡，五代，麻布彩绘，95×32cm。

索引：艺Ⅱ pl.129；艺Ⅱ p.183。

ЭДx068 观音菩萨，五代（956年），麻布彩绘，14.2×65.5cm。

索引：艺Ⅰ pl.98；艺Ⅱ p.171。

供养人榜题，男第3：男康住子一心供养

女第2：母赵氏一心供养

男女供养人之间部分发愿文：

亲信弟子幸者康住子敬画大慈大悲

观音菩萨………伏为先亡父母……

ЭДx069 佛像幡头，五代，麻布彩绘，38×35cm。

索引：艺Ⅱ pl.146；艺Ⅱ p.186。

ЭДx070 佛像双面幡头，五代，麻布彩绘，62×91cm。

索引：艺Ⅱ pl.155；艺Ⅱ p.188。

ЭДx071 佛像幡头，五代，麻布彩绘，39×39cm。

索引：艺Ⅱ pl.152；艺Ⅱ p.187。

ЭДx072 佛像幡头，五代，麻布彩绘，42.5×90cm。

索引：艺Ⅱ pl.156；艺Ⅱ p.188。

ЭДx073 供养帐，晚唐，麻布彩绘，76×100cm。

索引：艺Ⅰ pl.91；艺Ⅱ p.168。

ЭДx074 供养帐，晚唐，麻布彩绘，96×127cm。

索引：艺Ⅰ pl.92；艺Ⅱ p.169。

ЭДx075 一佛二菩萨，五代-宋，麻布彩绘，72×55.5cm。

索引：艺Ⅰ pl.95；艺Ⅱ p.170。

ЭДx076 观音菩萨，五代，麻布彩绘，108×56cm。

索引：艺Ⅰ pl.97；艺Ⅱ p.170。

ЭДx078 柳枝观音菩萨，晚唐，麻布彩绘，162×53cm。

索引：艺Ⅰ pl.109；艺Ⅱ p.177。

ЭДx079 观音菩萨，晚唐，麻布彩绘，166×52cm。

索引：艺Ⅰ pl.101；艺Ⅱ p.172。

左上题记：

清信弟子□赞□

敬造救苦观世音

菩萨一躯功德

一心供养

ЭДx080 普贤菩萨，晚唐，麻布彩绘，183×56cm。

索引：艺Ⅰ pl.111；艺Ⅱ p.178。

菩萨榜题：南无东方铺（普）贤菩萨

下左供养人题记：使（任）知郡卓独仲（格）（使）…（一心）供养

下右男孩题记：男保山（？）

ЭДx081 柳枝观音，唐，麻布彩绘，162×58cm。

索引：艺Ⅰ pl.105；艺Ⅱ p.174。

Э Дx082 菩萨像幡，五代，麻布彩绘，91 × 35cm。

索引：艺Ⅱ pl.133；艺Ⅱ p.184。

Э Дx083 柳枝观音，晚唐，麻布彩绘，157 × 54cm。

索引：艺Ⅰ pl.110；艺Ⅱ p.177。

右上榜题：观音菩萨一躯□□

Э Дx093 柳枝观音，晚唐，麻布彩绘，155 × 56cm。

索引：艺Ⅰ pl.106；艺Ⅱ p.174。

Э Дx094 柳枝观音，晚唐，麻布彩绘，177 × 56cm。

索引：艺Ⅰ pl.107；艺Ⅱ p.175。

Э Дx095 观音菩萨，晚唐，麻布彩绘，170 × 60cm。

索引：艺Ⅰ pl.102；艺Ⅱ p.173。

Э Дx096 观音菩萨，五代，麻布彩绘，153 × 50.5cm。

索引：艺Ⅰ pl.108；艺Ⅱ p.176。

上方两边榜题：南无观世音菩萨

菩萨像两侧 6 个场景的题记模糊，据鲁多娃辨识还原，左侧题记为：

1 或被恶人逐 堕落金刚山

念彼观音力 不能损一毛

2 诅咒诸毒药 所欲害身者

念彼观音力 还着于本人

3（缺图）

右侧题记：

4 云雷鼓掣电 降雹澍大雨

念彼观音力 应时得消散

5 或值怨贼绕 各执刀加害

念彼观音力 咸即起慈心

6 假使兴害意 推落大火坑

念彼观音力 火坑变城池

Э Дx097 一佛六菩萨，晚唐，麻布彩绘，103 × 52cm。

索引：艺Ⅰ pl.96；艺Ⅱ p.170。

Э Дx098 观音菩萨，晚唐，麻布彩绘，175 × 53cm。

索引：艺Ⅱ fig.48；艺Ⅱ p.212。

Э Дх099 供养帐，晚唐，麻布彩绘，48×122cm。

索引：艺Ⅰ pl.93；艺Ⅱ p.169。

Э Дх100 观音，晚唐，麻布彩绘，116×54.5cm。

索引：艺Ⅰ pl.103；艺Ⅱ p.173。

Э Дх101 佛像幡头，五代，麻布彩绘，49×93cm。

索引：艺Ⅱ pl.139；艺Ⅱ p.185。

Э Дх102 佛像双面幡头，五代，麻布彩绘，165×30cm。

索引：艺Ⅱ pl.151；艺Ⅱ p.187。

Э Дх103 佛像双面幡头，五代，麻布彩绘，114×21.5cm。

索引：艺Ⅱ pl.150；艺Ⅱ p.187。

Э Дх104 菩萨像幡，五代，麻布彩绘，92×35.7cm。

索引：艺Ⅱ pl.121；艺Ⅱ p.181。

Э Дх105 佛像幡头，五代，麻布彩绘，48×41cm。

索引：艺Ⅱ pl.147；艺Ⅱ p.186。

按："馆藏号和图号对照表"无"五代"。

Э Дх106 菩萨像幡，五代-宋，麻布彩绘，101×22cm。

索引：艺Ⅱ pl.127；艺Ⅱ p.182。

Э Дх107 菱格纹幡，五代，麻布夹缬彩绘，幡头上有佛像，131.5×34cm。

索引：艺Ⅱ pl.167；艺Ⅱ p.190。

Э Дх108 菩萨像幡，五代，麻布彩绘，96×32cm。

索引：艺Ⅱ pl.115；艺Ⅱ p.179。

Э Дх109 佛像幡头，五代，麻布彩绘，38×35cm。

索引：艺Ⅱ pl.145；艺Ⅱ p.186。

Э Дх110 佛像和菱格纹幡，五代，麻布夹缬彩绘，54×24cm。

索引：艺Ⅱ pl.165；艺Ⅱ p.190。

Э Дх111 菩萨像幡，五代，麻布彩绘，54×24cm。

索引：艺Ⅱ pl.131；艺Ⅱ p.183。

Э Дх112 佛像幡头，麻布彩绘，80×30cm。

索引：艺Ⅱ pl.141；艺Ⅱ p.185。

Э Дх113 佛像幡头，五代，麻布彩绘，36×28.5cm。

索引：艺Ⅱ pl.142；艺Ⅱ p.185。

ЭДx114 佛像双面幡头，五代，麻布彩绘，25×32cm。

索引：艺Ⅱ pl.140；艺Ⅱ p.185。

ЭДx115a 菩萨，五代，蓝地绢本银泥线描，45×31cm，20×31cm。

索引：艺Ⅰ pl.89；艺Ⅱ p.168。

ЭДx115b 佛像幡头，五代，麻布彩绘，19.5×39cm。

索引：艺Ⅱ pl.154；艺Ⅱ p.188。

ЭДx116 菩萨像幡，五代，麻布彩绘，36×38.5cm。

索引：艺Ⅱ pl.134；艺Ⅱ p.184。

ЭДx117 菩萨像幡，五代，麻布彩绘，76×15.5cm。

索引：艺Ⅱ pl.122；艺Ⅱ p.181。

ЭДx118 菩萨像幡，五代，麻布彩绘，25×20cm。

索引：艺Ⅱ pl.144；艺Ⅱ p.186。

ЭДx119 延寿命菩萨像幡，五代，麻布彩绘，74×35cm。

索引：艺Ⅱ pl.113；艺Ⅱ p.179。

榜题：南无延寿命菩萨

ЭДx120 菩萨像幡，宋，麻布彩绘，19×16.5cm。

索引：艺Ⅱ pl.132；艺Ⅱ p.183。

ЭДx121 菩萨像幡，五代-宋，麻布彩绘，123.5×36cm。

索引：艺Ⅱ pl.119；艺Ⅱ p.180。

ЭДx122 菩萨像幡，五代，麻布彩绘，128×44.5cm。

索引：艺Ⅱ pl.124（按：“馆藏号和图号对照表 p.219”误为 pl.12）；艺Ⅱ p.181。

ЭДx123 延寿命菩萨像幡，五代，麻布彩绘，95×35cm。

索引：艺Ⅱ pl.114；艺Ⅱ p.179。

右上榜题：南无延寿命菩萨

ЭДx124 延寿命菩萨像幡，宋，麻布彩绘，100×22.5cm。

索引：艺Ⅱ pl.118；艺Ⅱ p.180。

左榜题：南无延寿命菩萨

ЭДx126 菩萨像幡，五代，麻布彩绘，84.5×37cm。

索引：艺Ⅱ pl.125；艺Ⅱ p.182。

按：“馆藏号和图号对照表”无“五代”。

ЭДx127 观音菩萨像幡，五代，麻布彩绘，156×47cm。

索引：艺Ⅱ pl.117；艺Ⅱ p.180。

右榜题：**阿么辣（？）碛兰藩一口**。为梵语观音 *Avalokitesvara* 的汉字谐音。

ЭДx128 菩萨像幡，五代，麻布彩绘，170×26cm。

索引：艺Ⅱ pl.112；艺Ⅱ p.179。

ЭДx129 佛像背光，五代，麻布彩绘，16.5×16.6cm。

索引：艺Ⅱ fig.44；艺Ⅱ p.212。

ЭДx130 阿弥陀佛净土变，素绢墨绘淡彩，31×22cm。

索引：艺Ⅰ pl.65；艺Ⅱ p.162。

ЭДx131a 经变画，唐，绢本彩绘，55×23cm。

索引：艺Ⅱ fig.9；艺Ⅱ p.206。

ЭДx131b 金刚，唐，绢本彩绘，19.5×21cm。

索引：艺Ⅱ fig.13；艺Ⅱ p.207。

ЭДx132 纹饰，绢本彩绘，3×14cm。

索引：艺Ⅱ fig.039；艺Ⅱ p.211。

ЭДx133 武士，绢本彩绘，26.5×18.7cm。

索引：艺Ⅰ pl.62；艺Ⅰ p.82：彩图目录62：ЭДx315、ЭДx133；艺Ⅱ p.162。

ЭДx134 化佛，绢本彩绘，40×27cm。

索引：艺Ⅱ fig.7；艺Ⅱ p.206。

下部榜题：**不动光佛**

ЭДx136 菩萨，晚唐，绢本彩绘，5.5×9.8cm。

索引：艺Ⅱ fig.10；艺Ⅱ p.206。

ЭДx137 幡头，绢本彩绘，9.2×14.5cm。

索引：艺Ⅱ fig.37；艺Ⅱ p.211。

ЭДx138 僧人，绢本彩绘，13×14cm。

索引：艺Ⅱ fig.36；艺Ⅱ p.210。

ЭДx139 菩萨，唐，绢本彩绘，18×13cm。

索引：艺Ⅱ fig.12；艺Ⅱ p.207。

ЭДx140 化生童子，五代，绢本彩绘，8.5×3.5cm。

索引：艺Ⅰ pl.69；艺Ⅱ p.164。

Э Дx142 莲花座，绢本白画，7 × 9cm。

索引：艺Ⅱ fig.40；艺Ⅱ p.211。

Э Дx143 衣纹，纸本彩绘，12.5 × 24cm。

索引：艺Ⅱ fig.62；艺Ⅱ p.214。

Э Дx144 人物房舍，晚唐，绢本彩绘，10.7 × 16.5cm。

索引：艺Ⅱ fig.47；艺Ⅱ p.212。

Э Дx145 卷草花卉纹幡头，晚唐，绢本彩绘，16.5 × 25.5cm。

索引：艺Ⅱ pl.159；艺Ⅱ p.189。

Э Дx147 华盖，6 × 14.5cm。

索引：艺Ⅱ fig.041；艺Ⅱ p.211。

Э Дx149 菩萨像幡，五代，麻布彩绘，77.5 × 14cm。

索引：艺Ⅱ pl.123；艺Ⅱ p.181。

Э Дx150 供养天女，盛唐，绢本彩绘，14 × 19.5cm。（Э Дx150 和 Э Дx218 缀合为 Э Дx357）

索引：艺Ⅰ pl.59；艺Ⅱ p.161。

Э Дx151 东方提头赖吒天王，晚唐，绢本彩绘，24 × 17.5cm。（Э Дx151 与 Э Дx234 缀合而成）

索引：艺Ⅰ pl.79；艺Ⅱ p.165。

左上榜题（根据斯坦因集品东方天王复原）：**东方提头赖（吒天王）**

Э Дx154 菩萨，中唐，绢本彩绘，19.5 × 20.5cm。

索引：艺Ⅰ pl.75；艺Ⅱ p.164。

Э Дx155 弥勒上生经变。

索引：艺Ⅰ pl.45；艺Ⅱ pp.152-154。

Э Дx156 菩萨，五代，绢本彩绘，25 × 18cm。

索引：艺Ⅱ fig.27；艺Ⅱ p.209。

Э Дx158 弥勒上生经变，盛唐，绢本彩绘。

索引：艺Ⅰ pl.45；艺Ⅱ pp.152-154。

Э Дx159 弥勒上生经变，盛唐，绢本彩绘。

索引：艺Ⅰ pl.45；艺Ⅱ pp.152-154。

Э Дx160 莲花座，绢本彩绘，3 × 8.7cm。

索引：艺Ⅱ fig.43；艺Ⅱ p.211。。

Э Дx162 弥勒上生经变，盛唐，绢本彩绘。

索引：艺Ⅰ pl.45；艺Ⅱ pp.152-154。

Э Дx163 武士，晚唐，绢本彩绘，13.5×29.5cm。

索引：艺Ⅰ pl.60；艺Ⅱ p.162。

Э Дx164 供养人，晚唐，绢本彩绘，38.5×60cm。

索引：艺Ⅰ pl.84；艺Ⅱ p.167。

中间，男女供养人之间题记：清信佛弟子…一心供养

下右男供养人题记：

1 清信佛弟子樊海泉一心供养

2 清信佛弟子樊贤得一心供养

下左女供养人题记：

1 清信佛弟子侄女师令狐一心供养

2 清信佛弟子妹佳娘一心供养

3 清信佛弟子新妇令狐氏一心供养

Э Дx165 供养天女，五代，绢本彩绘，17.5×24.5cm。

索引：艺Ⅰ pl.61；艺Ⅱ p.162。

Э Дx168 千手千眼观音图辟毒金刚莲花座，晚唐，绢本彩绘，12.5×30.7cm。

索引：艺Ⅰ pl.66.2 左下；艺Ⅱ pp.162-163。

按：艺Ⅰ pl.66 是印度国家博物馆藏韦利目录 476 号千臂观音 Ch.xxviii.006，H167.64cm，W118.11cm，见日本国立情报学研究所网站：http://dsr.nii.ac.jp/toyobunko/，斯坦因 *Thousand Buddhas* pl.42，*Serindia* vol.4, p.1036,pl.64。另见韦利目录 p.278-279 第 476 号 Ch.xxviii.006。另见拙文《斯坦因集品敦煌遗画目录》，编号 SP476，刊《藏学学刊》第 17 辑，p.131。

Э Дx174 观无量寿佛经变，晚唐，绢本彩绘。

索引：艺Ⅰ pl.48；艺Ⅱ pp.155-157。

Э Дx175 观无量寿佛经变，晚唐，绢本彩绘。

索引：艺Ⅰ pl.48；艺Ⅱ pp.155-157。

Э Дx176 观无量寿佛经变，晚唐，绢本彩绘。

索引：艺Ⅰ pl.48；艺Ⅱ pp.155-157。

Э Дx177 观无量寿佛经变，晚唐，绢本彩绘。

索引：艺Ⅰ pl.48；艺Ⅱ pp.155-157。

Э Дx178 观无量寿佛经变，晚唐，绢本彩绘。

索引：艺Ⅰ pl.48；艺Ⅱ pp.155-157。

Э Дx179 佛像项光火焰纹，绢本彩绘，13×21cm。

索引：艺Ⅰ pl.86；艺Ⅱ p.167。

Э Дx180 弥勒上生经变，盛唐，绢本彩绘。

索引：艺Ⅰ pl.45；艺Ⅱ pp.152-154。

Э Дx181 服饰，绢本彩绘，13×13cm。

索引：艺Ⅱ fig.30；艺Ⅱ p.210。

Э Дx183 菩萨，五代，绢本彩绘。

索引：艺Ⅰ pl.83；艺Ⅰ p.83 彩图目录 83：菩萨，五代，绢本彩绘，Э Дx183；艺Ⅱ p.167。

按：Э Дx183 到底是“五代”的“菩萨”还是“晚唐”的“东方提头赖咤天王”？艺Ⅱ p.167 的 pl.83 为：东方提头赖咤天王，晚唐，绢本彩绘，19.5×15，Э Дx183。

Э Дx184 弥勒上生经变，盛唐，绢本彩绘。

索引：艺Ⅰ pl.45；艺Ⅱ pp.152-154。

Э Дx201 佛像幡头，五代，麻布彩绘，17×22.5cm。

索引：艺Ⅱ pl.138；艺Ⅱ p.185。

Э Дx205 千手千眼千钵文殊师利菩萨，绢本彩绘，171×143cm。

索引：艺Ⅰ pl.53；艺Ⅱ pp.158-160。

Э Дx206 菩萨像幡，五代，麻布彩绘，32×18.5cm。

索引：艺Ⅱ pl.116；艺Ⅱ p.180。

Э Дx207 供养帐，五代，麻布彩绘，28.5×48.5cm。

索引：艺Ⅰ pl.94；艺Ⅱ p.170。

Э Дx209 佛像幡头，五代，麻布彩绘，137×34cm。

索引：艺Ⅱ pl.149；艺Ⅱ p.187。

Э Дx210 观音菩萨，晚唐，麻布彩绘，146×64.5cm。

索引：艺Ⅰ pl.104；艺Ⅱ p.173。

左上角榜题：南无观世音菩萨

下中供养人题记：

南无观世音菩萨 / 伏愿先亡父母神升净土

□合家□□大小□□

Э Дx211 一佛二菩萨，中唐，麻布彩绘，120 × 70cm。

索引：艺Ⅰ pl.100；艺Ⅱ p.172。

Э Дx212 蓝色绢，唐，有黄色线绘，可见手部及胸部，30.5 × 13cm。

索引：艺Ⅱ pl.198；艺Ⅱ p.195。

Э Дx216 菩萨，五代，绢本彩绘，20.6 × 13.3cm。

索引：艺Ⅰ pl.73；艺Ⅱ p.164。

Э Дx217 弥勒上生经变，盛唐，绢本彩绘。

索引：艺Ⅰ pl.45；艺Ⅱ pp.152-154。

Э Дx218 供养天女，盛唐，绢本彩绘，14 × 19.5cm。（Э Дx150 和 Э Дx218 缀合为 Э Дx357）

索引：艺Ⅰ pl.59；艺Ⅱ p.161。

Э Дx220 菩萨，中唐，绢本彩绘，36 × 16.5cm。

索引：艺Ⅰ pl.71，卷首彩图 pl.7；艺Ⅱ p.164。

Э Дx221 菩萨，中唐，绢本彩绘，30 × 17cm。

索引：艺Ⅰ pl.72；艺Ⅱ p.164。

Э Дx222 观无量寿佛经变，盛唐，绢本彩绘，189 × 35.5cm，边宽 13cm。

索引：艺Ⅰ pl.46；艺Ⅱ p.155。

循边有素地黑字榜题：上品中生者若人生平为心有从临□□…

Э Дx223 弥勒上生经变，盛唐，绢本彩绘，左边三残片（Э Дx224、Э Дx15）：82 × 91；23 × 29.7；50.5 × 27.6cm；右边残片（Э Дx223）：132 × 81cm。

索引：艺Ⅰ pl.45（由 Э Дx15、Э Дx223、Э Дx224 及 30 余个碎片拼缀而成）；艺Ⅱ pp.152-154。

Э Дx224 弥勒上生经变。

索引：艺Ⅰ pl.45（由 Э Дx15、Э Дx223、Э Дx224 及 30 余个碎片拼缀而成）；艺Ⅱ pp.152-154。

Э Дx225 弥勒佛，中唐，绢本彩绘，64 × 33cm。

索引：艺Ⅰ pl.77；艺Ⅱ p.165。

Э Дx226 菩萨，晚唐，绢本彩绘，35.5 × 17cm。

索引：艺Ⅰ pl.82；艺Ⅱ p.166。

Э Дx227 菩萨，中唐，伯 159 窟，绢本彩绘，35 × 17.5cm。

索引：艺Ⅰ pl.78；艺Ⅱ p.165。

Э Дx228 菩萨，中唐，绢本彩绘，13×10cm。

索引：艺Ⅰ pl.74；艺Ⅱ p.165。。

Э Дx229 佛弟子，晚唐，绢本彩绘，10.5×17.5cm。

索引：艺Ⅰ pl.76；艺Ⅱ p.165。

Э Дx230 菩萨，五代，绢本彩绘，33×16.5cm。

索引：艺Ⅰ pl.81；艺Ⅱ p.166。

Э Дx231 菩萨，晚唐，绢本彩绘，35×14cm。

索引：艺Ⅰ pl.80；艺Ⅱ p.166。

Э Дx232 观音菩萨，五代，绢本彩绘，31×31cm。

索引：艺Ⅰ pl.54；艺Ⅱ p.160。

Э Дx233 供养人，五代，绢本彩绘，13×46cm。

索引：艺Ⅰ pl.85；艺Ⅱ p.167。

Э Дx234 东方提头赖咤天王，晚唐，绢本彩绘，24×17.5cm。（Э Дx151 与 Э Дx234 缀合而成）

索引：艺Ⅰ pl.79；艺Ⅱ p.166。

左上榜题（根据斯坦因集品东方天王复原）：东方提头赖（咤天王）

Э Дx235 菩萨，五代-宋，纸本彩绘，43.5×17.5cm。

索引：艺Ⅱ pl.220；艺Ⅱ p.199。

Э Дx236 菩萨，五代-宋，纸本彩绘，47×16cm。

索引：艺Ⅱ pl.221；艺Ⅱ p.199。

Э Дx237 柳枝观音菩萨，宋，纸本彩绘，41×13cm。

索引：艺Ⅱ pl.224；艺Ⅱ p.199。

按：文⑰p.354 中为 Э Дx00237、Э Дx00430 佛说佛名经捺印加彩禅定千佛 5 身。

Э Дx238 观音菩萨，五代-宋，纸本彩绘，30.5×18cm。

索引：艺Ⅱ pl.222；艺Ⅱ p.199。

Э Дx239 佛，五代，纸本彩绘，25.5×19.5cm。

索引：艺Ⅱ pl.236；艺Ⅱ p.202。

Э Дx240 药师佛，五代-宋，纸本彩绘，34×22cm。

索引：艺Ⅱ pl.241；艺Ⅱ p.203。

ЭДx241 清净施佛，宋，纸本彩绘，24.6×21cm。

索引：艺Ⅱ pl.242；艺Ⅱ p.203。

ЭДx242 女供养人，晚唐，纸本彩绘，20.5×22cm。

索引：艺Ⅱ pl.232；艺Ⅱ p.201。

ЭДx243 猪脸天王，五代 - 宋，纸本彩绘，47.5×27cm。

索引：艺Ⅱ pl.226；艺Ⅱ p.200。

ЭДx244 猪脸武士，五代 - 宋，纸本彩绘，19×30cm。

索引：艺Ⅱ pl.227；艺Ⅱ p.200。

ЭДx245 星宿图，五代 - 宋，纸本彩绘，11.5×11.5cm。

索引：艺Ⅱ pl.231；艺Ⅱ p.201。

ЭДx246 佛，五代 - 宋，纸本彩绘，30.2×36cm。

索引：艺Ⅱ pl.237；艺Ⅱ p.202。

ЭДx247 佛，五代 - 宋，纸本彩绘，31.5×21cm。

索引：艺Ⅱ pl.240；艺Ⅱ p.203。

ЭДx248 佛，五代 - 宋 纸本彩绘，31×26.4cm。

索引：艺Ⅱ pl.238；艺Ⅱ p.202。

ЭДx249 佛，五代 - 宋，纸本彩绘，17×20.5cm。

索引：艺Ⅱ pl.239；艺Ⅱ p.202。

ЭДx250 千佛，五代，纸本彩绘，12×9.5cm。

索引：艺Ⅱ pl.235；艺Ⅱ p.201。

ЭДx251 佛，五代 - 宋，纸本彩绘，10.3×11cm。

索引：艺Ⅱ pl.223；艺Ⅱ p.199。

ЭДx252 伞盖和武士，五代 - 宋，纸本彩绘，27.5×16.5cm。

索引：艺Ⅱ pl.230；艺Ⅱ p.201。

ЭДx253 人物，纸本彩绘，5.5×4cm。

索引：艺Ⅱ fig.63；艺Ⅱ p.214。

ЭДx254 武士，纸本彩绘，65×9cm。

索引：艺Ⅱ fig.65；艺Ⅱ p.214。

ЭДx255 菩萨，五代 - 宋，纸本彩绘，22.4×22.2cm。

索引：艺Ⅱ pl.225；艺Ⅱ p.200。

ЭДx256 药师佛，盛唐，绢本彩绘。

索引：艺Ⅰ pl.55；艺Ⅱ p.160。

Э Дx256p 菩萨手部膝部，盛唐，绢本彩绘大型经变画残片，35×27cm。

索引：艺Ⅱ fig.8；艺Ⅱ p.206。

Э Дx257 药师佛，盛唐，绢本彩绘。

索引：艺Ⅰ pl.55；艺Ⅱ p.160。

Э Дx258 药师佛，盛唐，绢本彩绘。

索引：艺Ⅰ pl.55；艺Ⅱ p.160。

Э Дx259 药师佛，盛唐，绢本彩绘。

索引：艺Ⅰ pl.55；艺Ⅱ p.160。

Э Дx260 菩萨，中唐，绢本彩绘，23×14.5cm。

索引：艺Ⅰ pl.56；艺Ⅱ p.161。

Э Дx261 菩萨，中唐，绢本彩绘，15.5×12.5cm。

索引：艺Ⅰ pl.57；艺Ⅱ p.161。

Э Дx262 烧水图，晚唐，绢本彩绘，16×19cm。

索引：艺Ⅰ pl.51；艺Ⅱ p.158。

Э Дx263 阿弥陀佛和胁侍菩萨（西方三圣），晚唐，绢本彩绘，16×19.5cm。

索引：艺Ⅰ pl.58；艺Ⅱ p.161。

Э Дx264 观无量寿佛经变十恶之人，盛唐，绢本彩绘，20×9.5cm。

索引：艺Ⅰ pl.50；艺Ⅱ p.158。

左边红底榜题：十恶之人破塔坏寺打骂三宝

Э Дx265 人物，绢本彩绘，6.5×12.5cm。

索引：艺Ⅱ fig.45；艺Ⅱ p.212。

Э Дx266 千手千眼观音图火头金刚莲花座，晚唐（九世纪前半），绢本彩绘，18×32cm。

索引：艺Ⅰ pl.67.2 右下角；艺Ⅱ p.163。

Э Дx267 莲花曼陀罗，纸本彩绘，34×63cm。

索引：艺Ⅱ pl.233；艺Ⅱ p.201。

Э Дx268 佛像幡头，五代，绫彩绘，16×31.5cm。

索引：艺Ⅱ pl.136；艺Ⅱ p.184。

Э Дx269 佛像双面幡头，五代，绢本彩绘，28×28.5cm。

索引：艺Ⅱ pl.137；艺Ⅱ p.185。

Э Дx270 化生童子幡，绢本彩绘，26.8 × 14cm。

索引：艺 I pl.87；艺 II p.168。

Э Дx271 经变画化佛，五代，绢本彩绘，51 × 31.5cm。

索引：艺 I pl.49；艺 II p.157。

榜题，上：□□光佛。下：无忧光佛 / 无量光佛

Э Дx272 佛像云气，五代，绢本彩绘，12.5 × 16cm。

索引：艺 I pl.52；艺 II p.158。

Э Дx273 弥勒上生经变，五代，绢本彩绘，14.2 × 17.5cm。

索引：艺 I pl.47；艺 II p.155。

Э Дx277 僧人，五代 - 宋，纸本白画，30.5 × 31.5cm。

索引：艺 II pl.229；艺 II p.200。

Э Дx278 走兽，纸本白画，7.5 × 8cm。

索引：艺 II fig.64；艺 II p.214。

Э Дx279 人物，纸本彩绘，27 × 18cm。

索引：艺 II fig.61；艺 II p.214。

Э Дx280 佛，绢本彩绘，22 × 22cm。

索引：艺 II fig.23；艺 II p.209。

Э Дx281 佛像胸部，绢本彩绘，5.5 × 10.5cm。

索引：艺 II fig.24；艺 II p.209。

Э Дx282 千手千眼观音，唐，绢本彩绘。

索引：艺 I pl.68；艺 II p.164。

Э Дx283 千手千眼观音，唐，绢本彩绘。

索引：艺 I pl.68；艺 II p.163。

Э Дx284 千手千眼观音，唐，绢本彩绘。

索引：艺 I pl.68；艺 II p.163。

Э Дx285 僧人足部，绢本彩绘，6 × 6cm。

索引：艺 II fig.31；艺 II p.210。

Э Дx290 花卉纹绫幡带，唐，绫染色银泥绘四瓣花卉，231 × 6.7cm。

索引：艺 II pl.181；艺 II p.192。

Э Дx291 观音菩萨像幡，红地绢本线描，48 × 37.5cm，幡面宽 20.5cm。

索引：艺 I pl.90；艺 II p.168。

ЭДx293 花卉纹绸幡带，唐，绸染色墨绘二叶四瓣花卉，20×4.1cm。

索引：艺Ⅱ pl.182；艺Ⅱ p.193。

ЭДx294 牡丹纹绢幡带，唐，绢染色墨绘，上有银泥绘牡丹花枝花苞，22.5×3cm。

索引：艺Ⅱ pl.183；艺Ⅱ p.193。

ЭДx298 忍冬纹绢幡带，唐，绢染色绘制，上有黄色颜料所绘波浪状花卉枝条，25.6×8.9cm。

索引：艺Ⅱ pl.186；艺Ⅱ p.193。

ЭДx303 千手千眼观音，唐，绢本彩绘。

索引：艺Ⅰ pl.68；艺Ⅱ pp.163-164。

ЭДx304 天王，晚唐，绢本彩绘，9×10cm。

索引：艺Ⅱ fig.35；艺Ⅱ p.210。

ЭДx305 千手千眼观音，唐，绢本彩绘。

索引：艺Ⅰ pl.68；艺Ⅱ pp.163-164。

ЭДx306 经变画边饰，绢本彩绘，4.5×21cm。

索引：艺Ⅱ pl.fig.46；艺Ⅱ p.212。

ЭДx307 菩萨像胸部，五代，绢本彩绘，12×18cm。

索引：艺Ⅱ pl.fig.20；艺Ⅱ p.208。

ЭДx308 菩萨像胸部，五代，绢本彩绘，12×18cm。

索引：艺Ⅱ pl.fig.20；艺Ⅱ p.208。

ЭДx309 佛像画，五代，绢本彩绘，13.5×13.5cm。

索引：艺Ⅱ fig.25；艺Ⅱ p.209。

ЭДx310 菩萨，绢本彩绘，7×6.5cm。

索引：艺Ⅱ fig.32；艺Ⅱ p.210。

ЭДx311 佛像画，绢本彩绘，7×12cm。

索引：艺Ⅱ fig.28；艺Ⅱ p.209。

ЭДx312 经变画，晚唐，绢本彩绘，9.5×13.5cm。

索引：艺Ⅱ fig.26；艺Ⅱ p.209。

ЭДx313 佛像画，绢本彩绘，7.7×11cm。

索引：艺Ⅱ fig.42；艺Ⅱ p.211。

ЭДx314 菩萨和化生童子，唐，绢本彩绘，19×21.8cm。

索引：艺Ⅱ fig.14；艺Ⅱ p.207。

Э Дx315 菩萨，晚唐，绢本彩绘，1 组 4 身。11.5 × 13cm。

索引：艺 II fig.15；艺 II p.207。

Э Дx315 武士，绢本彩绘 5 名武士半身像，26.5 × 18.7cm。

索引：艺 I pl.62；艺 I p.82：彩图目录 62；艺 II p.162。

Э Дx316 观无量寿佛经变，晚唐，绢本彩绘，139 × 88cm，由 35 件残片缀合。

索引：艺 I pl.48；艺 II pp.155-157。

Э Дx317 武士，绢本彩绘，13.5 × 12cm。

索引：艺 I pl.63；艺 II p.162。

Э Дx318 如意轮观音，唐，绢本彩绘，18 × 25cm。

索引：艺 II fig.11；艺 II p.207。

Э Дx319 金刚手菩萨，唐，绢本彩绘，34.5 × 29cm。

索引：艺 II fig.16；艺 II p.208。

Э Дx320 宝胜如来佛，五代 - 宋，纸本彩绘，51.8 × 29.8cm。

索引：艺 II pl.219；艺 II p.198。

左上榜题：宝胜如来佛

Э Дx321 降魔变风吹魔女，绢本彩绘，9.5 × 13cm。

索引：艺 II pl.64；艺 II p.162。

Э Дx322 女供养人，晚唐，绢本彩绘，11 × 7.5cm。

索引：艺 II fig.34；艺 II p.210。

Э Дx326 忍冬纹纸幡带，纸本彩绘，38 × 2.8cm。

索引：艺 II pl.161；艺 II p.189。

Э Дx330 波状纹刺绣观音像，五代，绢刺绣，8.5 × 2.8cm。

索引：艺 II pl.215；艺 II p.197。

Э Дx331 莲花座，纸本彩绘，5 × 8.5cm。

索引：艺 II fig.66；艺 II p.214。

Э Дx332 菩萨像胸部，绢本彩绘，5.5 × 10.5cm。

索引：艺 II pl.fig.29；艺 II p.210。

Э Дx333 天王，五代 - 宋，纸本彩绘，14.5 × 24.5cm。

索引：艺 II pl.228；艺 II p.200。

Э Дx334 佛，五代，纸本彩绘，25.5 × 19.5cm。

索引：艺 II pl.236；艺 II p.202。

Э Дх335 莲花座，纸本彩绘，14.5 × 13cm。

索引：艺 II fig.67；艺 II p.214。

Э Дх336 金刚杵，纸本白画，7.5 × 8.5cm。

索引：艺 II fig.70；艺 II p.215。

Э Дх337 莲花座，五代 - 宋，纸本彩绘，7.5 × 17.5cm。

索引：艺 II pl.234；艺 II p.201。

Э Дх338 经变画，唐，绢本彩绘，55 × 23cm。

索引：艺 II fig.9；艺 II p.206。

Э Дх338p 金刚，五代，绢本彩绘，13.5 × 18.5cm。

索引：艺 II pl. fig.21；艺 II p.208。

Э Дх339ab 幡尾条纸，五代，纸本彩绘，43.5 × 15，18 × 15cm。

索引：艺 II pl.160；艺 II p.189。

Э Дх340 经变画，唐，绢本彩绘，55 × 23cm。

索引：艺 II fig.9；艺 II p.206。

Э Дх341 华盖垂幔，绢本彩绘，14 × 7.5cm。

索引：艺 II fig.22；艺 II p.209。

Э Дх342 金刚，五代，绢本彩绘，26 × 15cm。

索引：艺 II fig.17；艺 II p.208。

Э Дх343 经变画，唐，绢本彩绘，55 × 23cm。

索引：艺 II fig.9；艺 II p.206。

Э Дх343p 金刚，五代，绢本彩绘，19 × 12.5cm。

索引：艺 II fig.18；艺 II p.208。

Э Дх344 菩萨，五代，绢本彩绘，14 × 6.5cm。

索引：艺 II fig.19；艺 II p.208。

Э Дх345 化生童子，五代，绢本彩绘，7.5 × 6，6.5 × 2.4cm。

索引：艺 I pl.70；艺 II p.164。

Э Дх347 武士，纸本彩绘，5.5 × 9.7cm。

索引：艺 II fig.68；艺 II p.214。

Э Дх348 尊像画残片，植物图案，绢本彩绘，5.7 × 5cm。

索引：艺 II fig.33；艺 II p.210。

Э Дх349 菩萨像臂部，绢本彩绘，20.5 × 3.5cm。

索引：艺Ⅱ pl.fig.38；艺Ⅱ p.211。

Э Дx350 菩萨手部，纸本彩绘，7.5 × 4cm。

索引：艺Ⅱ fig.69；艺Ⅱ p.215。

Э Дx357 供养天女，盛唐，绢本彩绘，14 × 15.9cm。

索引：艺Ⅰ pl.59；艺Ⅱ p.161。Э Дx150 和 Э Дx218 缀合为 Э Дx357。

Э Дx360 紫红色绢镶边，唐，彩绘绢画部分残留菩萨的两个莲座和小腿部，80 × 12.5cm。

索引：艺Ⅱ pl.209；艺Ⅱ p.196。

P.4 红色绢幡画残片，黄线勾画菩萨像，可见菩萨胸、肩、手。31.5 × 26cm。

索引：艺Ⅱ p.213，fig.56。

P.9（P-405）水波纹和史书，唐，纸本白画，12.5 × 22cm。

索引：艺Ⅱ pl.247；艺Ⅱ p.204。

一片为水波纹。另一片为墨楷 5 行，可识读文字：

…者特黄金

举为相，治江南之地，接

得有车迹。举目楚

为相，治江南之楚

忧乱世，多言（言）其贤（事），使□…

P.457（Ty667）观音刺绣像，五代（10 世纪），麻绢刺绣，23 × 11cm。

索引：艺Ⅱ pl.217；艺Ⅱ p.197。

此件为俄国驻乌鲁木齐总领事克罗特科夫 于 1907 年在新疆购买的 42 件文物之一。具体出处不详。

X2486 一佛二协侍二供养，晚唐 - 五代，纸本彩绘，佛经卷首画，27 × 15.4cm。

索引：艺Ⅱ pl.218；艺Ⅱ p.198。

此件原编入黑水城文物编号 X2486；按照其类型特点，似应为敦煌文物。

## 二、《俄藏敦煌文献》敦煌遗画（138 件），俄罗斯科学院东方研究所圣彼得堡分所藏品

Дx00046 龙白画稿。

索引：文⑥ p.44。

Дx00046v 马白画稿。

索引：文⑥ p.44。

Дx00237 捺印加彩禅定千佛，5 身，在佛说佛名经中。

索引：文 ⑰p.354。

Дx00430 捺印加彩禅定千佛，5 身，在佛说佛名经中。

索引：文 ⑰p.354。

Дx439 朱印千佛像。俄国科学院东方研究所彼得格勒分所收藏。

按：文⑥ p.287：Дx00439 佛说佛名经卷第二，无朱印千佛像。拍照难显朱印？

Дx00492v 佛经（附图）。

索引：文⑥ p.318。

Дx00591 众生心法图。

索引：文⑥卷首彩色图版 1，pp.385-388；黑⑥ p.131。

Дx01060v 手白画稿。

索引：文⑦ p.291。

Дx01277v 花卉画稿。存"宋丑子等油面历"中。

索引：文⑧ p.54。

Дx01336（TK140）刻本佛说三十五佛名经卷首扉页说法图。

索引：文⑧ p.101；文 ⑰：pp.356-359；郤 p.15。

梳椎形髻者榜题：**长者居士**

Дx01340 捺印佛像。残存 4 身。

索引：文⑧ p.107；郤 p.15。

Дx01390 大威德炽盛光消灾吉祥陀罗尼并版画，上图下文，图残，文残，存消灾吉祥陀罗尼咒 10 行。

索引：文⑧ p.132，卷首彩色图版 6；黑⑥ p.133；郤 p.15。

Дx01396 宅经附阴宅图。

索引：文⑧ p.138。

Дx01414 大圣文殊师利菩萨版画，极残，图仅存下部一小条。

索引：文⑧ p.157；郤 p.15。

下部愿文（右至左，括号内为所缺字）：

1 此五台山中文殊师利大圣（眞仪变）

2 现多般威灵叵测久成（正觉不）

3 舍大悲隐法界身示天（人相与万）

4 菩萨住清凉山（摄化有缘利益弘）

5 广思惟意念增（长吉祥礼敬称扬）

6 能满诸愿普劝（四众供养归依当）

7（来同）证菩提妙果

8 文殊师利童真菩萨五字（心真言）

9 阿上啰跛左曩

10 文殊师利大威德法宝藏心陁罗尼

11 唵引阿味啰吽引佉左路

12 对此像前随分供养冥心一境专

13 注课持回施有情同归常乐

Дх02358 大圣文殊师利菩萨像及供养文，极残，上图仅存左下部一点点，下部发愿文仅存左边 4 列之上部 25 字。

索引：文⑨ p.168。

Дх02824. 2. 坐佛线描草图，存于佛说延寿命经一卷。

索引：文⑩ p.77（13-12）。

Дх02877 西方三圣捺印佛像，五代—宋，雕版水墨捺印，中央 2 幅完整，周围 6 幅残存边角，13.8×17.8cm，单幅 7.8×5.8cm。

索引：文⑩ p.108；邰 p.15；艺 II pl.249；艺 II p.204 叙录。

Дх02878 为天曹地府说法之处版刻画像。

索引：文⑩ p.108；黑⑥ p.160；邰 p.15。

右榜题：为天曹地府说法之（处）

Дх02881 捺印说法佛像 3 身。于“开元廿九年二月九日授得菩萨戒牒”。

索引：文⑩卷首彩色图版 1，pp.109-110；邰 p.15。

Дх02882 捺印说法佛像 3 身。在“开元廿九年二月九日授得菩萨戒牒”。

索引：文⑩卷首彩色图版 1，pp.109-110；邰 p.15。

Дх02889 正方形捺印禅定佛像 3 方。于“乾德二年五月八日南赡部娑诃世界沙洲三界寺授千佛戒牒”。

索引：文⑩卷首彩色图版 2，p.113；邰 p.15。

Дх02904v 残画像，于“正月十二日诚上纳文”题记。

索引：文⑩ p.119。

Дх02970 大圣文殊师利菩萨普劝志心供养受持像。版画，图佚，残存下部发愿文。

索引：文⑩ p.148。

按：Дх02970、Дх03023、Дх03028、Дх03112、Дх03125 共用文⑩ p.148 的图版。

Дх03023 大圣文殊师利菩萨普劝志心供养受持像。

索引：文⑩ p.148。

Дх03028 大圣文殊师利菩萨普劝志心供养受持像。

索引：文⑩ p.148。

Дх03034 大圣文殊师利菩萨普劝志心供养受持像版画，上图下文，图全残，仅存云彩。与 P.4077 同版。

索引：文⑩ p.168；部 p.15；《藏学学刊》第 11 辑 p.93：Pelliot chinois 4077。

Дх03112 大圣文殊师利菩萨普劝志心供养受持像。

索引：文⑩ p.148。

Дх03125 大圣文殊师利菩萨普劝志心供养受持像。

索引：文⑩ p.148。

Дх03141 大圣文殊师利菩萨普劝志心供养受持像。与 P.4077 同版。

索引：文⑩ pp.194；部 p.15；《藏学学刊》第 11 辑 p. 93：Pelliot chinois 4077。

按：Дх03141、Дх03142、Дх03157、Дх03178 共用文⑩ pp.194-195 的图版。

左榜题：普劝志心供养。

右榜题：大圣文殊师利菩（萨）

Дх03142 大圣文殊师利菩萨普劝志心供养受持像。

索引：文⑩ pp.194-195；部 p.15。

Дх03143 佛本行集经卷首佛说法图版刻。

索引：文⑩ p.195；黑⑥ p.161；部 p.15。

榜题：佛在波罗奈国鹿野苑中为憍陈如等五比丘转正法转命善来教受具戒出

Дх03144 圣观自在菩萨普施受持供养像版刻，上图佚，下文残。

索引：文⑩ p.196。

愿文存（右至左）：

（呼）娑嚩（二合引）贺（引）

灭罪除灾延寿增

遍极重罪业皆得

能侵害聪明辩才随愿

千万遍一切众生见

提心当来定生极

经所说

Дх03157 大圣文殊师利菩萨普劝志心供养受持像。

索引：文⑩ p.194-195；部 p.15。

Дх03178 大圣文殊师利菩萨普劝志心供养受持像。

索引：文⑩ p.194-195；部 p.15。

Дх03206 捺印千佛，1 身，存于残佛名经。

索引：文⑩ p.221。

Дх03223 日曜菩萨月净菩萨，五代 - 宋，纸本彩绘，《灌顶经》卷十二菩萨插图，14 × 38.5c。

索引：文⑩ p.228；艺 II pl.246；艺 II p.204 叙录。

行文间有菩萨名：日曜 月净

Дх03397 印本禅定千佛，8 幅，印于佛说佛名经卷第 12，各佛名上方。

索引：文⑩ p.285；部 p.15。

Дх03676 线描画稿：佛、树、人物。

索引：文 ⑪p.22。

Дх03717v 千佛，存 2 方。

索引：文 ⑪p.32；部 p.15。

Дх03819 线描莲花座画稿，在佛名上方。

索引：文 ⑪p.58。

Дх04269 大圣文殊师利菩萨普劝志心供养受持像，版画，上图下文，残存左半。

索引：文 ⑪p.176。

Дх04844 佛像，唐，纸本彩绘 5.5 × 6cm。

索引：文 ⑪ 卷首彩色图版 10，p.337；艺 II pl.243；艺 II p.203 叙录。

Дх04980 印本禅定千佛，在《佛说佛名经》中，存 5 身，残 2 身。

索引：文 ⑪p.373；部 p.15。

Дх05108 印本水月观音，存 4 幅，皆残。

索引：文 ⑫p.22；部 p.15。

Дx05518 火焰纹背光，五代，纸本彩绘，22×30cm。

索引：文⑫p.170；艺Ⅱ pl.244；艺Ⅱ p.203 叙录。

Дx05529 残白画？　索引：文⑫p.173。

Дx05775 印本文殊师利菩萨，仅存上部。

索引：文⑫p.242；郜 p.15。

左榜题：普劝志心供（养）。

Дx05951 印本观音菩萨立像。模糊。

索引：文⑫p.286；郜 p.16。

Дx05981 华盖垂幔，五代 - 宋，纸本彩绘，17.5×28.5cm。

索引：文⑫p.306；艺Ⅱ pl.245；艺Ⅱ p.203 叙录。

Дx06150v 残白画。

索引：文⑬p.22。

Дx06274 捺印说法千佛，48 尊，33.5×27.8cm。

索引：文⑬卷首彩色图版 2，p.70；郜 p.16。

按：郜 p.16：Дx06275、Дx06276、Дx06277 均为捺印说法千佛 48 尊，同 Дx06274。但文⑬p.70：Дx06275、Дx06276、Дx06277 馆藏缺。

Дx06282 印本善跏坐佛像，存 2 身。

索引：文⑬p.71；郜 p.16。

Дx06285 印本禅定千佛，存 1 身，残 2 身，印于《佛说佛名经》中，加彩。

索引：文⑬p.71；郜 p.16。

Дx06287v 残白画。

索引：文⑬p.72。

Дx06842v 残白画？

索引：文⑬p.213。

Дx07273 印本菩萨，极残，仅存右边榜题 3 字。

索引：文⑬p.286；郜 p.16：Дx7272。

Дx07570 线描画稿，残。

索引：文⑬p.316。

Дx07679 印本千佛，7 身，残。

索引：文⑬p.327。

Дx07690 印本禅定千佛，存 1 身。

索引：文⑬p.328；部 p.16；存 3 身。

Дx07697 印本禅定千佛，存 2 身。

索引：文⑬p.328；部 p.16；存 3 身。

Дx07894 印本说法图，仅存一角。

索引：文⑬p.349；部 p.16。

Дx07946 捺印千佛 1 尊。

索引：文⑭p.6。

Дx08102v 残画。

索引：文⑭p.23。

Дx08112 图案花边，残。

索引：文⑭p.24。

Дx08270 印本毗卢遮那佛，残，扉画，佛脚下有供养天女。

索引：文⑭p.37；部 p.16；黑⑥ p.162：Дx08270 华严三圣版画。

佛上方榜题：教主大毗卢遮那□。

左侧 5 身菩萨，2 身有榜题：金刚藏菩萨，金□□菩萨。

右侧 1 身菩萨榜题：文殊菩萨。

Дx08607 捺印千佛，存 6 身。

索引：文⑭p.68。

Дx09036 捺印禅定千佛，存 1 身，残存《佛名经》下部。

索引：文⑭p.117；部 p.16。

Дx09108 佛说法图，印本，残存听法菩萨 4 身。

索引：文⑭p.125；部 p.16。

榜题：法□菩萨；南□海惠菩萨。

Дx09239 残画。

索引：文⑭p.141。

Дx09439 残画。

索引：文⑭p.163。

Дx09441 残画。

索引：文⑭p.163。

Дx10463 印本文殊师利菩萨，仅存画面下部，下方发愿文佚。

索引：文⑭p.294；部 p.16。

Дx10474 捺印加彩禅定千佛，8 身，仅 1 身完整。

索引：文⑭p.298；部 p.16。

Дx11018v 线描残图。

索引：文⑮p.131。

Дx11056 朱印禅定千佛。8 排，每排 1-10 身不等，现存 57 尊。

索引：文①卷首彩色图版 46；文⑮p.159；部 p.16。

Дx11471 印本 4 菩萨 8 金刚，残存上部。有飞天 1 身、菩萨 1 身、金刚 1 身、罗汉 5 身，居士 2 身。

索引：文⑮p.221；部 p.16。

榜题：四菩萨八金刚。

Дx11472A 印本佛像，极残，仅存佛头。

索引：文⑮p.221；部 p.16。

Дx11472B 印本佛像，极残，仅存画之一边。

索引：文⑮p.221；部 p.16。

Дx11472Bv 印本佛像，极残，仅存画之一边。

索引：文⑮p.221；部 p.16。

Дx11498 大圣文殊师利菩萨版画，上部图佚，下部愿文残。

索引：文⑮p.227。

Дx11500 印本残画。Дx11503 之部分？

索引：文⑮p.228。

Дx11501 印本残画。Дx11503 之部分？

索引：文⑮p.228。

Дx11503 印本故事画，画中多存人物及楼台亭阁，人物布局可分为 4 层，内容待考。

索引：文⑮p.228；部 p.16。

Дx11505 残版画，仅存持剑天女（菩萨？）。

索引：文⑮p.229；部 p.16。

Дx11506 印本佛像，存 2 尊。

索引：文⑮p.229；部 p.16。

Дx11572 印本护法神王，残存上半部。

索引：文⑮p.248；部 p.16。

榜题：护法神王

Дx11574 加彩禅定千佛，在《佛名经》卷第一上方，3 排 12 列共 36 尊。

索引：文⑮：卷首彩色图版 6，p.250；部 p.16。

Дx11576 印本护法神王，存残片若干，同 Дx11572。

索引：文⑮p.253；部 p.16。

榜题：护法神王

Дx11579 印本说法千佛，存纵 3 幅横 6 幅达 5 画面之多，与龙谷大学所藏者同。

索引：文⑮pp.255-257；部 p.16。

Дx11580 印本佛说观弥勒菩萨上生兜率天经经变画，第 2 版前部接第 1 面为说法图，后接 6 幅修行画面。

索引：文⑮pp.257-258；部 p.16。

第 1 版榜题（右至左、上至下）：

释迦摩你（牟尼）佛于给孤独园内与弥勒菩萨所授记处

波离发问、八部众、声闻众、五百亿天子 /

奉施宝冠、南方增长天王、东方持国天王

第 2 版 制版人题名（画外右下）：张知一

榜题（右至左、上至下）：

牢度大神额宝珠中化四十九重宫殿供养弥勒之处、西方广目天王、北方多闻天王、声闻众、八部众、花德大神、香音大神、喜乐大神、正音大神、宝幢大神、深入正受、修诸功德、花香供养、扫塔涂地、赞颂经典、威仪具足

Дx11581《金刚经》卷首版画，宝座两侧各有四菩萨。

索引：文⑮：卷首彩色图版 7，p.258；部 p.17。

榜题，右上：四菩萨

右下：比丘众

中上：天人众

中中：长者 舍卫国王

中下：须菩提 善男子

左上：婆罗门众

左中：祁陁太子

左下：善女人

Дx11712 印本禅定千佛像，存于《佛说佛名经》中，每一佛名上方捺印，共 32 方。

索引：文⑮p.321；部 p.17。

Дx11717 印本文殊师利菩萨像，上图下文，均残。

索引：文⑮p.323；部 p.17。

榜题（右至左，括号内为所缺字）：（大圣文殊）师利菩薩（/普劝志心供养受持）

下部愿文：

1 此五台山中文殊师利（大圣眞仪变）

2 现多般威灵叵测久（成正觉不）

3 舍大悲隐法界身示（天人相与万）

4 菩薩住清凉山摄（化有缘利益弘）

5 广思惟意念增长（吉祥礼敬称扬）

6 能满诸愿普劝四众（供养归依当）

7 来同证菩提妙果

8 文殊师利童眞菩薩五字心眞言

9 阿（上）啰跛左曩

（10 文殊师利大威德法宝藏心陁罗尼

11 唵（引）阿味啰吽（引）佉左路

12 对此像前随分供养冥心一境专

13 注课持回施有情同归常乐）

Дx11731 白画马，仅存一后腿及尾巴，在藏文文书上部。

索引：文⑮p.325。

Дx11752 线描残图。

索引：文⑮p.330。

Дx12482 捺印佛像，存 4 幅，均残，佛胸前有卍字。

索引：文⑮p.127。

按：部 p.17 把 Дx12482 误为 Дx11482。

Дx12511 人物版画，残，仅存一男供养人。

索引：文⑮p.133。

按：部 p.17 误为 Дx12511v。

Дx12512 线描残画。

索引：文⑮p.133。

Дx12513 线描残画。

索引：文 ⑮p.133。

Дx12748 线描残画。

索引：文 ⑯p.165。

Дx14910 残白画。

索引：文 ⑰p.158。

Дx16399 天王版画，仅存一角，可见天王肩部及云彩。

索引：文 ⑯p.298；部 p.17。

Дx16400 印本禅定千佛，存 1 身。

索引：文 ⑯p.298；部 p.17。

Дx16401 印本菩萨像，存 5 身。

索引：文 ⑯p.298；部 p.17。

Дx16402 印本供养人像，1 身，女，面部不清。

索引：文 ⑯p.298；部 p.17。

Дx16403 印本残佛像。

索引：文 ⑯p.299。

Дx16404 印本残像。

索引：文 ⑯p.299。

Дx16405 印本善跏坐千佛像，存 5 身。

索引：文 ⑯p.299；部 p.17。

Дx16406 印本禅定千佛像，残存 1 身，面部残。

索引：文 ⑯p.299；部 p.17。

Дx16407 版画残片，存 30 小残片，可辨认者为 1 尊捺印千佛像，1 菩萨之发髻及头光。

索引：文 ⑯p.299；部 p.17。

Дx16846 残白画。

索引：文 ⑰p.20。

Дx17061 残版画。存于刻本《大般若波罗蜜多经》卷第 51 扉页，仅见 1 天女。

索引：文 ⑰p.56；部 p.17。

Дx17079 捺印千佛，3 尊，在佛名上方。

索引：文 ⑰p.62。

Дx17140 残佛经扉画。

索引：文 ⑰p.70。

Дx17371 残白画。

索引：文 ⑰p.109。

Дx17378 残版画，仅存 1 翱翔金翅鸟。

索引：文 ⑰p.110；部 p.17。

Дx17549 残版画。

索引：文 ⑰p.136。

Дx17550 印本佛像，仅存头光及头部。

索引：文 ⑰p.136；部 p.17。

Дx18566v 残版画，仅存弟子双足及莲华台座。

索引：文 ⑰p.224；部 p.17。

Дx18947v 残白画。

索引：文 ⑰p.299。

Дx18975 残白画。

索引：文 ⑰p.305。

Дx18994 残白画。

索引：文 ⑰p.310。

Дx19002 残白画。

索引：文 ⑰p.314。

Дx19044 人物头像及手图，纸本线描。

索引：文 ⑰p.324。

Дx19045 手图，残白画。

索引：文 ⑰p.325。

Дx19045v 手图。残白画。

索引：文 ⑰p.325。

Дx19046 残白画。

索引：文 ⑰p.325。

Дx19047 残白画。

索引：文 ⑰p.325。

Дx19069 残白画。

索引：文⑰p.333。

Дx19088 印本供养菩萨，4 排 8 列 32 身。同于 P.3938 墨印供养菩萨。

索引：文⑰p.343；部 p.17；《藏学学刊》第 11 辑 p.82。

Дx19089 印本供养菩萨。

索引：文⑰p.343；部 p.17。

Дx19090 印本供养菩萨。

索引：文⑰p.343；部 p.17。

Дx19091 印本禅定佛，2 排 2 列，完整者 1 身。

索引：文⑰p.343；部 p.17。

Дx19092 印本说法千佛。存 2 身 2 列，共 4 身。同于 Дx11579。

索引：文⑰p.343；部 p.17。

Ф123A 护法神王像，残，刻本《增一阿含经》卷第六“利养品第十三”之卷首画。

索引：文③ p.266。IDP 检索号：F-123。

画面左上方榜题：护法神王

Ф308A 版画护法天王像。

索引：文⑤卷首彩色图版 10，p.129；黑⑥ p.109。

左上角榜题：楞严大师

Ф312 墨印佛像，9 方。

索引：文①卷首彩色图版 45；文⑤ p.149；黑⑥ p. 126；部 p.17。

Ф355C 捺印千佛，3 身，残存于《佛名经》残片。

索引：文⑤ p.293。

Ф360 版画释迦牟尼佛说法图。

索引：文⑤卷首彩色图版 11，p.315；黑⑥ p.130。

◆ 张德明　1982–1986 年任敦煌研究院翻译、助理研究员，现已退休

# What Kind of an Animal is a Tree? Apropos of some Tibetan Reactions to the *Vimalaprabhā ad Laghukālacakratantra*, I: 4c and 8c, Part One*

Leonard W.J. van der Kuijp

**Abstract:** In early Buddhism, as L. Schmithausen has so eloquently shown, plants, including trees, are said to have a liminal existence, inasmuch as there was a marked uncertainty about their sentience. With some exceptions, the general consensus was that they were by and large insentient. This perception hardened in early Mahayana Buddhism where they were excluded from the four ways in which sentient (animal/human life) can take birth, and Bhāviveka (6th c.) argued with some vehemence against the notion that plants were sentient in his *Madhyamakahṛdaya* and its auto-commentary, the *Tarkajvālā*. However, a notable exception to the idea that trees are insentient is found in Puṇḍarīka's (early 11th c.)

* All my translations are accompanied by the original text. Except where the Tibetan text itself contains a gloss, I have chosen to dispense with brackets in my translations when I have added information that, in my understanding, is implicit in the texts translated — I thus flagrantly put myself in the position of what U. Eco has called the "model reader." Anyone who knows Tibetan can check and judge their veracity for him or herself, and anyone reading this short paper who does not know Tibetan will justifiably not care and will only get irritated by such optical distractions.

*Vimalaprabhā* commentary to Yaśas' (?early 11$^{th}$ c.) *Laghukālacakratantra*. Puṇḍarīka argued that trees were born in one of the four ways in which sentient life takes birth. This raised a number of eyebrows when the relevant passage became the focus of attention of Tibetan scholars. Bu ston Rin chen grub (1290–1364) and other fourteenth century intellectuals defended the passage and a series of arguments were levelled in favor of this notion during this time and this continued well into the fifteenth century, particularly, in a series of questions-and-answers of Byang bdag Rnam rgyal grags bzang (1395–1475) and Mkhas grub Dge legs dpal bzang po (1385–1438). This essay is the first of a two-part series in which the arguments in support of the question of the sentience of trees in particular was pursued. These two essays also try to demonstrate the extent to which the later tradition tried to justify and defend the anomalous position of the *Kālacakra* literature which, after all, was also part of Buddhist scripture and thus virtually *buddhavacana*, the word of the Buddha.

## For Lambert Schmithausen on the occasion of his 80th birthday!

It almost goes without saying that in the last decades few scholars of Buddhist thought have been more concerned with the status of plants and trees, and nature in general, as expounded in the relevant literature than our teacher L. Schmithausen. Already in the 1970s, his students were very well aware of his profound concern with plants and the environment in general. That said, his first foray into the subject of Buddhism's relationship with nature in general was published in 1985 to which he then returned some fifteen years later with a much more detailed version of his earlier contribution and with a focus on the status of plants.[1] In the meantime, beginning with a revision of his lectures that culminated in a large book on the subject,[2] he captured the imagination of many colleagues and a number of studies have taken their cue from his rewarding contributions,[3] this brief essay included. In botany, trees are defined as perennial plants that have a single stem or trunk.[4] With his customary, deft scholarly precision, Schmithausen has shown that, with one exception, a liminal existence was predicated of plants [and trees] in the early history of Buddhism. That is to say, their status was held to be ambiguous and borderline, and situated somewhere at the interface of the sentient and the non-

1 See, for example, Schmithausen 1995, 1991a, 1991b.

2 Schmithausen 2009.

3 See Findly 2002, 2003; see also Hall 2011: 74 ff. and Schmithausen 2009: 30-100, which includes a survey of other opinions written in reaction to his earlier views, including those of a number of Japanese authors, and rebuttels of many of their arguments.

4 A highly readable recent book on plants and trees in general is Mabey 2016; see also Hageneder's lovely book in Hageneder 2005, which is on trees alone. A fascinating study of a Sanskrit work on trees is provided in Das 1988.

sentient. The exception in question would seem to be a passage in the *Vāseṭṭhasutta* of the *Suttanipāta* where plants are noted as "animate beings" (*pāṇa*), and are enumerated along side and, indeed, are included among animals.[5] The word *pāṇa* means "animate being," but it is also frequently used in the sense of "animal". However, there is unfortunately no consistency with respect to its use or to what it can refer. In equally demonstrably older Buddhist works, there are a good number of passages that suggest that plants were located on the very edge of nature where obviously animate, sentient, and conscious forms of life are not always easily distinguishable from what appear to be inanimate, non-sentient, and non-conscious things. Schmithausen writes that:[6]

> As far as I can see, the canonical texts of early Buddhism do not contain any specific discussion of the matter or any explicit doctrinal statement in either direction: there is neither any express assertion in the form of "plants are sentient beings" nor a straightforward denial stating that they are not.

However, as he points out, this radically changed over time. In fact, we encounter absolute disclaimers of the sentience of plants in, for example, the large compendium of the *Yogācārabhūmi* that was compiled by Asaṅga (4$^{th}$c.) and Bhāviveka's (6$^{th}$c.) versified *Madhyamakahṛdaya* and the *Tarkajvālā*, the presumed auto-commentary written in prose, and in other later Buddhist treatises.[7] Given these disclaimers, it may very well have been the case that in some Buddhist quarters there was some resistance to the idea that plants were insentient.

In connection with the *Tarkajvālā*, Schmithausen cites its comments on *Madhyamakahṛdaya* IX, 139–147, the penultimate portion of its chapter on Mīmāṃsā thought that is concerned with the rejection of many of its salient ideas. Reading like a conclusion, *Madhyamakahṛdaya* IX, 140, and the comment in the *Tarkajvālā* is most explicit on this:[8]

> *sacittakā hi taravo na caturyonyasaṃgrahāt /*
> *madhyacchede 'pi vāspandājjaḍatve*[9] *sati loṣṭavat //*

5 Schmithausen 1991b: 64-65, and 2009: 23.

6 Schmithausen 2009: 22-23. For the terminologies employed, see Schmithausen 1991b: 1-2.

7 Schmithausen 1991b: 83-84, 86-94, 102.

8 See Lindtner 2001: 47. Schmithausen 1991b: 79, n. 443, 94, n. 523 has *sacetanā* and *sacittakā* for 140a; The manuscript clearly has *sacittakā*, see also Bahulkar 1994: 49. Further, I have modified Lindtner's translation, especially since *yoni* does not always mean womb!

9 Schmithausen 1991b: 94, n. 524.

*[ljon shing sems dang bcas pa min //*
*skye gnas bzhi ni ma bsdus phyir //*
*dkyil du bcad kyang bzod pa'i phyir //*[10]
*phag dum bzhin du bems po yin //]*

Trees indeed do not have a mind, for they are not included in the four birth-sites of living beings.
They do not move even when cut in the middle, because they are inanimate like a clod.

The second part of the *Tarkajvālā's* explanation has to do with someone raising the possibility that we have to assume a fifth birth-site, namely, that trees are born from splitting [?seeds, ?the earth] (*brtol*).[11] This is rejected, since it has no bearing on the notion that they are sentient. There is also the argument that since they do not move when they are cut and that they do not feel (*tshor ba med pa*) anything, the inference is that they are therefore inanimate (*bem*[*s*] *po*) and mindless.

Addressing at great length the typically East Asian Buddhist notion that plants possess Buddha nature and the labyrinthine intertwinement of various related and implicit concepts,[12] Schmithausen also cites a passage from the "(Mahayanist) *Mahāparinivāṇasūtra*" and the *Śūraṁgamasūtra* that suggest this was the case.[13] The former explicitly rejects the proposition made by one who was obviously a co-religionist that "[The Buddha] having observed that all trees have life (*srog*) and consciousness (*'du shes*), ...", and unambiguously dismisses this opinion by declaring that texts containing such characterizations are "sūtra and vinaya texts promulgated by Māra."[14] Māra is the Buddhist embodiment of evil and, thus, the idea that trees have consciousness, and are therefore sentient, was quite anathema to the author of the *Mahāparinivāṇasūtra*. So far only available in a Chinese and not in a Tibetan translation, Schmithausen points out that a passage in the *Śūraṁgamasūtra* had been radically misunderstood and that the point made was that it is a wrong belief to ascribe awareness [in plants] where there is none. We cannot begin here to suspend our disbelief, but some time ago

10 The last two lines of the Tibetan 'translation' read: "Because they endure, though cut in the middle, they are inanimate like a clod (*bem po, loṣṭa*)." To be sure, Tibetan *bzod pa* does not usually render Sanskrit *aspanda*!

11 Schmithausen 1991b: 80, n. 446, and Bhāviveka 1994–2008: 760-61. Most of this is absent in the reproduction of this chapter in Bo dong Paṇ chen Phyogs las rnam rgyal's (1375–1451) treatise, for which see Bo dong Paṇ chen 1969–1981: 411-12 and 2014: 730.

12 Schmithausen 2009: 101 ff.

13 Schmithausen 1991b: 109-15, esp. 113-14, and 119-22.

14 Schmithausen 1991b: 114, n. 291, states that the Chinese translations of the sutra omit the notion of "consciousness."

Li Xuezhu 李学竹 signaled the *apparent* existence of a single, slightly incomplete Sanskrit manuscript of the *Śūraṁgamasūtra* that was, again *apparently*, first uncovered in the library of Puti [= Bodhi] monastery in Nanyang City, Henan Province, and was then relocated to the Peng Xuefeng Memorial Hall in the same city.[15] However, his note does not seem to have been based on an actual visual inspection of the manuscript and was taken from the internet. It is thus of extremely doubtful veracity!

Much of the disclaimer of the Indic Mahayana dossier that plants are sentient appears to be tied to developments that had taken place in the notions of karma and re-birth. As Schmithausen indicated, the first suggests that plants are not subject to karma since they do not perform "good" or "bad" deeds, the intention or motivation to do either good or evil is absent in them, and the second has it that they are not sentient because they are free from desire and hatred, two ingredients that are essential requirements for the possibility of being re-born. The collections of re-birth stories of the historical Buddha do not, as far as I am aware, contain one single instance of him taking on the re-birth as a plant or tree[16] and, as far as I know, not one single Buddhist work, more accurately, not one single Tibetan Buddhist work suggests that one can be reborn as a plant, even if one might recall literally scores of previous re-births, as did apparently Nam mkha' rgyal mtshan (ca.1160-ca.1230), alias Se mo che ba and Mkha' 'gro shes rab. We read in his capsule biography that was possibly pulled together by Byang sems Rgyal ba ye shes (1257–1320), that among other previous rebirths, he recalled *inter alia* that he:[17]

> ...took on five re-birth (*skye ba lnga blangs*) of a pigeon; then took on twenty re-birth of a vulture...took on ten bodies (*lus...blangs*) of a peacock; took on twenty bodies of an insect (*srin bu*); ...took on three bodies of an ant (*grog ma*); took on five bodies of a goat....

Moreover, plants were not included in the quartet of the possible birth-sites (*yoni, skye gnas*) for animals (and humans and other sentient beings), a locus classicus for which is Vasubandhu's (4$^{th}$c.) *Abhidharmakoṣa*, III: 8c-9 [and *bhāṣya*-commentary thereto]; there the four birth-sites in question are:[18]

1. egg-born (*aṇḍa-ja, sgo nga nas skyes pa*)
2. chorion-born (*jarāyu-ja, mngal nas skyes pa*)

15 See Li Xuezhu 2010: 55-56.

16 Schmithausen 2009: 31-32, 77 ff. does signal that the sources do have him being reborn as a plant-and tree-deity. For a recent survey of the relevant literature, see Skilling and Saerji 2019.

17 Byang sems Rgyal ba ye shes 2007: 43.

18 See the references in Schmithausen 1991b: 79-81.

3. moisture-born (*saṣeda-ja, drod gsher nas skyes pa*)

4. spontaneously-born (*opapātika-ja, rdzus te skyes pa*)

Vasubandhu writes that the last category includes human beings who are born at the very beginning of an aeon, gods, hell-beings, beings in the intermediate state between death and rebirth, as well as serpentine *nāgas* and bird-like *garudas*. And he states that the feature of this kind of birth is that they are born at once (*sakṛt*) with their entire bodies intact.[19]

One among several deciding factors traditionally used in the relevant texts to distinguish between the sentient and the non-sentient was the binary opposition of the fixed (*sthāvara, gnas* [*brtan pa*]) and the mobile (*trasa, jaṅgama; 'gul* [*g.yo ba*]), where, as is expected, the former can refer to plants and trees in later Buddhist texts.[20] But here again things repose in inconclusivity, for this opposition is also often used for animals alone, without reference to plants. We will see that this opposition also played a role in several Tibetan arguments, but this time clearly marking an absolute distinction between animals and plants.

The sources used by Schmithausen for his essays and books on the Buddhist views about plants and nature are especially taken from non-tantric Buddhist literature. The next step would be to investigate what tantric Buddhist literature has to say about the status of plants and nature in general. While I have not surveyed the copious tantric literature for this essay, I did come across what one might consider to be an interesting and, indeed, a very glaring exception to the early Mahayana belief that plants are not sentient. This exception occurs in a very brief passage of Puṇḍarīka's (early 11th c.) *Vimalaprabhā*, the major work of the *Kālacakra*[*tantra*] corpus, and it was this passage that motivated me to look more closely into this question.[21] It goes without saying that I am delighted to be able to offer my erstwhile teacher this brief and very modest paper not only in recognition of his eightieth birth year, which he will celebrate at the end of this year [2019], but also as a trifling tribute to the exemplary mentoring and the warm humanity that he gave me when I was his student now so very many years ago.

Let us now fast forward to the fourteenth century, to Zhwa lu, the monastery that lies nestled in the expansive valley that is located not far from Shigatse. For many years her abbot, the great Sanskrit scholar and intellectual Bu ston Rin chen grub (1290–1364) was one of several fourteenth century virtuosi in the Kālacakra corpus and its associated psycho-physical practices, especially its hexapartite yoga (*ṣadaṅgayoga, rnal 'byor yan lag drug pa*), which

19 Vasubandhu 1981: 401-02.

20 Schmithausen 1991b: 59-65. There is increasing evidence, which is not only gained through the special techniques now available in photography, that trees do in fact move in groups, albeit very slowly and, let me be clear, not by using their invisible legs. The Wikipedia article on "Forest Migration" is very informative on this point.

21 The corpus consists of Yaśas' *Laghukālacakratantra*, the *Vimalaprabhā* commentary by his son Puṇḍarīka, and the lost *Kālacakramūlatantra* as transmitted by the Buddha to Sucandra, their distant ancestor, of which we find quotations in the *Vimalaprabhā*. For a detailed study of several aspects of this corpus in Tibet, see my forthcoming *The Magic Wheel of Time and its Reception in Tibet.*

he taught on numerous occasions in the course of his reasonably long life.[22] At least three of his disciples have left us the notes (*zin bris*) that they had taken during his many lectures (*gsung sgros*) on the subject. The first two in question were Sgra tshad pa Rin chen rnam rgyal (1318–1388), his successor to the abbatial throne of Zhwa lu monastery, and Chos kyi dpal bzang po (1316–1397). Titled *Dpal dus kyi 'khor lo'i rgyud 'grel gyi bshad pa'i zin bris log rtog mun sel,* the notes taken by the latter are neither as rewarding nor as text-historically complicated as those attributed to Sgra tshad pa, since the available witnesses of Chos kyi dpal bzang po's text are free from the problematic glosses that literally litter the notes attributed to Sgra tshad pa.[23] We will presently see that the text ascribed to Sgra tshad pa observes that, in his lectures, Bu ston had addressed an unusual and disturbing passage of the *Vimalaprabhā ad Laghukālacakratantra*, I: 4c — it occurs in the seventh *sekkodeśa* — summary — that, so it would appear, had also puzzled some of his unidentified Tibetan forebears. The passage in question, *tiryagyoniścaturdhā* — in the Tibetan translation *dud 'gro skye gnas rnam pa bzhi* — of the *Laghukālacakratantra* reproduces of course the classic four birth-places where the [re]birth of ***animals*** (*tiryak, dud 'gro*), human beings, and other creatures can occur. Rather surprisingly and, let us call a spade a spade, cryptically, the *Vimalaprabhā* characterizes the last of these as follows: [24]

> *upapādukā vṛkṣādayo bhūmiyoniriti* / [*tathā mahopapādukā rasayoniḥ*]
>
> Trees etc. have spontaneous births; the earth[25] is their birth-place. [In this way, what has a great spontaneous birth has the taste-birth-place.]

---

22 For his life, see Seyfort Ruegg 1966, and van der Kuijp 2016: 203-26.

23 For Sgra tshad pa's notes, see below n. 37. For Chos kyi dpal bzang po's notes, see the entry in Karma be legs 2007 [Stod cha]: 34, no. 000291, of a manuscript in 127 folios. A recension of his work is preserved in toto in the large 1635 study of the Kālacakra corpus by A mes zhabs Ngag dbang kun dga' bsod nams (1597–1659), for which see Chos kyi dpal bzang po 2012a. Another manuscript of this work in 145 folios with the title *Dpal dus kyi 'khor lo'i 'grel pa'i zin bris* is Chos kyi dpal bzang po 2012b. Its fairly informative colophon relates that Bla ma dam pa Bsod nams rgyal mtshan (1312–1375) and Mgon po dpal had requested him to consolidate his notes, and that he completed this project in 1363. Both men were disciples of Bu ston and the latter was also one of his biographers. A manuscript of this same work in 140 folios was published in Chos kyi dpal bzang po 2016, but it bears the title *Dpal dus kyi 'khor lo'i zin bris legs bshad mngar ba'i ro bcud. Titled Dpal dus kyi 'khor lo'i rgyud 'grel gyi bshad pa'i zin bris ma rig mun sel* is yet another manuscript of Chos kyi dpal bzang po's notes. It has not been published, but a 116-folio manuscript is registered in Karma bde legs 2007: 17, no. 000143. A brief biography of Chos kyi dpal bzang po is found in Ri sbug Blo gsal bstan skyong's (1804-after 1874) 1835 study of Zhwa lu Monastery; see Ri sbug Blo gsal bstan skyong 1971: 80-84.

24 Puṇḍarīka 1986: 55; see also Newman 1987: 424-25.

25 For the status of the earth, see Schmithausen 1991b: 46-51. In Buddhist literature, the idea of *rasayoni*, "taste birthplace" seems unique to the *Vimalaprabhā*, although it is found in other works with the sense of "borax." I am not at all sure what this might mean!

Included by Bu ston in his 1335 manuscript edition of the Zhwa lu Tenjur, in his earlier annotated edition in recognition of its high quality, the circa 1270s rendition of the *Vimalaprabhā* by Shong ston Lo tsā ba Rdo rje rgyal mtshan and reads here: [26]

> *[b]rdzus te skyes pa ni ljon pa la sogs pa ste [/] sa'i skye gnas so // [de bzhin du rdzus te skyes pa chen po ni / ro'i skye gnas so //]* [27]

Mnga' ris Chos rje Phyogs las rnam rgyal (1306–1386), the erstwhile student of Bu ston and then afterwards especially of Dol po pa Shes rab rgyal mtshan (1292–1361), who was the founder of the Jo [mo] nang tradition, wrote annotations to the *Laghukālacakratantra* and the *Vimalaprabhā* that were based on the so-called "new Jo nang translation," which the team of Lo tsā ba Blo gros dpal bzang po (1300–1354) and Sa bzang Mati Paṇ chen Blo gros rgyal mtshan (1294–1376) prepared in 1334 at the express request of Dol po pa and his most senior

---

26 See the translation in Shong ston Lo tsā ba 1971a: 426-27 and Shong ston Lo tsā ba 1994-2008: 368. For his rendition, Shong ston Lo tsā ba used the earlier translation by the Kashmirian Paṇḍita Somanātha and 'Bro Lo tsā ba Shes rab grags (12th c.), which he corrected on the basis of two Sanskrit manuscripts from Magadha. A lithograph copy (*rdo par*) of 'Bro Lo tsā ba's translation of the *Laghukālacakratantra* is extant; see Karma bde legs 2007: 2, no. 000001. The catalog of the Peking *Bstan 'gyur* that was analyzed in Suzuki 1961 — see also below n. 28 — is titled *Bstan 'gyur rin po che srid zhi'i rgyan gcig gi dkar chag rin chen mdzes pa'i phra tshoms*; the catalogs of the Snar thang *Bstan 'gyur* and the "Golden Manuscript" *Bstan 'gyur* are sometimes given the same title. However, composed by Phur bu lcog Ngag dbang byams pa (1682–1762) in 1742, the actual title of the Snar thang *Bstan 'gyur* is *Bstan 'gyur ro cag gsung par du sgrubs pa'i dkar chag tshangs pa'i dbyangs*; a slightly incomplete bilingual Tibetan-Mongol manuscript of this catalog is Phur bu lcog 1980. It was there misidentified as "a Madhyamaka text." However, the catalog of ?another Peking edition of the *Bstan 'gyur* by "the old monk" of Za hor Gdong drug bsnyems pa'i lang tsho and scribed by a Ngag dbang dkon mchog registers Shong ston Lo tsā ba as the translator of both the *Laghukālacakratantra* and the *Vimalaprabhā*; see Za hor Gdong drug bsnyems pa'i lang tsho 1983: 16a-b – note that *bde skyid* in the title is often used to denote the Kangxi emperor (r. 1666–1722). This catalog is dated 1688 and was allegedly "written" by Dalai Lama V Ngag dbang blo bzang rgya mtsho (1617–1684) of the Za hor family, whose attested *nom de plume* was Gdong drug bsnyems pa'i lang tsho and who also frequently employed Ngag dbang dkon mchog as his scribe. It was evidently compiled by another person while his death was a kept secret for more than a decade.

27 Bu ston Rin chen grub 1971a: 426 prefaces this sentence by *dud 'gro rdzus skyes yod pa* and has *dud 'gro ma yin pa'i* after *de bzhin du*, and then glosses *skyes pa chen po* by *lha*, "god," and *ro* by *ste na[m] mkha'*, "space." The latter should not be considered a hint at a fifth birth-place, but rather as a variety of the fourth one.

disciple.[28] Mnga' ris Chos rje's annotations are not dated, but according to their chronological place in his biography of 1387 by Bstan pa'i rgyal mtshan, he must have written these sometime around 1360.[29] Here, the only immaterial difference between the two translations is that the Jo nang one has *ljon shing* instead of *ljon pa*.[30]

Later in the text, the *Vimalaprabhā* comments on *Laghukālacakratantra*, I: 8c [in bold], as follows:[31]

> *[idānīṃ sthāvara jaṅgama traidhātukasya mantrā ucyante /]* ***suranaraphaṇino bhūtayoniśca mantrā iti*** */ ... bhūtayoniś caturvidhā pūrvoktā / sthāvarayonir meruvṛkśādayaḥ /...*

The translations of Shong ston Lo tsā ba and the Jo nang pa [here in ( )] read here:[32]

> *[da ni brtan pa dang g.yo ba khams gsum pa'i*[a] *sngags gsungs pa /] lha mi gdengs can 'byung po'i skye gnas dag (rnams) kyang sngags shes pa (omits: shes pa) zhes pa ste /... 'byung po'i skye gnas ni / sngar brjod pa rnam pa bzhi'o // brtan pa'i skye gnas ni / lhun po dang shing (ljon shing) la sogs pa ste...*
>
> [a] Should we read here the cardinal number *gsum po*['i]?
>
> [Now are stated the mantras of the fixed and the mobile of the three realms.] "Gods, people, hooded ones [= *nāgas*], as well as the birth-places of beings are known to be

28 The 1744 xylograph of the *Sde dge bstan 'gyur* edition contains the last three chapters of the so-called slightly pre-1335 Jo nang translation of the *Vimalaprabhā* in five chapters, whereas the first two chapters are Shong ston Lo tsā ba's translation; see, respectively, *Sde dge bstan 'gyur*, TBRC: W23703, vol. 12, 57-583 [Da, 29a-297a], and vol. 11, 214-553 [Tha, 107a-277a, Da, 1-28b]. This hybridity was also briefly remarked upon by its editor Zhu chen Tshul khrims rin chen (1697–1774) in his 1744 catalog, for which see Zhu chen 1985: 624. This change in translator[s] is not made clear at either the end of the second chapter of the *Vimalaprabhā* in the *Sde dge bstan 'gyur* or in the *Bstan 'gyur dpe bsdur ma*, vol. 6, 749. The Peking edition of the Tibetan Buddhist canon contains the Jo nang translation of the *Laghukālacakratantra* and Shong ston Lo tsā ba's translation of the *Vimalaprabhā*; see Suzuki 1961: nos. 4 and 2064.

29 Bstan pa'i rgyal mtshan 2011: 434. This work has two titles: *Chos rje phyogs las rnam rgyal gyi rnam par thar pa* and *Chos rje'i rnam thar dran pa'i gdungs byangs*. It is curious that Mnga' ris Chos rje's undated catalog of the *Bstan 'gyur* in Byang Ngam ring monastery where he was abbot did not explicitly contain the Jo nang translation of the *Laghukālacakratantra* or the *Vimalaprabhā*; see Mnga' ris Chos rje 2010: 13.

30 Mnga' ris Chos rje 2008: 152.

31 Puṇḍarīka 1986: 64.

32 See respectively, the translation in Shong ston Lo tsā ba 1971a: 448 and Shong ston Lo tsā ba 1991–2006: 385; see also Newman 1987: 464. For the Jo nang translation, see the text in Mnga' ris Chos rje 2008: 171.

mantras"... The birth-place of beings are the previously mentioned four kinds. The birth-place of what is fixed involves Meru, trees, etc...

Detour: Oddly, Shong ston Lo tsā ba's translaton of *Laghukālacakratantra*, I: 8c: *ha sogs dbyangs rnams dag kyang chu tshod* [inserts here a *rin spungs shad* graph] *lha mi gdengs can 'byung po'i skye gnas dag kyang sngags shes pa //*, has *sngags shes pa* [*zhes pa*], "one who knows mantra,"[33] for mantrā, and this is reflected in his rendition of the *Vimalaprabhā*. The mid-eleventh century rendition of the *Laghukālacakratantra* by the team Śrī Dhānapala [read: Dānapala] and Rma Lo tsā ba Dge ba'i blo gros is rather unusual in that the Lo tsā ba, or a precursor, traded the difficult s*ragdharā-me tog 'phreng 'dzin* meter of twenty-one syllables per metrical foot of the original text in for the more easily understandable meter with seven syllables; hence *Laghukālacakratantra*, I: 8c, now becomes: [34]

*/ ha stsogs gug skyed dang chu tshod /*
*/ lha dang myi dang gdengs ka can /*
*/ 'byung po'i skye gnas kyi ni sngags /*

The colophon to what may be the sole extant manuscript of this version relates that the team retranslated the text using 'Bro Lo tsā ba's edition of the ca. 1030 translation of Śrībhadrabodhi and Gyi jo Lo tsā ba Zla ba'i 'od zer as well as a Sanskrit manuscript, and that they had done so at the order of Lha btsun pa Byang chub 'od (984–1078), the royal monk of Mnga' ris.

On the other hand, the very first, translation of the *Vimalaprabhā* by the team of Śrībhadrabodhi and Gyi jo Lo tsā ba reads somewhat differently in what is so far its only extant manuscript:[35]

[*da ni brtan pa dang g.yo ba dang khams pa'i sngags brjod de /*] *lha dang myi dang*
[illegible sublinear note]
*gdengs kha can // 'byung po'i skye gnas kyi ni sngags kyi zhes pa la /... 'byung po'i*
[sublinear note to *skye gnas: skye gnas bzhi*]
*skye gnas rnam pa bzhi ni sngon du gsungs so // brtan pa'i skye gnas ni / ri dang shing las stsogs pa'o //*

---

33 Shong ston Lo tsā ba 1971b: 5.

34 See the manuscript of the translation of the *Vimalaprabhā* that is attributed to them in Rma Lo tsā ba [and Śrī ?Dānapala] 2012: 2b.

35 See the manuscript of the translation of the *Vimalaprabhā* that is attributed to them in Gyi jo Lo tsā ba [and Śrībhadrabodhi] 2012: 58b.

The Sanskrit text and these two translations have a rather awkward final sentence that reads as if it is the birth-place of what is fixed that involves mountains, trees, etc. On the other hand, Tsa mi Lo tsā ba Sangs rgyas grags' ($12^{th}$ c.) translation in its equally sole extant manuscript has here:[36]

> *[da ni brtan pa dang g.yo ba khams gsum gyi sngags par bya ste /] lha dang mi dang klu rnams dang ni 'byung po'i skye gnas rnams kyi sngags kyi zhes bya ba ni /... 'byung po'i skye gnas ni gong du smras pa ltar rnam pa bzhi'o // brtan pa ni / ri rab lhun po dang shing la sogs pa'o //*
>
> [Now the so-called mantras of the three realms' fixed and mobile;] the so-called mantras of the birth-places of the gods and *nāgas* and beings...the birth-place of beings is four-fold as stated above. The fixed are Mount Meru and trees, etc.

Given the foregoing, the notion that the *Vimalaprabhā* classified a tree as an animal and a fixed creature, and thus as a sentient and conscious being was certainly not seen as unproblematic and definitely created a number of difficulties. It is for this reason that several attempts were made to resolve this dilemma, attempts that were evidently made early on, but for which the earliest witnesses that we have belong to the fourteenth and fifteenth century. Bu ston did not gloss it in his annotated edition of Shong ston Lo tsā ba's *Vimalaprabhā* translation, but he did comment on it at some length in his lectures on the text. That said, the passage in Sgra tshad pa's *zin bris* text is of interest because it draws, again, as we will see, not unproblematically, attention to an alternate, earlier translation and because it contains several glosses, the origins of which are neither *prima facie* clear nor obvious [to me!]; in addition, I am not altogether certain that I have understood some of its elements. We read that Bu ston had stated that:[37]

> *rwa pas {bas} rdzus {brdzus} te skyes pa ni shing la {las} sogs pa zhes bsgyur zhing [gloss: kha cig gis shing 'dud 'gro mi 'ong snyam nas shig tu*

36 See the manuscript of the translation of the *Vimalaprabhā* that is attributed to him in Tsa mi Lo tsā ba 2012: 154-55. This work has the *marginal* notation Ka. Tsa mi Lo tsā ba is also known as the "beggar-monk" (*dge slong bsod snyoms pa*); see Sperling 1994: 814, no. 3310; 817, V-VI.6; 816, II.25, 817, V-VI.43, etc. prefixes his name by *sendha ba, sen dha ba*, etc., which is simply a [wrong] reflex of Sanskrit *paiṇḍapātika* — in cursive *dbu med* Tibetan, "pa" and "sa" look orthographically indistinguishable — that is, *bsod snyoms pa*!

37 Sgra tshad pa 1971: 169 and Sgra tshad pa 2012: 226 — the text in {} are the variant readings in the latter. The text-historical problems that surround the text that we have of Sgra tshad pa's notes with its plethora of glosses are detailed in my forthcoming work that was indicated above in n. 21.

*bcos pa mi 'thad do //] skad dod la'ang shing yod kyang / ljon pa ste mi'am ci dud 'gro mi'i gzugs zhes {shes}bshad pas ljon pa rta mgo can nam yang na mdo sde mdzangs blun nas shing la sems can gyis zos*[38] *pas / shing nyen pa'i skad dag sna tshogs 'byung ba bshad pa bzhin yin / {omits: /} sems can yin kyang rnam pa shing du yod pa'i dmyal ba bshad 'dug pas de lta bu la zer gsung ngo [gloss: mdor na shing gi rnam pa can gyi 'dud 'gro'o //]* //

Rwa Lo tsā ba Chos rab (11th-12thc.) translated *rdzus te skyes pa ni shing la sogs pa* [gloss: The correction by some of *shing* to *shig*, "louse," out of consideration that a tree does not approximate an animal is not correct.] and explained that although the passage has the equivalent Sanskrit term for shing, the *ljon pa*, that is, that which has the shape of an animal-human being (*mi'am ci, kiṃnara*). Therefore, it is like a tree that has the shape of a horse's head or it is according to what is stated in the *Mdo sde Mdzangs blun*, namely, that due to a sentient being eating a tree, the tree emits various sounds of danger.[39] A tree is also a sentient being (*sems can*),[40] since it is explained that it is a hell-being that has the observable quality (*rnam pa*) of a tree; he said it is so. [gloss: In brief, it is an animal that has the shape of a tree].

Tibetan *shing* and *ljon pa* are of course equally respectable renditions of Sanskrit *vṛkṣa*, as is the binome *ljon shing*. However, *ljon pa* is also used for *druma*, "tree," as in, for example, the title of a sutra that was translated around the year 800. The **Mahāvyutpatti*, the *Lhan dkar ma*, and the *'Phang thang ma* catalogs all have *Mi'am ci rgyal po ljon pas zhus pa* as its title,

38 Hill: 2010: 257, connects *zos* with the stem *za*, "to eat," and has three entries for the stem *za*, whereby *zos* occurs as the past tense in $za_2$, "eat," and in $za_3$, "appear, arise."

39 For the reception and emission of sounds by plants or their bioacoustics, see the path-breaking work of Gagliano, M.S. Mancuso, and D. Robert 2012: 323-25.

40 Sanskrit *sattva*, "being" is the usual equivalent of Tibetan *sems can*, "what has a mind," which has a quite different connotation. Schmithausen 2009: 242-43, n. 713, discusses the various Chinese equivalents of *sattva*, all which include sentience/mentation. Tibetan *sems* is only used in the sense of "mind, mentation" and as the equivalent of Sanskrit *citta*. And on pp. 302 ff., he discusses the lexeme *xin* 心 that is often used in the sense of mind, but also in the sense of "heart" and "centre".

whereas all the xylograph editions of the Kanjur have ...*sdong pos* instead of ...*ljon pas*.[41] Thus, chances are that later editors changed the translation of *druma* from *ljon pa* to *sdong po*; hence this particular *kiṃnara* is styled Drumakiṃnararāja and he is one of four such kings who are mentioned at the beginning of the *Saddharmapuṇḍarikasūtra* as having been part of the audience when the Buddha enunciated the sutra. Kiṃnara are usually depicted as half human and half horse, and are also known as musicians of a sort.[42] It would seem that the translation of *shing* opened the door for the supposition that it was an orthographic error or oversight for *shig*, but, to be sure, this must have been so only for those who did not or were unable to consult the Sanskrit text. Tibetan *shig* has various Sanskrit equivalents such as *kuṇa* and *yāk*(*g*)*a*(*ā*), and of course these do not proximate the orthography of *vṛkṣa*. A quick reminder: the Sanskrit text of the extant manuscripts of the *Vimalaprabhā* all have: *upapādukā vṛkṣādayo bhūmiyoniriti.* In his circa 1424 set of replies to Byang bdag Rnam rgyal grags bzang's (1395–1475) set of queries, Mkhas grub Dge legs dpal bzang po (1385–1438) writes that Tsa mi Lo tsā ba's Sanskrit text of the *Vimalaprabhā* apparently had *ri ta* for 'louse,' a word that I am unable to explain at this time.[43] He later echoed this very same sentiment in his 1434 commentary on Shong ston Lo tsā ba's rendition of the *Vimalaprabhā*. There he first quotes from what he calls Tsa mi Lo tsā ba's translation:[44]

> *shig la sogs pa rdzus te skyes pa rnams ni sa las skyes pa'o //*

and he follows this with the translation of the text by Shud ke or Yar lung Lo tsā ba Grags pa rgyal mtshan (1242–1346):

> *rdzus skyes rnams ni shig la sogs pa rnams te sa'i skye gnas so //*

Taking *ri ta* as the actual reading of the Sanskrit manuscript[s], Mkhas grub thinks that the

41 See, respectively, Sakaki 1962: no. 1352, Lalou 1953: 322, no. 110, *Dkar chag 'phang thang ma* [and the *Sgra sbyor bam po gnyis pa*], comp. Bod ljongs rten rdzas bshams mdzod khang (Beijing: Mi rigs dpe skrun khang, 2003), 9, and *Bka' 'gyur* [*dpe bsdur ma*], vol. 58, ed. Krung go'i bod rig pa zhib 'jug lte gnas kyi bka' bstan dpe sdur khang (Beijing: Krung go'i bod rig pa dpe skrun khang, 2006–2009), 664-816. For a survey of this sutra, see Pad dkar bzang po's 1445 study of the entire corpus of sutras in the Tibetan Buddhist canons in Pad dkat bzang po 2006: 213-15. The manuscript of Zhwa dmar IV Chos grags ye shes' (1453–1524) cognate work, Zhwa dmar IV 2009, is incomplete and does not include an analysis of this sutra.

42 See the brief entry in Buswell and Lopez 2017: 436.

43 Mkhas grub 1980–1982a: 759-62, and 1997: 220-22, Mkhas grub *circa* 1830: 580-582. Part Two of this essay is in part devoted to an analysis of the back-and-forth between Byang bdag and Mkhas grub on the question of trees being animals.

44 Mkhas grub 1980–1982b: 677.

translations that have *shig* are correct (*shig tu byas pa'i 'gyur bzhin du legs par sems*). That notwithstanding, the manuscript of what is said to be Tsa mi Lo tsā ba's translation of the *Vimalaprabhā* does not bear out Mkhas grub's allegation, for it has:[45]

*rdzus te skyes pa ni shing la sogs pa ste sa'i skye gnas so //*

Finally, Wu Facheng (9th c.), alias 'Gos Chos grub, or *vice versa* depending on his ethnicity, translated the *Mdo sde mdzangs blun* sometime in the first half of the ninth century from the original Chinese text of the *Xianyu jing* 贤 愚 经 ,[46] but the passage in question is not found therein. In fact, I have not found it anywhere in the Tibetan Buddhist canon!

Turning to Chos kyi dpal bzang po's lecture notes, we have the following statement that rings in harmony with Sgar tshad pa's note:[47]

*rwa pas shing la sogs pa zhes bsgyur* [1]/ [2] *de la kha cig*[3] *gis shing dud 'gror mi yong*[4] *snyam nas shig tu bcos pa mi 'thad de / rgya dpe*[5] *la*[6] *shing gi skad dod yod pa'i phyir / des na ljon pa ni mi'am ci dud 'gro mi'i gzugs can /*[2] *zhes bshad pas /*[2] *ljon pa rta mgo can lta bu'am / mdo sde mdzangs*[7] *blun*[8] *nas / shing sdong la sems can*[9] *phra mo mang pos zos pas shing de nyen pa'i skad ngan sna tshogs 'byung ba*[10] *bshad 'dug pas /*[11] *ngo bo*[12] *sems can yin yang rnam pa shing du*[13] *yod pa'i sems can dmyal* [138] *ba bzhin*[14] */ 'di*[15] *yang shing gi rnam pa can gyi dud 'gro'o //*

| | | |
|---|---|---|
| 1 B: *sgyur.* | 6 B: *las.* | 11 B: omits /. |
| 2 C: omits /. | 7 B, C: *'dzangs.* | 12 B, C: *omit ngo bo.* |
| 3 B: *kha 1.* | 8 C: *lhun.* | 13 A: *ni.* |
| 4 A: *'ong.* | 9 C: /. | 14 C: *4n.* |
| 5 B: *dpe'.* | 10 A: omits; C. *pa.* | 15 B, C: *'dir.* |

Rwa translated "tree, etc." Here, some explained saying that: "The emendation made by some of *shing* to *shig*, "louse," out of consideration that a tree does not approximate an animal is not correct," because the Sanskrit manuscript has the equivalent for tree. Hence, a tree either has the shape of an animal-human *kiṃnara* or since there is the statement in the *Mdo sde Mdzangs blun* that because many tiny sentient beings were eating a tree, the tree let out various bad sounds of danger;

45 Tsa mi Lo tsā ba 2012: 66b. There, the reading *shing* is of course a trifle suspicious!

46 For the origins of the *Xianyu jing* 贤愚经 , see Mair 1993 and 1999.

47 See A= Chos kyi dpal bzang po 2012a: 176, B= Chos kyi dpal bzang po 2012b: 137-38, C= Chos kyi dpal bzang po 2018: 146.

although a tree is in essence a sentient being, its shape is like an existing hell-sentient being. It, too, is an animal that has the shape of a tree.

The third author of a series of notes on Bu ston's lectures on the *Kālacakra* corpus was the aforementioned Bla ma dam pa Bsod nams rgyal mtshan. For some reason, this series was not included in the edition of his recently published collected oeuvre.[48] An incomplete, but copiously annotated manuscript of this work that should have contained 90 folios was published as the *Dpal dus kyi 'khor lo'i rgyud 'grel gyi 'chad nyan byed pa'i dus lo tsā ba bu ston gyi gsungs sgros zin bris*.[49] Unfortunately, a number of folios between the sixth and eighth summaries, that is, fols.10b to 20a, are missing, so that we do not have a record of whatever explanations Bu ston may have given of this passage during this lecture. Titled *Dpal dus kyi 'khor lo'i zin bris bla ma'i gsung zer log rtog mun sel*, the series of notes penned by Dpal ldan tshul khrims (1333–1399) during one of his teacher Bla ma dam pa's undated lectures on the corpus, specifically on his own exegesis of the *Vimalaprabhā*, is preserved in A mes zhabs' capacious study that I mentioned above.[50] As is the case with the notes taken by Chos kyi dpal bzang po, these, too, say nothing subtantial over and above what we read in Sgra tshad pa's notes and the very same thing holds for Bla ma dam pa's own substantial study of the *Vimalaprabhā* that he completed in 1363.[51] In passing, we may note in the first place that it is striking that, in his 1365 history of the *Kālacakra* corpus in the Indian subcontinent and Tibet, Bla ma dam pa *nowhere* mentions Dol po pa or the intensive [and disruptive] *Kālacakr*a studies that were taking place at Jo nang monastery. Instead, he takes great pains to stipulate that his mentors in the corpus were the great Dpang Lo tsā ba Blo gros brtan pa (1276–1342) and the equally great Bu ston, who, in this history, are given fairly detailed capsule biographies.[52] This is quite surprising, given that he knew Dol po pa fairly well and that he is said to have requested him for a work that became one of Dol po pa's signature writings, namely, his *Bka' bsdu bzhi pa'i don*.[53] It is also striking that he *nowhere* mentions Dol po pa in the historical survey of the transmission of the *Kālacakra's* hexapartite yoga that forms the preface to his undated study of this yoga, a work that his disciple Yar klungs pa Seng ge rgyal mtshan had proofread some five times.[54] I am thus inclined to harbor the supposition that he did not quite see eye to eye with this senior scholar and that these absences may add additional fuel to the idea that his involvement with Dol po pa's composition of the *Bka' bsdu bzhi pa'i don* was not exactly the way in which his

48 For him, see most recently van der Kuijp 2018.

49 Bla ma dam pa 2012a. Its existence was earlier signaled in Karma bde legs 2007: 90, no. 000802.

50 Bla ma dam pa 2012b; see also the manuscript registered in Karma bde legs 2007: 34, no. 000291.

51 Bla ma dam pa 2016a: 289-90.

52 Bla ma dam pa 2016b: 125-32, 139-49.

53 van der Kuijp 2016: 136 ff.

54 Bla ma dam pa 2016c:175-206.

biographer and disciple Lo tsā ba Byang chub rtse mo (1315–1379/80) had described it.

It was in the late 1370s or at the latest in the early 1380s that Red mda' ba Gzhon nu blo gros (1349–1413) of Sa skya monastery circulated what appears to have been an open letter in which he gave a devasting, point by point critique of the alleged Buddhist orthodoxy of the *Kālacakra* corpus and forcibly put forth the idea that it was rife with what he felt were patently non-Buddhist ideas.[55] It is not entirely clear how he had come to this conclusion. He had pursued his early studies with a number of masters of the tradition that had grown to maturity in Jo mo nang monastery and her dependencies under the influence of the charismatic Dol po pa and his exegesis of the corpus.[56] The Jo nang tradition was extremely favorably disposed to the corpus and much of its spiritual practices focused on its hexapartite-and *vajra*-yoga. Previous to this or around the same time, Red mda' ba had written an "open letter" that he addressed to the Buddha in which he drew the Buddha's attention to the views that held sway at Jo mo nang and her affiliated institutions, and how he disagreed with them.[57]

Supposing that Red mda' ba's reservations had not yet abated, it is not altogether transparent how he reacted, if at all, when his student Tsong kha pa Blo bzang grags pa (1357–1419) informed him that he had decided to study the *Kālacakra* corpus.[58] Determined and headstrong, Tsong kha pa may have gone against the wishes of his teacher, but, if so, he probably tried to soften the blow by studying the corpus first with Rtogs ldan Ye shes rgyal mtshan[59] at distant [from Sa skya] Yang Tshal [gung thang] monastery in early 1389 and then in 1391–1392 with Chos kyi dpal bzang po and Khyung po Lhas pa Gzhon nu bsod nams, another one of Bu ston's main disciples, and thus, aside from Rtogs ldan, *not* so much with one of the many disciples or grand-disciples of Dol po pa.[60] Given Red mda' ba's reservations, little surprise, then, that he also took exception to the *Vimalaprabhā*'s notion that trees were animals. He wrote the following in a version of this letter that was written in verse with nine syllables

55 Red mda' pa 2015: 113-29; see also Thupten Jinpa 2009, Roloff 2009: 25-28, 216-221, Stearns 2010: 55-60, and Rdo rje snying lcags 2017 and 2018.

56 Roloff 2009: 206-07, 214.

57 Roloff 2009: 307-10.

58 See Rgyal dbang Chos rje 1981: 176.

59 He is most probably the author of a brief survey of the corpus' astroscience, for which see Rtogs ldan 2013. In the colophon, the author pays his respects to Shong ston Lo tsā ba and Bu ston, but relates that he had studied the corpus under Mnga' ris Chos rje and that he wrote it at Nags rgyal hermitage in Jo nang monastery. He signed his work as Rtogs ldan, but a sublinear gloss in red ink adds "Ye shes rgyal mtshan."

60 For this, see Rgyal dbang Chos rje 1981: 168, 176, 187-88, 190.

per line:[61]

> *ljon shing* [gloss: *kha cig shing gi rnam pa can gyi sems can yod par bshad pas de yin zhes pa mi rigs te / lung du ka ba sogs kyi rnam pa can gyi sems can yod par bshad pa ni / nyi tshe ba'i dmyal ba yin gyi dud 'gro min / kha cig ljon pa rta mgo can yin zhes pa'ang mi'am ci'i gling sogs mi'i gling du bshad pa dang snga phyi 'gal lo //*] *la sogs dud 'gro'i skye bar bsdus // 'di ni gcer bu pa* [gloss: *srog ldan gyi sde tshan dgu'i nang nas shing dbang po gcig pa can du 'dod pa*] *yi lugs bzang yin //*
>
> The tree [gloss: Some who say "Because it has been explained that there are sentient beings that have the shape of a tree, it is just that." are incorrect; the explanation in scripture that there is a sentient being that has the shape of a pillar, etc., involves a temporary hell-being, and not an animal. Also, some who say that a tree has a horse's head contradicts from front to end with the explanation that the is a human.] etc. is included in the mode of the birth of animals. This is the good position of the Digambara-Jain [gloss: who claim that from among the nine types of living beings, a tree has one sense organ.][62]

There also exists a sort of auto-commentary on this open letter that was petitioned by a Nam mkha' rgyal mtshan dpal bzang po (1338–1412) — with these dates I have thus tentatively identified him as the scion of the Rin chen sgang Residence and a nephew of Bla ma dam pa. Thupten Jinpa characterized this little work in part as follows:[63]

> [Red mda' ba] explained that he composed this letter of critical inquiry as a corrective to…the proliferation of false discourses which were in vogue in Tibet…and stemmed

61 Red mda' ba 2015a: 121. The two lines of verse that are definitely Red mda' ba's state: *ljon shing la sogs dud 'gro'i skye bar bsdus // 'di ni gcer bu pa yi lugs bzang yin //*. Another recension of this letter that was obviously written in prose has:

> *kha cig shing gi rnam pa can gyi sems can thams cad yod par bshad pas / de yin ces pa mi rigs te / lung du ka ba sogs kyi sems can yod par bshad pa ni / nyi tshe ba'i dmyal ba yin gyi / dud 'gro min no // kha cig ljon pa rta mgo can zhes pa'ang mi'am ci'i sogs mi'i gling du bshad pa dang snga phyi 'gal lo // ljon shing la sogs dud 'gro'i skye bar gsungs // 'di ni gcer bu pa yang srog ldan gyi sde tshan dgu'i nang nas shing dbang po gcig pa can du 'dod pa'i lugs bzang yin //*

These lines, from a computer input version of this work for which I cannot provide a volume or a page number, are found in Red mda' ba 1999, courtesy of bdrc.org.

62 For this notion that is prevalent among the Jains, see Schmithausen 1991b: 14 ff., 103, n. 581, 2009: 36-48.

63 Thupten Jinpa 2009: 323.

> from grasping at the literal truth of the Kālacakra and its commentaries. The overall strategy in this self-addressed reply is to argue that all the aspects of the Kālacakra system that are at odds with established Buddhist sutras and tantras must be recognized as interpretable and thus not taken literally.

Unfortunately, Red mda' ba has here nothing to say about the just cited passage.

It almost goes without saying that Red mda' ba's work elicited a number of critical reactions — it would appear that all took the verse-text as their point of departure — and Shar pa/chen Ye shes rgyal mtshan (1359–1406) may very well have been the first among his many critics. What seems to be so far a unique extant manuscript copy of his treatise in which he voiced his criticism has two colophons.[64] In the first we learn that its author Yes shes rgyal mtshan — "Shar" was added in front of the name in a sublinear note — had completed it in Sa skya monastery on the first day of the waxing half of the month *smin drug* (**kārttika*) of the year *khro bo* (**khrodana*), that is, on 7 August, 1385. We are also informed that his work is a reply to some questions posed by Red mda' ba and that he pays tribute to his teacher Dpal ldan Bla ma dam pa Chos kyi rgyal po — this non-descript epithet probably refers to Mnga' ris Chos rje or Chos kyi rgyal po, who was still alive at the time of his writing and with whom he had in fact studied in 1377, 1383, and in 1385.[65] The author's name is repeated in the second colophon and, interestingly, there we find included the observation that this work fit the facts after 'Jam dbyangs grags pa had looked it over in terms of scriptural intent and its argumentation. The latter was possibly identical with the 'Jam dbyangs grags pa, about whom we know that he was a disciple of Red mda' ba and the compiler of a recension of his teacher's minor works (*gsung thor bu*).[66]

Shar pa was indeed sharply critical of Red mda' ba in this work. He cites Red mda' ba's two lines of verse *sans* the gloss and reference to the Jains, and then goes for the jugular by using the *Vimalaprabhā*'s own comments on *Laghukālacakratantra*, I: 4c and 8c; he writes [the cited passages from the *Vimalaprabhā* are in bold characters]:[67]

> *...zhes rtsod pa ni : ma rtogs par smra ba ste :* ***dud 'gro'i skye gnas rnam pa 4*** *// zhes sogs kyi gzhung rtsa 'grel des : ljon shing dud 'gro'i skye bar bstan na : de skad zer na bden mod gyi : gzhung rtsa 'grel de dag gis ljon shing dang lhun po sogs pa'i skye gnas can du bshad kyi : dud 'gro'i skye gnas ma bsdus so : gal te bsdus na : dud 'gro'i skye gnas lnga dgos pa la : rtsa bar dud 'gro'i skye gnas rnam pa 4'o : zhes pa dang*

64 For what follows, see Shar chen 2012 and for his life and times, see Heimbel 2017: 111-35.

65 Bstan pa'i rgyal mtshan 2011: 31a.

66 Roloff 2009: 273.

67 Shar chen 2012: 559-60.

*'gal zhing :* ***lha mi gdengs can 'byung po'i skye gnas dag kyang sngags*** *// zhes pa'i 'grel par : 'byung po'i skye gnas ni sngar brjod pa 4n no : bstan [*read: ***brtan] pa'i skye gnas ni lhun po dang shing la sogs pa ste*** *: ces dud 'gro'i skye gnas 4 las : zur du phye ste bshad pas so : des na shing gi rnam* [360] *pa can gyi dud 'gro yod par bzhed pa yang mi 'thad la : mi'am ci ljon pa rta mgo can yin zhes brjod pa pa yang mi 'thad de : de rnams g.yo ba'i skye gnas yin la : 'di bstan* [read: *brtan*] *pa'i skye gnas bshad pa dang 'gal zhing : gong du* [*b*]*sdus skyes su gsungs pa ni btags pa tsam yin no //*

I say that the argument...was misunderstood, that is, if the *Vimalaprabhā* — commentary on the *Laghukālacakratantra* — basic text "The birth-place of animals is four-fold," shows the tree-birth of an animal,[68] it were indeed true if that is what it alleged, but these comments of the commentary on the basic text[69] explain what has the birth-place of a tree and Mount Meru etc., but they are not included in the birth-place[s] of animals. If they were included, then there must be five birth-places of animals, and that contradicts the statement in the basic text [*Laghukālacakratantra*]: "The birth-place of animals is four-fold." And because the commentary [*Vimalaprabhā*] on "Gods, people, hooded ones [= *nāgas*], as well as the birth-places of beings are known to be mantras" indirectly explained the classification that issued from the four birth-places of animals, stating "...the birth-place of beings is four-fold," as was stated previously. The fixed birth-place involves Mount Meru and trees, etc.." Hence, although it is averred (*bzhed*) that there exists an animal that has the shape of a tree, it is incorrect, and also the one who says "The kiṃnara-tree has the head of a horse." is incorrect; these are birth-places of the mobile, and contradict the explanation that the tree has a fixed birth-place. And, what has been stated before that they were born by way of being included among animals, is a mere assumption.

Red mda' ba may have been influenced by the impact his earlier reservations had on the scholarly environment in which he lived and worked, and his further reflections appear to have induced him to write as a kind of countermeasure, a much more positive and perhaps even a conciliatory review of the *Kālacakra*.[70] Indeed, this review shows that he was well steeped in

68 The grammar of the passage is a bit dissonant; one would have expected: *ljon shing dud 'gro'i skye gnas can du bstan na.*

69 I hate to say it, but again something is not quiten right here.

70 Red mda' ba 2015b. This work is not dated but the colophon suggests that he wrote it in his retreat at Mount Gangs bu le — this mountain is located to the south-west of Sa skya — where he stayed for some five years towards the end of his life.

the relevant literature and on occasion some passages even leave us virtually speechless or at least should lead us to reconsider his position in Tibetan intellectual history. One of these is his unambiguous juxtaposition of the ontology of "intrinsic-" (*rang stong*) versus "extrinsic emptiness" (*gzhan stong*), the latter being of course the trademark of Dol po pa and his school, and his more than very positive assessment of it against the backdrop of the *Kālacakra* literature.[71]

In spite of this obvious about-turn, his earlier objections continued to reverberate in the tradition until well into the fifteenth century and a portion of the planned sequel to this essay will be devoted to an examination the critical reactions to the issue of sentient trees in his open letter by Ye shes rdo rje (?-?), Byang bdag, Stag tshang Lo tsā ba Shes rab rin chen (1405–1477), and 'Gos Lo tsā ba Gzhon nu dpal (1392–1481). For now, it is worthwile noting that so far neither Tsong kha pa, nor Rgyal tshab Dar ma rin chen (1364–1432) nor Mkhas grub, arguably his three most famous students, are known to have taken public and formal issue with his open letter, even though it contained so much to which they could have taken exception.

## Bibliographies

### Primary Sources

A mes zhabs Ngag dbang kun dga' bsod nams. 2012. *Dpal ldan dus kyi 'khor lo'i rgyud dang man ngag gi bka' srol zab mo 'chad cing nyams su len pa la nye bar mkho ba'i bstan bcos legs par bshad pa dus 'khor bstan pa'i mdzes rgyan.* In *Collected Works*, ed. Si khron bod yig dpe rnying myur skyob 'tshol sgrig khang, vol. 26, Lhasa: Bod ljongs dpe rnying dpe skrun khang.

Bhāviveka. 1994–2008. *Rtog ge 'bar ba* [*Tarkajvālā*]. In *Bstan 'gyur dpe sdur ma*, vol. 58: 104-850.

Bla ma dam pa Bsod nams rgyal mtshan. 2012a. *Dpal dus kyi 'khor lo'i rgyud 'grel gyi 'chad nyan byed pa'i dus lo tsā ba bu ston gyi gsungs sgros zin bris.* In *Dus 'khor phyogs bsgrigs*

71 Red mda' ba 2015b: 155-56. This significant passage was already singled out in Stearns 2010: 59, 346, n. 236. Comparing his text of Red mda' ba's work that was published in 1999 in Kathmandu and the one I referenced, it is clear that the first is in places quite faulty–for example, at the outset, the Kathmandu text has *rgyud 'di lugs kyis bden pa gnyis kyi rnam gzhag* whereas the Lhasa text has instead of *kyis* the correct *kyi*, and this of course impacts the translation in no uncertain terms. In addition, it is a pity that in his narrative Stearns omitted to identify the crucial supporting quotations from Asaṅga's *Abhidharmasamuccaya*, Yaśas' *Svadarśanamatoddeśa*, and the two verses from the *Laghukālacakratantra's Ye le* (*Jñānapaṭala*) and *Nang le* (*Adhyātmapaṭala*) chapters, respectively, on gnosis and the "the inner." Finally, Stearns ends his reproduction and translation of the text in mid-sentence (for *gzhed de /* read: *bzhed de /*), and fails to indicate the significance of Red mda' ba's use of the honorific *bzhed* (instead of *'dod*), a nuance that I submit should no longer be ignored.

*chen mo*, vol. 35: 1-172.

—— 2012b. *Dpal dus kyi 'khor lo'i zin bris bla ma'i gsung zer log rtog mun sel.* In A mes zhabs 2012: 335-72.

——2016a. *Dpal dus kyi 'khor lo'i 'grel chen dri med 'od las 'jig rten khams le'i rgya cher bshad pa nges don gsal ba stod cha.* In *Collected Works.* vol. 13, ed. Rdzong pa'i dpe rnying 'tshol bsdu khang, Lhasa: Bod ljongs bod yig dpe rnying dpe skrun khang.

——2016b. *Dpal dus kyi 'khor lo'i chos 'byung legs bshad sgron me.* In *Collected Works*, ed. Rdzong pa'i dpe rnying 'tshol bsdu khang, Lhasa: Bod ljongs bod yig dpe rnying dpe skrun khang, vol. 12: 1-173.

——2016c. *Sbyor ba yan lag drug gi ngo sprod sbas don gsal ba'i sgron ma.* In *Collected Works*, ed. Rdzong pa'i dpe rnying 'tshol bsdu khang, Lhasa: Bod ljongs bod yig dpe rnying dpe skrun khang, vol. 12: 174-451.

Bo dong Paṇ chen Phyogs las rnam rgyal. 1969-1981. *Dpyod pa pa de nyid kyi dgag pa, Tshad ma rigs pa'i snang ba'i stod cha.* In *Collected Works*, Delhi: The Tibet House, vol. 7: 370-419.

——2014. *Dpyod pa pa'i lugs dgag pa, Tshad ma rigs pa'i snang ba'i stod cha.* In *Collected Works,* ed. Hi ma la'i rig mdzod 'tsho bsdu phyogs sgrig khang, Beijing: Mi rigs dpe skrun khang, vol. Ca [6]: 708-33.

*Bstan bcos 'gyur ro cog gi dkar chag 'jig rten gsum gyi bde skyid pad tshal bzhad pa'i nyin byed* [= *Catalogue of the Peking Tanjur*]. 1993. Ed. L. Chandra, New Delhi: International Academy of Indian Culture, vol. 1: 1-289.

*Bstan 'gyur dpe sdur ma.* 1994-2008. Ed. Krung go'i bod kyi shes rig zhib 'jug lte gnas kyi bka' bstan dpe sdur khang, Beijing: Krung go'i bod rig pa'i dpe skrun khang, vols. 120.

Bstan pa'i rgyal mtshan. 2011. *Chos rje phyogs las rnam rgyal gyi rnam par thar pa* [*or: Chos rje'i rnam thar dran pa'i gdungs byangs*]. In *Bod kyi lo rgyus rnam thar phyogs bsgrigs*, ed. Dpal brtsegs bod yig dpe rnying zhib 'jug khang, Xining: Mtsho sngon mi rigs dpe skrun khang, vol. 50: 391-459.

Bu ston Rin chen grub. 1971a. *'Jig rten khams kyi le'u'i 'grel bshad dri ma med pa'i 'od mchan bcas.* In *The Collected Works of Bu ston* [*and Sgra tshad pa*] [1917–1919 Lhasa xylograph], Part 1, New Delhi: International Academy of Indian Culture, 301-603.

——1971b. *Mchog gi dang po'i sangs rgyas las phyung ba rgyud kyi rgyal po chen po dpal dus kyi 'khor lo'i bsdus pa'i rgyud go sla mchan bcas pa.* In *The Collected Works of Bu ston* [*and Sgra tshad pa*] [1917–1919 Lhasa xylograph], Part 1, New Delhi: International Academy of Indian Culture, 1-299.

Byang sems Rgyal ba ye shes. 2007. *Grub thob se mo che'i rnam thar.* In *Dpal ldan dus kyi 'khor lo jo nang du brgyud rim bla ma'i rnam thar*, ed. Bstan 'dzin phun tshogs, Beijing: Mi rigs dpe skrun khang, 41-51.

Chos kyi dpal bzang po. 2012a. *Dpal dus kyi 'khor lo'i rgyud 'grel gyi bshad pa'i zin bris log rtog mun sel.* In A mes zhabs 2012: 134-335.

——2012b. *Dpal dus kyi 'khor lo'i 'grel pa'i zin bris.* In *Dus 'khor phyogs bsgrigs chen mo*, vol. 37: 83-371.

——2016. *Dpal dus kyi 'khor lo'i zin bris legs bshad mngar ba'i ro bcud.* In *Gangs ljongs sman rtsis rig mdzod chen mo*, vol. 102: 85-367.

*Dkar chag 'phang thang ma* [and the *Sgra sbyor bam po gnyis pa*]. 2003. Comp. Bod ljongs rten rdzas bshams mdzod khang, Beijing: Mi rigs dpe skrun khang, 1-67.

*Dus 'khor phyogs bsgrigs chen mo.* 2012. Ed. Dpal brtsegs bod yig dpe rnying zhib 'jug khang, Lhasa: Bod ljongs bod yig dpe rnying dpe skrun khang, vols. 40.

*Gangs ljongs sman rtsis rig mdzod chen mo.* 2016. Ed. Bod rang skyong sman rtsis khang, Beijing: Krung go'i bod rig pa dpe skrun khang, vols. 130.

Gyi jo Lo tsā ba Zla ba'i 'od zer [and Śrībhadrabodhi]. 2012 Tr. *Vimalaprabhā.* In *Dus 'khor phyogs bsgrigs chen mo*, vol. 1: 1-845.

Jo nang Lo tsā ba Blo gros dpal bzang po and Sa bzang Ma ti Paṇ chen Blo gros rgyal mtshan. 2008. Tr. *Vimalaprabhā* [Jo nang translation]. In Mnga' ris Chos rje Phyogs las rnam rgyal. 2008. Jo nang dpe tshogs, vols. 18-20, ed. 'Phrin las rgyal mtshan, Beijing: Mi rigs dpe skrun khang.

Karma bde legs, ed. 2007. *'Bras spungs dgon du bzhugs su gsol ba'i dpe rnying dkar chag*, Stod cha [= Vol. 1], Beijing: Mi rigs dpe skrun khang.

*Mi'am ci rgyal po sdong pos zhus pa'i mdo.* 2006–2009. *Bka' 'gyur* [*dpe bsdur ma*], ed. Krung go'i bod rig pa zhib 'jug lte gnas kyi bka' bstan dpe sdur khang, Beijing: Krung go'i bod rig pa dpe skrun khang, vol. 58: 664-816.

Mkhas grub Dge legs dpal bzang po. 1980-1982a. **Dus 'khor dris lan, Gsung 'bum thor bu.* In *Collected Works* [1897 Lhasa Zhol xylograph], New Delhi: Mongolian Lama Guru Deva, vol. Ta: 712-73.

——1980-1982b. *Dpal dus kyi 'khor lo'i 'grel chen dri ma med pa'i 'od kyi rgya cher bshad pa de kho na nyid snang bar byed pa.* In *Collected Works* [1897 Lhasa Zhol xylograph], New Delhi: Mongolian Lama Guru Deva, vol. Kha: 97-1114.

——1997. **Dus 'khor dris lan, Gsung 'bum thor bu.* In *Collected Works* ["the old" Bkra shis lhun po xylograph], Dharamsala: Sherig Parkhang, vol. Nya: 185-231.

——circa 1830. **Dus 'khor dris lan, Gsung 'bum thor bu.* In *Collected Works* [circa 1830 Sku 'bum xylo-graph], vol. Ba: 95a-126b; TBRC: W23693.

Mnga' ris Chos rje Phyogs las rnam rgyal. 2008. *'Jig rten khams kyi le'u'i rgyas 'grel*, Stod cha. In *Jo nang dpe tshogs*, vol. 18, ed. 'Phrin las rgyal mtshan, Beijing: Mi rigs dpe skrun khang.

——2010. *Bstan bcos 'gyur ro 'tshal gyi dkar chag dri med 'od kyi phreng ba.* In *Jo nang dpe tshogs*, ed. 'Phrin las rgyal mtshan, Beijing: Mi rigs dpe skrun khang, vol. 23: 1-177.

Pad dkar bzang po. 2006. *Mdo sde spyi'i rnam bzhag*, ed. Mi nyag Mgon po, Beijing: Mi rigs dpe skrun khang.

Phur bu lcog Ngag dbang byams pa. 1980. *Bstan 'gyur ro cag gsung par du sgrubs pa'i dkar chag tshangs pa'i dbyangs* [slightly incomplete bilingual Tibetan-Mongol manuscript]. In *Multi-Lingual Buddhist Texts in Sanskrit, Chinese, Tibetan, Mongolian and Manchu,* vol. 9, repr. L. Chandra, New Delhi: Mrs. Sharadi Rani, 3837-3905, and vol. 10.

Puṇḍarīka. 1986. *Vimalaprabhāṭīkā of Kalki Śrī Puṇḍarīka on Śrī Laghukālacakratantrarāja by Śrī Mañjuśrīyaśa.* 1986. Ed. J. Upadhyaya, vol. I, Sarnath: Central Institute of Higher Tibetan Studies.

Red mda' ba Gzhon nu blo gros. 1999. *Dus kyi 'khor lo'i dpyad pa las brtsams te bstan 'dzin rnams la 'phrin du gsol ba nor bu'i phreng ba.* In *Collected Works*, vol. ?, ed. Sa skya rgyal yongs gsung rab slob gnyer khang, Kathmandu: Sa skya rgyal yongs gsung rab slob gnyer khang: ?, TBRC: W3JT13308.

——2015a. *Dus kyi 'khor lo'i dpyad pa las brtsams te bstan 'dzin rnams la 'phrin du gsol ba nor bu'i phreng ba.* In *Collected works*, ed. Si khron bod yig dpe rnying bsdu sgrig khang, Lhasa: Bod ljongs bod yig dpe rnying dpe skrun khang, vol. 1: 113-29.

——2015b. *Dpal dus kyi 'khor lo'i nges don gsal bar byed pa'i rin po che'i sgron me.* In *Collected Works,* ed. Si khron bod yig dpe rnying bsdu sgrig khang, Lhasa: Bod ljongs bod yig dpe rnying dpe skrun khang, vol. 1: 136-205.

Rgyal dbang Chos rje Blo bzang 'phrin las rnam rgyal. 1981. *'Jam mgon chos kyi rgyal po tsong kha pa chen po'i rnam thar* [based on the Lhasa xylograph], ed. Grags pa rgya mtsho et al., Xining: Mtsho sngon mi rigs dpe skrun khang.

Ri sbug pa Blo gsal bstan skyong. 1971. *Dpal ldan zhwa lu pa'i bstan pa la bka' drin che ba'i skyes bu dam pa rnams kyi rnam thar lo rgyus ngo mtshar dad pa'i 'jug ngogs* [*History of Zhwa lu*], Leh: S. W. Tashigangpa, 1-471.

Rma Lo tsā ba Dge ba'i blo gros [and Śrī ?Dānapala]. 2012. Tr. *Laghukālacakratantra.* In *Dus 'khor phyogs bsgrigs chen mo*, vol. 2: 1-237.

Rtogs ldan Ye shes rgyal mtshan. 2013. *Dpal dus kyi 'khor lo'i rtsis kyi man ngag dri med 'od kyi rgyan.* In *Krung go'i bod lugs gso rig rtsa che'i dpe rnying kun btus*, ed. Bod ljongs bod lugs gso rig slob grwa chen mo, Lhasa: Bod ljongs mi dmangs dpe skrun khang, vol. 26: 337-61.

Sakaki, R., ed. 1962. *Mahāvyutpatti.* Suzuki Research Foundation Reprint Series 1, Tokyo: Suzuki Research Foundation.

*Sde dge bstan 'gyur.* TBRC: W23703.

Sgra tshad pa Rin chen rnam rgyal. 1971. *Dpal dus kyi 'khor lo'i skabs su chos rje lo tsā ba'i gsung sgros 'byung ba'i zin bris.* In *The Collected Works of Bu ston* [*and Sgra tshad pa*] [1917–1919 Lhasa xylograph], Part 27, New Delhi: International Academy of Indian Culture, 127-368.

——2012. *Dpal dus kyi 'khor lo'i skabs su chos rje lo tsā ba'i gsung sgros 'byung ba'i zin bris.*

In *Dus 'khor phyogs bsgrigs chen mo*, vol. 35: 173-471.

Shar chen/pa Ye shes rgyal mtshan. 2012. *Dpal dus kyi 'khor lo'i tshul la rgol ba'i dri ma sel bar byed pa dus kyi 'khor lo'i rgyan.* In *Dus 'khor phyogs bsgrigs chen mo*, vol. 36: 535-606.

Shong ston Lo tsā ba Rdo rje rgyal mtshan. 1971a. Tr. *Vimalaprabhā.* In Bu ston Rin chen grub 1971a.

Shong ston Lo tsā ba Rdo rje rgyal mtshan. 1971b. Tr. *Laghukālacakratantra.* In Bu ston Rin chen grub 1971b.

——1994–2008. Tr. *Vimalaprabhā.* In *Bstan 'gyur dpe sdur ma,* vol. 6: 254-682.

Suzuki, D.T. 1961. Ed. *The Tibetan Tripitaka Peking Edition, Catalogue and Index*, Tokyo-Kyoto: Tibetan Tripitaka Research Institute.

Tsa mi Lo tsā ba Sangs rgyas grags pa. 2012. Tr. *Vimalaprabhā.* In *Dus 'khor phyogs bsgrigs chen mo,* vol. 3: 1-643.

Vasubandhu. 1981. *Abhidharmakośa & Bhāṣya of Ācārya Vasubandhu with Sphutārthā Commentary of Ācārya Yaśomitra.* Ed. Swami Dwārikādās Śāstri, Part I, Varanasi: Bauddha Bharati.

Za hor Gdong drug bsnyems pa'i lang tsho. 1983. *Bstan bcos 'gyur ro cog gi dkar chag 'jig rten gsum gyi bde skyid pad tshal bzhad pa'i nyin byed* [= *Catalogue of the Peking Tanjur*], vol. 1, ed. L. Chandra, New Delhi: International Academy of Indian Culture.

Zhu chen Tshul khrims rin chen. 1985. *Bstan 'gyur dkar chag*, Beijing: Mi rigs dpe skrun khang.

Zhwa dmar IV Chos grags ye shes. 2009. *Mdo sde'i spyi'i rnam par bzhag pa gsung rab rin po che mchog tu gsal bar byed pa'i snang ba.* In *Collected Works*, ed. Yangs can dgon ris med dpe rnying myur skyob khang, Beijing: Krung go'i bod rig pa dpe skrun khang, vol. 3: 113-353.

## Secondary Sources

Bahulkar, S.S. 1994. "The *Madhyamaka-hṛdaya-kārikā.* A Photographic Reproduction of Prof. V.V. Gokhale's Copy," *Nagoya Studies in Indian Culture and Buddhism (Saṃbhāṣā)* 15: vi+49.

Buswell, R.E. Jr. and D.S. Lopez Jr. 2017. Ed. *Princeton Dictionary of Buddhism*, Princeton University Press.

Das, R.P. 1988. *Das Wissen von der Lebensspanne der Bäume. Surapālas Vṛkṣāyurveda kritisch ediert, übersetzt und kommentiert [Mit einem Nachtrag von G. Jan Meulenbeld zu seinem Verzeichnis 'Sanskrit Names of Plants and their Botanical Equivalents,'].* Alt- und Neu-Indische Studien 34, Stuttgart: Franz Steiner Verlag Wiesbaden.

Findly, E.B. 2002. "Borderline Beings: Plant Possibilities in Early Buddhism," *Journal of the American Oriental Society* 122: 252-63.

——2003. *Plant Lives: Borderline Beings in Indian Traditions*, Delhi: Motilal Banarsidass.

Gagliano, M., S. Mancuso, and D. Robert. 2012. "Towards Understanding Plant Bioacoustics," *Trends in Plant Science* 17, no. 6: 323-25.

Hageneder, F. 2005. *The Meaning of Trees. Botany, History, Healing, Lore,* San Francisco: Chronicle Books.

Heimbel, J. 2017. *Vajradhara in Human Form. The Life and Times of Ngor chen Kun dga' bzang po,* Lumbini International Research Institute.

Hall, M. 2011. *Plants as Persons, A Philosophical Botany,* Albany: State University of New York Press.

Hill, N.W. 2010. *A Lexicon of Tibetan Verb Stems as Reported by the Grammatical Tradition, Studia Tibetica. Quellen und Studien zur tibetischen Lexicographie,* Band V, München: Kommisson für Zentral- und Ostasiatische Studien Bayerische Akademie der Wissenschaften.

van der Kuijp, L.W.J. 2016. "The Lives of Bu ston Rin chen grub and the Date and Sources of His *Chos 'byung*, a Chronicle of Buddhism in India and Tibet," *Revue d'Etudes Tibétaines*, no. 35: 203-308.

——2016. "Reconsidering the Dates of Dol po pa Shes rab rgyal mtshan's (1292–1361) *Ri chos nges don rgya mtsho* and the *Bka' bsdu bzhi pa'i don." Zangxue xuekan* 藏学学刊 / *Journal of Tibetology*, vol. 14: 115-59.

——2018. "Fourteenth Century Tibetan Cultural History III: The Oeuvre of Bla ma dam pa Bsod nams rgyal mtshan (1312–1375), Part Two." *Revue d'Etudes Tibétaines* no. 46: 5-89.

Lalou, M. 1953: "Les textes Bouddhiques au temps du roi Khri srong lde btsan," *Journal Asiatique* CCXLI: 313-53.

Li Xuezhu 李学竹 . 2010. "Zhonguo fanwen beiyejing gaikuang 中国梵文贝叶经概况 [An Overview of San-skrit Palm Leaf Scriptures in China]." *Zhongguo zangxue* 中国藏学 / *China Tibetology* 2010 (S1): 53-62.

Lindtner, Chr. 2001. Tr. and ed., *Bhavya on Mīmāṃasā, Mīmāṃasātattvanirṇayāvatāraḥ*, Chennai: The Adyar Library and Research Centre.

Mabey, R. 2016. *The Cabaret of Plants: Forty Thousand Years of Plant Life and the Human Imagination*, New York: W.W. Norton & Company.

Mair, V. 1993. "The Linguistic and Textual Antecedents of *The Scripture of the Wise and the Foolish." Sino-Platonic Papers* 38: 1-95.

——1999. "The Khotanese Antecedents of *The Sūtra of the Wise and the Foolish (Xianju jing)."* In *Collection of Essays 1993: Buddhism across Boundaries – Chinese Buddhism and the Western Regions,* ed. E. Zürcher et al., Taipei: Foguang Cultural Enterprise Co., Ltd., 361-420.

Newman, J.R. 1987. *The Outer Wheel of Time: Vajrayāna Buddhist Cosmology in the Kālacakra Tantra,* Part 2, University of Wisconsin dissertation, Ann Arbor: University Microfilms International.

Rdo rje snying lcags. 2017. "The Life of Red mda' ba." *China Tibetology* (English version) 1: 56-77.

——2018. "The Relationship between Red mda' ba and the Jo nang School." *China Tibetology* (English version) 1: 72-88.

Roloff, C. 2009. *Red mda' ba, Buddhist Yogi-Scholar of the Fourteenth Century. The Forgotten Reviver of Madhyamaka Philosophy in Tibet*, Wiesbaden: Dr. Ludwig Reichert Verlag.

Schmithausen, L. 1985. "Buddhismus und Natur." In *Die Verantwortung des Menschen für eine bewohnbare Welt in Christentum, Hinduismus und Buddhismus*, ed. R. Panikkar and W. Strolz, Frei-burg/Basel/Vienna: Herder: 100-133.

——1991. *Plants as Sentient Beings in Earliest Buddhism. A.L. Basham Lecture for 1989.* Canberra: Faculty of Asian Studies, Australian National University.

——1991/2014. *The Problem of the Sentience of Plants in Earliest Buddhism.* Studia Philologica Mono-graph Series 6, Tokyo: International Institute for Buddhist Studies, reissued with "Further Addenda et Corrigenda (Dec. 2014)."

——2009. *Plants in Early Buddhism and the Far Eastern Idea of the Buddha-nature of Grasses and Trees.* Lumbini International Research Institute.

Seyfort Ruegg, D. 1966. *The life of Bu ston Rin po che. With the Tibetan Text of the Bu ston rnam thar.* Serie Orientale Roma XXXIV, Roma: Istituto Italiano Per il Medio ed Estremo Oriente.

Skilling, P. and Saerji. 2019. "Jātakas in the *Bhadrakalpika-sūtra*: a Provisional Inventory I." *Annual Report of the International Research Instititute for Advanced Buddhology (ARIRIAB) at Soka University for the Academic Year of 2018* XXII: 125-69.

Sperling, E. 1994. "Rtsa mi Lo tsā ba Sangs rgyas grags pa and the Tangut Background to Early Mongol-Tibetan Relations." *Tibetan Studies*, ed. P. Kvaerne, Oslo: The Institute for Comparative Research in Human Cuture, vol. 2: 801-24.

Stearns, C.R. 2010. *The Buddha from Dölpo. A Study of the Life and Thought of Dölpopa Sherab Gyaltsen.* Ithaca: Snowlion Publications.

Suzuki, D.T. 1961. Ed. *The Tibetan Tripitaka Peking Edition, Catalogue and Index*. Tokyo-Kyoto: Tibetan Tripitaka Research Institute.

Thupten Jinpa. 2009. "Rendawa and the Question of Kālacakra's Uniqueness." In *As long as Space Endures. Essays on the Kālacakra Tantra in Honor of H. H. the Dalai Lama*, ed. E.A. Arnold, Ithaca: Snow Lion Publication, 317-30.

◆ Author: Leonard W.J. van der Kuijp, Professor, Harvard University.

# Tathāgatagarbha Influences in the Three Nature (*trisvabhāva*) Theory of the Maitreya Works

Klaus-Dieter Mathes

**Abstract:** Retaining the Abhidharma distinction between the "real" (*dravyasat*) factors of existence (*dharma*) and the mere nominal existence (*prajñaptisat*) of false projections, the Yogācāras restricted the emptiness of the Prajñāpāramitāsūtras to the imagined nature (*parikalpitasvabhāva*). The latter is taken to be a product of dependently arising dharmas, i.e., the dependent nature, which is admitted a higher degree of reality than the one of the imagined nature. Together with the perfect nature (*parinispannasvabhāva*), defined as the absence of the fictive from the real, the imagined and dependent natures constitute the Yogācāra model of reality. Besides this Yogācāra type of ontological distinction between real and nominal existence there are also, throughout the Maitreya Works, influences of the *Ratnagotravibhāga* model of an ultimate *tathāgatagarbha* (once even referred to as such in one of the Yogācāra texts of the Maitreya Works, namely in MSABh on IX.37) that is devoid of adventitious stains. In the present paper it is argued that the integration of the *tathāgatagarbha* model of reality contributes to remedying the flaws Yogācāra has in the eyes of Mādhyamikas, namely that a considerable group of sentient beings is completely cut off from liberation or that a dependently arising mind exists on the level of ultimate truth.

*Das Nichts ist niemals nichts, es ist ebenso wenig ein Etwas im Sinne eines Gegenstandes; es ist das Sein selbst, dessen Wahrheit der Mensch dann übereignet wird, wenn er sich als Subjekt überwunden hat, und d.h., wenn er das Seiende nicht mehr als Objekt vorstellt.*

Nothingness is never nothing, even less is it a something in the sense of an object; it is what truly exists itself, whose truth man is then appropriated when he has overcome himself as a subject, and that is, when he no longer presents the being as an object.

Martin Heidegger (2003: 113)

Looking for that, which truly exists behind the seeming reality of a subject and object, Martin Heidegger proposed his famous "ontological distinction" between the "Sein" and the "Seiende", i.e., the ontic existence of what truly exists (Sein) and the ontological "being" (Seiende) of the cognitively processed data of our daily experience. In Buddhism, the Ābhidharmikas distinguished in a similar attempt the truly existent (*dravyasat*) factors of existence (*dharma*) from the mere nominal existence (*prajñaptisat*) of false projections; and in order to retain an ontological distinction (even though in a modified way), the Yogācāras restricted the emptiness of the Prajñāpāramitāsūtras to the imagined nature (*parikalpitasvabhāva*). The latter is taken to be a product of false imagining (*abhūtaparikalpa*), i.e., the dependent nature of mind, which is accorded a higher degree of reality than the imagined nature. These two natures, together with the perfect nature (*pariniṣpannasvabhāva*), which is defined as the absence of the imagined nature from the dependent nature, constitute the Yogācāra model of reality. Parallel to it, two further Mahāyāna models of reality emerged, the Tathāgatagarbha model of distinguishing a buddha nature from its adventitious stains, and the Madhyamaka model of relative and ultimate truths.

The present paper identifies influences of the Tathāgatagarbha model in the three Yogācāra texts of the Five Maitreya Works (i.e., the *Mahāyānasūtrālaṃkāra, Madhyāntavibhāga*, and *Dharmadharmatāvibhāga*).[1] It will be argued that the integration of a particular understanding of buddha nature contributes to remedying the flaws Yogācāra has in the eyes of Mādhyamikas, namely that a considerable group of sentient beings is completely cut off from liberation or that a dependently arising mind exists on the level of ultimate truth.

## The Original Yogācāra Model

With their three nature model, the Yogācāras managed to reconcile the old Buddhist ontology of momentary conditioned factors of existence (*dharmas*), which consist of an own-being

1 The remaining two works are the *Abhisamayālaṃkāra* (which is a summary of the *Prajñāpāramitāsūtras*) and the *Ratnagotravibhāga* (the standard Indian treatise on buddha nature).

(*svabhāva*), with the outright denial of such an independent existence in the Madhyamaka interpretation of the Prajñāpāramitāsūtras.[2] In other words, the distinction between true and nominal existence is maintained by ascribing to the dependent nature the status of a real, yet mental substratum, which contains, as the carrier of *karman*, mental imprints or seeds responsible for the false projection of the perceived object (*grāhya*) and the perceiving subject (*grāhaka*). The duality of a perceived and perceiver, i.e., what is normally considered a point of reference and its perception, is entirely unreal. This is made very clear in Sthiramati's commentary on *Madhyāntavibhāga* III.9c, where the truth of the path is explained in terms of the three natures. While the imagined can only be thoroughly known for what it is, namely non-existent, the dependent must be thoroughly known and abandoned, because *karmakleśa*-defilements[3] are by their nature real things:

> As for the thorough knowledge of the imagined, as it does not exist at all, [it need be] only thoroughly known, not abandoned. For it does not make sense to abandon something non-existent. As for the thorough knowledge and abandonment of the dependent, its non-existence should be known [to refer to] the way it appears. Unlike the imagined, it is not completely non-existent in terms of its nature. Since *karmakleśa*[-defilements] are real things by nature, [the dependent, which is constituted by these defilements] must be abandoned.[4]

In the *Bodhisattvabhūmi*, which serves as a basis for the development of the three nature theory,[5] Asaṅga takes issue with a pure nominalist position, arguing against Prajñaptivāda, and possibly, also Madhyamaka:

> There are some who say: "Everything is designation only; this is reality. If one sees in this way, one sees correctly." Since for them there is no thing-in-itself (*das Ding an sich*) as the basis of designation, the designation itself can by no means exist.

2 In Abhidharma, a *svabhāva* is attributed to conditioned *dharmas* on the grounds that they do not depend on parts for their existence. Nāgārjuna contends, however, that the dependent origination of *dharmas* is incompatible with any supposed possession of a *svabhāva*. See Burton 1999: 90 & Rospatt 1995: 69ff.

3 According to MAVBh I.11cd there are three *kleśa-saṃkleśas* (ignorance, thirst, and grasping) and two *karma-saṃkleśas* (karmic dispositions and becoming). See MAVBh $21_{20\text{-}21}$: *kleśasaṃkleśo 'vidyātṛṣṇopādānāni | karmasaṃkleśaḥ saṃskārā bhavas ca |*.

4 MAVṬ $122_{11\text{-}16}$: *[parikalpitasya parijñāna i]ti | parikalpito 'tyantam asann eveti tasya parijñānam eva na prahāṇam | na hy asataḥ prahāṇaṃ yujyate | paratantrasya parijñāne prahāṇe ca paratantro hi yathā khyāti ta[thāsattvaṃ vijñeyaṃ na tu sarvātmatvenāsattvaṃ kalpitavat | karmakleśayor vastv*[a]*ātmatvā]t prahatavyaś ca |*. The text in square brackets is reconstructed by Yamaguchi. [a] Yamaguchi reads *bhāv-* instead of *vastv-*

5 See Rospatt 1995: 72.

How could there be, then, a reality which consists of designation only? Therefore, in this way, they have wrongly denied both reality and designation. Wrongly denying designation and reality, the [Prajñaptivādin] should be understood to be the foremost nihilist.[6]

The Sautrāntika ontology of ultimate truth in terms of momentary real particulars (*svalakṣaṇa*) shines through here. The thing-in-itself does not need to be external matter. In fully developed, Mahāyānistic Yogācāra it refers to the inexpressible, bare particulars of the dependent nature. Although purely mental, they exist substantially (i.e., in their own right) on account of being actualities that cannot be further reduced.[7] This is what is referred to as substantial existence (*dravyasat*) in Yogācāra.[8] In other words, the particulars can only be some true nature behind the deluding duality of the imagined, i.e., beyond the level of *definiens* and *definiendum*.[9] Salvini (2015:44-50) shows that for Sthiramati ultimate and relative existence are the same as *dravyasat* and *prajñaptisat* and thus the dependent and imagined natures respectively. This distinction is also at work in Vasubandhu's texts, with the restriction, however, that the dependent is not explicitly said to exist ultimately. Of interest is his commentary on MAV I.3d ("Because of its non-existence, this does not exist either."),[10] where he makes it clear that only consciousness in its aspect of a perceiving subject (*grāhaka*) is negated:

> Because of its (i.e., the perceived object's) non-existence, this (i.e., consciousness) — inasmuch as it is the perceiving subject — does not exist either. [11]

6 BBh $46_{12\text{-}19}$: *bhavanty evaṃvādinaḥ prajñaptimātram eva sarvam etat tattvaṃ yaś caivaṃ paśyati sa samyak paśyatīti teṣāṃ prajñaptyadhiṣṭhānasya vastumātrasyābhāvāt saiva prajñaptiḥ sarveṇa sarvaṃ na bhavati | kutaḥ punaḥ prajñaptimātraṃ tattvaṃ bhaviṣyati | tad anena paryāyeṇa tais tattvam api prajñaptir api tadubhayam apy apavāditaṃ bhavati | prajñaptitattvāpavādāc ca pradhāno nāstiko veditavyaḥ* ||. See also Salvini 2015: 29.

7 See Arnold 2003: 142.

8 See also Hacker's (1985: 109) definition of "substance".

9 Even though the *Caturmudrānvaya* is much later and not exactly a Yogācāra work, it characterizes the true nature of phenomena with the compound *akṛtrimasvalakṣaṇa* "the particular (i.e., actual reality) of the uncontrived." See CMA $94_{14\text{-}15}$: "For inasmuch as the true nature of all phenomena, namely what is called the co-emergent, is the "actual reality" of the uncontrived. ..." (*yasmāt sahajaṃ nāma svarūpaṃ sarvadharmāṇām akṛtri* (text: *-ti-*) *masvalakṣaṇam iti yāvat* |)

10 MAV I.3d (MAVBh $18_{22}$): *tadabhāvāt tad apy asat* |. For a translation of the entire verse and commentary, see D'Amato 2012: 119.

11 MAVBh $19_{3\text{-}4}$: *tasya grāhyasyārthasyābhāvāt tad api grāhakaṃ vijñānam asat* |

Sthiramati makes it clear that the mind as the dependent nature or false imagining[12] is not included in this negation:

> It cognizes; thus it is consciousness. In the absence of a perceived [object], the very act of cognizing does not make sense. Therefore, given the object's non-existence, consciousness as the subject of cognition is non-existent, but not as [the consciousness, which has] objects, sentient beings, a self, and cognitions as its appearance.[13] If the latter did not exist, complete nonexistence would follow.[14]

It has been argued that the Yogācāra texts of Maitreya negate the real existence of non-dual mind, because in the formulas defining the fourfold Yogācāra practice, which leads to the realization of a state free from perceived and perceiver, "mind-only" (*cittamātra*), or "cognition-only" (*vijñaptimātra*) is also left behind. False imagining (i.e., "mind-only" as the dependent) is said to exist,[15] however, and only abandoned at the time of liberation, not during the fourfold practice. Moreover, it is unlikely that *vijñaptimātra* or *cittamātra* in the following formulas refer to false imagining or the dependent nature. Vasubandhu's commentary on MAV I.6cd reads:

> Based on the non-perception of a [perceived] object, the non-perception of mere cognition (*vijñaptimātra*) arises.[16]

It is clear that *vijñaptimātra* is here not the technical term referring to the Yogācāra tenet of everything existing as cognition-only, but simply expresses the logical impossibility of cognition without any object. The formula in *Mahāyānasūtrālaṃkāra*, verse VI.8 conveys the same sense:

> Having understood with intelligence that there is nothing apart from the mind,

12 Even though equated with the dependent nature in MAV I.5 (MAV $20_{19\text{-}20}$: *abhūtaparikalpaḥ paratantraḥ svabhāvaḥ*), false imagining is best described as the functioning of the impure dependent that manufactures the perceived and perceiver of the imagined nature.

13 I.e., taking *arthasattvātmavijñaptipratibhāsam* in the root text (MAV I.3, MAVBh $18_{21\text{-}22}$) as a *bahuvrīhi* depending on *vijñānam*. Based on that, Harunaga Isaacson pointed out (according to Salvini 2015:42, fn. 30) that the compound *arthasattvātmavijnapti-pratibhāsatayā* implies a *bahuvrīhi* relationship with *vijnāna*.

14 MAVṬ, $20_{1\text{-}4}$: *vijānātīti vijñānaṃ grāhyābhāve vijānanāpy ayuktam | tasmād arthābhāvād vijñātṛtvena vijnānam asad | na tv arthasattvātmavijñaptipratibhāsatayā | tadasattve hi sarvathā 'bhāvaprasaṅgaḥ |*. See also Salvini 2015: 41-42.

15 MAV I.1a (MAVBh $17_{16}$): *abhūtaparikalpo 'sti.*

16 MAVBh $20_{3\text{-}4}$: *arthānupalabdhiṃ niśritya vijñaptimātrasyāpy anupalabdhir jāyate |*

One realizes that [even] the mind does not exist.
Thus the wise understand that duality does not exist,
And abide in the *dharmadhātu*, in which this [duality] is not contained.[17]

That which is apart from the mind, and mind, are taken up as a duality in the second part of the verse, which means that mind refers here to its aspect of being a perceiving subject (*grāhaka*). This, at least, is what Vasubandhu explains in his commentary on this verse:

> Having understood that there is no perceived object (*grāhya*) apart from the mind, the non-existence of even this mere mind (*cittamātra*) is realized by the wise. This is because in the absence of a *grāhya* there is also no *grāhaka*.[18]

The relevant passage in Vasubandhu's *Dharmadharmatāvibhāgavṛtti* makes good sense, too, when one follows the same line of interpretation:

> ***Correct practice*** **(*prayoga*) is comprehended under four points,** namely,
> **because of the practice of apprehending** [means]: because one apprehends [the fact that everything is] a cognition only (*vijñaptimātra*);
> **the practice of not apprehending** [means]: because one does not apprehend [referential] objects;
> **the practice of not apprehending apprehending** [means]: because in the absence of an object mere cognition (*vijñaptimātra*) is not apprehended [that is to say,] because cognition (*vijñapti*) is not admissible in the absence of an object of cognition;
> **the practice of apprehending by not apprehending** [means]: because nonduality is apprehended by not apprehending duality.[19]

To sum up, the original Yogācāra model is centred around a real dependent nature. What is negated in the fourfold practice is only the imagined nature of a perceived and perceiver.[20]

---

17 MSABh 24.3-4: *nāstīti cittāt param etya buddhyā cittasya nāstitvam upaiti tasmāt | dvayasya nāstitvam upetya dhīmān saṃtiṣṭhate 'tadva(*text: *-ga-)ti dharmadhātau* || VI.8.

18 MSABh $24_{13\text{-}15}$: *cittād anyad ālambanaṃ grāhyaṃ nāstīty avagamya buddhyā tasyāpi cittamātrasya nāstitvāvagamanaṃ grāhyābhāve*[a] *grāhakābhāvāt* | [a] Lévi: *grāhyabhāve*

19 $DhDhVV_S$ 83-94: ***samyakprayogapraveśaś caturbhir ākārais*** *tadyatho****palambhaprayogato*** *vijñaptimātropalambhāt* ***anupalambhaprayogato*** *'rthānupalambhāt* | ***upalambhānupalambhaprayogato*** *'rthābhāve vijñaptimātrānupalambhād vijñaptyarthābhāve vijñaptyayogāt* | ***nopalambhopalambhaprayogataś ca*** *dvayānupalambhenādvayopalambhāt* | (the root text is in bold letters).

20 See also Salvini (2015: 42f), who reaches a similar conclusion when criticizing Brunnhölzl (see for example, 2004: 472f.) for reading the denial of any real or ultimate existence of "mere mind" into these passages.

Within the original Yogācāra model with its Abhidharma equation of substantial existence with ultimate truth, the dependent nature is real in the sense of existing on the level of (the Abhidharma) ultimate truth.

## Madhyamaka Influences

In the third chapter of the *Madhyāntavibhāga*, the three nature theory is discussed in relation to other models of reality, such as the four noble truths, or, in Madhyamaka, the two truths system. Of interest for our discussion here is, as I have noted on another occasion,[21] that in MAV III.10d only the perfect nature is accepted as ultimate truth:

> But the ultimate is [to be viewed] in terms of [only] one.[22]

Vasubandhu comments:

> Ultimate truth should be understood in terms of the perfect nature alone.[23]

Sthiramati even more explicitly denies the dependent the status of the ultimate:

> It is impossible for the imagined and dependent [to exist] ultimately. Truth should be understood in terms of the perfect nature alone.[24]

In his commentary on the first verse of the *tattva*-chapter in the *Mahāyānasūtrālaṃkāra*, Vasubandhu excludes the imagined and dependent from the ultimate truth. The chapter on true reality (*tattva*) starts with an exclusion of existence and non-existence and has in the second part of the first verse also elements that are typical of Tathāgatagarbha thought, a point we will get back to later. MSA VI.1 is as follows:

> Neither existent nor non-existent; neither identical nor different;

---

21 Mathes 2000: 210.

22 MAV III.10d (MAVBh $41_{14}$): *paramārthan tu ekataḥ* ||.

23 MAVBh $41_{15\text{-}16}$: *paramārthan tu ekataḥ* || *paramārthasatyaṃ* | *ekasmāt pariniṣpannād eva svabhāvād veditavyaṃ* |. The translation mainly follows D'Amato 1012: 149.

24 MAVṬ $125_{6\text{-}7}$: *kalpitaparatantra[yoḥ paramārthato 'sambhāvyam* | *satyaṃ punar* ([a]*ekasmāt pariniṣpannād eva svabhāvād*[a]) *veditavyam* |].

[a] Yamaguchi's reconstruction *ekataḥ pariniṣpannasvabhāvo* is based on the *bhāṣya*.

It neither arises nor departs; neither decreases nor increases;
Is neither purified nor [not][25] purified—
This is the defining characteristic of the ultimate.[26]

## Vasubandhu comments:

The ultimate has the meaning of nonduality. It is taught in five points. **Neither existent**, [i.e.,] in terms of the imagined and dependent marks **nor non-existent**, [i.e.,] in terms of the perfect mark; **neither identical**, because the perfect is not one with the imagined and the dependent, **nor different**, because it is also not different from the two. **It neither arises nor departs**, because the *dharmadhātu* is not produced; **neither decreases nor increases**, because it is so grounded (i.e., in the *dharmadhātu*) when defilements cease, and purification occurs; **is neither purified**, because it is not defiled by nature; **nor not purified**, because adventitious defilements are absent [from it]. It should be known that this fivefold mark of nonduality is the mark of the ultimate.[27]

The Madhyamaka dictum of avoiding the extremes of existence and non-existence is reflected here in the assertion maintaining that the ultimate exists as neither the imagined nor the dependent. To come back to the original Yogācāra model, if an ultimately existing dependent nature, or false imagining, were abandoned in MAV III.9c, there would be an increment of the *dharmadhātu* as it grows into the space vacated by false imagining. A decreasing or increasing *dharmadhātu* can only be avoided by including false imagining within adventitious defilements, which is indeed the most natural reading of Vasubandhu's commentary here. A similar inclusion of false imagining within adventitious defilements or stains is called for in the second part of the first chapter of the *Madhyāntavibhāga* (see below), and Vasubandhu's concluding summary of fundamental transformation in the *Dharmadharmatāvibhāgavṛtti*.[28]

---

25 Added on the basis of Vasubandhu's commentary (see below).

26 MSA VI.1 (MSABh $22_{12\text{-}13}$): *na san na cāsan na tathā na cānyathā na jāyate vyeti na cāvahīyate | na vardhate nāpi viśudhyate punar viśudhyate tat paramārthalakṣaṇaṃ ||*.

27 MSABh $22_{14\text{-}21}$: *advayārtho hi paramārthaḥ | tam advayārthaṃ pañcabhir ākāraiḥ saṃdarśayati | na sat parikalpitaparatantralakṣaṇābhyāṃ na cāsat pariniṣpannalakṣaṇena | na tathā parikalpitaparatantrābhyāṃ pariṇispannasyaikatvābhāvāt | na cānyathā tābhyām evānyatvābhāvāt | na jāyate na ca vyety anabhisaṃskṛtatvād dharmadhātoḥ | na hīyate na ca vardhate saṃkleśavyavadānapakṣayor nirodhotpāde tathāvasthatvāt | na viśudhyati prakṛtyasaṃkliṣṭatvāt na ca na viśudhyati āgantukopakleśavigamāt | ity etat pañcavidham advayalakṣaṇaṃ paramārthalakṣaṇaṃ veditavyaṃ ||*

28 See Mathes 1996: 152-54.

Such Madhyamaka influences of ascribing to the imagined and dependent natures the status of relative truth are by no means sparse, forming a central part, for instance, in Vasubandhu's *Vyākhyāyukti*, where the two truths are discussed in the context of the discussion whether the Prajñāpāramitāsūtras are nihilistic:

> Question: The Illustrious One taught in the *Pāramārthaśūnyatā[sūtra]*: "Both *karman* and retribution [for it] exist, but an acting subject is not perceived."[29] Does this [refer to] the ultimate or relative truth? [...] If [*karman* and retribution exist] ultimately, how is it, then, that all phenomena lack an own-being? If they exist on the level of relative [truth], one should not say that an acting subject is not perceived, since the latter, too, exists on the level of relative [truth].[30]

In pointing to the problem to which the ontology of the Prajñāpāramitāsūtras leads, Vasubandhu operates here within the Madhyamaka system of two truths. In light of the emptiness of all phenomena, *karman* can only exist on the level of relative truth, but then the distinction between the real factors of existence (*karman* etc.) and a purely imagined personal self gets lost, since both of these must be relegated to the level of relative truth. This is what makes the Prajñāpāramitāsūtras so dangerous in the eyes of Vasubandhu. What is offered, then, is a three nature model with both the imagined and dependent being relegated to the level of relative truth:

> First of all, what is this "relative" and what the ultimate? By [finding answers to] this, one should come to know what exists on the level of relative [truth] and what exists ultimately.
> If [the Śrāvakas] answer: "The relative consists of names, expressions, designations and conventions, the ultimate being the particulars (*svalakṣaṇa*) of phenomena," [one should consider the following:] In this case, since both *karman* and retribution exist as either names or particulars, [whether they pertain to the ultimate or not] depends on one's idea of existence, [namely] in accordance with how these two (i.e., *karman* and retribution) are taken.

---

29 See AKBh $468_{20\text{-}21}$: *bhagavatā paramārthaśūnyatāyām | iti hi bhikṣavo 'sti karmāsti vipākaḥ kārakas tu nopalabhyate.*

30 VY $236_{1\text{-}9}$ : *bcom ldan 'das kyis don dam pa stong pa nyid las | las kyang yod rnam par smin pa yang yod la byed pa po ni mi dmigs so zhes gsungs pa gang yin pa de ci don dam pa nyid du 'am | 'on te kun rdzob nyid du yin zhe na | [...] gal te don dam pa nyid du yin na | ji ltar na chos thams cad ngo bo nyid med pa yin | gal te kun rdzob tu yin na byed pa po yang kun rdzob tu yod pas byed pa po ni mi dmigs so zhes brjod par mi bya'o zhe na....* First quoted and translated in Mathes 2007: 335.

> We maintain the following: A person[al self] exists on the level of relative [truth], but not as something substantial, for it is [only] the *skandhas*, which are given its name. *Karman* and retribution exist on the level of relative [truth] as something substantial, but not ultimately, because they are the experiential object of worldly knowledge. The ultimate (*parama*) is supramundane wisdom, and being the object (*artha*) of the latter, it is the ultimate object (*paramārtha*). The particular factors (*svalakṣaṇa*) of these [other] two (i.e., *karman* and retribution) are not an experiential object of it, since [any] experiential object of it is an inexpressible general characteristic. [31]

*Karman* and retribution fall within the false imagining of the *Madhyāntavibhāga*. Thus, in the final analysis, the dependent nature is also taken here to belong to the relative truth. The reason for this is not only that the particular factors (*svalakṣaṇa*) of *karman* and retribution are not experienced by supramundane wisdom, but also that their ultimate existence would contradict the Prajñāpāramitāsūtras' stance that phenomena are empty of such particulars. It should be noted that Vasubandhu responds to a Śrāvaka who would obviously prefer to distinguish the two truths in the context of his Abhidharma system (and thus our original Yogācāra model above).

With a dependent nature restricted to the level of relative truth, the corresponding three nature model becomes compatible with either Svātantrika-Madhyamaka, which allows the relative to be explained in terms of either Sautrāntika or Yogācāra; or else with the Tathāgatagarbha model, which finds a place for the dependent within its adventitious defilements.

## Tathāgatagarbha Influences

Even though Tathāgatagarbha influences in the Yogācāra texts of Maitreya are numerous, the technical term *tathāgatagarbha* is mentioned only once, namely in *Mahāyānasūtrālaṃkāra*, verse IX.37:

31 VY $236_{11}$– $237_{3}$ : *re zhig kun rdzob ces bya ba 'di ni ci yin | don dam pa ni gang zhig yin | de las ci kun rdzob tu yod dam | ci don dam par yod par shes par bya'o || ming dang | brjod pa dang | gdags pa dang | tha snyad ni kun rdzob yin la chos rnams kyi rang gi mtshan nyid ni don dam pa ma yin no zhe na | 'o na de lta na las dang rnam par smin pa gnyis ming du yang yod | rang gi mtshan nyid du yang yod pas de gnyis ji ltar 'dod par yod pa nyid du rtog* (text: *rtogs*) *la rag go || nged ni gang zag kun rdzob tu yod kyi rdzas su ni ma yin te | phung po rnams la de'i ming gdags pa'i phyir || las dang rnam par smin pa dag ni kun rdzob tu rdzas su yod | don dam par ni med de | 'jig rten pa'i shes pa'i yul yin pa'i phyir ro || dam pa ni ye shes 'jig rten las 'das pa yin te | de'i don yin pas don dam pa'o || de gnyis kyi rang gi mtshan nyid ni de'i yul ma yin te | de'i yul ni brjod du med pa'i spyi'i mtshan nyid yin pa'i phyir ro ||*. First quoted and translated in Mathes 2007: 336.

> Even though suchness is undifferentiated in all [sentient beings],
> In its purified form it is the state of a Tathāgata.
> Therefore all living beings
> Have the 'seed/nature' (*garbha*) of him (i.e., the Tathāgata).[32]

In Vasubandhu's commentary, the full technical term for buddha nature (*tathāgatagarbha*) is used, in the way common to Tathāgatagarbha literature, namely as an exocentric compound qualifying sentient beings (*sattvās*):

> Suchness is undifferentiated in all sentient beings, and the Tathāgata is by his nature the purity of this suchness. Therefore, it is said that all sentient beings have the Tathāgata as their nature.[33]

The way buddha nature is explained here exactly matches its definition as "suchness accompanied by stains"[34] (*samalā tathatā*) in the *Ratnagotravibhāga*, the Maitreya work that interprets buddha nature from a Yogācāra perspective.[35] As mentioned above, this requires to include the dependent within adventitious stains.

One problem with the thesis of a consistent Yogācāra-Tathāgatagarbha synthesis, however, is the teaching of a "cut-off potential" (lit. "those without a family") in *Mahāyānasūtrālaṃkāra*, verse III.11:

> Some are solely [destined] for bad conduct.
> [Then] there are those whose positive qualities are destroyed,
> [Or] those who lack the virtue conducive to liberation.
> And some have few positive [qualities]. But there are also those without [any] cause.[36]

Vasubandhu explains:

> What is meant here regarding those who are without the capacity [to attain] perfect *nirvāṇa*, is the cut-off potential. In short, there are two types. Those who are cut

32 MSA IX.37 (MSABh $40_{13\text{-}14}$): *sarveṣām aviśiṣṭāpi tathatā śuddhim āgatā | tathāgatatvaṃ tasmāc ca tadgarbhāḥ sarvadehinaḥ ||*

33 MSABh $40_{15\text{-}16}$: *sarveṣāṃ nirviśiṣṭā tathatā tadviśuddhisvabhāvaś ca tathāgataḥ | ataḥ sarve sattvās tathāgatagarbhā ity ucyate |*

34 See Mathes 2012: 192-93, fn. 17.

35 See Mathes: *in print*.

36 MSA III.11 (MSABh $12_{21\text{-}24}$): *aikāntiko duścarite 'sti kaścit kaścit samudghātitaśukladharmā | amokṣabhāgīyaśubho 'sti kaścin nihīnaśuklo 'styapi hetuhīnaḥ ||*

> off[37] temporarily and those who are cut off completely. Of those who are cut off temporarily, there are four types. Those who are solely [destined for] bad conduct, those whose roots of virtue are cut off, those who are without the roots conducive to liberation, and those who have few roots of virtue. They are those whose accumulations are incomplete. Those who are completely (*atyanta-*) without the capacity [to attain] perfect *nirvāṇa*, without any cause [so to say], lack [any] potential to attain perfect *nirvāṇa* at all (*eva*).[38]

Now, if the four types with a temporary cut-off potential are already described in such a desperate way, the complete cut-off potential does not leave much room for interpretation and can be only taken in the sense that a group of sentient beings will never attain liberation. This, however, is in direct contradiction to the statement in MSA IX.37 that all sentient beings have buddha nature. Again, we have here an element from the original Yogācāra model, i.e., a strict *gotra*-system with an explicitly permanent exclusion of a group of sentient beings from liberation, over against Yogācāra strands that show Tathāgatagarbha and/or Madhyamaka influences. A possible solution to this problem is offered in *Ratnagotravibhāgavyākhyā* on I.41:

> Again, the saying: "Icchantikas (lit. 'those with great desire') do not have at all the capacity [to attain] perfect *nirvāṇa*" is taught with the hidden intention of another time to remove hatred towards the Mahāyāna doctrine, this being the reason why they [themselves] are Icchantikas. Indeed, since [everybody has] the potential of natural purity, it cannot be that there should be anybody whose nature is the exact opposite of purity.[39]

A strict *gotra*-system with a cut-off potential and an ultimately existing dependent nature have in common their incompatibility with the Tathāgatagarbha model of reality. Their respective tensions with it are explained away in different ways, though: while a hidden intention is attributed to the *gotra*-system, the dependent nature is relegated to the level of relative truth in the Yogācāra passages that were subjected to Madhyamaka and, as we will see now, also

37 I.e., using in translation the intended meaning of *aparinirvāṇadharmā* in order to avoid clumsy repetitions.

38 MSABh $12_{25}$-$13_{2}$: *parinirvāṇadharmaka etasminn agotrastho 'bhipretaḥ | sa ca samāsato dvividhaḥ | tatkālāparinirvāṇadharmā atyantaṃ ca | tatkālāparinirvāṇadharmā caturvidhaḥ | duścaritaikāntikaḥ samucchinnakuśalamūlaḥ | amokṣabhāgīyakuśalamūlaḥ hīnakuśalamūlaś cāparipūrṇasaṃbhāraḥ | atyantāparinirvāṇadharmā tu hetuḥīno yasya parinirvāṇagotram eva nāsti |*

39 RGVV $37_{1\text{-}4}$: *yat punar idam uktam icchantiko 'tyantam aparinirvāṇadharmeti tan mahāyānadharmapratigha icchantikatve hetur iti mahāyānadharmapratighanivartanārtham uktaṃ kālāntarābhiprāyeṇa | na khalu kaścit prakṛtiviśuddhi*[a]*gotrasaṃbhavād atyantāviśuddhidharmā bhavitum arhati |.*

[a] Johnston –*viśuddha-*; see Schmithausen 1971: 146.

Tathāgatagarbha influences. One could further argue, if one's *gotra* or state without a *gotra* does not exist ultimately (just as the dependent nature), the ultimate goodness of an all-pervading *dharmadhātu* or buddha nature can still co-exist as the ultimate nature of all sentient being, even of those with a cut-off potential.[40]

The word *tathāgatagarbha* itself is not found in the *Madhyāntavibhāga*, but the way emptiness is presented in the second part of its first chapter is identical with the *Ratnagotravibhāga*'s definition of buddha nature as suchness accompanied by stains (*samalā tathatā*). In the final version of the *Ratnagotravibhāga* — Takasaki (1966) and Schmithausen (1971) identified older layers of this text — buddha nature is restricted to the notion of a positively understood suchness which is also luminosity.[41] Such a luminous suchness or emptiness accompanied by stains is also found in the said passage of the *Madhyāntavibhāga*, verse I.22 (the root text being integrated in Vasubandhu's *bhāṣya*):

> [Emptiness is] neither defiled nor undefiled, neither pure nor impure. How is it that it is neither defiled nor impure? It is because of the natural luminosity of mind. How is it that it is neither undefiled nor pure? It is because of the adventitious nature of defilements.[42]

In other words, emptiness as the existence of non-duality is not only an endorsement of duality's nonexistence but also positively understood as the natural luminosity of mind. Just as in the *Dharmadharmatāvibhāga* and the *Ratnagotravibhāga* this luminous emptiness is compared to the natural purity of water, gold, and space, all of which can co-exist with their

40 D'Amato (2003: 126f.) tries to resolve this contradiction by taking *atyantam* in the sense of "forever" instead of "absolutely", suggesting the reading that even though all sentient beings have the potential to become a Buddha, some simply never actualize this possibility. Based on Haack (1978: 170), D'Amato argues that by employing modal concepts, the compound *atyantāparinirvāṇadharmā* can be understood to refer to somebody who only happens to never accumulate the causes for a potential to attain *nirvāṇa*.

41 This understanding is clear from the fourth simile of the *Tathāgatagarbhasūtra* (i.e., the gold nugget in excrement): RGV I.148 "Its nature being unchangeable, sublime, and pure, suchness is illustrated by a piece of gold." (RGVV $71_{5\text{-}6}$: *prakṛter avikāritvāt kalyāṇatvād viśuddhitaḥ hemamaṇḍalakaupamyaṃ tathatāyām udāhṛtam* ||) is explained by Asaṅga as follows: "Although the mind is accompanied by limitless phenomena which are defilements or suffering, it itself does not undergo change, on account of its natural luminosity. This is why it is called suchness, for it will never become something else, any more than sublime gold will." (RGVV $71_{7\text{-}8}$: *yac cittam [tad?] aparyantakleśaduḥkhadharmānugatam api prakṛtiprabhāsvaratayā vikāraṃ na bhajate [??]*[a] *kalyāṇasuvarṇavad ananyathī*[b]*bhāvārthena tathatety ucyate* |)

[a] Johnston *–vikārānudāhṛter ataḥ* [b] Johnston *ananyathā-*

42 MAVBh $27_{5\text{-}9}$: *na kliṣṭā nāpi vākliṣṭā śuddhā 'śuddhā na caiva sā* | *kathaṃ na kliṣṭā nāpi cāśuddhā* | *prakṛtyaiva* | *prabhāsvaratvāc cittasya* | *kathaṃ nākliṣṭā na śuddhā* | *kleśasyāgantukatvataḥ* |. First quoted and translated in Mathes 2008: 19.

respective adventitious stains. Thus the *Madhyāntavibhāgabhāṣya* states:

> How should the differentiation vis-à-vis emptiness be understood? **[In the sense of emptiness] being defiled as well as pure** (MAV I.16a). Thus is the differentiation vis-à-vis it. In what state is it defiled and in what is it pure? **It is accompanied as well as not accompanied by stains** (MAV I.16b). When it occurs together with stains, it is defiled, and when [these] stains are abandoned it is pure. If, after being accompanied by stains, it becomes stainless, how is it then not impermanent, given that it has the property of change? **This is because its purity [can] be considered to be like that of water, gold, and space** (MAV I.16cd). [A change is admitted] given the removal of adventitious stains, but there is no change in terms of its own nature.[43]

It should be noted that the terms "defiled" and "pure" which dominate the first part of the first chapter in the *Madhyāntavibhāga*, are explicitly equated with "accompanied by stains" and "stainless" — terminology probably imported from the *Ratnagotravibhāga*.[44] Now, it is difficult to see how false imagining retains its central position as the existing ground or basis of negation. In other words, if the adventitious stains consist of the perceived and perceiver alone, false imagining must co-exist — in the same ground of negation, so to say — with luminous emptiness. This, at least, is not accepted in a passage in the *Sāgaramatiparipṛcchā* quoted in Asaṅga's commentary on *Ratnagotravibhāga* I.68, in which the example of an ever-pure *vaiḍūrya* stone drawn out from mud is taken to illustrate the relation between the luminous mind and adventitious stains:

> In the same way, O Sāgaramati, the Bodhisattva knows the natural luminosity of the mind of sentient beings. He [here] again perceives that it is defiled by adventitious defilements. Then the Bodhisattva thinks as follows: These defilements will never penetrate into the natural luminosity of the mind of sentient beings. These

43 MAVBh $24_{4\text{-}13}$: *kathaṃ śūnyatāyāḥ prabhedo jñeyaḥ | saṃkliṣṭā ca viśuddhā ca | ity asyāḥ prabhedaḥ | kasyām avasthāyāṃ saṃkliṣṭā kasyāṃ viśuddhā | samalā nirmalā ca sā | yadā saha malena varttate tadā saṃkliṣṭā | yadā prahīṇamalā tadā viśuddhā | yadi samalā bhūtvā nirmalā bhavati kathaṃ vikāradharmiṇītvād anityā na bhavati | yasmād asyāḥ abdhātukanakākāśaśuddhivac chuddir iṣyate || āgantukamalāpagamān na tu tasyāḥ svabhāvānyatvaṃ bhavati |*. First quoted and translated in Mathes 2008: 20.

44 RGVV $21_{8\text{-}10}$: "Of these, the suchness accompanied by stains is the [buddha] element when not freed from the sheath of defilements. It is called buddha nature. Stainless suchness is that [element] called the *dharmakāya* of a Tathāgata, that which has the defining characteristic of [having undergone] a fundamental transformation at the level of a Buddha." *(tatra samalā tathatā yo dhātur avinirmuktakleśakośas tathāgatagarbha ity ucyate | nirmalā tathatā sa eva buddhabhūmāv āśrayaparivṛttilakṣano yas tathāgatadharmakāya ity ucyate |)*

adventitious defilements have sprung from false imagining.[45]

To sum up, the presentation of false imagining in the first part of the first chapter is structured around the original Yogācāra model with its dominating Abhidharma background of the said *dravyasat / prajñaptisat* distinction. As we have seen, this translates into a substantially, or ultimately, existing false imagining (dependent nature). In passages displaying Madhyamaka and/or Tathāgatagarbha influences, the dependent nature becomes the relative truth of the Yogācāra-Mādhyamikas, or else subsumed under the adventitious stains in the Tathāgatagarbha system. This is fully in line with the general trend of early Mahāyāna to label Abhidharma ontology as relative truth in Madhyamaka. Similarly, as we have seen, the *Ratnagotravibhāga* accepts original Yogācāra elements such as the cut-off potential only as a teaching with a hidden intention.

Original Yogācāra and Tathāgatagarbha Elements — Unbalanced Strands of Thought or Admitting of a Synthesis?

In the *Mahāyānasūtrālaṃkāra* no attempt is made to synthesize the verse on buddha nature in the ninth chapter with the traditional *gotra*-model in the third chapter. While the *Ratnagotravibhāgavyākhyā* offers a solution by claiming that the doctrine of a cut-off potential was given with a hidden intention, the single vehicle (*ekayāna*) theory, which is directly related to the Tathāgatagarbha teachings, was taught with a purpose in MSA XI.54:

> The perfect Buddhas have taught
> The unity of the vehicle (*ekayānatā*)
> For the sake of those who are not determinable,
> To attract some and to hold others.[46]

Vasubandhu's introductory remarks to this verse are as follows:

> Buddhahood is the single vehicle. Thus the unity of the vehicle must be understood, with such and such intent in this and that sūtra. But it is not that the three vehicles

45 RGVV $49_{9\text{-}12}$: *evam eva sāgaramate bodhisattvaḥ sattvānāṃ prakṛtiprabhāsvaratāṃ cittasya prajānāti | tāṃ punar āgantukopakleśopakliṣṭāṃ paśyati | tatra bodhisattvasyaivaṃ bhavati | naite kleśāḥ sattvānāṃ cittaprakṛtiprabhāsvaratāyāḥ praviṣṭāḥ | āgantukā ete kleśā abhūtaparikalpasamutthitāḥ |*. First translated and quoted in Mathes 2012: 194.

46 MSA XI.54 (MSABh $69_{3\text{-}4}$): *ākarṣaṇārtham ekeṣām anyasaṃdhāraṇāya ca | deśitāniyatānāṃ hi sambuddhair ekayānatā ||*

> do not exist. Why again did the Buddhas teach the unity of the vehicle with such and such intent?[47]

Sthiramati's sub-commentary classifies the single vehicle theory as a teaching with provisional meaning (Tib. *bkri ba'i don* being an alternative translation to *drang ba'i don*, Skt. *neyārtha*):

> As for the explanation of "single vehicle" here, it must be taken to have provisional meaning, because he (i.e., the Buddha) taught it with a [specific] intent, [namely] for the sake of sentient beings. The teaching of three vehicles has definitive meaning.[48]

Going by the hermeneutics of the *Vyākhyāyukti*, though, every sūtra (including definitive ones), has an aim or intent that needs to be identified. In other words, one does not need to follow Sthirmati's conclusion and ascribe the single vehicle theory the status of *neyārtha*, the three vehicle theory being *nītārtha*, for in the light of this hermeneutical strategy, MSA IX.37 (the verse on buddha nature) would become a statement of provisional meaning, too. In his commentary on MSA XI.53, Vasubandhu makes it clear that MSA XI.54 must be taken in the light of MSA IX.37:

> Sharing the same *dharma[dhātu]*, there is the unity of the vehicle. Because the Śrāvakas and the others are not separate from the *dharmadhātu*, the [single] vehicle must be taken.[49]

This leads us to the related issue of a substantial (*dravyasat*) false imagining that is not accepted as ultimate truth in the third chapter of the *Madhyāntavibhāga* (MAV III.10d). Moreover, it is replaced in its central position in MAV I.1-12 by a positively understood emptiness. In Mathes 2000, I suggested that in the *Madhyāntavibhāga* two three nature models, similar to Sponberg's pivotal and progressive models,[50] existed side by side in an unbalanced way.[51] Without questioning my original analysis, I propose here that the two models may be less unbalanced if one accepts that the final author of the *Madhyāntavibhāga* attempted a synthesis of Yogācāra and Tathāgatagarbha thought, a synthesis that can also be found in the *Ratnagotravibhāga*

47 MSABh $68_{27}$-$69_{2}$: *buddhatvam ekayānam evaṃ tatra tatra sūtre tena tenābhiprāyeṇaikayānatā veditavyā na tu yānatrayaṃ nāsti | kimarthaṃ punas tena tenābhiprāyeṇaikayānatā buddhair deśitā |*

48 MSAVBh $196a_{6\text{-}7}$: *de la theg pa gcig go zhes bshad pa ni sems can gyi don du dgongs pa'i dbang gis gsungs pas ni bkri ba'i don zhes bya ba la | theg pa gsum du gsungs pa ni nges pa'i don yin te |*. I thank Prof. Luo Hong (Sichuan University, Chengdu) for this observation.

49 MSABh $68_{17}$: *dharmatulyatvād ekayānatā śrāvakādīnāṃ dhamadhātor abhinnatvāt yātavyaṃ yānam iti kṛtvā.*

50 Sponberg 1981: 99.

51 Mathes 2000: 200f.

and *Dharmadharmatāvibhāga*. This requires a shift from the original Yogācāra model of an ultimate dependent to a Madhyamaka ultimate beyond dependent origination, i.e., emptiness. Understood positively as luminosity (as in the emptiness passage of the *Madhyāntavibhāga*), it could then also be the buddha nature of the *Ratnagotravibhāga*.[52] If this luminous emptiness is taken as the ultimate, the initial distinction between an existent false imagining and a non-existent duality would describe what is true and false on the level of relative truth only, just as in the *Vyākhyāyukti* passage quoted above.

The initial verse of *Madhyāntavibhāga* (MAV I.1) would then present the thesis of such a Yogācāra-Tathāgatagarbha synthesis. It should be noted that in accordance with *Madhyāntavibhāga* I.5[53] the imagined nature is duality, the dependent nature false imagining, and emptiness the perfect nature:

> False imagining exists.
> Duality is not found in it.
> Emptiness is found there (i.e., in false imagining)
> And it (false imagining) is found in it (emptiness).[54]

The ontological distinction of the first two lines between the substantial existence of false imagining and the nominal existence of duality is fully contained within the relative truth of the Tathāgatagarbha model of reality. The third and fourth lines would then be an explanation of the relative and ultimate truths in this model. This means that emptiness is not only the absence of duality but also luminosity (see MAV I.16 and I.22). Emptiness pervades the dependent nature's 'bearers of properties' (*dharmin*) as their *dharmatā*, while false imagining exists in

52 As I have shown elsewhere (Mathes 2008), this requires reading a subtle distinction between *tathāgatagarbha* and the *dharmakāya* to accommodate the Yogācāra notion of the three *kāyas* emerging from the naturally present and fortified potentials. While the original Tathāgatagarbha notion of a permanent *dharmakāya* can fit, for example, into the framework of Nāgārjuna's *Niraupamyastava*,[a] the Yogācāra interpretation of buddha nature requires the latter to be a dynamic continuum that can blossom naturally from a potential into a fully developed Buddha.

[a] See NS 21 (NS $14_{11\text{-}12}$): "Your body, consisting of buddha qualities (*dharmas*) (i.e., the *dharmakāya*) is permanent, imperishable, peaceful, and victorious; but for the sake of people who need to be trained, cessation has been taught by you." (*nityo dhruvaḥ śivaḥ kāyas tava dharmamayo jinaḥ | vineyajanahetoś ca darśitā nirvṛtis tvayā ||*)

53 See MAVBh on I.5 (MAVBh, $9_{19\text{-}20}$): *arthaḥ parikalpitaḥ svabhāvaḥ | abhūtaparikalpaḥ paratantraḥ svabhāvaḥ | grāhyagrāhakābhāvaḥ pariniṣpannaḥ svabhāvaḥ |*. This does not directly support the equation of duality (*grāhyagrāhaka*) with *parikalpita*, but from MAVṬ $57_{18}$ it is clear that *parikalpita* not only includes *dharmas*, but also *pudgala*. First quoted and translated in Mathes 2012: 190-91.

54 MAVBh, $17_{16\text{-}17}$: *abhūtaparikalpo 'sti dvayan tatra na vidyate | śūnyatā vidyate tv atra tasyām api sa vidyate ||*

emptiness as *dharmin*.[55] Read in the terminology of the emptiness passage (MAV I.13-22), false imagining comprises, as *dharmin*, the adventitious stains that cover up a positively understood emptiness that is, as already mentioned, the buddha nature of the *Ratnagotravibhāga*. In the final analysis, then, the perfect is empty of not only the imagined but also the dependent.[56] This allows not only for a consistent reading of the *Madhyāntavibhāga* but also for a synthesis with the Tathāgatagarbha theory. It should be noted that this restriction of the dependent to the relative truth also enables the Yogācāra-Madhyamaka synthesis of Śāntarakṣita and Kamalaśīla.

A way into a Yogācāra-Tathāgatagarbha synthesis can be also found in the *Dharmadharmatāvibhāga* and its commentary by Vasubandhu. The technical terms for the three natures are not found in it, and not even in the commentary. Nor is there mention of relative and ultimate truths. Still, the two truths system finds a correspondence in the distinction between phenomena (*dharma* or *dharmin*) and their true nature (*dharmatā*). The respective definitions are as follows:

> As to the defining characteristics of *dharma*s, they are dualistic appearances and [that which appears] in accordance with expressions; [all of them are] false imagining.[57]

> As to the defining characteristic of *dharmatā*, it is suchness, in which there is no differentiation between a perceived object and a perceiving subject, an expressed object and expression.[58]

The relation between the two is explained as follows:

> The two (i.e., *dharma* and *dharmatā*) are neither identical nor separate, because there is, and also not, a difference between the existent [*dharmatā*] and non-existent

55 This is as explained in Sthiramati's commentary (MAVṬ $15_{17\text{-}18}$): "The existence of emptiness in false imagining [must be understood] in terms of the latter's *dharmatā*. False imagining, in turn, completely exists in emptiness in the form of the 'bearers of properties' (*dharmin*)" (*śūnyatāyās tu sattvam abhūtaparikalpe taddharmateti kṛtvā śūnyatāyām tu sarvam* (text: *sarvam*) *abhūtaparikalpo dharmirūpeṇa vidyate* |).

56 Such a three-nature formula finds doctrinal support in the extensive commentary on the larger Prajñāpāramitāsūtras (i.e., the *Bṛhaṭṭīkā*), which takes the perfect to be empty of the dependent and imagined (see Mathes 2004: 317; Brunnhölzl 2011: 26f).

57 DhDhVK 19-22: | *de la chos kyi mtshan nyid ni* | | *gnyis dang ji ltar mngon par brjod par* | | *snang ba yang dag ma yin pa'i* | | *kun rtog pa ste....*

58 DhDhVK 26-29: | *gzhan yang chos nyid mtshan nyid ni* | | *gzung ba dang ni 'dzin pa dang* | | *brjod par bya dang rjod par byed* | | *khyad med de bzhin nyid yin no* |.

[*dharmas*].[59]

Even though false imagining is here the defining characteristic of non-existing *dharmas*, it is not completely negated, since it exists as mere delusion, i.e., that which generates dualistic appearances.[60] In other words, it partakes of a higher degree of reality, just as in the *Madhyāntavibhāga*. This is also clear from the definition of *dharmatā*, where the duality of a perceived object and perceiving subject, and of an expressed object and a corresponding expression, is negated but false imagining is not. In the final analysis, it must be included within the adventitious stains which do not appear anymore upon completion of the fundamental transformation (*āśrayaparivṛtti*):

> One comprehends the nature [of *āśrayaparivṛtti* when it is known as] the stainlessness of suchness so that adventitious stains do not appear [anymore], and [only] suchness appears. [61]

The whole remaining part of the *Dharmadharmatāvibhāga*, which is more than half of the text, expounds the *āśrayaparivṛtti* theory in a way similar to the second chapter of the *Ratnagotravibhāga*, which is on enlightenment.[62] To be sure, the term *tathāgatagarbha* is not found in the whole of the *Dharmadharmatāvibhāga* or its commentary, but its proximity to the *Ratnagotravibhāga* is evident, as can be gathered from Vasubandhu's final summary:

> Since that [change][63] does not exist, the true nature of phenomena (*dharmatā*) and the fundamental transformation (*āśrayaparivṛtti*), which is constituted by it, are permanent. Here, with the examples of gold and water, only a quality [of these objects of comparison], not [their] substance, was taught as being analogous [to the transformation]. With the example of space, it (i.e., the transformation) was taught completely.[64]

---

59 DhDhVK 38-41: | *gnyis po dag ni gcig nyid dang* | | *so so ba yang ma yin te* | | *yod pa dang ni med pa pa dag* | | *khyad par yod dang med phyir ro* |. The additions in brackets are in accordance with Vasubandhu's commentary (see Mathes 1996: 122).

60 See Mathes 1996: 255.

61 DhDhVV$_S$ 12-13: *svabhāvapraveśas tathatāvaimalyam āgantukamalatathatāprakhyānaprakhyānāya.*

62 See Mathes 2005: 3.

63 This follows up a discussion whether the *āśrayaparivṛtti* entails change.

64 DhDhVV 706-8: | *de med pas ni chos nyid dang* | *des rab tu phye ba'i gnas yongs su gyur pa rtag pa yin no* | *'dir gser dang chu'i dpes ni rdzas la ma ltos par yon tan tsam chos mthun par bstan pa yin la* | *nam mkha'i dpes ni thams cad bstan pa yin no* |

It should be noted that the examples of gold, water, and space for the revelation of a positive ultimate — Vasubandhu equates the *āśrayaparivṛtti* with luminosity — [65]is shared by the *Madhyāntavibhāga* and *Ratnagotravibhāga.*

## Conclusion

In Maitreya's Yogācāra texts, there are at least two models of reality. Besides the common ontological distinction between the nominal and substantial (i.e., the imagined and dependent natures) there is also the *Ratnagotravibhāga* model of a positive ultimate (once even referred to as *tathāgatagarbha* in MSABh on IX.37) that is devoid of adventitious stains. Echoes of the Madhyamaka model of the two truths are found in the context of relating the three natures to the relative and ultimate truths. In the light of these Tathāgatagrabha and Madhyamaka strands, the original Yogācāra notion of a cut-off potential in the *Mahāyānasūtrālaṃkāra* can be relativized, too. While Vasubandhu goes in this direction, Sthiramati sticks to a strict *gotra* distinction over against the Tathāgatagarbha model, ascribing provisional meaning (*neyārtha*) to *ekayāna* and implicitly, buddha nature. The *Madhyāntavibhāga* can be taken as a synthesis of Yogācāra and Tathāgatagarbha thought, a synthesis that is also at work in the *Ratnagotravibhāga* and the *Dharmadharmatā-vibhāga.* The Yogācāra model of this synthesis describes, then, relative truth in a way similar to Yogācāra-Svātantrika Madhyamaka.

## Bibliographies

### Primary Sources

AKBh: *Abhidharmakośabhāṣya*

Ed. by Prahlad Pradhan (Tibetan Sanskrit Works Series 8). Patna 1967.

CMA: *Caturmudrānvaya*

Ed. by Klaus-Dieter Mathes. See Mathes 2015: 389-402.

DhDhVK: *Dharmadharmatāvibhāgakārikā* (Tibetan translation)

Ed. by Klaus-Dieter Mathes. See Mathes 1996: 104-14.

DhDhVV: *Dharmadharmatāvibhāgavṛtti* (Tibetan translation)

Ed. by Klaus-Dieter Mathes. See Mathes 1996: 69-98.

DhDhVV$_S$: *Dharmadharmatāvibhāgavṛtti* (Sanskrit fragment)

Ed. by Klaus-Dieter Mathes. See Mathes 1996: 99-103.

65 DhDhVV 701: | *de bzhin du gnas yongs su gyur pa la yang rang bzhin gyis 'od gsal ba gang yin pa ....*

BBh: *Bodhisattvabhūmi*

Ed. by Unrai Wogihara. Tokyo: 1930-6.

MAV: *Madhyāntavibhāga*

See MAVBh

MAVBh: *Madhyāntavibhāgabhāṣya*

Ed. by Gadjin M. Nagao. Tokyo: Suzuki Research Foundation, 1964.

MAVṬ: *Madhyāntavibhāgaṭīkā*

Ed. by S. Yamaguchi. Nagoya: Librairie Hajinkaku, 1934.

MSA: *Mahāyānasūtrālaṃkāra*

Ed. by Sylvain Lévi (Bibliothèque de l'École des Hautes Études. Sciences historiques et philologiques 159). Paris: Librairie Honoré Champion, 1907.

MSABh: *Mahāyānasūtrālaṃkārabhāṣya*

See MSA

MSAVBh: *Mahāyānasūtrālaṃkāravṛttibhāṣya* (Tibetan translation)

Derge Bstan 'gyur 4034, sems tsam, vol. mi, $1b_1$-$283a_7$

RGV: *Ratnagotravibhāga*

See RGVV

RGVV: *Ratnagotravibhāgavyākhyā*

Ed. by Edward H. Johnston. Patna: The Bihar Research Society, 1950.

VY: *Vyākhyāyukti* (Tibetan translation)

Ed. by Jong Ch. Lee in *A Study of Vasubandhu: With Special Reference to the* Vyākhyāyukti (in Japanese), vol. 2 (*The Tibetan Text of the Vyākhyāyukti of Vasubandhu*). Tokyo: Sankibo Press, 2001.

## Secondary Sources


Arnold, Dan. 2003. "Candrakīrti on Dignāga on svalakṣaṇas." In *Journal of the International Association of Buddhist Studies* 26.1: 139-74.

Brunnhölzl, Karl. 2004. *The Center of the Sunlit Sky: Madhyamaka in the Kagyü Tradition.* Ithaca, New York / Boulder, Colorado: Snow Lion Publications.

——2011. *Prajñāpāramitā, Indian* "gzhan stong pas", *and the Beginning of Tibetan* gzhan stong (Wiener Studien zur Tibetologie und Buddhismuskunde, vol. 74). Vienna: Arbeitskreis für tibetische und buddhistische Studien.

Burton, David. 1999. *Emptiness Appraised: A Critical Study of Nāgārjuna's Philosophy.* Richmond UK: Curzon Press.

D'Amato, Mario. 2003. "Can All Beings Potentially Attain Awakening? *Gotra*-Theory in the *Mahāyānasūtrā-laṃkāra." Journal of the International Association of Buddhist Studies*

26.1: 115-38.
——2012. *Maitreya's Distinguishing the Middle from the Extremes. Along with Vasubandhu's Commentary. A Study and Translation.* New York: The American Institute of Buddhist Studies.
Haack, Susan. 1978. *Philosophy of Logics.* Cambridge: Cambridge University Press.
Hacker, Paul. 1985. *Grundlagen indischer Dichtung und indischen Denkens.* Ed. from the inheritance by Klaus Rüping. Publications of the De Nobili Research Library 12. Vienna.
Heidegger, Martin. 2003. *Heidegger Gesamtausgabe*, vol. 5. Frankfurt a. M.: Vittorio Klostermann.
Mathes, Klaus-Dieter. 1996. *Unterscheidung der Gegebenheiten von ihrem wahren Wesen* (Dharmadharmatāvibhāga) (Indica et Tibetica 26). Swisttal-Odendorf: Indica et Tibetica Verlag.
——2000. "Tāranātha's Presentation of *trisvabhāva* in the *gŹan stoṅ sñiṅ po."* In *Journal of the International Association of Buddhist Studies* 23.2: 195-223.
——2004. "Tāranātha's 'Twenty-One Differences with regard to the Profound Meaning' — Comparing the Views of the Two *gŹan stoṅ* Masters Dol po pa and Śākya mchog ldan." In *Journal of the International Association of Buddhist Studies* 27.2: 285-328.
——2007. "The Ontological Status of the Dependent (*paratantra*) in the *Saṃdhinirmocanasūtra* and the *Vyākhyāyukti."* In *Indica et Tibetica. Festschrift für Michael Hahn zum 65. Geburtstag von Freunden und Schülern überreicht.* Ed. by Konrad Klaus and Jens-Uwe Hartmann (Wiener Studien zur Tibetologie und Buddhismuskunde, vol. 66). Vienna: Arbeitskreis für tibetische und buddhistische Studien, 323-39.
——2008. *A Direct Path to the Buddha Within: Go Lotsāwa's Mahāmudrā Interpretation of the Ratnagotravibhāga* (Studies in Indian and Tibetan Buddhism). Boston: Wisdom Publi¬cations.
——2012. "The *gzhan stong* Model of Reality — Some More Material on its Origin, Transmission, and Interpretation." In *Journal of the International Association of Buddhist Studies* 34.1-2: 187-226.
——2015. *A Fine Blend of Mahāmudrā and Madhyamaka: Maitrīpa's Collection of Texts on Non-conceptual Realization* (Amanasikāra). Vienna: Austrian Academy of Sciences Press.
——*In print*: "The Original *Ratnagotravibhāga* and its Yogācāra Interpretation as Possible Indian Precedents of *Gzhan stong* (Empti[ness] of Other)." To be published in *Hōrin* 17.
Rospatt, Alexander. 1995. *The Buddhist Doctrine of Momentariness.* Alt-und Neu-Indische Studien 47. Stuttgart: Franz Steiner Verlag.
Salvini, Mattia. 2015. "Language and Existence in Madhyamaka and Yogācāra: Preliminary Reflections." In *Madhyamaka and Yogācāra: Allies or Rivals?* Oxford: Oxford University Press, 29-71.
Schmithausen, Lambert. 1971. "Philologische Bemerkungen zum Ratnagotravibhāga." *Wiener*

*Zeitschrift für die Kunde Südasiens* 15: 123-77.

Sponberg, Alan. 1981. "The Trisvabhāva Doctrine in India & China: A Study of Three Exegetical Models." *Bukkyō bunka kenkyūjo kiyō* 21: 97-119.

Takasaki, Jikido. 1966. *A Study on the Ratnagotravibhāga (Uttaratantra) Being a Treatise on the Tathāgata-garbha Theory of Mahāyāna Buddhism* (Rome Oriental Series 33). Rome: Istituto Italiano per il Medio ed Estremo Oriente.

◆ Author: Klaus-Dieter Mathes, Professor, Department of South Asian, Tibetan and Buddhist Studies, University of Vienna.

# Other-Emptiness Madhyamaka and its Application in Meditation in the Eyes of Kong sprul Blo gros mtha' yas*

Martina Draszczyk

**Abstract:** Fully in line with the *ris med* approach that Kong sprul Blo gros mtha' yas (1813–1899) shaped decisively, he was very appreciative of the different strands of *gzhan stong* views which can be detected in Tibetan Buddhism. In his view, "*gzhan stong* Madhyamaka arose according to circumstances," a standpoint which allows him to equally praise Rang byung rdo rje, Dol po pa, Long chen pa, Chos grags rgya mtsho, Shākya mchog ldan, Tāranātha, and Si tu bstan pa'i nyin byed as *gzhan stong* proponents.

In Kong sprul's retrospective view, the works of these masters give full support to *gzhan stong*, even though one can assume that not all of them would necessarily have shared this opinion. In his own *gzhan stong* writings, Kong sprul distances himself from a few points which were important in Dol po pa's and Tāranātha's approach. Dol po pa, for example, maintains an unconditioned *dharmakāya* which according to Kong sprul would lead to internal contradictions in that the *dharmakāya* is endowed with knowledge, compassion, and power and can therefore not be entirely unconditioned. Moreover, instead of following Dol po pa's and Tāranātha's *Bṛhaṭṭīkā* based view that — in terms of the three natures — the perfect nature is empty of the dependent and the imagined natures, he seems to favor the more progressive three-nature model in accordance with the *Madhyāntavibhāga* that the dependent nature empty of the imagined is the perfect nature. By doing so he closely follows Shākya mchog ldan to whom the syllogism implied in the view that posits an absolute beyond the dependent nature is defective in that it tries to prove what is already ascertained in the subject-basis. He also goes along Shākya mchog ldan's view who considers both the self-empty apophatic approach of Madhyamaka as well as the other-empty cataphatic approach as adequate methods of approaching the ultimate. Yet, just as the latter master, Kong sprul points out that the *gzhan stong* view goes deeper in reflecting the authentic mode of being because a non-affirming negation would reduce emptiness to a mere conceptual nothingness.

In my paper I will show how, with this perspective, Kong sprul makes the link to Bka' brgyud Mahāmudrā where the unity of *saṃsāra* and *nirvāṇa* is advocated and where it is emphasized that the actual nature of concepts is the *dharmakāya*. This, while constituting a major difference to Dol po pa who insists on the fundamental difference between a buddha's wisdom and consciousness, comparing it to the opposite nature of light and darkness or nectar and poison, is fully in line with Rang byung rdo rje's position of equating the true nature of phenomena with the union of appearance and emptiness which in turn is considered as nothing other but natural awareness, a main theme of Bka' brgyud Mahāmudrā.

The selection of treatises that 'Jam mgon Kong sprul Blo gros mtha' yas (1813–1899)[1] commented on, his own works such as for example the *Immaculate Vajra Moonrays*[2], and the variety of meditation-related instructions that fill his *Collected Works*[3] illustrate that for Kong sprul, philosophical studies mainly serve the aim to implement the view in meditation. Thus it appears that as an author and teacher Kong sprul's focus was to find the best philosophical template for meditation and this, for him, is the affirmative approach of Other-Emptiness or *Gzhan stong* Madhyamaka.

1 Born in the beginning of the 19th century in Kham, 'Jam mgon Kong sprul Blo gros mtha' yas became one of the most active and prominent Buddhist masters of his time. Along with and often under the guidance of the famous and well-established 'Jam dbyangs Mkhyen brtse'i dbang po (1820–1892), he decisively contributed to the so-called *ris med*-movement, the main vision of which was to secure and maintain Buddhist traditions in all their aspects that were extant in Tibet. This also meant that they focused on Buddhists traditions that for socio-political or other reasons had been marginalized and were in danger of disappearance. While the overall approach was non-sectarian, emphasis was on the Bka' brgyud-, Rnying ma-, Sa skya-and Jo nang-traditions. The legacy of Kong sprul Blo gros mtha' yas consists mainly in the so-called *Five Great Treasures* (*mdzod lnga*) in which he collected a great number of texts by various authors as well as his own writings. Many teachers of the above mentioned traditions today rely on these compilations.

2 *Gzhan stong lta khrid.* Full title: *Gzhan stong dbu ma chen po'i lta khrid rdo rje zla ba dri ma med pa'i 'od zer zhes bya ba bzhugs so.* The *Immaculate Vajra Moonrays*, an Instruction for the View of *Gzhan stong*, the Great Madhyamaka.

3 *'Jam mgon Kong sprul blo gros mtha' yas kyi gsung 'bum rgya chen bka' mdzod. The expanded edition of the writings of 'Jam mgon Kong sprul Blo gros mtha' yas.* 13 vols. [abbrev. KD] Reproduced from the dPal spungs xylographs from Eastern Tibet. Delhi: Shechen Publication, 2002.

In his *Treasury of Knowledge*,[4] Kong sprul presents the essence of all systems of Madhyamaka — whether they offer a nonaffirming or an affirming approach toward reality — from the perspective of the ground, the path, and the fruition:

> Not denying relative [phenomena] the way they appear and being free from all proliferations as to the true nature, is the ground.
> Relinquishing the apprehension of characteristics through profound wisdom and to act for the benefit of others with compassion, thus amassing the accumulations [of wisdom and merit], is the path.
> Pacification, the perfect *dharmakāya*, and the form *kāyas* which non-conceptually benefit others, is the fruition.
> The [meaning of the] Mādhyamikas' teachings is contained in these [three points].[5]

While outlining these three main points regarding the ground, the path, and the fruition, Kong sprul offers a number of variations for subdividing different Madhyamaka perspectives. He distinguishes between a general Sūtra-Madhyamaka and a profound secret Mantra-Madhyamaka.[6] He further subdivides the propounders of the general Sūtra-Madhyamaka into those Mādhyamikas who maintain the view of essencelessness (*ngo bo nyid med par smra ba'i dbu ma pa; niḥsvabhāvavāda mādhyamika*) and the Yogācāra-Mādhyamikas (*rnal 'byor spyod pa'i dbu ma pa*), explaining that Bhavya etc. referred to them as broad and subtle or outer and inner respectively and that in Tibet, since the time of Dol po pa (1292–1361) these were known as those who propound self-emptiness (*rang stong pa*), and those who propound

4 *Shes bya kun khyab mdzod*, the encyclopedic magnum opus and one of the *Five Great Treasures* of Kong sprul Blo gros mtha' yas. It comprises both root verses as well as a comprehensive auto-commentary. All in all it consists of ten books or sections covering a broad spectrum of Buddhist history, philosophy and practice from the perspective of Tibetan Buddhism. Upon the initiative of the late Kalu Rinpoche (1905–1989) it was translated into English. All ten books, having as their main title *The Treasury of Knowledge* along with the respective subtitles of the ten sections are by now available through Snow Lion Publications.

5 *Shes bya kun khyab mdzod*, vol. 2: $559_{10\text{-}14}$: *kun rdzob ji ltar snang la skur mi 'debs || gnas lugs spros mtha' kun dang bral ba gzhi || shes rab zab mos mtshan mar 'dzin pa spong || snying rjes gzhan don tshogs rnams gsog pa lam || zhi ba chos sku mthar phyin gzugs kyi sku || rtog med 'gro don mdzad pa 'bras bu ste || dbu ma rnams kyi bstan bya der 'dus so ||*. translation is my own. See also (tr.) Callahan 2007: 272.

6 *Shes bya kun khyab mdzod,* vol. 2: $512_{14}$: *dbye sgo mang yang mdo sngags dbu ma gnyis |*. "Even though there are many ways of distinguishing, there are the two sūtra and mantra Madhyamaka."

other-emptiness (*gzhan stong pa*) respectively.[7] It is important to keep in mind that for Kong sprul "Yogācāra-Mādhyamika" is thus a synonym for *gzhan stong pa* or the proponents of other-emptiness, also called "Great Madhyamaka" and that it pertains to those who — based in the view of the essencelessness of all phenomena — acknowledge that while mind's true nature is empty of adventitious defilements it is not empty of enlightened qualities. As will become clear below, according to Kong sprul, this true nature of mind — in other words **sugatagarbha* — is to be taken as the substratum for the meditative path. Through that approach the adept can actualize buddhahood precisely for the reason that enlightened qualities, being innate to mind's true nature, are "merely" to be discovered by way of a process of spiritual training that makes all obscurations that obstruct it dissipate. Thus for him the Yogācāra-Madhyamaka view, that is strongly based in the third dharma wheel, surpasses the one of the Niḥsvabhāvavāda Mādhyamikas who maintain but the view of essencelessness being grounded in the second wheel of dharma. The latter, with its focus on logic and reasoning easily seduces the adept to settle for a mere negation of reality which is just another conceptual elaboration instead of relating to mind's true nature without any fabrications and thereby letting its innate virtue be revealed. It is for this reason that in his *Immaculate Vajra Moonrays* Kong sprul, when discussing these Madhyamaka-approaches in the context of the three dharmacakras, maintains in accordance with the *Saṃdhinirmocanasūtra* that only the sūtras of the third cycle — and consequently the associated treatises and teachings — convey the unsurpassable definitive meaning in that they make the precise distinction between existence and nonexistence, being and nonbeing of the true nature.[8] To him, the sūtras of the middle wheel and their associated commentaries comprise a mixture of the provisional and the definitive meaning of the Buddha's

7 *Shes bya kun khyab mdzod,* vol. 2: $513_{15\text{-}22}$: *theg pa chen po'i mdo sde rnams kyi dgongs pa 'grel pa'i tshul lam lugs srol cung zad mi 'dra ba'i dbang gis ngo bo nyid med par smra ba'i dbu ma dang | rnal 'byor spyod pa'i dbu ma pa gnyis su rigs nges shing | de dag la kha cig gis dbu ma pa gtso phal gnyis kyi brda sbyar la | slob dpon bha bya sogs kyis phyi ma la phra ba nang gi dbu ma dang | snga ma la rags pa phyi'i dbu ma zhes pa'i brda la sogs pa yang sbyor zhing | bod du jo nang chos rje kun mkhyen chen po phyin chad nas dbu ma rang stong gzhan stong gi lugs zhes yongs su grags so ||*. For the precise translation see Callahan 2007:

8 See also the Fourth Zhwa dmar pa Chos grags ye shes (1453–1524) in his *Mdo sde spyi'i rnam bzhag*, CYsb vol. 3, $161_{9\text{-}10}$: "The difference is that the middle [dharmacakra] explains emptiness which negates all elaborations and the last [dharmacakra] [buddha]nature which is free from apprehending characteristics of it being empty or not empty." *bar pa spros pa mtha' dag bkag pa'i stong pa nyid dang | tha mas stong mi stong gi mtshan 'dzin las grol ba'i snying po ston pa'i khyad yod |*.

teachings[9] and are thus not perfectly definitive.[10]

It is from this perspective, that in his *Immaculate Vajra Moonrays*, which is considered to be one of Kong sprul's main instructions for the view of *gzhan stong* and its application in meditation, he honors a number of teachers as *gzhan stong* proponents. He praises the Third Karma pa Rang byung rdo rje (1284–1339), Dol po pa (1292–1361) and even Klong chen pa (1308–1363) as the three great pioneers of *gzhan stong*. Moreover, he praises the Seventh Karma pa Chos grags rgya mtsho (1454–1506), Shākya mchog ldan (1428–1507), Tāranātha (1575–1634), and Si tu bstan pa'i nyin byed (1700–1774) as equally authentic *gzhan*

9 *Gzhan stong lta khrid*, $736_2$-$737_3$: "[Just as with] children [who are first fed with milk and eventual with solid] food, by way of the first cycle of the [Buddha's] words, renunciation of *saṃsāra* is attained, through the middle [cycle] the clinging to characteristics is counteracted, and with the last existence and nonexistence, being and nonbeing etc. are precisely distinguished with regard to the actuality of the mode of being. Thus according to the [authoritative] statements of the *Saṃdhinirmocanasūtra* etc. the first [cycle] is established to be of provisional meaning, the middle to be a mixture of provisional and definitive meaning, and the last to be of unsurpassable definitive meaning. [Moreover] it is not just impossible to ignore these presentations of the victor and his successors, but direct cognition proves that the actuality of profundity is [through these progressive cycles] more and more clear and complete." *byis pa la zas snyod pa'i tshul gyis | bka' 'khor lo dang pos 'khor ba las nges par 'byin | bar pas mtshan 'dzin zlog | tha mas gnas lugs kyi don yod med yin min sogs legs par phye bas | dang po drang don | bar pa drang nges 'dres pa | tha ma nges don bla med du mdo sde dgongs pa nges 'grel lung gis grub pa sogs rgyal ba sras bcas kyis rnam par bzhag pa las 'gongs mi nus pa ma zad | zab mo'i don rim par gsal zhing yongs su rdzogs par mngon sum gyis kyang grub phyir ro ||*.
See for example also Shākya mchog ldan's position — an author highly venerated by Kong sprul — in that regard in his *Phyag rgya chen po'i shan 'byed,* PCks, Higgins and Draszczyk tr. 2016, vol. II: 51, critical ed.: 73: "Not only is there a difference in terms of the view of the experiencer but the latter [system, i.e. Yogācāra-Madhyamaka] is also superior in terms of the definitive meaning of the experienced object because the emptiness as a nonaffirming negation of the former tradition, [i.e., the Niḥsvabhāvavāda-Mādhyamikas of the Lakṣaṇayāna] is explained as conventional truth since it is nothing other than nonexistence and abstraction. Hence it does not qualify as being of definitive meaning and does not go beyond the conceptualizing mind of the subject (*yul can*)." *myong byed kyi lta ba la khyad par yod pa kho nar ma zad nyams su myong bya'i nges don de yang phyi ma khyad par du 'phags pa yin te | lugs snga ma'i stong nyid med dgag de ni dngos por med pa dang spyi mtshan las ma 'das pas kun rdzob bden par bshad pa yin gyi | nges don du mi rung ba'i phyir dang | yul can blo rtog pa las ma 'das pa'i phyir ||*.

10 See also the Fourth Zhwa dmar pa Chos grags ye shes in his *Mdo sde spyi'i rnam bzhag*, CYsb vol. 3, $161_{12\text{-}15}$: "The middle dharmacakra — in relation to the last one — is of provisional definitive meaning, in that its topic and its formulations are not fully perfect. The third dharmacakra — as there is nothing else that would be superior to it — is of ultimate definitive meaning, in that its topic and formulations are fully perfect. [This] difference should be comprehended." *chos 'khor bar pa de phyi ma la ltos nas gnas skabs kyi nges don te | mrjod bya rjod byed yongs su ma rdzogs pa dang | chos 'khor gsum pa de las mchog tu gyur pa gzhan med pas mthar thug gi nges don te | brjod bya rjod byed yongs su rdzogs pa'i khyad par khong du chud par bya'o ||*. And, ibid, $164_{3\text{-}5}$: "... thus the statement "the first dharmacakra is of provisional meaning, the middle one of not fully complete definitive meaning, and the last one is of fully perfect definitive meaning" which is appropriate to be maintained by intelligent people was well explained."... *de bas na 'khor lo dang po drang don | bar pa nges don yongs su ma rdzogs pa | tha ma nges don yongs su rdzogs pa yin no zhes blo dang ldan pa rnams kyis bzung bar 'os pa'i legs par bshad pa'o ||*.

*stong* master[11] and mentions that the differences in their views merely arose according to circumstances.

> Based on the twenty sūtras on the essence of the definitive meaning [considered to belong to] the last wheel of dharma, as well as on the five treatises by Maitreya and the teaching systems of Nāgārjuna und Asaṅga and their successors, here in Tibet as well — since the two the translator Gzu and Btsan — the study- and teaching tradition of what is known as *Gzhan stong* Madhyamaka arose according to circumstances until today. Among [the Tibetan teachers] the three great pioneers of the [*gzhan stong*-] teaching tradition — the all-knowing [Karma pa] Rang byung rdo rje, the all-knowing Dol po pa and the all-knowing [Klong chen pa] Dri med 'od zer — but also [teachers] such as the Seventh Master [Karma pa Chos grags rgya mtsho], [Shākya mchog ldan] Zi lung paṇ chen, Tāranātha, and [Si tu] Bstan pa'i nyin byed, [all] of whom were definitely on the level of noble ones and who [as] spiritual friends of the teachings in their entirety had an unbiased eye of dharma, ascertained [the *gzhan stong*-teachings] through the three listening, teaching and meditating. This is backed by all of their excellent writings. Moreover, the ultimate intention of all noble individuals who,

11 The Third Karma pa Rang byung rdo rje (1284–1339) was retrospectively often called a *gzhan stong* master even though he himself did never use the term *gzhan stong* and did not explicitly posit himself in this way. Dol po pa Shes rab rgyal mtshan (1292–1361) first established himself as a great scholar based in the Sa skya school and became widely accepted as a so-called omniscient one. Having been deeply touched by the meditative practice in the Jo nang system, he later on developed the so-called *gzhan stong* approach and taught this widely. He attracted huge attention, probably also due to his accepted position. After his death, the *gzhan stong* approach, not being compatible with the general view held within the Dge lugs pa tradition, was heavily attacked by several of their representatives. Klong chen pa (1308–1363) who is one of the main philosophers in the Rnying ma school did, just as Rang byung rdo rje, not teach *gzhan stong* but rather focussed on the *rang stong* or self-emptiness perspective. Yet, in his Dzogs chen teachings he explains, just as Karma pa Rang byung rdo rje in his Mahāmudrā teachings, that the mind as such is the ground for *saṃsāra* und *nirvāṇa*, that luminosity or buddha nature are free from all defilements and that innate wisdom is actualized through a fundamental change of state. The Seventh Karma pa Chos grags rgya mtsho (1454–1506) is usually considered a *gzhan stong* representative due to certain passages in his famous work on the theory of perception and due to descriptions of his view given by his student Karma phrin las pa. Shākya mchog ldan (1428–1507), considered to be one of the so-called six ornaments of Tibet, became an outspoken proponent of *gzhan stong* which he taught in a way that synthasized *gzhan stong* with Dwags po Mahāmudrā and thus varies greatly from Dol po pa's *gzhan stong*. His works were also not tolerated in Tibet and therefore were not extant until a few years ago. Tāranātha (1575–1634) is considered the one who revived Dol po pa's *gzhan stong* view after it had been pushed into the backround for approx. two-hundred years. However his writings met the same fate as Shākya mchog ldan's in that their reprint was prohibited in Tibet. Si tu bstan pa'i nyin byed (1700–1774) was acknowledged as one of the most important scholars during his days. It is said that he propagated the *gzhan stong* as taught within the Karma Bka' brgyud tradition and that his teaching activity had a strong impact on the revival of *gzhan stong* views in particular in Kham. For more information regarding the *gzhan stong* positions of these authors see Draszczyk 2015: 116-94.

having united listening, contemplating, and meditating, behold the true mode of being unmistakenly cannot but lead into that.[12]

Thus, in Kong sprul's retrospective view, the works of these masters give full support to *gzhan stong*, even though one can assume that not all of them would necessarily have shared this opinion.[13] As is commonly known, neither Rang byung rdo rje nor Klong chen pa made ever use of the term *gzhan stong*. Moreover as will become clear below in his own presentations, Kong sprul at times diverts quite substantially from certain positions of Dol po pa's and Tāranātha's *gzhan stong* system.

All in all, he certainly highly appreciates Tāranātha's expositions of other-emptiness as is demonstrated by the fact that Kong sprul in his *Treasury of Knowledge* in the section on the three vehicles (*theg pa; yāna*) and the four tenets (*grub mtha'; siddhānta*), quotes him extensively. From Tāranātha's *Essence of Other-Emptiness*[14] he takes for example a long section which addresses the topic of the Yogācāra linked threefold nature model, i.e., the imagined, the dependent and the perfect nature (*kun brtags, gzhan dbang, yongs grub; parikalpita,*

12 *Gzhan stong lta khrid*, $738_{1\text{-}5}$: *de la 'khor lo tha ma nges don snying po'i mdo sde nyi shu | byams chos sde lnga | klu thogs yab sras kyi gzhung lugs la brten | lo tswā ba gzu btsan rnam gnyis nas bzung da lta'i bar du bod kyi yul 'dir yang gzhan stong dbu mar grags pa'i 'chad nyan srol ka ci rigs par byung ba las | shing rta'i srol 'byed chen po ni | thams cad mkhyen pa rang byung rdo rje | kun mkhyen dol po pa | kun mkhyen dri med 'od zer dang gsum po yin la | rje bdun pa | zi lung paṇ chen | tā ra nā tha | bstan pa'i nyin byed sogs 'phags pa'i sa la nges par bzhugs shing bstan pa yongs rdzogs kyi bshes gnyen phyogs rer ma lhungs pa'i chos kyi spyan ldan rnams kyis kyang nyan bshad sgom gsum gyis gtan la phab cing | de dag gi gsung rab thams cad 'di'i rgyab brten tu 'byon no | der ma zad thos bsam sgom pa zung 'brel gyis gnas lugs phyin ci ma log par gzigs pa'i skye 'phags rnams kyi mthar thug dgongs pa ni 'di kho nar 'bab dgos so | |.*

13 In the "*History of the Ris med Movement*," a text composed by Kong sprul and contained in his *Rgya chen bka' mdzod*, vol. 5, *Ris med chos 'byung*, $888_{1\text{-}4}$, he goes even further saying: "The scholars and siddhas of the secret mantra tradition of the Rnying ma [pas] such as the all-knowing [Klong chen pa] Dri med 'od zer, followers of the Great One from O rgyan, the scholars and siddhas of the four major and eight minor Bka' brgyud [pas], starting with the three Mar [pa], Mi [la ras pa], and Dwags po [pa], and all later spiritual masters of these teachings until the all-knowing [Si tu] Chos kyi 'byung nas, as well as the Sa [skya] uncle and nephew [Grags pa rgyal mtshan and Sa skya Paṇḍita], Bo dong pa ['Phyogs las rnam rgyal] and in particular the great Dol po pa, a buddha of the three times, the all-knowing one, and the great master Tāranathā who clarified his intent and other great beings who successivly appeared in the Jo nang and Bka' brgyud [traditions] — the view and practice of them all was gzhan stong Madhyamaka alone." *o rgyan chen po'i rjes 'brang kun mkhyen dri med 'od zer sogs gsang sngags rnying ma'i mkhas grub rnams dang | mar mi dwags gsum nas bzung | phyis yongs rdzogs bstan pa'i bshes gnyen kun gzigs chos kyi 'byung gnas kyi bar du byon pa'i bka' brgyud che bzhi chung brgyad kyi mkhas grub rnams dang | sa chen khung dpon rnams dang | zi lung paṇ chen | bo dong pa | khyad par kun mkhyen dus gsum sangs rgyas dol po pa chen po de'i dgongs pa gsal byed | rje btsun chen po tā ra nā tha sogs jo nang bka' brgyud kyi skyes chen rim byon thams cad kyi lta grub ni gzhan stong kho na yin la | nang gses bzhed tshul gyi khyad par mi 'dra ba cung zad yod de ||.* translation is my own. See also (tr.) van der Kuijp 1983: 41.

14 *Gzhan stong snying po*, $186_3$-$190_6$. See also (tr.) Hopkins 2007: 93-102.

*paratantra, pariniṣpanna*).[15] Nevertheless, Kong sprul deliberately leaves out the entire part of the "extraordinary meaning of Madhyamaka" (*thun mong ma yin pa'i don*) from the above mentioned text in which Tāranātha stresses Dol po pa's view that the perfect nature is empty of the imagined and the dependent nature; by restricting the perfect nature to its unchangeable aspect, the *Bṛhaṭṭīkā*[16] based view of the theory of the three natures (*trisvabhāva*) — stressed by Dol po pa — the perfect nature is brought strongly into line with that of buddha nature (*tathāgatagarbha*).[17] In regard to the three natures, Kong sprul, however, rather appears to prefer the more progressive model in accordance with the *Madhyāntavibhāga*[18] that the dependent nature empty of the imagined is the perfect nature which by the way is also taught by Karmapa Rang byung rdo rje. As well, it is the favorite model of Shākya mchog ldan. This becomes all the more clear when looking at another part of the *Treasury of Knowledge* in which Kong sprul goes into distinguishing between the definitive (*nges don; nītārtha*) and expedient meaning (*drang don, neyārtha*) in the three cycles of the Buddha's teachings. Even though in his encyclopedic root text he says according to Dol po pa's and Tāranathā's *gzhan stong* view: "The basis for negation is the perfect, the object of negation is the imagined and the dependent; the Yogācāras propound that [it] is empty of these,"[19] the explanations he gives right after provide a different picture. He quotes Shākya mchog ldan endorsing him saying that the basis of emptiness is the dependent, i.e., the limitless aspects of consciousness of dualistic clinging, that the object of refutation is the imagined, i.e., the distinction into subject and object, and that the essence of the consciousness of dualistic appearances, in other words the dependent nature, is the mere knowing and vivid experiencing of non-dual wisdom.[20]

Citations from Kong sprul's *Immaculate Vajra Moonrays* point into the same direction, identifying the dependent nature, i.e., the eightfold aspects of consciousness, to be empty of the

15 See *Shes bya kun khyab mdzod*, vol. 2, $548_{1\text{-}10}$. See also (tr.) Callahan 2007: 249-68.

16 *Bṛhaṭṭīkā*, short for *Śatasāhasrikāpañcaviṃśatisāhasrikāṣṭādaśasāhasrikāprajñāpāramitābṛhaṭṭīkā* by Daṃṣṭrāsena or Vasubandhu, D 3808.

17 Mathes 2004: 294.

18 Mathes 2008: 69 and note 363, "Emptiness refers to this false imagining (*abhūtaparikalpa*) that is free from the relation between a perceived and a perceiver."

19 *Shes bya kun khyab mdzod*, vol. 3: $61_{17\text{-}18}$: *dgag gzhi yongs grub dgag bya brtags dang gzhan | de yis stong zhes rnal 'byor spyod rnams sbra |*. See also (tr.) Barron 2012: 139-40.

20 *Shes bya kun khyab mdzod*, vol. 3, $62_{1\text{-}10}$: "The ground of emptiness is the dependent, that is to say the infinite [aspects of] consciousness of dualistic appearances. The object of negation is the imagined, that is to say the two, the distinction of the apprehender and the apprehended. ... If one wonders, what the essence itself of these consciousnesses of dualistic appearances is, [the reply is that] it is nondual wisdom, the mere knowing and vivid experiencing of knowables." *gang stong pa'i gzhi ni gzhan dbang ste gzung 'dzin gnyis snang can gyi shes pa mtha' dag go | dgag bya ni kun brtags pa ste gzung ba dang 'dzin pa'i dbye bas gnyis yin la ... gnyis snang gi shes pa de'i rang gi ngo bo gang zhe na | gnyis med kyi ye shes shes bya myong ba rig cing gsal tsam de nyid do ||*. See also ibid., vol. 3: 140.

dualistic notions of the imagined nature. That the dependent nature is empty of the imagined nature — this to him is wisdom, the absolute truth, or natural luminosity. Kong sprul points out that prior to engaging in meditation, a practitioner should develop this view:

> Since beginningless [time] one's own mind appears due to adventitious stains, the aspect of ignorance, to a not investigating, not analyzing [perception] as manifold [things] like delusions in a dream. If analyzed, all appearances are nothing but manifestations of mind because, not existing in any way, they are empty of their own respective entities. Therefore, the true mode of being of relative truth is that grasped objects appear as if they were outer things, yet, resembling the moon in water, they are empty of a self-nature in their manifestation; the grasping mind as well which abides nowhere, neither outside nor inside, which is not established as an entity with shape and color, with its eightfold aspects of consciousness that arise from the continuum of self-clinging that mistakes what is nonexistent as an existent, is primordially empty like a sky flower. Yet, it is wisdom empty of grasped and grasping, *dharmatā*, encompassing everyone, from the Buddha until an [ordinary] sentient being. [This is] the mode of being of absolute truth, **sugatagarbha*, natural luminosity, primordially uncontaminated by adventitious stains. Having correctly understood this [i.e., the mode of being of relative and absolute truth], to settle in this state in meditative concentration is the intent of Maitreya's works.
>
> Just that much analysis must definitely be gone through in preparation. Having thus ascertained the freedom from extremes, [one trains] in what is called the "practice of unity" [i.e.,] one abides in the self-arisen wisdom, the natural mode of being and [realizes] that the mode of emptiness is [its] being empty of conceptualizing that clings to the extremes of discursive elaborations. [Its] mode of realization is

realization through personally experienced wisdom.[21]

Thus Kong sprul presents the true nature of the dependent nature, i.e., it being empty of the imagined nature — or in other words, empty of all adventitious — , as absolute truth, natural luminosity or **sugatagarbha* and thus as perfect nature.

Furthermore, as we can see from his commentary on Karma pa Rang byung rdo rje's *Revealing Buddha Nature (Snying po bstan pa)*, for Kong sprul, this true nature of phenomena, i.e., buddha nature, is equated with the union of appearance and emptiness:

> Thus, the nature of the union of appearance and emptiness — just this natural awareness in its genuine state, uncontrived by philosophical systems and remedies — is called by many names, such as the "expanse of phenomena" (*dharmadhātu*), "*dharmakāya*," "great bliss," the "perfection of insight" (*prajñāpāramitā*) and "heart of the victors" (*rgyal ba'i snying po*), but their meaning is just a single one, that is, mind as such, mind in its genuine state. Except for the mere difference of whether one is aware of this or not, it is the nature of phenomena whose essence is unchanging.[22]

With this perspective, Kong sprul makes the link to the Dwags po Bka' brgyud pa teaching

21 *Gzhan stong lta khrid*, $741_6$-$742_6$: *thog ma med pa nas rang sems ma rig pa'i cha glo bur dri ma la brten nas ma brtags ma dpyad pa'i ngor rmi lam gyi 'khrul pa ltar sna tshogs su snang yang | dpyad na cir yang ma grub par rang rang gi ngo bos stong pa'i phyir snang ba thams cad ni sems kho na'i cho 'phrul yin pas | phyi don ltar shar ba'i gzung ba snang la rang bzhin med pa chu nang gi zla ba lta bu kun rdzob bden pa'i gnas lugs dang | 'dzin pa'i sems kyang phyi nang gang du'ang ma gnas shing dbyibs kha dog dngos por ma grub la med pa la yod par ltar 'khrul pa'i bdag 'dzin gyi rgyun las byung ba'i tshogs brgyad cha dang bcas pa nam mkha'i me tog ltar gdod nas stong yang gzung 'dzin gnyis stong gi ye shes sangs rgyas nas sems can gyi bar thams cad la khyab pa'i chos nyid bde gshegs snying po rang bzhin gyis 'od gsal ba | glo bur dri mas gdod nas gos ma myong ba don dam bden pa'i gnas lugs de nyid yang dag par ngo shes nas de'i ngang du mnyam par 'jog pa ni byams chos kyi dgongs pa ste | dpyad pa de tsam ni nges par sngon tu 'gro dgos te mtha' bral du gtan la phab nas | zung 'jug tu nyams su len pa zhes bya ba gnas lugs gnyug ma rang byung gi ye shes su gnas | stong lugs spros pa'i mthar 'dzin pa'i rtog pas stong | rtogs lugs so so rang rig pa'i ye shes kyis rtogs pa zhes bya'o ||*. The last part "the mode of emptiness is [its] being empty of conceptualizing that clings to the extremes of discursive elaborations. [Its] mode of realization is realization through personally experienced wisdom" is a quote from one of Shākya mchog ldan's texts on Dwags po Mahāmudrā *Distinguishing Mahāmudrā* [*or The Great Ship of Unity: A Treatise Dispelling Errors in the Interpretation of Mahāmudrā of Scripture and Reasoning*]. See (tr.) Higgins and Draszczyk 2016, vol. 2: 47-71. Critical edition of the Tibetan text, ibid. 71-85.

22 *Dgongs gsal*, $145_{13}$-$145_7$: *de ltar snang stong zung 'jug gi rang bzhin | grub mtha' dang gnyen pos ma bcos pa'i tha mal gnyug ma'i shes pa de nyid la | chos dbyings dang | chos sku dang | bde ba chen po dang | shes rab phar phyin dang | rgyal ba'i snying po la sogs pa ming du ma zer te | don sems nyid gnyug ma'i shes pa gcig kho na yin la | de nyid rig dang ma rig gi khyad par tsam ma gtogs ngo bo 'gyur ba med pa'i chos nyid yin pas ...* (tr.) Brunnhölzl 2009: 217.

of Mahāmudrā where the unity of *saṃsāra* and *nirvāṇa* is advocated and where it is emphasized that thoughts are the *dharmakāya*. In that regard, the First Karma phrin las pa (1456–1539) a prominent *gzhan stong* master in the Bka' brgyud tradition and one of the teachers of the Eight Karma pa Mi bskyod rdo rje for example explains:

> The unimpeded expressive energy of mind is the thoughts, while the fundamental nature of the mind is the unborn *dharmakāya*. Because they are inseparable like the sun and its rays, it is said that thoughts are *dharmakāya*. "*Saṃsāra*" is the aspect of clarity of the mind, while "*nirvāṇa*" is the aspect of its emptiness. It is on account of the unity of being clear and empty that [mind] is actually present as the "inseparability of *saṃsāra* and *nirvāṇa*."[23]

This position constitutes a major difference to Dol po pa's *gzhan stong* view who insists on the fundamental difference between a buddha's wisdom and consciousness and compares this to the opposite nature of light and darkness or nectar and poison.[24]

Furthermore, in the so-called extraordinary meaning of Madhyamaka (*thun mong ma yin pa'i don*) from Tāranātha's *Essence of Other-Emptiness* which Kong sprul, as pointed out above, skips in his *Treasury of Knowledge*, Tāranātha emphasizes that buddha nature is the "ultimate unconditioned" (*don dam pa'i 'dus ma byas*).[25] This reflects another difference between Kong sprul's and Dol po pa's views regarding their explanation of unconditioned buddhahood. Prof. Mathes has already pointed to that in his *Direct Path to the Buddha Within*. For Dol po pa, and he explains this in his commentary on *Ratnagotravibhāga* verse I.6 by quoting the *Mahāparinirvāṇasūtra*, the *dharmakāya* is unconditioned in that it is not momentary but permanent. Kong sprul, however, in his commentary on the same verse, after quoting Rong ston's (1367–1449) distinction of the four types of being unconditioned, points out that even though the *dharmakāya* has an unconditioned quality to it, by virtue of it possessing knowledge, compassion, and power it is not entirely unconditioned as this would otherwise entail an internal contradiction.[26]

---

23 *Dri lan drang ba dang nges pa'i don gyi snang byed ces bya ba ngo gro bla ma'i dris lan bzhugs*, KPdl, $109_{2\text{-}3}$: *'gag med sems kyi rtsal ni rnam par rtog || sems kyi gshis ni skye med chos kyi sku || nyi ma dang ni de yi 'od zer bzhin || dbye ba med phyir rnam rtog chos skur gsungs || 'khor ba zhes bya sems kyi gsal cha ste || sems kyi stong pa'i cha ni myang 'das so || gsal dang stong pa zung du 'jug pas na || 'khor 'das dbyer med nyid du don la gnas ||*. For more information on this topic see Higgins and Draszczyk 2016, vol. 1: 210-17.

24 See Stearns 2010: 106-10.

25 *Gzhan stong snying po*, $187_{3\text{-}4}$: "This *tathāgatagarbha* is free from both being an entity and a nonentity. Therefore it is the actual unconditionedness, the ultimate unconditioned." *de bzhin gshegs pa'i snying po 'di dngos po dang dngos med gnyis car las grol bas | 'dus ma byas dngos don dam pa'i 'dus ma byas so ||*.

26 Mathes 2008: 56.

On top of that, it is striking that in the *Treasury of Knowledge*, right in the middle of an earlier quote from Tāranātha's *Essence of Other-Emptiness*, Kong sprul simply leaves out yet another section where Tāranātha describes self-emptiness as contradictory in itself.[27] This seems to be vital, because as Kong sprul clearly shows in his *Immaculate Vajra Moonrays*, to him — despite considering self-emptiness to be of but provisional definitive meaning and other-emptiness as of ultimate definitive meaning — both are appropriate teaching models in the process of accessing mind's true nature, a point that will be looked at a bit more closer below.

In his *Treasury of Knowledge*, in the context of how extreme views are avoided, Kong sprul therefore praises the entire Madhyamaka system as the view which is truthful in this regard:

> The Mādhyamikas [propounding self-emptiness] avoid the extreme of permanence by [teaching] the natural freedom from proliferations, and they avoid the extreme of extinction by [understanding] that the relative is dependent arising. The [Mādhyamikas propounding] other-emptiness avoid the extreme of permanence by [teaching] that the relative, all phenomena which arise from other are primordially not established, and they avoid the extreme of extinction by [understanding] that the absolute, the unchanging, self-arisen **sugatagarbha* abides as the fundamental nature.
> Therefore, while among them [i.e., in other teaching traditions which do not avoid the two extremes] there is much truth [but] untruth [as well], the Madhyamaka-tradition is truthful in every regard, because it understands as abiding nature the freedom from proliferations and as manner of appearance the dependent arising.[28]

Moreover, in his *Treasury of Knowledge* — again conforming with Shākya mchog ldan's view — Kong sprul points out that the differences between self- and other-emptiness Madhyamaka concern on the one hand the conventional level of reality and thus the conceptual presentations in post-meditation (*rjes thob; pṛṣṭhalabdha*) saying:

> There is a system of using conventional terminology where, in the context when in post-meditation tenets are distinguished — just as a verbal convention — [*Gzhan stong* Mādhyamikas] say that suchness, the true nature of phenomena (*dharmatā*),

---

27 *Gzhan stong snying po,* $185_5$: "In the system known as rang stong there are internal contradictions."... *rang stong par grags pa'i lugs la nang 'gal yod do* ... See also: *Shes bya kun khyab mdzod* vol. 2: 5497-11.

28 *Shes bya kun khyab mdzod*, vol. 3, $56_{12\text{-}19}$: *dbu ma pas ni rang bzhin spros pa dang bral bas rtag pa'i mtha' spong la | kun rdzob rten cing 'brel bar 'byung bas chad pa'i mtha' spong ngo | gzhan stong pas kun rdzob gzhan byung du gyur pa'i chos thams cad gdod nas ma grub pas rtag mtha' spong la | don dam rang byung mi 'gyur ba'i bde gshegs snying po gshis lugs su gnas pas chad mtha' spong ngo | de phyir de dag bden dang mi bden mang | gnas lugs spros bral snang tshul rten 'brel du | rtogs phyir thams cad bden pa dbu ma'i lugs ||*. translation is my own. See also (tr.) Barron 2012: 133.

exists and [*Rang stong* Mādhyamikas] say it does not exist.[29]

On the other hand, the two perspectives differ also in terms of whether, at the point of final analysis by means of reasoning, the absolute, non-dual wisdom is found to be established as what is ultimate truth or not. From the perspective of other-emptiness Madhyamaka, the absolute is wisdom as it is personally experienced; it is empty of the duality of perceived and perceiver and cannot be equated with a non-affirming negation, since this limits emptiness to a mere conceptual nothingness. As this presentation accords with the tantras, the view of other-emptiness is, according to Kong sprul, said to form the pinnacle of the various Madhyamaka systems and to constitute the profound view connecting the sūtras and the tantras.[30]

At this point it might also be helpful to have a short look at the term "established as ultimate truth." For that purpose let's again have a look at an explanation provided by Karma phrin las pa regarding the meaning of this term in the context of *gzhan stong* as taught by Bka' brgyud masters:

> While the statement that "nondual wisdom is established as ultimate truth means 'established as what is ultimate truth', it does *not* assert it is 'truly established', [i.e.,] permanent, stable, and enduring." Some think that if [something] is established as ultimate truth, then it must be truly established. These [people] did not investigate [the matter]; they are just confused about the term 'truth'. It is for example just [as follows]: Even though [something is] established as conventional truth, it is not required that it is therefore truly established. Hence, the general *gzhan stong*

29 *Shes bya kun khyab mdzod*, vol. 2: $550_{13\text{-}15}$: *rjes thob grub mtha' shan 'byed pa'i skabs tha snyad kyi khas len tsam du chos nyid de bzhin nyid yod do zhes pa dang | med do zhes pa'i shes brjod kyi tha snyad 'dogs tshul dang |*

30 *Shes bya kun khyab mdzod*, vol. 2: $550_{15}$–$551_{17}$: "[They also] differ in the view of — whether at the time of final analysis through reasonings that analyze the ultimate — nondual wisdom is established or not established as what is [ultimate] truth. Therefore, gzhan stong proponents maintain that the two the imputed and the dependent are the conventional, and the perfect nature is the ultimate truth. They also assert that viewing [the ultimate] just as a mere negation which is established as [ultimate] truth is an inanimate [way of being] empty. This is the way in which conventionalities are empty, but it is not the mode of abiding of ultimate emptiness. In short, wisdom which is devoid of the duality of apprehender and apprehended is personally experienced self-awareness. They maintain that the system that posits it in this way is in utter harmony with the intend of the great tantras and that it is therefore the pinnacle of all Madhyamaka systems, the profound view that links the two the sūtras and the tantras." *don dam dpyod byed kyi rigs pas dpyad pa mthar thug pa'i tshe na gnyis med kyi ye shes bden par grub pa dang ma grub pa'i lta ba'i khyad par yod do | des na gzhan stong smra ba rnams kyis ni | kun brtags gzhan dbang gnyis kun rdzob | yongs grub don dam bden par bzhed cing de'ang bden par ma grub pa'i med dgag tsam du lta ba ni bem stong ste kun rdzob kyi stong tshul yin gyi don dam stong pa nyid kyi gnas lugs ni ma yin par 'dod cing | de ni mdor na gzung 'dzin gnyis stong gi ye shes so so rang rig pa la 'jog lugs 'di ni rgyud sde chen po rnams kyi dgongs pa dang ches mthun pas mdo sngags gnyis mtshams sbyor ba'i zab mo'i lta ba dbu ma'i lugs srol rnams kyi rtse mor son pa'ang bzhed do ||.*

proponents these days and the writings of the glorious Rang byung differ. Also the statement of my *bla ma*, the All-knowing One [i.e., the Seventh Karma pa Chos grags rgya mtsho], that self-emptiness and other-emptiness are not in contradiction, is well-taught so that this meaning can be understood. So, buddha nature that is existent as the unity of the two truths, the inseparability of appearance and emptiness, the great freedom from extremes, is to be explained in this way.[31]

In the same text Karma phrin las pa says:

> It is said that **sugatagarbha*, the element of sentient beings which is beyond concepts, exists. Thus, it is the nature of mind which is unconditioned and spontaneously present. It is the *dharmakāya* which, being beyond the entire net of elaborations has an all-encompassing nature that is like the sky. This is the meaning of the expression "existent as ultimate truth," which did not, however, indicate that **sugatagarbha* is something truly established, permanent, stable, and enduring.[32]

To return to Tāranathā's above mentioned remark that *rang stong* and *gzhan stong* are contradictory; as we saw before this is not what proponents of *gzhan stong* within the Bka' brgyud school purport: Following the lead of Shākya mchog ldan who considers both the self-empty apophatic approach of Madhyamaka as well as the other-empty cataphatic approach as adequate methods of intellectually relating to the ultimate, for Kong sprul as well, self-emptiness Madhyamaka is an approach towards reality via the path of negation which is required in order to relinquish the clinging to the two types of identity, i.e., to the individual and to phenomena in general (*gang zag gi bdag; chos kyi bdag*). On the basis of this knowledge, the focus of the Madhyamaka of other-emptiness lies on seeking direct insight into the true,

---

31 *Zab mo nang don gyi rnam bshad snying po,* in RDsb vol. 14: $396_4$-$397_3$: *rig[s] gzung rgya mtsho las | gnyis med kyi ye shes don dam pa'i bden par grub par gsungs pa yang | de don dam bden pa yin par grub ces pa'i don yin gyi | de bden grub rtag brtan ther zug tu bzhed pa ma yin no || kha cig | don dam pa'i bden par grub na bden par grub dgos so snyam pa de dag ni ma brtags pa ste | bden pa zhes pa'i ming tsam la 'khrul par zad pas so | dper na | kun rdzob pa'i bden par grub kyang bden par grub mi dgos pa bzhin no || de'i phyir | ding sang gi gzhan stong smra ba phal dang | dpal rang byung gi bzhed pa la khyad par yod pa ste | bdag gi bla ma thams cad mkhyen pa'i zhal snga nas | rang stong gzhan stong mi 'gal zhes gsung pa 'ang don 'di thugs su byon pa'i legs par bshad pa'o || de ltar na mtha bral chen po snang stong dbyer med bden gnyis zung 'jug tu yod pa'i sangs rgyas kyi snying po de'i tshul brjod par bya'o* |.| See also Higgins and Draszczyk 2016: 176.

32 *Zab mo nang don gyi rnam bshad snying po,* in RDsb vol. 14: $396_{3\text{-}4}$: *khams bde gshegs snying po ni yod pas shes gsungs pa ni 'dus ma byas shing lhun gyis grub pa'i sems nyid chos kyi sku spros pa'i dra ba thams cad las 'das pa nam mkha' lta bur kun la khyab pa'i rang bzhin can de ni don dam pa'i bden par yod ces pa'i don yin gyi | bde gshegs snying po bden grub rtag brtan ther zug tu bstan pa ni ma yin no* ||. See also Higgins and Draszczyk 2016: 171.

absolute nature of mind, buddha nature, free from all mental proliferations. In this sense, self-emptiness and other-emptiness are considered to be supplementary rather than contradictory. Still, both Shākya mchog ldan and Kong sprul consider the *gzhan stong* view as going deeper in reflecting the authentic mode of being. In fact, Kong sprul recommends followers of the Yogācāra-Madhyamaka which for him, as pointed out above, is the same as *Gzhan stong* Madhyamaka, to first generate the intellectual understanding and analytical meditation in accordance with the Niḥsvabhāvavāda-Madhyamaka and to consequently deepen the meditation through the *gzhan stong* approach. Kong sprul therefore considers self-emptiness to be an essential element of other-emptiness. He points out that the Madhyamaka of negation is helpful in arriving at a proper understanding of essencelessness, however, that it involves the risk of clinging to a mere negation instead of allowing the adept to arrive at a direct experience of mind's non-dual nature and its inherent qualities. Profound instructions from a qualified teacher and precision in view and meditation by the student are essential to avoid this danger. The Yogācāra-Madhyamaka does according to Kong sprul not involve this risk in so far as its focus lies on mind's empty yet luminous quality and thereby takes a positively defined buddha nature as the substratum of practice without, however, reifying its existence.

Even though Kong sprul with respect to taking both, Niḥsvabhāvavāda-Madhyamaka and Yogācāra-Madhyamaka as possible approaches, shares much of Shākya mchog ldan's views, there is again still an essential difference to the latter's position. For Shākya mchog ldan, both the *rang stong* and the *gzhan stong* view are limited in that they are intellectually fabricated (*blos byas*). Thus holding on to these views as to reality is detrimental when wishing to cultivate direct insight into mind's true nature. Therefore, in this regard — in particular in the context of Dwags po Mahāmudrā — he even calls both of them poisoned (*dug can*). Shākya mchog ldan emphasizes that only once any conceptual constructs are overcome through the first-hand experience (*nyams su myong ba'i lugs*) based in meditation (*sgom*) the genuine unity beyond extremes can be realized.[33]

For Kong sprul, however, *gzhan stong* is not just the intellectual background, it rather is the access in meditation, as he explains in his *Ascertaining the View*:

When all relative proliferations have been negated by means of the Prāsaṅgika's

33 See Higgins and Draszczyk 2016, vol. 2: 83: "From among the two, the system of severing superimpositions and the system of experiencing, this tradition of the [Mahā]mudrā practitioner is the latter. Concerning the former, there are the two great traditions, the system of Self-emptiness and the system of Other-emptiness. However, the [Mahā]mudrā practitioner follows neither. The view of severing superimpositions by means of studying and thinking is taken [by him or her] to be an intellectually fabricated view and a poisonous view." *sgro 'dogs gcod lugs dang | nyams su myong lugs gnyis las | phyag rgya ba'i lugs 'di phyi ma de yin | snga ma de la rang stong pa'i lugs dang | gzhan stong pa'i lugs srol chen po gnyis yod kyang | phyag rgya ba gnyis ka'i rjes su mi 'jug | thos bsam gyis sgro 'dogs bcad pa'i lta ba de blos byas kyi lta ba dang dug can gyi lta bar bzhed pa yin |*.

analysis, one trains in the core point of the Madhyamaka of definitive meaning [i.e., *Gzhan stong* Madhyamaka] in order to find access in one's meditation. The substrate of purification is **sugatagarbha*, the process of purification is the path of *vajrayoga*, the fruition of purification is the *dharmakāya*.[34]

He is even more explicit in this regard in one of his *Songs of [Meditative] Experience* (*nyams mgur*). There, Kong sprul sums up in a few verses how he himself applies these various perspectives in his view and practice:

All phenomena are emptiness, having never arisen,
They come nowhere to an end, [and] are without any abode.
[They are] unobstructed mere appearance, the actuality of dependent arising.
The view (*lta ba*) of me, the *yogin*,[35] is self-emptiness.

Though inexpressible, [it] is the ground for all expression,
The luminous nature, encompassing all, *saṃsāra* and *nirvāṇa*,
Not to be pointed out by examining, untouched by the analytical mind.
The meditation (*sgom pa*) of me, the *yogin*, is other-emptiness.

The unfabricated ordinary mind is momentary;
Simultaneously realizing and liberating;[36]
Whatever appears is the *dharmakāya*,

34 *Lta ba gtan la 'bebs pa*, $834_{2\text{-}4}$: *kun rdzob spros pa ji snyed pa || thal 'gyur dpyad pas bkag nas ni || bsgom pa'i tshul la 'jug pa'i phyir || nges don dbu ma'i gnad la bslab || sbyang gzhi bde gshegs snying po ste || sbyong byed rdo rje'i rnal 'byor lam || sbyang ba'i bral 'bras chos sku'o ||*.

35 *Rnal 'byor* abbreviates *rnal 'byor pa*.

36 In his *Thun min zhal gdams kyi rim pa rnams phyogs gcig tu bsdebs pa nges don bdud rtsi'i gter mdzod*, the Ninth Si tu pad ma nyin byed dbang po (1774–1853) for example says in SPsb vol. 1: $448_2$: "The simultaneity of realization and liberation is the ultimate realization." *rtogs grol dus mnyam rtogs pa mthar thug bzhed |* See also a statement by Zhang tshal pa (1123–1193) in his expositions on Mahāmudrā: "In the moment of realizing [the true nature] of your own mind, all "white" (i.e., excellent, virtuous) qualities without exception are effortlessly completed simultaneously." *rang sems rtogs pa'i skad cig mar || dkar po'i yon tan ma lus pa || bsgrub pa med par dus gcig rdzogs ||* (tr.) by Jackson 1994: 155.

Non-distraction,[37] non-meditation,[38] the course of the natural flow.
The integration of experiences (*nyams len*) of me, the *yogin*, is Mahāmudrā.[39]

A further point in his *Immaculate Vajra Moonrays* is that Kong sprul shows that other-emptiness is part of both the sūtras, i.e., the general Mahāyāna, as well as the tantras. For both levels he first stresses what should be understood prior to the meditative training. In the context of the general Mahāyāna he first emphasizes the worldly (*'jig rten pa; laukika*) path based on ethics and calm abiding (*zhi gnas; śamatha*) as a foundation for the other-worldly (*'jig rten las 'das pa; lokottara*) path which is associated with deep insight (*lhag mthong; vipaśyanā*). With respect to the other-worldly path in the context of the sūtras, he stresses that only the Yogācāra-Mādhyamikas and the Niḥsvabhāvavāda-Mādhyamikas who have purified their mind through a special way of listening, reflecting and meditating will be able to arrive at the nondual wisdom by means of which the attainment of Buddhahood is possible. He first gives some guidance for analytical meditation (*dpyod sgom*), followed by instructions on nonconceptual abiding meditation (*'jog sgom*).

> Having in accordance with the instruction texts [for meditation] searched for the mind, there arises certainty that its nature has always been free from proliferations. [Due to this certainty that] other than just realizing [this] actuality of freedom from proliferations there is nothing else to meditate on, [you] cultivate constant mindfulness of it.[40]

---

37 In the so-called *Rdo rje 'chang thung ma*, $6_{12\text{-}13}$, composed by Kun mkhyen 'Jam dpal bzang po (15./16. cen.), lineage holder of the Mahāmudrā tradition of the Karma bka' brgyud pa school between the Sixth and the Seventh Karma pa, it is said: "Non-distraction is said to be the actual mediation. A great meditator settles without fabrications right on the natural essence of any concept that arises. Please give me your blessing so that what is to be meditated on is free from intellectualization." *yengs med sgom gyi dngos gzhir gsungs pa bzhin || gang shar rtogs pa'i ngo bo so ma de || ma bcos de kar 'jog pa'i sgom chen la || bsgom bya blo dang bral bar byin gyis rlobs ||*.

38 As for the connection between nonmeditation and the *dharmakāya,* Dwags po Bkra shis rnam rgyal (1513–1587) says in his *Phyag chen zla ba'i 'od zer,* $491_{11}$: "nonmeditation is the actual *dharmakāya.*" *sgom med chos sku dngos yin |*.

39 *Nyams mgur,* $40_{2\text{-}6}$: *chos kun gdod nas ma skyes stong pa nyid || gar yang mi 'gag cir yang gnas pa med || snang tsam ma 'gags rten cing 'brel 'byung tshul || rnal 'byor nga yi lta ba rang stong yin || brjod du med kyang brjod pa kun gyi gzhi || 'od gsal rang bzhin 'khor 'das kun la khyab || brtag pas mi mtshon dpyad pa'i blos mi reg || rnal 'byor nga yi sgom pa gzhan stong yin || ... ma bcos tha mal shes pa skad cig ma || rtogs grol dus mnyam gang shar chos kyi sku || yengs med sgom med rang bab gnyug ma'i 'gros || rnal 'byor nga yi nyams len phyag chen yin ||*.

40 *Gzhan stong lta khrid,* $745_{4\text{-}5}$: *de nas khrid gzhung rnams las 'byung ba ltar sems tshol byas pas rang bzhin gdod nas spros pa dang bral ba la thag chod skye zhing | gnas lugs spros bral de la ngo shes gcig bu ma gtogs logs su bsgom rgyu med pas 'bral med kyi dran pa bsten |*.

On the basis of the view of Yogācāra-Madhyamaka which as we saw earlier at best is grounded in the view of Niḥsvabhāvavāda-Madhyamaka, Kong sprul continues to guide the adept by employing a series of terms common to the terminology of the Mahāmudrā of the Dwags po bka' brgyud pa tradition in order to define this abiding meditation (*'jog sgom*) which unites the practices of *śamatha* and *vipaśyanā*:

> This has been taught as being unfabricated, as freshness, as the innate in whatever arises. Therefore, [remain] unfabricated in the clarity and emptiness of [your] own mind, without grasping, in precisely that which appears, whether it is abiding or movement, joy or suffering. Not being fettered by the search for what is to be relinquished and an antidote, [you] place [your]self in no-training, in a state of awareness which is without support. Thereby perfect calm abiding (*śamatha*) and deep insight (*vipaśyanā*) according to the Mahāyāna will arise.[41]

It is upon this ground that the adept is finally instructed to differentiate that, which is unreal, i.e., adventitious obscurations, from absolute truth, i.e., buddha nature so that a process can unfold by means of which buddha nature with its qualities is eventually actualized. Kong sprul hints at this development in the sense of an unfolding of innate qualities, already in the preparatory part in his *Immaculate Vajra Moonrays* where he compares buddha nature with the well-known image of a jewel hidden in sediment which is to be cleansed:

> **Sugatagarbha* is like a wish-fulfilling jewel that is to be purified from coarse, fine and extremely subtle impurities.[42]

The precondition for this process is stability in *śamatha* and a clear focus in *vipaśyanā*. From Kong sprul's point of view, an experience or realization which is free from proliferations should simultaneously be the experience of mind's luminosity, not in the sense of a subject-object dichotomy, but in the sense of a nondual self-aware and self-luminous wisdom. He also emphasizes:

> ... that without being taken in by the mistake of incompatibility one comprehends mind's nature despite it being labeled by a variety of terms such as "emptiness

41 *Gzhan stong lta khrid*, $745_{5\text{-}6}$: *de'ang ma bcos so ma dang | gang shar gnyug mar gsungs pas rang sems gsal stong 'dzin med de nyid gnas 'gyu dga' sdug ci ltar shar ba de ka ma bcos par skyong ba las spang bya dang gnyen po'i rtsol bas mi 'chings par rten med rig pa sgom med du 'jog pas theg chen zhi lhag mthar phyin pa 'byung |*.

42 *Gzhan stong lta khrid*, $742_5$-$743_1$: *bde gshegs snying po yid bzhin gyi nor bu lta bu'i dri ma rags pa dang phra ba dang shin tu phra ba rnams sbyong ba ...*

endowed with the most excellence of all aspects" (*sarvākāravopetāśūnyatā*), "natural luminosity", "*tathāgatagarbha*", "emptiness", "*mahāmudrā*", "*ahaṃ*" and so forth. Thereby one is free from the mistake about which it was said: "All of the Buddha's teachings elucidate emptiness and essencelessness. Simple-minded people [however], who do not understand the meaning of emptiness and essencelessness, fail."[43]

As indicated earlier already, Kong sprul warns that a *yogin* who, in the framework of the Madhyamaka of essencelessness, focusses in his meditation on the process of reasoning and analysis mistakes his experiences that phenomena are empty — i.e., his nonaffirming negation — for the actual true nature of phenomena, for *dharmatā*. He calls this the loss of the path of emptiness. Likewise the adept might mistake his registering of the transitoriness of mental impulses for *mahāmudrā*. This he calls the loss of the state of emptiness which consists in stable experiences.[44] He therefore admonishes the *yogin* to be very precise in his understanding and approach.

Thus, employing the third cycle of the Buddha's teachings or in other words the *gzhan stong* view means to counteract these possible mistakes and to make luminosity, i.e., buddha nature, the actual substrate for meditative training.

The ground for such specific features is **sugatagarbha*. The specific features, such as being endowed with the various buddha qualities of freedom are now, [in the impure state], self-aware wisdom, a clear, unimpeded and natural innateness, which is experienced by way of studying, reflecting, and meditating. Precisely this is abiding in the ground of purification. When the adventitious defilements that are to be purified are removed, the result of purification, the mode of abiding that is present within, becomes manifest. This is called the "*dharmakāya* free from defilements." Even though it appears with all the aspects of the entire *saṃsāra* and *nirvāṇa*, this mere

43 *Gzhan stong lta khrid*, $746_{3\text{-}5}$: *sems kyi ngo bo rnam kun mchog ldan gyi stong pa nyid rang bzhin gyi 'od gsal ba de bzhin gshegs pa'i snying po de bzhin nyid dang stong pa nyid dang phyag rgya chen mo dang a ham la sogs mtshan gyi rnam grangs du mas bstan yang 'gal 'dus skyon gyis ma reg par khong du chud nas | ji skad du | sangs rgyas kyi gsung thams cad las ni stong pa nyid dang bdag med pa ston to | stong pa nyid dang bdag med pa'i don mi shes pa'i mi blun po rnams ni nyams par 'gyur ro | zhes pa.* See for the quote also the *Mahābherīkaparivartasūtra,* MPv, 108a.

44 *Gzhan stong lta khrid*, $740_6$-$741_5$: "Some pride themselves on [their] experiences of emptiness [as they arise through] examining and analyzing, [taking them] to be *dharmatā*. [This is] the loss of the path [of emptiness]. Some mistake the registering of the arising and ceasing [of thoughts] for *mahāmudrā* without letting them unravel in their own nature beyond the intellect. [This is] the loss of the state [of emptiness] which consists in stable experiences." *rtog dpyod kyi stong nyams la chos nyid du rloms pa kha cig | ... lam shor dang | kha cig rang gi ngo bo blo 'das su ma grol bar skye 'gag grangs su 'debs pa la phyag rgya chen por 'khrul te myong ba brtan pa'i gshis shor ba ... |*

appearance does not deviate from the ground, just as in a stainless crystal ball various reflections appear, however, in this mere appearance, the crystal and the reflections do not mingle together. Likewise, whichever appearances of the three, *saṃsāra, nirvāṇa* and the path may arise, in self-aware direct clarity and emptiness, in the self-manifest, self-liberated essence there is never any contamination. Therefore, there are not the slightest tendencies of views and deficiency to remove, nor is it necessary to newly add any specific feature, which was not there before. Thus having made the wisdom of the noble ones the actual substrate of the meditative concentration of emptiness, meditation is cultivated in sessions as appropriate.[45]

With this understanding, buddha nature is the substrate of the meditative training which ultimately consists in letting whatever appears to the mind liberate itself (*gang shar rang grol*) and to abide directly in the self-aware and self-luminous nonconceptual nature of mind. Kong sprul quotes verse I.154 from the *Ratnagotravibhāga* in this sense and thereby attunes *Gzhan stong* Madhyamaka with Dwags po Mahāmudrā:

There is nothing to be removed from it
And nothing to be added.
The real should be seen as real,
And seeing the real, you become liberated.[46]

As pointed out earlier, Kong sprul in his *Immaculate Vajra Moonrays* also goes into *gzhan stong* in the framework of the Buddhist tantras. He first gives some general instructions from the perspective of the Yoganiruttaratantras (*rnal 'byor bla na med pa'i rgyud*) which, according to the *gsar ma* tradition, are considered the highest of the four classes of tantra (*rgyud sde bzhi*). He defines buddha nature in this context as follows:

45 *Gzhan stong lta khrid,* $751_{1\text{-}5}$: *de lta bu'i khyad gzhi bde gshegs snying po | khyad chos sangs rgyas kyi bral ba'i yon tan du ma dang bcas pa da ltar rang rig pa'i ye shes gsal la ma 'gag pa gnyug ma lhan cig skyes pa thos bsam bsgom gsum gyis nyams su myong ba 'di nyid sbyang gzhir bzhugs pa la | sbyang bya glo bur ba'i dri ma dag nas | sbyangs 'bras rang la bzhugs pa'i gnas lugs de nyid mngon tu gyur pa ni dri bral chos sku zhes btags te | 'khor 'das kun gyi rnam pa thams cad par 'char yang shar tsam nyid nas zhi las ma g.yogs pa dri ma med pa'i shel gong la gzugs brnyan gyi rnam pa sna tshogs su snang yang | snang tsam nyid nas shel dang gzugs brnyan ma 'dres pa ltar | rang rig gsal stong rjen par bud pa la 'khor 'das lam gsum gyis snang ba ci ltar shar rang grol ngo bo la nam yang gos pa med pas lta ba dang nyes pa'i bag chags bsal bar bya ba ci'ang med cing | sngar med kyi khyad chos gsar du ci'ang bsnan ma dgos par phags pa'i ye shes stong pa nyid la mnyam bzhag gi dngos gzhir byas nas thun ci rigs su bsgom ||.*

46 RGV, I.154: *nāpaneyam ataḥ kiṃcid upaneyaṃ na kiṃcana | draṣṭavyaṃ bhūtato bhūtaṃ bhūtadarśī vimucyate ||* (tr.) Mathes 2008: 8.

> All this is the supreme unchangeable wisdom, suchness, the self-illumination, self-radiance of **sugatagarbha*, the *dharmakāya* as such that appears as all of these aspects [of the *maṇḍala*]. [This] absolute *dharmadhātu*, the unity of bliss and emptiness, being unchanging as to its nature has an uninterrupted continuum. Therefore, this is said to be the meaning of "tantra" [i.e., continuum]. Moreover, [**sugatagarbha* in the sense of] the defiled suchness in the phase of the ground is called the "causal continuum." [In the sense of] the gradual appearance of the actuality of *dharmatā* during the path, it is called the "continuum of skillful means" on the spiritual levels and paths. And in the sense of perfect purity, when the two types of purity have become manifest, it is called the "fruition continuum."[47]

The main practice is presented in the context of the completion phase (*rdzogs rim; niṣpannakrama*) of the Kālacakra tantra (*dus kyi 'khor lo'i rgyud*), i.e., the six-fold *yoga* (*yan lag drug pa'i rnal 'byor; ṣaḍaṅgayoga*). An analysis of the *gzhan stong* practice in this tantric system is beyond the scope of this paper. Suffice it to say that Kong sprul emphasizes the efficiency of this way of *gzhan stong* practice as follows:

> The path described above of the independent sūtra tradition takes a long time. If, however, the meditative concentration of the sixfold *vajrayoga* is applied, which is the most supreme of all tantra paths characterized by empowerment and *samaya*, realization comes easily, in short time and with little effort.[48]

## Bibliographies

### *Abbreviations*

CYsb Chos grags ye shes (the Fourth Zhwa dmar pa), *Thams cad mkhyen pa zhwa dmar bzhi pa spyan snga chos kyi grags pa'i gsung 'bum bzhugs so*. 6 vols. Beijing: Krung go'i bod rig pa dpe skrun khang, 2009.

D Derge edition of Bstan 'gyur. *The Tibetan Tripiṭaka*, Taipei Edition. Taipei, Taiwan:

47 *Gzhan stong lta khrid*, $757_{1\text{-}3}$: *de kho na nyid bde gshegs snying po'i rang 'od rang mdangs chos kyi sku nyid rnam pa thams cad par shar ba mchog tu mi 'gyur ba'i ye shes | don dam chos kyi dbyings bde stong zung 'jug rang bzhin 'gyur ba med la rgyun mi chad pas rgyud kyi don tu gsungs shing | de'ang gzhi'i gnas skabs dri bcas de bzhin nyid la rgyu'i rgyud dang | lam dus chos nyid kyi don rim par snang bas lam thabs kyi rgyud dang | dag pa dnyis ldan mngon tu 'gyur ba na shin tu rnam dag 'bras bu'i rgyud ces bya ste |.*

48 *Gzhan stong lta khrid*, $757_{4\text{-}6}$: *gong smos mdo lugs rang rkang gi lam des kyang yun ring por 'gor ba yin pas | dbang dang dam tshig gis khyad par du byas ba'i sngags kyi lam mtha' dag las khyad par du 'phags pa rdo rje'i rnal 'byor yan lag drug la mnyam par bzhag pa na dus thung ngur tsheg chung dus bde blag tu rtogs par 'gyur pa yin no ||.*

SMC Publishing, 1992.

KD 'Jam mgon Kong sprul Blo gros mtha' yas. (the First Kong sprul). *'Jam mgon Kong sprul Blo gros mtha' yas kyi gsung 'bum rgya chen bka' mdzod. The expanded edition of the writings of 'Jam mgon Kong sprul Blo gros mtha' yas.* 13 vols. Reproduced from the dPal spungs xylographs from Eastern Tibet. Delhi, Kathmandu: Shechen Publication, 2002.

KPsb Karma phrin las pa Phyogs las rnam rgyal (the First Karma phrin las pa), *Chos rjes karma phrin las pa'i gsung 'bum las rdo rje mgur kyi 'phreng ba rnams. Chos rjes karma phrin las pa'i gsung 'bum las rdo rje mgur kyi 'phreng ba rnams.* In *The Songs of Esoteric Practice (Mgur) and Replies to Doctrinal Questions (Dris-lan) of Karma-'phrin-las-pa.* New Delhi: Ngawang Topgay (Reproduced from Prints of the 1539 Rin-chen-ri-bo Blocks, 1975).

MPv *Mahābherīkaparivartasūtra*, D222.

MSA *Mahāyānasūtrālaṃkāra.* Maitreya (ascribed). Ed. S. Bagchi. Buddhist Sanskrit Texts 13. Darbhanga: The Mithila Institute, 1970.

RDsb Rang byung rdo rje (the Third Karma pa). *Karma pa Rang byung rdo rje gsung 'bum.* 16 vols. Ziling: mTshur phu mkhan po lo yag bkra shis, 2006.

RGV *Ratnagotravibhāga Mahāyānottaratantraśāstra.* Maitreya (ascribed). Ed. Edward H. Johnston. Patna: Bihar Research Society, 1950. (Includes the *Ratnagotravibhāga-vyākhyā*).

SCsb: *Shākya mchog ldan gsung 'bum.* 24 vols. Full title: *Paṇ chen Shākya mchog ldan gyi gsung 'bum legs bshad gser gyi bdud rtsi.* Editions:

$SCsb_{(A)}$ Delhi: Ngagwang Topgyal, 1995.

$SCsb_{(B)}$ Kathmandu, Nepal, Sachen International, 2006.

$SCsb_{(C)}$ Rdzong Sar Khams bye, Tibet: Slob gling thub stan dar gyas gling, 2006-7.

## *Primary Sources*

Chos grags ye shes (the Fourth Zhwa dmar pa). 2009. *Mdo sde spyi'i rnam bzhag.* Full title: *Mdo sde spyi'i rnam par bzhag pa gsung rab rin po che mchog tu gsal bar byed pa'i snang ba.* In CYsb, vol. 3: 113-373.

Dwags po Bkra shis rnam rgyal. 2009. *Phyag rgya chen zla ba'i od zer.* Full title: *Nges don phyag rgya chen po'i sgom rim gsal bar byed pa'i legs bshad chen zla ba'i od zer.* In: *Nge don phyag rgya chen po'i bod gzung*, vol. 9. Chengdu: Si khron mi rigs dpe skrun khang.

Karma phrin las pa.

——1975. *Dri lan drang ba dang nges pa'i don gyi snang byed ces bya ba ngo gro bla ma'i dris lan bzhugs.* In KPsb, vol. ca $108_3$-$139_7$.

——2006. *Zab mo nang don rnam bshad snying po.* Full title: *Zab mo nang don rnam bshad snying po gsal bar byed pa'i nyin byed 'od kyi phreng ba.* In RDsb vol. 14, 1-553.

Kong sprul Yon tan rgya mtsho.

——1990. *Dgongs gsal.* Full title: *De bzhin gshegs pa'i snying po bstan pa'i bstan bcos kyi rnam 'grel rang byung dgongs gsal.* In *Dbu ma gzhan stong skor bstan bcos phyogs bsdus deb dang po*, 130-190. Rumtek: Karma Shri Nalanda Institute.

——2002. *Gzhan stong lta khrid.* Full title: *Gzhan stong dbu ma chen po'i lta khri rdo rje zla ba dri ma med pa'i od zer.* In KD vol. 5 (*ca*), 735-65.

——2002. *Lta ba gtan la 'bebs pa.* Full title: *Lta ba gtan la 'bebs pa las 'phros pa'i gtam skabs lnga pa lung dang rig pa'i me tog rab tu dgod pa.* In KD, vol. 5 (ca), 819-58.

——2002. *Nyams mgur*. In KD, vol. 6 (*cha*), 977-87.

——2002. *Ris med chos 'byung.* Full title: *Ris med chos kyi 'byung gnas mdo tsam smos pa blo gsal mgrin pa'i mdzes rgyan.* In KD vol. 5 (ca), 859-89.

——1982. *Shes bya kun khyab mdzod.* Full title: *Theg pa'i sgo kun las bdus pa gsung rab rin po che'i mdzod bslab pa gsum leg par ston pa'i bstan bcos shes bya kun khyab*, 3 vols, Beijing: Mi rigs spe skrun khang.

Kun mkhyen 'Jam dpal bzang po. 1978. *Rdo rje 'chang thung ma.* In (tr.) Dorje 1978, *Showing the Path to Liberation*, 6. Kathmandu: Lhundrub Teng.

Shākya mchog ldan. 1995, 2006. *Phyag rgya chen po'i shan 'byed.* (PCks). Full title: *Phyag rgya chen po'i shan 'byed or Lung rigs gnyis kyi phyag rgya chen po'i bzhed tshul la 'khrul pa sel ba'i bstan bcos zung 'jug gi gru chen.* In $SCsb_{(A)}$ vol. 17: 355-79 ; $SCsb_{(B)}$ vol. 17: 385-412, $SCsb_{(C)}$ vol. 17: 468-99.

Si tu pad ma nyin byed dbang po. 2006. *Thun min zhal gdams kyi rim pa rnams phyogs gcig tu bsdebs pa nges don bdud rtsi'i gter mdzod.* In *Gsung 'bum pad ma nyin byed dbang po* (SPsb) vol 1: 399-464. Dpal spungs gsung rab nyams gso khang, Upper Bhattu, Distr. Kangra, h.p.Publisher.

Tāranātha, Jo nang rje btsun. 199?. *Gzhan stong snying po.* In *Jo nang rJe btsun Tāranātha'i gsung 'bum*, 'Dzam thang dgon, vol. 18: 171-93.

## ***Secondary Sources***

Barron, Richard. 2012. (tr.) *The Treasury of Knowledge*, Book 7-8: *Foundations of Buddhist Study and Practice. The Higher Trainings in Sublime Intelligence and Meditative Absorption.* Ithaca, N.Y.: Snow Lion Publications.

Brunnhölzl, Karl. 2009. *Luminous Heart. The Third Karmapa on Consciousness, Wisdom, and Buddha Nature.* Ithaca, N.Y: Snow Lion Publications.

Callahan, Elisabeth. 2007. (tr.) *The Treasury of Knowledge, Book Six, Part Three: Frameworks of Buddhist Philosophy. A Systematic Presentation of the Cause-Based Philosophical Vehicles.* Ithaca, N.Y.: Snow Lion Publications.

Draszczyk, Martina. 2015. *Die Anwendung der Tathāgatagarbha-Lehre Kong spruls Anleitung zur Gzhan stong-Sichtweise*. Wiener Studien zur Tibetologie und Buddhismuskunde, Heft 87. Wien: Arbeitskreis für Tibetische und Buddhistische Studien Universität Wien.

——2016. "A Eulogy of Mind's Connate Qualities, Zhwa dmar Chos Grags ye shes on the Hidden Meaning of Luminosity." In *Zentralasiatische Studien* 44 (2015): 99-120. International Institute for Tibetan and Buddhist Studies, Andiast (Schweiz).

Higgins, David and Draszczyk, Martina. 2016. *Mahāmudrā and the Middle Way Post-Classical Kagyü Discourses on Mind, Emptiness and Buddha-nature*. 2 vols. Wiener Studien zur Tibetologie und Buddhismuskunde. Heft 90.1-2 Vienna: Arbeitskreis für Tibetische und Buddhistische Studien der Universität Wien.

Hopkins, Jeffrey. 2007. (tr.) *The Essence of Other-Emptiness by Tāranātha*. Ithaca, N.Y.: Snow Lion Publications.

Jackson, David. 1994. *Enlightenment by a Single Means. Tibetan Controversies on the "Self-Sufficient White Remedy" (Dkar po chig thub)*. Verlag der Österreichischen Akademie der Wissenschaften, Wien.

Kapstein, Mathew T., Jackson, Roger R. (ed.). 2011. "Mahāmudrā and the Bka'-brgyud Tradition." IITBS. PIATS 2006: Tibetan Studies: *Proceedings of the Eleventh Seminar of the International Association for Tibetan Studies*, Königswinter 2006. International Institute for Tibetan and Buddhist Studies GmbH.

Mathes, Klaus-Dieter. 2004. "Tāranātha's 'Twenty-One Differences with regard to the Profound Meaning' – Comparing the Views of the Two gŹan stoṅ Masters Dol po pa and Śākya mchog ldan." In *Journal of the International Association of Buddhist Studies* 27 (2): 285-328.

——2008. *A Direct Path to the Buddha Within, Gö Lotsawa's Mahāmudrā Interpretation of the Ratnagotra-vibhāga*. Boston: Wisdom Publications.

Prasad, H. S. (ed.). 1997. *The Uttaratantra of Maitreya*, Containing Introduction, E. H. Johnston's Sanskrit Text and E. Obermiller's English Translation. [Bibliotheca Indo-Buddhica Series No. 79]. Delhi: Sri Satguru Publications.

Roerich, George N. (tr.) 1988. *The Blue Annals*. Reprint of the second edition, (first edition, Calcutta 1949). Delhi: Motilal Banarsidass Publishers first ed. 1979.

Shakya, Dorje. 1978 (tr.). *Showing the Path to Liberation. A Commentary to the Mahamudra prayer Dorje Chang Thungma by Thrangu Rinpoche*. Kathmandu: Lhundrub Teng.

Stearns, Cyrus. 2010. *The Buddha from Dolpo: A Study of the Life and Thought of the Tibetan Master Dölpopa Sherab Gyaltsen*. Second edition (first edition SUNY, 1999). Ithaca, N.Y.: Snow Lion Publications.

◆ Author: Martina Draszczyk, Faculty of Philological and Cultural Studies, Department of South Asian, Tibetan and Buddhist Studies, University of Vienna.

# 对末那识与意识梵语同名的思考 *

曹　彦

**内容摘要：**佛教瑜伽行派的第七末那识与第六意识的梵语名称都是由manas与vijñāna组成的复合词。之所以该派的创始人要忍受第七识与第六识同名，一方面是因为manas这个词从词源学的角度来说符合第七识的思量特性；另一方面是因为manas在传统的十八界中指的是意根，而在瑜伽行派中第七识正好是第六意识的根。如果第七识坚持要用manovijñāna这个名称，那么第六识就应该作出调整，如"随境立名"称作"法识"。但是《成唯识论》对此方案作了批判。本文认为相关批判无效，而且创新性地提出了"俱随根境立名"的解决方案，即第六识称作"意法识"。

印度大乘佛教瑜伽行派又被称作唯识宗，该派提出"万法唯识"的思想，即世界万有皆是第八阿赖耶识的种子所变的。因此我们会非常重视对第八识阿赖耶识的研究。但实际上，第七末那识思想的提出，也是瑜伽行派思想成熟过程中的重要一环。因为在《解深密经》中就没有出现末那识，只提到阿陀那识和眼、耳、鼻、舌、身、意六识，在《瑜伽师地论》中才成立第七末那识。日本学者结城令闻总结道："在《解深密经》和《大乘阿毗达磨经》时代的所说中，关于末那识思想的问题，并还没成了学界的

* 本文为国家社科基金一般项目"基于梵语波你尼语法的《唯识三十颂》研究"（17BZJ015）阶段性成果。

问题。”“可以说在弥勒的论书时代才成立八识思想，对于学界，提出前代未闻的末那识问题，这是无疑问的。”[1] 演培法师也认为：“末那识的有无，在唯识思想上，是重要的一环，有他，八识说就圆满；无他，八识说就不成。他的产生不能不说是唯识学上的一大进步。”[2] 而本文下面要讨论的是，对于第七识该如何命名的问题，实际反映了瑜伽行派早期创始人对多方面问题的综合思考。

## 一、问题缘起

瑜伽行派认为识有八种，分别是第八阿赖耶识，第七末那识，第六意识，和眼等五识。其中意识的藏文是ཡིད་ཀྱི་རྣམ་པར་ཤེས་པ，末那识的藏文是ཉོན་ཡིད་རྣམ་པར་ཤེས་པ，即藏文佛典对第七识采取的是增译，指“染污意识”的意思）[3]。但实际上，第七“末那识”的梵语是 manovijñāna（或 manovijñapti），而第六“意识”的梵语也是 manovijñāna（或 manovijñapti）[4]。汉文虽然对前者采取音译，对后者采取意译，但是在印度本土毕竟出现了梵语词形相同的过失，易造成混淆。对此，《成唯识论》卷第四中注意到了这个问题，并且提出了解决方案：

> 次初异熟能变识后，应辩思量能变识相。是识圣教别名末那，恒审思量，胜余识故。
>
> 此名何异第六意识？
>
> 此持业释如藏识名，识即意故；彼依主释，如眼识等，识异意故。[5]

根据印度梵语语法大家波你尼（Pāṇini, 约公元前 5—4 世纪人）的《八章书》（*Aṣṭādhyāyī*）[6] 经文“supo dhātuprātipadikayoḥ//2.4.71//”可知，manovijñāna 一词是由格

1 结城令闻著，如碧译：《印度唯识思想的开展》，《现代佛教学术丛刊》第 24 册，台北：大乘文化出版社，1972：192，193。

2 演培：《唯识思想演变史略》，《现代佛教学术丛刊》第 24 册，1972：231。

3 林崇安：《基本汉藏梵英佛学术语》，台北：慧炬出版社，1991：119。

4 关于 vijñāna 与 vijñapti 是同义词，都翻译为“识”的论证，请参考曹彦：《从梵语波你尼文法论证玄奘“唯识”翻译和理解的正确性》，《武汉大学学报》2014（6）：28-37。

5 《大正新修大藏经》，台北：财团法人佛陀教育基金会出版部，1990 年，第 31 册，第 1585 经，第 19 页中 7-11 行（下文均简称 T.31, no.1585, 19b7-11）。

6 所有《八章书》经文序号采用 Otto Böhtlingk, *Pāṇini's Grammatik*, Delhi: Motilal Banarsidass Publishers

尾消失（luk）的前部字（pūrvapada）manas 与格尾消失的后部字（uttarapada）vijñāna（识）组成的复合词[7]。manas 音译为“末那”,意译为“意”。第七末那识（manovijñāna）是持业释（karmadhāraya）复合词，而第六意识（manovijñāna）是依主释（tatpuruṣa）复合词，所以两者词形虽然相同，但是含义则不同。其中，依主释复合词的特点是，后部字是主体，前部字是对后部字的修饰。如 Sārasiddhāntakaumudī（《月光疏精粹》）对依主释复合词的解释是，“prāyeṇottarapadārthapradhānastatpuruṣastṛtīyaḥ”（一般以后部字义为主的依主释是第三种 [ 复合词 ])[8]；而持业释复合词的特点是，前部字与后部字实际是同一事物，故此即为彼，彼即为此，两者在语法上是同数、同格的关系。如梵语语法经典《八章书》对持业释复合词的解释是，“tatpuruṣaḥ samānādhikaraṇaḥ karmadhārayaḥ //1.2.42//”（具有一致关系的依主释是持业释）。

之所以说第六意识（manovijñāna）是依主释复合词，这是因为前部字 manas 指的是“意根”，此识（vijñāna）随彼意根而生，故称为意识（manovijñāna）。对于意根与此识的关系，《成唯识论》卷第五中说 ：“谓名眼识乃至意识。随根立名，具五义故。五谓依、发、属、助、如根。”[9] 之所以说前部字 manas 指的是“意根”，这必须放在传统小乘佛教的“十八界”的体系中来理解。实际上，第六意识与眼等五识，这六识在非瑜伽行派的其它佛教派别中也是被认可的。在传统的十八界中，有眼、耳、鼻、舌、身、意这六（根）界，有色、声、香、味、触、法这六（尘）界，以及有眼识、耳识、鼻识、舌识、身识、意识这六（识）界。显然在传统小乘佛教十八界中，“意”（manas）属于“根”这类事物，所以意识（manovijñāna）指的是依意（根）而生的识。

而之所以说第七末那识（manovijñāna）是持业释复合词，这是因为 manas（末那）就是（第七）vijñāna（识），（第七）识就是末那。对于此第七识之所以称为 manas 的问题，世亲论师在《唯识三十颂》中说，“次第二能变，是识名末那。依彼转缘

7　结城令闻著，如碧译 ：《印度唯识思想的开展》，《现代佛教学术丛刊》第 24 册，台北 ：大乘文化出版社，1972 ：192，193。根据非世俗拆分方法（alaukikavigraha），复合词 manovijñāna 是由带 sup 格尾的前部字 manas（sup）与后部字 vijñāna（sup）合成的。根据《八章书》经文“kṛttaddhitasamāsāśca//1.2.46//”可知，复合词是名词词基（prātipadika）。再根据《八章书》经文“supo dhātuprātipadikayoḥ //2.4.71//”可知，名词词基中的格尾由消失（luk）替换，故 manas（sup）+ vijñāna（sup）→ manas+ vijñāna。接着根据《八章书》经文“sasajuṣo ruḥ//8.2.66//”可知，manas 字末的 s 音由 r 替代，故获得 manar+ vijñāna。再根据《八章书》经文“haśi ca //6.1.114//”，r 音由 u 音替代，故 manar+ vijñāna → mana+u+ vijñāna。最后根据《八章书》经文“ādguṇaḥ//6.1.87//”可知，元音 a 与 u 相连时，两者由二合元音 o 替换，故得到 mana+u+ vijñāna → mano+ vijñāna → manovijñāna。

8　段晴 ：《波你尼语法入门》，北京大学出版社，2001 ：415。

9　T.31, no.1585, 26a17-18.

彼，思量为性相”[10]（tadāśritya pravartate / tadālambaṃ manonāma vijñānaṃ mananātmakam //5//）[11]。即是说，第七识以思量为根本特性（mananātmakam），而且“恒审思量，胜余识故”，称为 manas。另外，根据安慧论师的梵本《唯识三十论释》的释文“evaṃ mananātmakatvānmana ityucyate nairuktena vidhinā //”[12]可知，对于 mananātmakam（思量为性相）这样的事物，根据规则，正好被词源学家命名为 manas。所谓的规则，应该是指印度古老的词源学专著《尼禄多》（*Nirukta*）中提到的“mano manoteḥ //4.4//”[13]。

也就是说，第六意识中的 manas 指的是根，而第七末那识中的 manas 指的却是识。在佛教汉文文献中，我们将第七识称为末那识，第六识称为意识，因此两者的区分是清楚的。而在梵文文献中，两者的词形都是 manovijñāna，那么该如何进行区分呢？有什么具体的解决方案呢？

## 二、解决方案一

玄奘在《成唯识论》中，提到了一种瑜伽行派内部比较认可的解决方案。如卷第四中说："然诸圣教恐此滥彼，故于第七但立意名。又标意名为简心、识，积集、了别劣余识故。或欲显此与彼意识为近所依，故但名意。"[14]也就是说，为了不造成混淆，对于第七识，直接单独使用“manas”这个梵语词汇就可以指代了。原因有下面三点。

第一，因为前面我们谈到，第七末那识的梵文 manovijñāna 是持业释复合词，复合词的前部与后部指的是同一个事物，所以 manas 本身就是 vijñāna。因此单独使用 manas 也表明它就是识（vijñāna），就是第七识。

第二，manas 在佛典中，经常与 citta（心）、vijñāna（识）同时出现，它们三者常被作为同义词来使用，都表达认知类存在。如世亲论师谈论对法的梵本 *Abhidharmakośa*（《阿毘达磨俱舍释论》）中就说，“cittaṃ mano ’tha vijñānamekārthaṃ”[15]（心意识一义）。但是这三个词，从词源学上来说，又存在一定的差异。如《阿毘达磨俱舍论》卷第四

10 T.31, no.1585, 19b1-2.

11 霍韬晦：《安慧〈三十唯识释〉原典译注》，香港中文大学出版社，1980：166。

12 霍韬晦：《安慧〈三十唯识释〉原典译注》，1980：167。

13 Lakshman Sarup, *The Nighaṇṭu and Nirukta*, Delhi: Motilal Banarsidass, 1967: 76.

14 T.31, no.1585, 19b11-14.

15 Swāmi Dwārikādās Śāstrī, *The Abhidharmakośa & Bhāṣya of Ācārya Vasubandhu with Sphutārthā Commentary of Ācārya Yaśomittrā*, Varanasi: Bauddha Bharati, 1998: 164.

中就说："集起故名心，思量故名意，了别故名识。"[16] 其对应的梵文是"cinotīti cittam / manuta iti manaḥ / vijñānātīti vijñānam"[17]。根据这段梵文，我们可以推知心、意、识对应的词根。citta（心）对应的词根是 svādigaṇa（第 5 类动词）的 ci，根据印度梵语大家波你尼（Pāṇini）解释词根的《界读》（*Dhātupāṭha*）[18] 的经文"1252 ciñ cayane"可知，词根 ci 有"堆积"的意思；manas（意）对应的词根是 tanādigaṇa（第 8 类动词）的 man，根据《界读》经文"1472 manu avabodhane//"可知，词根 man 有"觉知"的意思；vijñāna 对应的词根是 kryādigaṇa（第 9 类动词）的 jñā，根据《界读》经文"1508 jñā avabodhane"可知，词根 jñā 有"觉知"的意识。但是加上表"差别"含义的前缀 vi 后，vi-jñā 有"了别"的意思。正是因为 citta、manas、vijñāna 在词源学上有以上的差别，所以对于八识，可以根据其特性的差异，分别安立不同的名称。如《瑜伽师地论》卷第六十三中说："此中诸识皆名心、意、识。若就最胜，阿赖耶识名心。何以故？由此识能集聚一切法种子故，于一切时缘执受境，缘不可知一类器境。末那名意，于一切时执我、我所及我慢等，思量为性。余识名识，谓于境界了别为相。"[19]

第三，作为第六意识的所依的根（indriya），即意根（mana-indriya），在瑜伽行派看来，就是第七识。如《成唯识论》卷第四中谈到："是故应言：前五转识一一定有二俱有依，谓五色根同时意识；第六转识决定恒有一俱有依，谓第七识。若与五识俱时起者亦以五识为俱有依；第七转识决定唯有一俱有依，谓第八识；唯第八识恒无转变，自能立故无俱有依。"[20] 由此可见，第六意识所依的根实际是第七识。在传统小乘佛教中，十二处中的意处，十八界中的意界，都指的是产生意识的意根。如《阿毘达磨法蕴足论》卷第十中说："云何意根……又意增上，发意识，于法已正当了别，及彼同分，是名意根……所有名号，异语增语想等想施设言说。谓名意、名意处、名意界、名意根。"[21] 而意处、意界、意根的梵语分别是 mana-āyatana，manodhātu，mana-

16 T.29, no.1558, 21c20-21.

17 Swāmi Dwārikādās Śāstrī, 1998: 164.

18 所有《界读》经文参见 Vasudev Lakshman Shastri Panashikar, *The Siddhānta-kaumudī with the Tattvabodhinī Commentary of Jñānendra Sarasvatī and the Subodhinī Commentary of Jayakṛṣṇa*, Delhi: Chaukhamba Sanskrit Pratishthan, 1985: 729-739。

19 T.30, no.1579, 651b19-24.

20 T.31, no.1585, 20b13-18.

21 T.26, no.1537, 499b3-11.

indriya[22]，这三者都是持业释（karmadhāraya）复合词，故 manas 即是处（āyatana），即是界（dhātu），即是根（indriya）。所以 manas 可以单独来使用，表达的就是第六处、第六界和第六根。manas 单独使用，表达“意根”的传统，在部派佛教中的说一切有部的文献中广泛存在。如《阿毘达磨大毘婆沙论》卷第七十二中说：“问：意识界云何？答：意及法为缘所生意识，是名意识界。”[23] 再如《阿毘达磨俱舍论》卷第四中说，“复有释言：净不净界种种差别故名为心，即此为他作所依止故名为意，作能依止故名为识”[24]（citaṃ śubhāśubhairdhātubhiriti cittam / tadevāśrayabhūtaṃ manaḥ / āśritabhūtaṃ vijñānamityapare）[25]。卷第二十中说，“谓契经说：识二缘生。其二者何？谓眼及色，广说乃至意及诸法”[26]（“dvayaṃ pratītya vijñānasyotpādaḥ” ityuktam / dvayaṃ katamat ? cakṣūrūpāṇi yāvat manodharmā iti）[27]。

实际上，把 manas 理解为认知的根，在印度文化中本来就很有传统。如印度古老的字典《无灭藏》（*Amarakośa*）中就解释道，“manonetrādi dhīndriyam //1.4.8//”[28]（末那及眼等是知根）。再如印度六派哲学中的胜论派（Vaiśeṣika）中，就认为存在 manas 这种实体。manas 在身体中快速运作，把身体各种外感官的信息传给灵魂（ātman），故 manas 又称作内感官。对于 manas 该派著作 *Tarka Saṃgraha* 中解释道，“sukhādyupalabdhisādhanam indriyaṃ manaḥ / tacca pratyātmaniyatatvādanantaṃ paramāṇurūpaṃ nityaṃ ca //2.9//”[29]（末那这一根是快乐等［感觉］的了知工具。它联系着

22 复合词“mana-indriya”（意根）是由格尾消失（luk）的前部字 manas 与后部字 indriya 合成的。根据《八章书》经文“sasajuṣo ruḥ//8.2.66//”可知，manas 字末的 s 音由 r 替代，故获得 manas + indriya → manar+indriya。再根据《八章书》经文“bhobhagoaghoapūrvasya yo 'śi//8.3.17//”可知，浊音 i 前的 r 音由 y 音替换，故 manar+indriya → manay+indriya。接着根据《八章书》经文“lopaḥ śākalyasya//8.3.19//”，字末 y 音由消隐（lopa）替换，故获得 mana（ ）+indriya。此时前部字的末元音 a 与后部字的首元音 i 本来可以执行《八章书》经文“ādguṇaḥ//6.1.87//”的二合元音 e 替换，即 a+i → e，故得到 mana（ ）+indriya → manendriya。但因受到《八章书》经文“pūrvatrāsiddham//8.2.1//”的限制，实际上“ādguṇaḥ//6.1.87//”经文是不能执行的，故最终得到的是 mana（ ）+indriya → mana-indriya。笔者之所以要在复合字中使用联结符号“-”，是因为如果去除时，复合词的词形是 manaindriya，其中的“ai”容易被误解为是单独的三和元音 ai。更何况复合词 mana-indriya（意根）中的“a-i”同样也不能执行执行《八章书》经文“vṛddhireci//6.1.88//”的三和元音 ai 的替换。类似的，“意处”的梵文复合词的词形是“mana-āyatana”。

23 T.27, no.1545, 371a1-2.

24 T.29, no.1558, 21c21-22.

25 Swāmi Dwārikādās Śāstrī, 1998: 164.

26 T.29, no.1558, 104b12-14.

27 Swāmi Dwārikādās Śāstrī, 1998: 632.

28 Dr. N. G. Sardesai, D. G. Padhye, *Amarakośa of Amaradingh*, Varanasi: Ratna Offsets Ltd., 2009: 15.

29 Swami Virupakshananda, *Tarka Saṃgraha*, Madras: Sri Ramakrishna Math, 2001: 52.

各自的灵魂，不可数，形如极微，且永恒）。

正是由于传统上第六意识所依的根为 manas（意），所以在瑜伽行派中，作为第六意识所依的根的第七识，按理说也该叫做 manas（意）。与传统小乘佛教文献不同的是，在瑜伽行派中 manas 不仅被汉译为“意”，还被汉译为“末那”。因此“末那”不仅指“末那识”，还指“意根”。

总的来说，在瑜伽行派中，manovijñāna 不仅指第六意识，还指第七末那识，而 manas 不仅指产生第六意识的意根，还指第七末那识。为了避免混淆，在瑜伽行派的梵语文献中，一般情况下复合词 manovijñāna 特指第六意识，翻译为“意识”，如《唯识三十颂》中的第 16 颂言，“manovijñānasaṃbhūtiḥ sarvadāsaṃjñikādṛte / samāpattidvayānmiddhān-mūrchanādapyacittakāt //16//”[30]（意识常现起，除生无想天，及无心二定，睡眠与闷绝）；当要表达第七“末那识”时，往往将 manas 与 vijñāna 两词同时使用，而且同数、同格，如上面提到的《唯识三十颂》中的第 5 颂；而单独 manas 常常指的是产生第六意识的意根，翻译为“意”；在安慧的梵本《唯识三十释》中，存在用定语 kliṣṭa（染污）来限制 manas 一词，且两者是同格的情况。此时 manas 也音译为“末那”，指的是第七末那识，如其写道，“kliṣṭaṃ mano nityaṃ mananātmakatvāt mananākhyaṃ /”[31]（染污末那恒审思量为性故以“思量”为名）。此处“染污”指的是前面提到的《瑜伽师地论》所说的“执我、我所及我慢等”。藏文经典就是借鉴这种观点，把第七识称作 ཉོན་ཡིད་རྣམ་པར་ཤེས་པ，指“染污意识”），回译为梵文应为 kliṣṭamanovijñāna，即通过增语来改变第七识的命名，但这种办法一定程度丢失了第七识为第六识的根的特色。

## 三、解决方案二

对于 manovijñāna 会造成“第七末那识”和“第六意识”两种理解的问题，《成唯识论》中实际上记载了第二种解决方案，如在卷第五中说：“或名色识乃至法识。随境立名，顺识义故。谓于六境了别名识，色等五识唯了色等，法识通能了一切法。或能了别法独得法识名。故六识名无相滥失。”[32] 也就是说，前六识不再按照传统“随根

30 霍韬晦：《安慧〈三十唯识释〉原典译注》，1980：189。
31 霍韬晦：《安慧〈三十唯识释〉原典译注》，1980：159。
32 T.31, no.1585, 26a21-24.

立名”，而是采取“随境立名”。因此可以将前六识叫做色识（rūpavijñāna）……乃至法识（dharmavijñāna）。如果第六识称作 dharmavijñāna（法识），那么就不会与第七 manovijñāna（末那识）相混淆。这确实是个挺好的解决方案。

但是对于这种解决方案，玄奘在《成唯识论》中给出了反对意见。

一方面，这显然与传统上称眼识、耳识、鼻识、舌识、身识、意识的习惯不协调。

另一方面，从学理上来说，境只是识产生时的所缘缘，而根与识的关系则具有紧密的五义——依、发、属、助、如。这五义对于确立“随根立名”倾向的重要性，在《成唯识论述记》卷第五（末）中窥基具体解释道：

论：随根立名具五义故。述曰：胜于境故偏从根称。何谓五义？论：五谓依、发、属、助、如根。述曰：谓依于根，根之所发，属于彼根，助于彼根，如于根故。对法第二卷说：若了别色等故名为识，何故但名眼等识，不名色等识耶？以于眼等五种解释，非于色等。

此中第一依眼之识。彼有二义。且如眼识，眼中之识故名眼识。依眼处所识得有故，此第七啭。及由有眼识得有故，此第三啭。且如意识，如何意中虽七，无处所，而意亦依彼，同无色所依，在无色所依中也。及由有第七，故得有意识。非是境色得识住中，不由有色识定生故。且据麤相，以盲冥者不能见故，虽知有色识不必生。

第二根所发者。彼云眼所发之识故名眼识。由眼变异，识必变异。如迦末罗病损眼根故，所见青色皆以为黄。非坏色时而识名坏。第七如何？谓由有此第七识故，第六相缚不得解脱。即其事也，后七若无漏，六必无漏故。

第三属于根者。彼云属眼之识故，名眼识。由识种子随逐于根，而得生故。此谓生依，非染净依及根本依，引发依也。由此故知，七于六有势力。谓六种子随七种子。七种子生现时，六方得起，与彼力故。不尔不生。非色种子，识种随之。此如何等？此色有时必识所变。如有识时必根所生。何得识种不随色起？色是外法，根是内法。根恒相续，色即不然。不可为例。

第四助于根者。彼云助眼之识故名眼识。由根合识，有所领受，令根损益，非于境界故。谓由根合识，令根有损益，非由色合识令色有损益。离识之色，识虽无损益，色有损益故。如为他损色，如第六识俱无漏故，第七损有漏成无漏故。

第五如于根者。彼云如眼之识故名眼识。根识二法俱有情数。非彼色法定是有情。六七亦尔，唯内摄故。

随根五义胜，多说依根名。[33]

总的来说，由于根与识的关系紧密，境与识的关系没那么紧密，所以多数情况下，都是随根立六识名的。因此将第六识称为法识（dharmavijñāna）不能被接受。

第三方面，《成唯识论》还从“圣教量”的角度提出随境立六识名的过失。如卷第五中说道：

此后随境立六识名，依五色根未自在说。若得自在诸根互用，一根发识缘一切境，但可随根无相滥失。《庄严论》说，“如来五根一一皆于五境转者”，且依麤显同类境说。《佛地经》说：“成所作智决择有情心行差别，起三业化，作四记等。”若不遍缘，无此能故。[34]

也就是说，随境立六识名，在五色根没有获得自在的时候是没什么问题的。可是当五根获得自在，任何一根都可以缘其它的境时，随境立名就会出现混淆。如此时虽然眼根所缘的是味境，但所生的识则不能称为味识，而仍称为眼识才对。

## 四、回顾与评价

虽然第二种“随境立六识名”的解决方案有可行性，可是还是被《成唯识论》否定了。但笔者认为其中的否定意见并非很坚实，值得进一步商榷。

第一，佛教经典中也有称呼色识、声识、香识、味识、触识、法识的传统。如《大集大虚空藏菩萨所问经》卷第二中说：“不思惟一切相，心无所住名为专注。专注心不流散，于色、眼、色识远离故，自相清净。观行专注心不流散，于声、耳、声识远离故，自相清净……专注心不流散，于法、意、法识远离故自相清净。”[35] 又如《阿毘达磨大毘婆沙论》卷第七十一中记载到：“何故名眼识不名色识耶？答：亦有经说此名色识。如说：色界为缘生色识，乃至法界为缘生法识。”[36] 再如在《广百论本》一卷中提婆菩萨说：

33 T.43, no.1830, 416a4-b13.

34 T.31, no.1585, 26a24-b1.

35 T.13, no.404, 619b20-28.

36 T.27, no.1545, 639b28-c1.

"眼中无色识，识中无色眼，色内二俱无，何能合见色。"[37]

第二，虽然根对于识有依、发、属、助、如这五义，故相对于境来说，根与识的关系更为紧密，所以"多说依根名"，但是命名是为了更好地区别事物，而非只是揭示事物的本质。特别是对同一类事物命名时，更加应该以区分为首要目标。如果随根立六识名，那么第六称为 manovijñāna，而这与第七末那识重名了。因此这种命名方式没有成功达到区分相互间的差别的目标。实际上，瑜伽行派的创始人无著菩萨就主张对于八识的命名不可太守陈规，而应该根据情况灵活应用。如在《显扬圣教论》卷第十八他就强调：

> 复次心差别相建立应知。
>
> 颂曰：所依境界力，建立心差别，复由七种行，难了相应知。
>
> 论曰：心差别相当知。复由所依、所缘力而得建立。由所依力者，谓立眼识乃 至意识；所缘力者，谓立色识乃至法识，青识、黄识……乃至苦识、乐识……[38]

也就是说，为了让人了解不同识之间的差别，可以立眼识、色识、青识、苦识等各种名称。显然第六识命名为法识（dharmavijñāna），第七识命名为末那识（manovijñāna）就能让人清楚地理解两者的相互差别，而不混淆。而且为了防止此时的 manovijñāna 被理解为传统的第六意识，可以统一将其它的前五识也都改为随境立名。

第三，对于前面提到的"若得自在诸根互用"的情况，实际上随根立六识名也一样会造成混淆。按照《成唯识论》的说法，如果自在的眼根缘声境时，我们说此时产生的识是声识的话，就会使他人误以为此声识是依耳根而产生的，所以此识应该还是叫眼识为好。但是笔者要说的是，如果此识叫眼识的话，那么就会使他人误以为此眼识是缘色境而产生的。所以说，对于"若得自在诸根互用"的情况，无论识是随根立名，还是随境立名，都会造成各自的混淆。因此《成唯识论》的此种理由不能成立。实际上，无著菩萨在《显扬圣教论》就认为给识立名是非常困难的事情，一刀切是行不通的。如卷第十八中说：

37 T.30, no.1570, 185a1-2.

38 T.31, no.1602, 568a1-7.

如是等复由七种行相，了知诸心难知差别。一不可知相续久住器差别相；二多种相境差别相；三俱有差别相；四能治所治速疾回转差别相；五习气差别相；六续生差别相；七解脱心差别相。[39]

由上可知，玄奘在《成唯识论》中对于“依境立六识名”的批判可以说是无效的。

而实际上，无著菩萨之弟世亲菩萨也在《唯识三十颂》中表现出认同“依境立六识名”的做法。如在梵本《唯识三十颂》的第二颂中就提到，“vipāko mananākhyaśca vijñaptirviṣayasya ca/”[40]。此颂玄奘的翻译是“异熟思量及了别境识”。其中 vijñaptir（识）是三个能变的共有主语，故此句可翻译为：“异熟识、思量识及 [ 了别 ] 境识。”因此第二颂中玄奘翻译的“了别”一词梵本原文中无。第二颂的 vijñaptirviṣayasya 在第八颂中得到了重复，“viṣayasyopalabdhiḥ sā”[41]，玄奘翻译为“了境为性相”。因此第二颂译文中所增加的“了别”一词，即是第八颂中的 upalabdhiḥ（了）。而第八颂中阴性词汇 sā 即是第二颂阴性词汇 vijñaptir。故第八颂也可以直接翻译为“了别境识”。第二颂梵本之所以无 upalabdhi（了别），实际是要强调 viṣaya 的第六格说明了：viṣaya（境）是（六）识（vijñapti）（主要）的区分因（nimitta），而不是以根（indriya）作为六识的（主要）区分因，故有“随境立六识名”的意思。因此第二颂 vijñaptirviṣayasya 也许可以直接翻译为“别境识”或“境别识”。所以根据第二颂，八识中的前六识的名称应该是色识、声识、香识、味识、触识、法识[42]。而且第六格的 viṣayasya 说明境与识是相属的关系，这显然挑战了《成唯识论》中提到的前六识与根有“属”等“五义”。因此《唯识三十颂》表明，世亲菩萨认为前六识属于六境，而非属于六根。

显然，前六识随境立名后，第六识称为法识（dharmavijñapti），而第七识称为末那识（manovijñapti），故不会相混淆。

虽然以上解决了第七识与第六识的冲突问题，但我们必须承认的是，前六识无论是随根立名，还是随境立名，面对“若得自在诸根互用”的情况，都还是会造成理解的混乱。若随根立名，则不知此识是缘何境而产生的；若随境立名，则不知此识是依何根而产生的。因此简单的一刀切是无法完善地解决以上的困难的。

笔者认为，应该另辟蹊径，“俱随根境立六识名”。即在八识体系中，前六识应

39 T.31, no.1602, 568a7-11.

40 霍韬晦：《安慧〈三十唯识释〉原典译注》，1980：159。

41 霍韬晦：《安慧〈三十唯识释〉原典译注》，1980：170。

42 曹彦：《〈阿毘达磨顺正理论〉实有观念研究》，武汉大学出版社，2014：248。

该分别称作：第一眼色识（cakṣūrūpavijñāna），第二耳声识（śrotraśabdavijñāna），第三鼻香识（ghrāṇagandhavijñāna），第四舌味识（jihvārasavijñāna），第五身触识（kāyaspraṣṭavyavijñāna），第六意法识（manodharmavijñāna）。这样的话，不仅第七末那识与第六意法识不会出现名称的冲突，而且即使是碰到“若得自在诸根互用”的情况，也可很好兼容。如自在眼根缘声境而产生识时，此识就叫“眼声识”（cakṣurśabdavijñāna）就好了。这样做确实清晰明了，不会产生误解。

应该承认的是，上面提出的“俱随根境立六识名”的解决方案，并不是笔者完全独立的创新，在《大藏经》中也有存在。如在《光赞经》中就统一采用“俱随根境立六识名”方式来命名六识，且多次出现。如卷第二中说：“不念眼不念色不念眼色识。不念耳不念声不念耳声识。不念鼻不念香不念鼻香识。不念舌不念味不念舌味识。不念身不念细滑不念身细滑识。不念意不念法不念意法识。”[43] 因此我们认为，“俱随根境立六识名”的做法不仅可行，而且可信。

◆ 曹彦　武汉大学哲学学院副教授

43 T.8, no.222, 158a21-25.

# 作为印刷和创新资助人的藏族妇女 *

玉珠措姆　海德噶·丁伯格

**内容摘要**：在以往有关贡塘公主曲吉准玛研究的基础上，本文探讨一些更广阔的妇女网络，在这些网络中，妇女充当古籍印刷的赞助者，而且更普遍的是进行社会和文化的革新活动。这些妇女中包括许多不知名的或名不见经传的历史人物以及藏弄·黑如噶的著名明妃衮都桑姆。尽管在这些卓越非凡的妇女中，我们发现大多数妇女都没有专门记述其生平的传记，但是我们可以通过认真地分析和对比大量的历史资料，来确认她们中许多人的身份。这类研究显示，在文化生产中妇女起到了很重要的作用，但是在历史叙事中很少全面地反映她们的事迹。从这点而言，在青藏高原上发生的某些事情的进程与同时代中世纪及文艺复兴时期的欧洲发生的进程有一些有趣的相似之处。

## 导论

在书籍的制作和出版中女性佛教徒的作用不可忽视，特别是在将印刷作为一种技术创新手段的引进方面起到了至关重要的作用，但她们的作用并没有得到充分的认可。在

* 本文是剑桥大学“康河计划”四川大学工作站暨四川大学喜马拉雅多媒体数据库项目研究成果，并得到四川省社会科学高水平研究团队建设计划资助。

历史上，公元一千年时，印度帕拉王朝的一位王妃[1]资助出版了《般若波罗蜜多经八千颂》和《五护陀罗尼》；中国唐朝的武则天（690–705 年执政）[2]也被认为是“发现印刷”的女皇；8 世纪日本女天皇称德（又称孝谦天皇）曾赞助印刷事业[3]。此外，13 和 14 世纪元朝宫廷的皇后们也资助印刷藏传佛教经文[4]，还出现了无数以各种身份为出版藏族传统文学名著做出贡献的藏族妇女。本文主要探讨 15 和 16 世纪藏族妇女对印刷书籍所做的贡献，并将她们与赞助印刷的欧洲妇女进行比较。

曲吉准玛（ཆོས་ཀྱི་སྒྲོན་མ། 1422–1455 年）和衮都桑姆（ཀུན་དུ་བཟང་མོ། 1464–1549 年）是在那个时代推动藏族社会文化创新最突出的例子。在她们的许多宗教和艺术成就中，其支持的一些新技术印刷项目，为包括妇女在内的许多人提供了可以阅读的文字材料。她们两人都通过放弃婚姻或拒绝结婚，对社会传统习俗提出了挑战，都成为了杰出的宗教上师的弟子及伴侣，且最终她们自己也成为了重要的宗教人物。其弟子们为其撰写的传记，为我们了解她们的世界提供了独特的视角和见解。

通过阅读有关宗教大师们早期出版物和传记的题记，我们会发现更多的妇女作为施主，参与了书籍的制作过程。笔者将探讨包括上述两位著名妇女和一批相互关系密切的妇女，在推动南部拉堆（ལ་སྟོད་ལྷོ）和贡塘（གུང་ཐང）地区早期印刷事业发展中所起的作用，这些妇女是当地文化和社会关系网的一部分。通过分析从已知的和新近发现资料中所能搜集到的相关信息，探讨导致她们推动印刷事业以及广泛的其他文化事业的理想、限制以及环境。也将探讨这些妇女常常处于其世俗责任与精神追求的矛盾困境中，最终她们成为了后世人们认可的典范和追随的对象。最后，在藏族社会语境范围之外，将探讨跨文化的妇女资助书籍制作和出版事业的类似现象，特别是探讨中世纪和文艺复兴时期欧洲妇女的诸多相关活动，可能会获得一个比较好的效果。

---

1 Camillo A. Fromigatti, "The Illuminated Perfection of Wisdom." In Hildegard Diemberger, Mark Elliot, Michela Clemente eds., *Buddha's Word — The Life of Books in Tibet and Beyond*, Cambridge: Museum of Archaeology and Anthropology, University of Cambridge, 2013: 12-13.

2 T. H. Barret, *The Woman Who Discovered Printing*, New Haven and London: Yale University Press, 2008: 1-176.

3 Peter Kornicki, "Empress Shōtoku as a Sponsor of Printing." In Hildegard Diemberger, Franz-Karl Ehrhard, Peter Kornicki eds., *Tibetan Printing: Comparison, Continuities and Change*, Leiden: Brill, 2016: 45-50.

4 Kawa Sherab Sangpo, "Mongolian Female Rulers as Patrons of Tibetan Printing at the Yuan Court: Some Preliminary Observations on Recently Discovered Materials." In Hildegard Diemberger, Franz-Karl Ehrhard, Peter Kornicki eds., *Tibetan Printing: Comparison, Continuities and Change*, 2016: 38-44.

## 作为诸多宗教和政治网络一部分的藏族妇女

1407 年在协噶（ཤེལ་དཀར）印制的典籍，是卫藏地区现存最早的，但没有明确提到作为施主或发起者的任何妇女。该文本是由南部拉堆的统治者拉赞加（ལྷ་བཙན་སྐྱབས）赞助印制的，这是为其父王司徒 · 曲吉仁青（སི་ཏུ་ཆོས་ཀྱི་རིན་ཆེན། ？—1402 年）举行的一系列葬礼活动的一部分。但是，在该文本的题记中，有几行不同寻常的赞词是赞颂其妻子赞江杰姆（བཙན་ལྕམ་རྒྱལ་མོ），即南部拉堆的王后的[5]：

> 统治无边领土的至高无上的王后，像月亮那样 [ 提供 ] 源源不
> 断快乐的甘露。拥有女神般美貌的王后成为了女性统治者，
> 根据佛法来保护 [ 世俗和宗教 ] 团体。[6]

这些诗句没有清楚地说明她到底在该典籍的印制中扮演了什么样的角色。正如藏族社会中精英分子常常参与书籍的印制过程那样，她很可能参与了赞助该典籍印制的诸项活动[7]，但是在上述题记中，主要将她作为一个王后，而不是一个施主来赞颂的。那时她还很年轻，她与拉赞加成婚一定是在完成该典籍印制前进行的。

统治者们出资印制的典籍通常都附有题记，题记常常赞颂整个领地以及包括统治者的祖先在内的统治家族。赞助典籍的印制活动，是统治者们展示其作为佛教统治者的权

---

5 赞江杰姆生于 1393 年，是北部拉堆的统治者朗杰扎桑（རྣམ་རྒྱལ་གྲགས་བཟང）的姐姐，她也是司徒 · 拉赞交的妻子。K. H. Everding and D. D. Dzongphugpa, *Das tibetische Fürstentum La stod lHo (um1265–1642). Die Geschichte der Herrschaftsbildung nebst einer Edition der Chronik Shel dkar chos 'byung.* Reichert Verlag: Wiesbaden, 2006: 105-106. 她在曲吉准玛的传记中作为其婆婆反复地出现。Hidegard Diemberger, *When a Woman Becomes a Dynasty: The Samding Dorje Phagmo of Tibet*, New York: Columbia University Press, 2007: 10, 118-119, 124-125, 159-161, 163-166, 171. 在印制上述典籍时，她才 14 岁。因此，我们可以推测与其说这些诗句是赞颂其实际行动，不如说是赞美其预期角色的。

6 སེང་གེ་བཟང་པོ། འགྲེལ་ཆུང་དོན་གསལ། བོད་ཀྱི་ཤིང་པར་ལག་རྩལ་གྱི་བྱུང་རིམ་མདོར་བསྡུས། དེབ་དང་པོ། ལྷ་ས། བོད་ལྗོངས་བོད་ཡིག་དཔེ་རྙིང་དཔེ་སྐྲུན་ཁང་། 2013: 89b. 该文本的手抄本的题目为：ཏ་སི་ཏུ་ལྷ་བཙན་སྐྱབས་ཀྱི་འགྲེལ་ཆུང་དོན་གསལ་པར་དུ་བསྒྲུབས་པའི་དཀར་ཆག་ཚིགས་བཅད་ལ། བོ་དོང་ཕྱོགས་ལས་རྣམ་རྒྱལ་གྱི་གསུང་འབུམ་གསར་རྙེད་སྐོར། པུ་ཏི་བཞི་པ། ལྷ་ས། དཔལ་བརྩེགས་བོད་ཡིག་དཔེ་རྙིང་ཞིབ་འཇུག་ཁང་། 2009: 301, 303. 藏文原文为：གསལ་བའི་བདུད་རྩིའི་ཆར་རྒྱུན་ཟླ་གཞིན་མ།། མཐའ་ཡས་ས་ལ་དབང་བསྒྱུར་བཙུན་མོ་མཆོག། ལྷ་ལྕམ་འཆི་མེད་བུ་མོའི་དཔལ་འཛོག་མ།། སྡེ་གཉིས་ཆོས་ཀྱིས་སྐྱོང་བ་བདག་མོ་བྱུང་།།

7 自吐蕃时代起，女性作为佛教施主已经是在西藏根深蒂固的做法。在蒙古妇女精英代表中较为流行的支持印刷的传统也可能对藏族社会有一定的影响。在对藏文典籍印刷进行赞助的蒙古女性中，有一位是妥欢帖木尔的妻子布鲁甘，而前者给司徒 · 曲吉仁钦授予了印信和名号。她是元廷中藏文典籍及将这些典籍发行到西藏的最重要的支持者。参见 Kawa Sherab Sangpo, "Mongolian Female Rulers as Patrons of Tibetan Printing at the Yuan Court: Some Preliminary Observations on Recently Discovered Materials." 2016: 38-44.

力与威望的行为，他们间往往相互竞争，并竞相模仿像元代强大皇帝们那样的榜样[8]。上述题记概述了统治家族一位女性成员所扮演的角色：她出生于北部拉堆（ལ་སྟོད་བྱང）的统治家族，然后嫁到了南部拉堆的统治家族[9]。尽管通常男性统治领地，而妇女常常通过婚姻联盟，来充当一个政体和另一政体间的特使和调停人。当她们参与到最普遍的从父居的婚姻时[10]，通过依靠其亲属关系网络，可以与其娘家和婆家商讨相关事宜。因此，她们成为了婚姻联盟中不可或缺的因素，而正是婚姻联盟将一系列相互竞争，且常常被世仇和冲突弄得分崩离析的政体维系在一起。另外，当同一个政体内的诸多统治家族因各种矛盾而闹分裂时，她们也成为家族内部的调停人。

这些妇女参与活动的15、16世纪的政治结构，是由大量政体组成的，它们间有不同程度的从属关系、不断变化的力量对比格局，以及不断变化的忠诚方式。虽然与贡塘和北部拉堆一样，南部拉堆先前处于萨迦的统治之下，后来归属于帕木竹巴的统治之下，但它享有很大的自主权。早期其统治家族出现了一些伟大的萨迦本钦（ས་སྐྱ་དཔོན་ཆེན）[11]，也与元朝和后来的明朝皇帝们有直接的往来[12]。同时，像察达德巴（ཚ་མདའ་སྡེ་པ）这样的地方统治者是南部拉堆“王国”的臣民，但他们拥有较大的自主权，统治着相当于今聂

8 Tsering Dawa Sharshon, "Continuity and New Developments in 15th Century Tibetan Book Production: Bo dong phyogs las rnam rgyal (1376–1451) and his Disciples as Producers of Manuscript and Print Editions." In *Tibetan Printing: Comparison, Continuities and Change*, 2016: 237-266; Hildegard Diemberger, "Early Tibetan Printing in Southern La stod: Remarks on a 1407 Print Produced at Shel dkar." In Orna Almogi ed., *Tibetan Manuscript and Xylograph Traditions: the Written Word and its Media within the Tibetan Culture Sphere,* Hamburg: Department of Indian and Tibetan Studies, Universität Hamburg, 2016: 105-125.

9 赞江杰姆是北部拉堆与南部拉堆间建立的长期婚姻联盟的一部分，在海德噶·丁伯格2007年的著作中，谈到了作为曲吉准玛的婆婆的她。参见 Hidegard Diemberger, *When a Woman Becomes a Dynasty: The Samding Dorje Phagmo of Tibet*, 2007: 10, 118-119, 124-125, 159-161, 163-166, 171.

10 从夫居婚姻是预期的标准婚姻模式，而且也是最有名的。然而，这并不排除其他各种婚姻形式的存在。

11 Luciano Petech, *Central Tibet and the Mongols: the Yüan-Sa-Skya Period of Tibetan History*, Serie Orientale Roma, Vol. LXV., Rome: IstitutoItaliano per il Medio ed Estremo Oriente 1990: 1-168；Ngag dbang skal ldan rgya mtsho: *Shel dkar chos 'byung: History of the "White Crystal" : Religion and Politics of Southern La stod,* Pasang Wangdu and Hildegard Diemberge trans., in cooperation with Guntram Hazod, Wien: Verlag der Österreichischen Akademie der Wissenschaften, 1996; K. H. Everding and D. D. Dzongphugpa, *Das tibetische Fürstentum La stod lHo (um1265–1642). Die Geschichte der Herrschaftsbildung nebst einer Edition der Chronik Shel dkar chos 'byung*, 2006.

12 根据《协噶教法史》(*Shel dkar chos 'byung*, 1996: 7)，司徒·曲吉仁钦从元朝皇帝妥欢帖木尔（元惠宗）处得到了其名号，后者的妻子是藏文典籍印刷的热心支持者。明朝的皇帝们（ཏ་མིང་རྒྱལ་པོ）被认为是杂日 (རྩིབ་རི) 神山上所建的佛教寺院遥远的施主。参见 *Shel dkar chos 'byung History of the "White Crystal": Religion and Politics of Southern La stod*, 1996: 31b-32a。在1413年，拉赞交得到了藏文典籍印刷最大的支持者明永乐皇帝颁发的一道谕旨，该谕旨目前藏于北京中国藏学研究中心西藏文化博物馆。这些政治联系表明有一些文化网络，在不同的时期可能通过发行印刷的藏文典籍以及推行相关的做法，以促进印刷技术的传播。

拉木县（གཉའ་ནང）的大片地域。他们也与邻近的贡塘“国王”们有直接的联系。苏措（སུ་ཚོ）以及其他地区的统治者也是类似的情况。简言之，在 1407 年印制的典籍的后记中提到[13],“像星星一样众多的政体”尊敬南部拉堆这一权力中心[14],这可以被理解为反映了杰弗瑞 · 萨缪尔所描述的“星际”政体的模式，萨缪尔将谭拜亚的相关观念应用于藏族社会的分析。

在这种情况下，婚姻联盟就会是至关重要的。特别是精英妇女的娘家和婆家都希望她们能够扮演相应的角色。然而，有些妇女不乐于或不满意扮演这种角色，立志于全身心地追求精神生活。一般在结婚时，她们的上述想法和期望就开始出现了，通常会引起一些戏剧性的场面和冲突。有时，她们在反叛后将自己的角色调整为宗教女性。有时她们将其世俗和出世间的义务和追求结合起来。她们对无法选择的婚姻进行抗争，将其与给寺院“扎仓”、尼姑院、典籍印刷项目的经济支持和自身的精神追求以及对书籍的热爱结合起来，这一时期处于上层社会的藏族妇女所过的生活，与同时代欧洲妇女的生活有许多相似之处。

西藏社会中，女性出家为尼不仅是她们实现其精神追求的一种方式，也是一种拒绝结婚，决定自己生活的认可方式。在某些情况下，这种精神 / 宗教力量有益于有政治地位的妇女地位的认可。在贡塘历史上，13 世纪的统治者拉仁青措（ལྷ་རིན་ཆེན་མཚོ）便是这样一个典型的例子。她于政治动乱之时作为摄政接管了对贡塘的统治，而且其统治十分成功，为其侄子崩德衮纳波（འབུམ་ལྡེ་མགོན་ནག་པོ། 1253–1280 年）最终建立芒域贡塘（མང་ཡུལ་གུང་ཐང）“王国”奠定了基础，当时建立的“王国”对随后几个世纪该地区的历史都有重要影响。作为一名尼姑，拉仁青措备受人们的尊崇。在其任摄政期间，在一个专用的作坊中印制了被称为“多芒系列”（མདོ་མང་སྐོར）的佛教经典[15]。

俗人妇女如果赞助上述活动以完成其精神追求，会被人们高度赞许，成为被社会认可的一个有效途经，这样她们无需放弃其世俗的责任与义务，不需要面对出家为尼所带来的挑战。

各种典籍和传记后面所附的题记，能够给我们提供有关当时政治和宗教关系网络的一些情况，在这些网络中妇女起到了十分重要的作用，有时她们是创新者，但更多的时候只是遵循既定的仪礼而已。笔者认为妇女对推进印刷事业的贡献，与当时社会、政治

13 འགྲེལ་ཆུང་དོན་གསལ། བོད་ཀྱི་ཤིང་སྤར་ལག་རྩལ་གྱི་བྱུང་རིམ་མདོར་བསྡུས། དེབ་དང་པོ། ལྷ་ས། བོད་ལྗོངས་བོད་ཡིག་དཔེ་རྙིང་དཔེ་སྐྲུན་ཁང་། 2013: 89.

14 “像星星一样众多的政体”这句话的藏文原文为 རྒྱལ་ཕྲན་སྐར་མ་ཙམ་གྱིས་ཕྱག་བྱེད་པ།

15 རིག་འཛིན་ཚེ་དབང་ནོར་བུ། གུང་ཐང་རྒྱལ་རབས། བོད་ཀྱི་ལོ་རྒྱུས་དེབ་ཐེར་ཁག་ལྔ། ལྷ་ས། བོད་ལྗོངས་བོད་ཡིག་དཔེ་རྙིང་དཔེ་སྐྲུན་ཁང་། 1990: 3a-3b. K.H.Everding, *Das Koenigreich Mangyul Gung thang*, 2006: 54-59.

结构期望她们所扮演的角色有十分密切的关系。高度个人化的女性经历，反映了遵从和违背社会期望的结果。这些妇女生活的轨迹往往是非常曲折的，但很少有传记能够使我们了解到她们生活中的细节。在一般情况下，我们不得不依靠一些零星且非常少的信息来探讨妇女生活。在这一方面，她们与中世纪欧洲的女赞助人非常相似，有关她们的生活及事迹只能从信件、祈祷书和她们自己机构的少量文件中搜集到一些相关信息。

## 达姆南卡桑姆(བདག་མོ་ནམ་མཁའ་བཟང་མོ། 15 世纪 )：尼姑兼女性统治者

一部最近发现的雕版印刷典籍显示，大约在 1442 年，苏措的女统治者以极大的热情致力于印制和出版玻东 · 确勒朗杰（བོ་དོང་ཕྱོགས་ལས་རྣམ་རྒྱལ། 1376–1451 年）的《显密典籍精要荟萃》(དཔལ་དེ་ཁོ་ན་ཉིད་འདུས་པ་སྙིང་པོ)，这是后者的题为《显密典籍荟萃》（དཔལ་དེ་ཁོ་ན་ཉིད་འདུས་པ）著作的精要部分[16]。根据这部著作的后记，她是一位备受尊敬的尼姑，被尊称为“洛本玛”(སློབ་དཔོན་མ། 意为女规范师)。为了给过世的苏措统治者仲钦 · 索南坚赞(དྲུང་ཆེན་བསོད་ནམས་རྒྱལ་མཚན）以及其他一些官员积累福德，资助了上述印制和出版项目[17]。她是仲钦 · 索南坚赞的亲戚，与后者一样，均来自伟大译师邦洛扎瓦（དཔང་ལོ་ཙ་བ）世系，当时和后来该世系控制着南部拉堆的苏措地区。她对仅将经文作为尊奉对象的作法持批评态度，更加注重推动人们缜密地了解经文，尤其是有关密宗经典的内容和含义。她想通过印制和出版玻东 · 确勒朗杰于 1441 年撰写的一部重要著作，即《显密典籍精要荟萃》来达到促使人们了解经文含义的目的。在该著作的后记中，她因其精神素质和远见卓识而备受赞誉，她不仅是作为一个赞助者来参与该项目，而且也是该项目的发起者以及促使该项目圆满完成的推动者。

该著作的后记译文如下（在下文中特别重要的段落以加粗字标出）：

> 顶礼膜拜三宝！《精要》的目录包括所有三世佛陀所讲授的显宗和密宗的三重学科，以实现利益三界众生的卓越目标。由于以往珍贵的班智达和译师以完美的方式翻译了浩如烟海的佛法，哲学乘（指显宗经典）的纯正教义得以广泛地发展；相反，密乘的纯正教义则未能相应地发展。显宗经典也没有被正确

16 就玻东 · 确勒朗杰的《显密典籍精要荟萃》的印制和出版时间，参看 Tsering Dawa Sharshon, "Continuity and New Developments in 15th Century Tibetan Book Production." 2016: 237-266.

17 Tsering Dawa Sharshon, "Continuity and New Developments in 15th Century Tibetan Book Production." 2016: 237-266.

地阐释，其含义被颠覆，而且造成了对这些经典的疑问。考虑到 [ 过去的 ] 错误，[ 现在 ] 的准确阐释阐明了佛宝的旗帜。就浩如烟海的密宗经典而言，曾出现了三、四次教授和修习密宗的热潮。然而，有关四续部的宝贵经典已大多成为人们顶礼膜拜以及进行仪式供养的对象。考虑到这个问题，由于对内、外佛陀的祈祷以及他们的加持，《显密典籍精要荟萃》以完美的方式阐释 84,000 法蕴，为了实施修习的精要，从《显密典籍荟萃》中摘录相关段落编辑成《显密典籍精要荟萃》( 即该文集的精要部分浓缩为一篇文章 )。该文比所有如意宝都还要殊胜，能够圆满地实现所有众生的愿望。在整个世界的四大部洲中，最殊胜的是 [ 人居住的 ] 赡部洲。在所有的国家中，最优秀的是雪域。在所有的神灵中，最杰出的是“藏吉拉 ( 意为“藏”的神灵”) [ 即苏措的山神 ]。该神灵所在的地方是金杰宗 ( སྐྱིངས་བྱེད་རྫོང ) 的日拉日莫 ( རི་ལྷ་རི་མ )。在这里出现了像如意宝树一样的一个世系，其根基非常的牢固，而且其顶部直达云霄。**在这个像年轻的水晶枝一样积累福德的地方，出现了身着像果实颜色一样的赤黄色 [ 衣袍 ] 的女规范师南卡贝桑姆** ( ནམ་མཁའ་དཔལ་བཟང་མོ )。她拥有无边无际的浩如烟海的财富，有与空中的繁星一样众多的随从，还积累了像日月一样美丽耀眼的两种资粮，从而成为了所有人尊崇的对象。作为照亮生死轮回苦海的黑暗以及增加利乐的一种方式，她一次又一次地进行冥想。**在这一刻，她意识到无数的日月都不能与《显密典籍精要荟萃》媲美，意欲运用其所有的资源来宣传它。通常为了帮助众生获得解脱，并为了实现已故的官员们，特别是珠钦·索南坚赞** ( གྲུབ་ཆེན་བསོད་ནམས་རྒྱལ་མཚན ) **的遗愿，即帮助他们成佛，她印制了该典籍。该典籍的木制印版是由年扎桑布** ( སྙན་གྲགས་བཟང་པོ ) **大师提供的。印制的该典籍就像日月曼陀罗一样，其无限的光芒通过技艺精湛的抄经师南喀仁青** ( ནམ་མཁའ་རིན་ཆེན ) **以及诸如格西嘉勒** ( དགེ་བཤེས་རྒྱ་ལེ )、**桑巴洛珠僧格** ( བསམ་པ་བློ་གྲོས་སེང་གེ ) **等熟练的雕工之手**，得以广为传播。像遮蔽日月的灰尘、像 [ 遮住天空的 ] 云彩、像 [ 通过制造月食来遮蔽天空的 ] 罗睺罗一样的 [ 拼写错误 ] 由学识渊博的堆增阿旺 ( འདུལ་འཛིན་ངག་དབང ) 来消除，他为大乘佛教创制了如此精确的一个解释系统。该典籍精美印制的优点比如意宝珠还要大，它将消除像无数日月一样的一切错误，并让 [ 人们 ] 获得全面的理解能力。为了使所有的障碍都被消除，为了增强两种有利条件的积累，祈愿像太阳一样的佛法传向十方，像月亮一样的利乐照耀十方。祈愿所有已故的亲人们均能成佛，而那些仍然活着的亲人们能长寿。祈愿伟大的女施主能毫不费力地实现其所有的愿望。祈愿拥有福德！祈愿吉祥如意！[18]

在目前我们所找到的有关玻东·确勒朗杰的两部传记中[19]，这一印刷项目被记载为15世纪上半叶一系列印刷出版物的一部分[20]，但是相关记载只是将该著作的印制笼统地归因于苏措的人，即苏措的统治者们。

根据玻东巴（པོ་དོང་པ）大师尊巴曲勒（བཙུན་པ་ཆོས་ལེགས།1437–1521 年）的传记记载，

---

18 该段落的藏文为：དཀོན་མཆོག་གསུམ་ལ་གུ་(གུས་)པས་ཕྱག་འཚལ་ནས། སྲིད་གསུམ་སེམས་ཅན་ཀུན་གྱི་དོན་མཆོག་ཕྱིར།། དུས་གསུམ་སངས་རྒྱས་ཀུན་གྱི་མདོ་སྔགས་ཀྱི།། སླབ་གསུམ་དེ་ཉིད་སྙིང་པོའི་དཀར་ཆག་བཤད། སྟོན་གྱི་ལོ་པཎ་སྐྱེས་མཆོག་དམ་པ་ཡི། དམ་ཆོས་རྒྱ་མཚོ་ལེགས་པར་སྒྱུར་བ་ལ།། མཚན་ཉིད་ཐེག་པའི་དམ་ཆོས་དར་ན་ཡང་།། སྔགས་ཀྱི་ཐེག་པ་དམ་ཆོས་དེ་ལྟ་མིན།། མདོ་བཤད་ལ་ཡང་ཡང་དག་པ་མ་བཤད་དང་།། ལོག་པར་བཤད་དང་ཐེ་མཚོམ་(ཚོམ་)དུ་བཤད་པས།། མ་དག་མཐོང་ཕྱིར་དག་པའི་རྣམ་བཤད་ཀྱིས།། བསྟན་པའི་རིན་ཆེ་རྒྱལ་མཚན་ལྟམ་མེར་རྒྱས།། རྒྱུད་སྡེ་རྒྱ་མཚོའི་ཚོགས་ལས་རྒྱུད་ཀྱི་ནི།། ཐ་ཕྲབས་གསུམ་བཞི་བཤད་སྒྲུབ་ལྟར་བྱེད་ཀྱང་།། རྒྱུད་སྡེ་བཞི་ཡི་གླེགས་བམ་རིན་པོ་ཆེ།། ཕལ་ཆེར་ཕྱག་མཆོད་ཙམ་གྱི་ཡུལ་དུ་གྱུར།། ཚུལ་འདི་མཐོང་ནས་ཕྱི་ནང་རྒྱས་པ་ལ།། གསོལ་བ་གཏབ་ཅིང་དེ་ཡི་བྱིན་བརླབས་མཐུས།། མདོ་རྒྱུད་རྒྱ་མཚོའི་དེ་ཉིད་འདུས་པ་ནི།། ཆོས་ཚོམས་བརྒྱད་ཁྲི་བཞི་སྟོང་ལེགས་པར་བཤད།། དེ་ཡི་སྒྲུབ་པ་སྙིང་པོར་བྱ་བ་ཕྱིར།། ཉུས་པ་རྒྱ་མཚོའི་དེ་སྙིད་སྙིང་པོ་ནི།། ཡིད་བཞིན་ནོར་བུ་ཀུན་ལས་ཆེས་ལྷག་པ།།འགྲོ་ཀུན་རེ་བ་སྐང་ཕྱིར་ལེགས་པར་ཕྱུང་།།

གླིང་བཞི་ནང་ནས་གླིང་མཆོག་འཛམ་བུ་གླིང་།། ཡུལ་གྱི་ནང་ནས་ཡུལ་མཆོག་ཁ་བ་ཅན།། ལྷའི་ནང་ནས་ལྷ་མཆོག་གཙང་གི་ལྷ།། ལྷ་གནས་བསྐྱེད་བྱེད་ལྷ་རི་མོ།། དེར་ནི་རྒྱལ་རིགས་དཔག་བསམ་ཤིང་ཆེན་རྒྱས།། རྩ་བརྟན་རྩེ་མོ་མཁའ་ལ་རེག་པ་བྱུང་། རྒྱ་ཆེན་བསོད་ནམས་ཕུན་ཚོགས་སྐྱི་གནས་དེར།། ལང་ཚོ་ཤེལ་གྱི་ལྷུག་ཕྲན་ལྟག་(ལྟ་)བུ་ལ།། ངུར་སྨྲིག་ལོ་འབྲས་འཛིན་པའི་སློབ་དཔོན་མ།། ནམ་མཁའ་དཔལ་བཟང་མོ་ཞེས་གྲགས་པ་བྱུང་། འཕྱོར་པའི་རྩ་གཉེར་ཕ་མཐའ་མི་མང་ཞིང་། འཁོར་གཡོག་ནམ་མཁའི་སྐར་མ་ལྟ་བུ་དང་།། ཚོགས་གཉིས་ཉི་ཟླ་ཤར་བས་མཛེས་པ་དེ།། སྐྱེ་བོ་ཀུན་གྱི་སྨོན་པའི་གནས་སུ་གྱུར།། འཁོར་བའི་གལ་རྐྱེན་ཟླུན་པ་ཀུན་སེལ་ཅིང་།། ཕན་བདེའི་ལོ་ཏོག་ཐམས་ཅད་རྒྱས་བྱེད་པའི།། ཐབས་ནི་ཅི་ཞིག་ཡོད་ཅེས་ཡང་དང་ཡང་།། བསམ་གཏན་མཛད་པའི་ཐུལ་ཞུགས་ཐོབ་པར་གྱུར།། སྐབས་དེར་དེ་ཉིད་སྙིང་པོ་ཞེས་བྱ་བ།། ཉི་ཟླ་གྲངས་མེད་ཀྱིས་ཀྱང་འགྲན་མེད་པ།། ཡོད་པར་དགོངས་ནས་ཡོད་པའི་དངོས་པོ་ཀུན།། ཀུན་དུ་བཏང་ནས་དེ་ཉིད་སྤེལ་བར་དགོངས།། ཕྱིར་ཀྱི་འགྲོ་མགོན་བྱང་ཆུབ་ཐོབ་ཕྱིར་དང་།། ཞལ་ངོ་གཤེགས་པ་རྣམས་ཀྱི་དགོངས་རྫོགས་དང་། ཁྱད་པར་དུང་ཆེན་བསོད་ནམས་རྒྱལ་མཚན་སོགས།། རྒྱལ་བའི་གོ་འཕང་ཐོབ་ཕྱིར་སྤར་འདི་སྒྲུབས།།

སྤར་ཤིང་བཤེས་གཉེན་གྲགས་པ་བཟང་པོས་ཕུལ།། འབྲུལ་གྱི་ཡིག་མཁན་ནམ་མཁའི་རིན་ཆེན་དང་།། རྐོས་བྱེད་མཁས་པ་དགེ་བཤེས་རྒྱལ་ལེ་དང་།། བསམ་པ་བློ་གྲོས་སེང་གེ་ལ་སོགས་པའི།། ལག་གཉིས་ཉི་མ་ཟླ་བའི་དཀྱིལ་འཁོར་ལས། སྤར་གཞུང་འོད་ཟེར་གྲངས་མེད་འདི་སྤྲོས་སོ།། ཉི་ཟླའི་རྟུལ་དང་སྲིན་དང་སྒྲ་གཅན་སོགས།། དག་གསལ་གཉེན་པོའི་ཕྱོགས་སུ་མཛད་པའི།། འདུལ་འཛིན་མཁས་པ་དགེ་དབང་ཞེས་བྱ་བ།། ཤིང་རྟ་ཆེན་པོ་དེ་ཡིས་སྤེལ་འདི་ཕྱི།།

ཡིད་བཞིན་ནོར་བུ་བས་ཀྱང་ཆེས་ལྷག་པའི།། རིན་ཆེན་སྤར་མཆོག་སྒྲུབས་པའི་དགེ་བ་ནི།། ཉི་ཟླ་གྲངས་མེད་ཤར་བ་ལྟ་བུ་ཡིས།། སྐྱོན་ཡོན་སྤང་ཐམས་ཅད་མཐར་ཕྱིན་ཤོག། འགལ་རྐྱེན་བར་ཆད་ཐམས་ཅད་བསལ་བ་དང་།། མཐུན་རྐྱེན་ཚོགས་གཉིས་ཐམས་ཅད་རྒྱས་བྱའི་ཕྱིར།། བསྟན་པའི་ཉི་མ་ཕྱོགས་བཅུར་རྒྱས་པ་དང་།། ཕན་བདེའི་ཟླ་བ་ཕྱོགས་བཅུར་འཕེལ་བར་ཤོག། སྐུ་གཉེན་གཤེགས་པ་ཐམས་ཅད་བདེར་གཤེགས་དང་།། མ་གཤེགས་པ་ཀུན་སྐུ་ཚེ་མི་འདའ་དང་། ཁྱད་པར་སྦྱིན་བདག་ཆེན་མོ་རང་ཉིད་ཀྱི།། བཞེད་དོན་ཐམས་ཅད་འབད་མེད་ལྷུན་གྲུབ་ཤོག 参见 པོ་དོང་པ་ཕྱོགས་ལས་རྣམ་རྒྱལ། དཔལ་དེ་ཁོ་ན་ཉིད་འདུས་པ།《玻东巴·确勒朗杰全集》，共119卷，新德里：西藏之家图书馆，1973: 175, 176a。该文集的手抄本于1478年在羊卓写成，现藏于布达拉宫。

19 相关的段落做了如下叙述："那时，在协噶寺院的赞助下，雕刻了[玻东班钦]所著的《密宗综述》（རྒྱུད་སྡེ་སྤྱི་རྣམ）一书的印版。再者，阿里的寺院赞助雕刻了《隐意释难》的印版。苏措人赞助雕刻了《显密典籍精要荟萃》的印版，然后在羊卓温达又雕刻了该著作的印版。"引自玻东·确勒朗杰在其生命最后的岁月时的一位叫米觉多吉的弟子所著的玻东·确勒朗杰传记，མི་སྐྱོད་རྡོ་རྗེ། རྗེ་བཙུན་ཕྱོགས་ལས་རྣམ་རྒྱལ་བའི་ཞལ་ལྔ་ནས་ཀྱི་རྣམ་ཐར་ངོ་མཚར་རྒྱ་མཚོ། པོ་དོང་ཕྱོགས་ལས་རྣམ་རྒྱལ་གྱི་གསུང་འབུམ་གསར་རྙེད་སྐོར། དེབ་གཉིས་པ། པེ་ཅིན། ཀྲུང་གོའི་བོད་རིག་པ་དཔེ་སྐྲུན་ཁང་། 2006: 69。晋美邦所著的玻东巴·确勒朗杰的另一部传记 འཇིགས་མེད་འབངས། པོ་དོང་པཎ་ཆེན་གྱི་རྣམ་ཐར། ལྷ་ས། བོད་ལྗོངས་བོད་ཡིག་དཔེ་རྙིང་དཔེ་སྐྲུན་ཁང་། 1990: 419-420 中写道："《密宗综述》是由协噶寺院赞助的，《隐意释难》是由阿里寺院赞助的，而《显密典籍精要荟萃》是由苏措人赞助的。《显密典籍精要荟萃》在这里[即羊卓]再次印刷出版。所有这些典籍都雕刻了印版，得以出版。"也参见 Tsering Dawa Sharshon, "Continuity and New Developments in 15th Century Tibetan Book Production." 2016: 237-266.

20 Tsering Dawa Sharshon, "Continuity and New Developments in 15th Century Tibetan Book Production." 2016: 237-266.

一个被称为邦顿·索南坚赞（སྤུང་སྟོན་བསོད་ནམས་རྒྱལ་མཚན）（即前文提到的仲钦·索南坚赞）的苏措官员，被北部拉堆地区的统治者所杀害，上述题记还提到死亡的其他官员，表明他并不是那次事件中唯一丧生的官员。很可能他是南部拉堆和北部拉堆间无数次冲突，或邻近政体间发生边界冲突中的一个受害者。无论导致这些官员死亡的原因是什么，印制书籍是当地为逝者积累福德的一种悠久传统。该题记的风格与 1407 年协噶版的《显密典籍精要荟萃》，和 1443 年在羊卓（ཡར་འབྲོག）印制的《显密典籍精要荟萃》等版本题记风格相似，1443 年版本题记中还包括对圣地和统治家族的赞颂[21]。在题记中着重提及直接参与该著作印制的苏措女统治者，可能是一种从政治需要抚慰人心的一种方式，即通过依靠佛法来应对苦难和动荡的时局。根据上述著作题记，苏措女统治者出生于统治家族（而不是嫁入统治家族），是一位获得成就的宗教大师，而且显然是独身的。我们也可以推断在苏措地区她可能起到了一个摄政的作用，否则在题记中会提到苏措的统治者本人。从这点上看，我们可以说她与贡塘王国王后拉仁钦措有一些共同特点。拉仁钦措是制作手稿，达姆南卡桑姆是印制著作，她们都以佛教方式支撑统治愿景。在必要时，这些都可以由一位妇女来进行。佛经印刷也提高了苏措地区僧俗工匠的雕刻技艺，使他们在整个地区都负有盛名，后来他们还参与了米拉日巴（མི་ལ་རས་པ）传记，及其道歌初版等著名印刷项目的印版雕刻工作[22]。著名的噶举派喇嘛堆增阿旺(འདུལ་འཛིན་ངག་དབང)也参与编辑《显密典籍精要荟萃》的印制、出版工作，显示那时各教派及传统边界是极其不稳定的[23]。这也表明他们请一位备受尊崇且非常能干的宗教大师,做编辑和校对的棘手工作，是花费了很多心血的。

苏措的女统治者是玻东·确勒朗杰的一位忠实信徒之外，其它情况我们知之甚少。但我们对玻东·确勒朗杰的另一位忠诚的女弟子情况了解得比较多，她就是贡塘王国的公主曲吉准玛，她同样获得了女规范师的名号。

21 Tsering Dawa Sharshon, "Continuity and New Developments in 15th Century Tibetan Book Production." 2016: 237-266.

22 Porong Dawa, "New Discoveries in Early Tibetan Printing History." In *Tibetan Printing: Comparison, Continuities and Change*, 2016: 195-211.

23 作为拉奇瓦·南卡坚赞（ལ་ཕྱི་བ་ནམ་མཁའ་རྒྱལ་མཚན། 1372-1437 年）的弟子，堆增阿格汪布（འདུལ་འཛིན་ངག་གི་དབང་པོ）是热琼口传传统（རས་ཆུང་སྙན་རྒྱུད）的继承者。参见 Michael Pahlke, *Die Hagiographie des La phyiba Nam mkha' rgyal mtshan,* Wiesbaden: Ludwig Reichert Verla, 2012: 249. 在曲吉准玛传记第 59 页正面，他也作为一位备受尊重的宗教上师出现了。尽管对他只是一提而过，而提及他这件事本身也证实了在 15 世纪 40 年代他是该地区一位重要的宗教权威。

## 曲吉准玛：公主、尼姑和转世活佛

曲吉准玛生于 1422 年，是贡塘国王赤拉旺坚赞（ཁྲི་ལྷ་དབང་རྒྱལ་མཚན། 1404–1464 年）的长女。嫁入南部拉堆的统治家族后，她毅然放弃世俗生活，成为一名尼姑。依靠其王室亲人的支持及其作为筹款人的卓越能力，曲吉准玛成为了印刷艺术最伟大的赞助者。她编辑了其上师玻东 · 确勒朗杰的诸多教义，并当印刷工艺在卫藏地区还处于初期阶段时，资助印制和出版了这些教义。曲吉准玛也特别致力于对宗教女性的教育。在她的传记中，描述了她在各地都有追随者，而且在她周围聚集了越来越多的尼姑。她也建立了给尼姑们教授佛教教义的一个很好的系统，以便“尼姑们能够形成好的阅读技巧。”[24] 她与著名的瑜伽师汤东杰布（ཐང་སྟོང་རྒྱལ་པོ 1385–1509 年）一道，支持修建了横跨雅鲁藏布江的铁索桥，以及诸如迥日乌齐（གཙུང་རི་བོ་ཆེ）佛塔这样的建筑杰作。后来被认定为密宗神祇多吉帕姆的化身，她也是藏传佛教中为数不多的受具足戒的女性之一。临终前与一群亲炙弟子一道前往工布的著名神山杂日（ཙ་རི），并在这里圆寂，时年 33 岁。不久，如下所述，她转世为贡噶桑姆。

她的传记（《曲吉准玛传记》62-63 页）为我们了解撰写、编辑和印制出版其上师教义的过程，提供了珍贵的简短叙述，使我们能够对整个过程窥见一斑。显然这是夏季宗教修习中讲述教义活动的一部分，当时有大量的人参加：

> 然后她给其弟弟［即赤朗杰德（ཁྲི་རྣམ་རྒྱལ་ལྡེ）］建议说，应该邀请吉遮（འཇིག་བྲལ）［确勒朗杰］及其寺院团体［到这里］进行夏安居修习（དབྱར་གནས）。其弟弟资助了所需费用的三分之一，更顿协尔巴（དགེ་འདུན་ཤེར་པ）提供了三分之一的费用[25]，而伟大的女圣者［指曲吉准玛］提供了［剩下的］三分之一的费用。［确勒朗杰］被邀请到班乃乌则寺（པན་གནས་དབུ་རྩེ）居住，在该寺萨迦班智达曾与一位外道辩经，并赢得了此次辩论[26]。……［这些人］也学习和演练了大手印

24 ཡེ་ཤེས་མཁའ་འགྲོ་བསོད་ནམས་འདྲེན་གྱི་སྐུ་སྐྱེས་གསུམ་པ་རྗེ་བཙུན་མ་ཆོས་ཀྱི་སྒྲོལ་མའི་རྣམ་ཐར། 73a. 该段的藏文原文为：དཔལ་མོ་མཛད་ཀྱི་ཞབས་ཀྱི་ཡོངས་སུ་བཟུང་བས་ཐེགས་པའི་འོག་ཏུ་ཡང་། དགེ་འདུན་མ་མང་དུ་ཆོས་ཚུགས་བཟང་ཤིང་ཀློག་པ་འཕེལ་བར་གྱུར།

25 这可能是来自协尔的一位头人或一个代表，而协尔是吉隆镇西南部的一个重要地方。考虑到这些事件发生的地点，这似乎非常有可能。或者，如果“协尔”是“夏尔”误写的话，那么这可能是吉隆北部的叫格顿夏尔（དགེ་འདུན་ཤར）的寺院的一个代表。参见 K. H. Everding, *Das Koenigreich Mangyul Gung thang*, 2006: 641.

26 这是指萨迦班智达和措杰嘎瓦（འཚོག་བྱེད་དགའ་བོ། Harinada）之间著名的辩论。就后者的详情，参见 Pascale Hugon，"Clapping hands in sKyid grong? Logical and contextual aspects of a famous debate narrative." *Revue d'Etudes Tibétaines* 2012（23）：51–102.

> 传统的“与生俱来”（ལྷན་ཅིག་སྐྱེས་སྦྱོར། 又译作萨哈加）瑜伽以及《隐意释难》（སྦས་དོན་གསལ་བ）系列的教义。[ 曲吉准玛 ] 亲自指导参加法会的信徒们的所有活动，并 [ 下令 ] 检查为参加法会的信徒所讲授的教义的内容，也 [ 下令 ] 将这些教义写出来，并 [ 下令 ] 编辑这些教材，以便将它们印刷出版。她还下令印制了法王本尊像，并让人看管每一件仪式法器。为了让喇嘛高兴，她负责所有上述活动，并为聚集在遍知一切的 [ 上师 ] 周围的人们要进行的庆祝活动提供所需要的一切条件；还为 [ 庆祝活动 ] 提供各种诸如青稞酒、白酒和蜂蜜等食物和饮品。[ 此外 ]，她还 [ 组织 ] 为神子即国王 [ 赤拉旺坚赞 ] 和王室的叔侄们提供服务。她看起来从不知疲倦，而且不间断地且十分高兴地做一切事情。那时，在厨房工作的随从们 [ 显然是尼姑们 ] 告诉 [ 曲吉准玛 ]：“我们不仅不得不完成我们的任务，而且还不得不侍奉其他人，[ 侍奉这些人 ] 到这个地步比做世俗的工作还要糟糕！”[27]

此次撰写、编辑和印制出版的《隐意释难》，被认为是《确勒朗杰传》中提到的于 1453 年由阿里的寺院赞助出版的为同一本著述[28]。很可能《隐意释难》的印制出版，是曲吉准玛传记中记载的宗教集会的成果，该集会是在 15 世纪 40 年代一个夏末进行的，而这一时期是玻东巴印刷出版非常活跃的时期。

这次集会不同寻常，不仅参加的人员众多，而且很多人都是当时政治舞台上的关键人物，其中包括与其父王有矛盾的弟弟赤朗杰德，以及桀骜不驯的协尔（ཤེར）地方属民。他们与曲吉准玛一道成为该印刷项目的赞助者。她也邀请了其父王以及大量贡塘王国王室亲属。其传记也明确指出曲吉准玛主动向其弟弟建议参与该项目。该项活动无可否认具有曲吉准玛的宗教目的外，也是其宗教外交活动的一部分，她试图通过这些活动来缓和王国政治领导层的重重矛盾。虽然她为此做了种种努力，但不久其王国的局势就失去了控制。因此，为了安抚逃往协尔地方的弟弟，她不得不直接进行干涉。在其坚持下，才通过协商达成父王和弟弟的妥协。不久，其弟弟就登基了，与其父亲一道成为贡塘王国的统治者。后来弟弟也成为印刷事业最伟大的王室赞助者之一，在赞助印刷其他

27 就该传记的翻译，参见 Hidegard Diemberger, *When a Woman Becomes a Dynasty: The Samding Dorje Phagmo of Tibet*, 2007: 149-238. 然而，在该译本中译者省略了编辑是为了对雕刻的印版进行校对（ སྤར་ཞུ་དག）这一重要细节，只是简单地将此译为“编辑”。

28 འཇིག་མེད་འབངས། བོ་དོང་པཎ་ཆེན་གྱི་རྣམ་ཐར། ལྷ་ས། བོད་ལྗོངས་བོད་ཡིག་དཔེ་རྙིང་དཔེ་སྐྲུན་ཁང་། 1990: 519.

典籍的同时，也资助印刷了米拉日巴传记及米拉日巴道歌[29]。

参加此项活动的人群不仅仅是僧尼，似乎也有更多其他不同程度了解经典内容的俗人参加。根据确吉准玛传记记载，她是从其母亲那里学习了读写，这似乎表明包括妇女在内的精英成员至少有一部分是识文断字的。参加此类聚会的人可能比高层要员更加广泛，印制佛像和典籍的仪式效果会保证将加持惠及每一个参与者，包括那些不识字的人。曲吉准玛认为宗教教育会带来和平，典籍的复制是她试图实现这一远见卓识的方式之一。为了实现这一目标，她既印制了典籍，也制作了手抄本，她深信不疑佛教经典的仪式力量。

曲吉准玛的传记还记载，玻东 · 确勒朗杰圆寂后，她决定重新印制该上师的文集，在印制所用的墨水中掺入大师的鼻血。这可能是对一次真实仪式行为的描述，也可能是常见的文学书写手法。由于玻东 · 确勒朗杰生前似乎经常流鼻血，因此，他们有足够的鼻血可以使用。考虑到该文集的规模如此宏大，曲吉准玛这一次似乎更喜欢制作手抄本，组织了一个庞大的编辑作坊，在保证文集质量的前提下完成了制作任务。她制作了两套该上师的文集，一套送给贡塘王国，另一套送给贝姆曲丁寺（དཔལ་མོ་ཆོས་སྡིངས），该寺是玻东 · 确勒朗杰大师的主要寺院。这是曲吉准玛纪念其上师所进行的一系列活动之一。曲吉准玛在处理上师遗物时，为避免发生各种矛盾，她将上师遗骨骨片分给了寺院大众，用上师骨灰混合泥土制作的擦擦（小型佛像）分给了上师的世俗追随者。

曲吉准玛通过在贝姆曲丁寺附近建立水渠，以此来体现她的佛教作为和平原动力的思想，她认为通过生产足够多的食物来支撑一个大的宗教修习中心，那么就会给贡塘、南部拉堆和北部拉堆的邻近政权带来和平。以她的观点来看，将带来如下益处：

> [ 这 ] 将不仅对住在贝塘（དཔལ་ཐང）平原的人们大有益处，也将成为来自“堆”（སྟོད）各地区、印度、尼泊尔等地在藏地旅行的人们最好的庇护地，这些人在旅途中面临巨大的困难和难以忍受的焦虑。特别是，可以在这里建立一座大寺院，南部拉堆、北部拉堆以及阿里[30]的学者可以聚集在这里，学习和修习宝贵的《显密典籍精要荟萃》。通过宣传该文集，该法王致力于佛法发展的努力将得到广泛传播。再者，由于这些善行，这一伟大的地方可以在一段时间内保持

29 参见 སྨོ་རོང་བླ་བ། བོད་ཀྱི་ཞིང་སྐྱར་ལག་རྩལ་གྱི་བྱུང་རིམ་མདོར་བསྡུས། དཔེ་ཆ་བཅུ་པ། ལྷ་ས། བོད་ལྗོངས་བོད་ཡིག་དཔེ་རྙིང་དཔེ་སྐྲུན་ཁང་། 2013: 175, 176a.

30 在这里下部阿里指的是芒域贡塘。

和平。[31]

她明确指出这一愿景是古代印度佛教的重现，但其乌托邦式的愿景没有能够成功地实现。由于传记的叙事是在事件发生后不久写的，这些叙事反映了真实的生活情景，当然也有常用的文学譬喻手法。因此，这一传记为我们了解曲吉准玛推动印刷事业，以及大量其它活动场面提供了珍贵的资料。但我们对其他直接追随她的妇女们的情况却知之甚少。

## 作为一位女活佛的衮噶桑姆

曲吉准玛心怀雄心壮志和一些伟大的计划，与一群男、女弟子一道前往工布的杂日神山。但她抵达圣地后不久就圆寂了。正如本文的作者之一在其他论著中所探讨的那样，这使得围绕她而形成的团体处于困境之中[32]。没有授权，也没有正式移交权力，其弟子们无法调动其关系网络去继续实现她的遗志。在这种紧迫情况下，她以一个新的化身出现了。衮噶桑姆（ཀུན་དགའ་བཟང་མོ། 1458–1549 年）被确认为已过世公主的化身，被严格培养成高僧，与曲吉准玛公主一样，她被认定为多吉帕姆活佛世系的转世之一[33]。

衮噶桑姆最终成为一个活佛转世系统的一部分，活佛转世是由宗教界活佛转世仪轨原则来实现的。尽管她拥有女性活佛的显著地位，但遗憾的是有关她的信息非常少。我们只掌握了有关她的如下信息：《玻东教法史》和居美德钦（འགྱུར་མེད་བདེ་ཆེན）所著的《汤东杰布传》中有其简短的生平记述，她偶尔出现在诸如藏弄 · 黑如噶（གཙང་སྨྱོན་ཧེ་རུ་ཀ）在内的其他大师的传记中，以及现存于布达拉宫的《教义精要》手抄本中提及她的一些叙述。

衮噶桑姆与贝其美珠巴（དཔལ་འཆི་མེད་གྲུབ་པ། 1420–1478 年）一道到西藏各地旅行，后者是曲吉准玛随从中与她关系最密切的男性成员之一。她得到了羊卓地区统治者们的热情款待和支持，他们是玻东 · 确勒朗杰忠诚的弟子，而且都曾参与玻东巴各项印刷项目[34]。

31 ཡེ་ཤེས་མཁའ་འགྲོ་བསོད་ནམས་འདྲེན་གྱི་སྐུ་སྐྱེས་གསུམ་པ་རྗེ་བཙུན་མ་ཆོས་ཀྱི་སྒྲོལ་མའི་རྣམ་ཐར།110a-110b.

32 Hidegard Diemberger, *When a Woman Becomes a Dynasty: The Samding Dorje Phagmo of Tibet*, 2007: 246-249.

33 Hidegard Diemberger, *When a Woman Becomes a Dynasty: The Samding Dorje Phagmo of Tibet*, 2007: 246-249. བཀྲ་ཤིས་ཚེ་རིང་། བསམ་སྡིང་རྡོ་རྗེ་ཕག་མོ་སྐུ་ཕྲེང་རིམ་བྱོན་གྱི་མཚན་དང་འཁྲུངས་གཤེགས་ཀྱི་ལོ་ཁམས་སྐར་ཆགས་སུ་འགོད་ཐབས་སྔོན་འགྲོའི་ཞིབ་འཇུག་མདོར་བསྡུས། གཡུ་མཚོ། 1993 (1.1): 20-43.

34 Tsering Dawa Sharshon, "Continuity and New Developments in 15th Century Tibetan Book Production." 2016: 237-266.

贝其美珠巴 59 岁圆寂时，衮噶桑姆做了其前世曲吉准玛为其上师所做的一切活动。1478 年，她成立了一个工作坊，在三个月内，她编辑了玻东 · 确勒朗杰的整个文集，即《教义精要》，并以手抄本的形式制作出版了该文集。该文集的目录页现存于布达拉宫中，其中提及了制作的时间和地点，也谈到了她在该文集的编辑和制作中所起的中心作用[35]。

衮噶桑姆那时还比较年轻，她继续支持大量的佛教善行，其中包括维修桑丁寺（བསམ་སྡིངས་དགོན）、建立佛教学院等活动[36]。在一本重要的手抄本制作的题记中，她被赞颂，但目前我们不是很确定她是否直接参与了此印刷项目。毫无疑问在羊卓她是致力于学术活动和书籍制作的，成为这群人关系网络的一部分，他们以极大的热情接受印刷技术[37]。她也见到了《米拉日巴传记》的著名作者藏弄 · 黑如噶[38]。

衮噶桑姆处于一个非常不同的地位：从她很小的时候起，其宗教身份便定型了其一生的生活。被认定为曲吉准玛的转世后，衮噶桑姆接管了曲吉准玛的关系网络。她从来不需要为放弃世俗生活而争斗，她很好地适应了这个关系网络为她定义好的角色。与曲吉准玛一样，就佛教善行而言，衮噶桑姆既是赞助者，也是被赞助者。而她所能动员的资源，主要取决于这个组织架构本身。另外，我们从衮噶桑姆父母的名字中得知其家庭出身，但是并不知道其社会地位。

衮噶桑姆和苏措的女统治者南卡贝桑姆相比时，后者有较强的政治形象，其宗教身份支持她成为统治家族一个成员。她们两人都有着非常不同的宗教经历，但都为玻东巴传统的巩固和传播做出了贡献，她们都属于连接拉堆及贡塘地区、羊卓地区一个广泛的关系网络。

## 德勒曲珍：一个忠实的助手和关键人物

曲吉准玛传记中反复提到德勒曲珍（བདེ་ལེགས་ཆོས་སྒྲོན། 15 世纪），她一定与曲吉准玛关系十分密切，而且可能在建立曲吉准玛传统中起到关键作用的一位妇女。15 世纪 40

35 玻东 · 确勒朗杰文集的该版本的目录中有一部长达 22 页的手稿，题为《如意目录》（ཡན་ལག་བསྟན་བཅོས་སྡེབས་སྦྱོར་ཆ་འགྲིལ་སོགས།），该手稿珍藏在布达拉宫。

36 Hidegard Diemberger, *When a Woman Becomes a Dynasty: The Samding Dorje Phagmo of Tibet*, 2007: 276-277.

37 Tsering Dawa Sharshon, "Continuity and New Developments in 15th Century Tibetan Book Production." 2016: 237-266.

38 རྒོད་ཐང་རས་ཅན། གཙང་སྨྱོན་ཧེ་རུ་ཀ་ཕྱོགས་ཐམས་ཅད་ལས་རྣམ་པར་རྒྱལ་བའི་རྣམ་ཐར་རྡོ་རྗེ་ཐེག་པའི་གསལ་བྱེད་ཉི་མའི་སྙིང་པོ། Published as *The Life of the Saint of Gtsang*, edited by Lokesh Chandra, New Delhi: Śata-piṭaka Series, vol. 69, New Delhi: Sharada Rani, 1969. TBRC: W4CZ1247: 32-33, 120-122.

年代，德勒曲珍加入到曲吉准玛随从的队伍中，成为一名年轻的宗教同伴和尼姑助手，只有在她被委以特别的任务时，才会与曲吉准玛分开。尽管在《曲吉准玛传记》中，并不显著地突出她，但她可能充分地参与了曲吉准玛所有善行的活动中，包括书籍的制作。

德勒曲珍追随曲吉准玛到了杂日神山，而且在后者圆寂后，在认定衮噶桑姆为转世中起了举足轻重的作用，在将衮噶桑姆抚育成人中也可能起了十分重要的作用[39]。通过分析《曲吉准玛传记》的叙事，我们可以推测出尽管她不是该传记的作者，但她很可能在该传记的编写中起到了一定的作用。

我们不是很清楚德勒曲珍的社会地位，在普通妇女的叙事中并没有她的讯息，这些一般妇女是各种事件叙事中很少提及的，但在曲吉准玛和汤东杰布的传记中都提到了德勒曲珍，这种情况是比较罕见的。在特定历史条件下，诸如索南珍玛（བསོད་ནམས་འདྲེན་མ）[40]以及后来的乌坚曲吉（ཨུ་རྒྱན་ཆོས་སྐྱིད）[41]这样社会地位较低的妇女，崛起成为宗教大师，才得以成为专门叙事中的主角。

## 降曲桑姆：该地区一位主要尼姑

曲吉准玛前往杂日神山时，她属下的一些尼姑留在了她们的家乡。其中一位留下的尼姑便是降曲桑姆（བྱང་ཆུབ་བཟང་མོ། 15/16 世纪）。在《曲吉准玛传记》中，她首次以贝姆曲丁附近曲吉准玛尼姑院中一位地位较高的管事尼姑（དཔོན་བཙུན་མ）的身份出现，而且她是与曲吉准玛一道在宗噶（རྫོང་དཀར）附近建立静修处的一个尼姑小团体的一部分[42]。在描述那些协助办理有关制作、出版玻东 · 确勒朗杰文集，以及在宗噶进行相关庆祝活动后勤工作的众尼姑中，再一次提及了她："就必要的协助工作而言，诸如传递信息、研磨炒熟了青稞 [ 来制作糌粑 ] 以及制作青稞酒等工作都由首席尼姑降曲桑姆主管。"[43]

曲吉准玛离开后，降曲桑姆成为玻东派关系网络中备受尊敬的尼姑。她请求玻东派

---

39 Hidegard Diemberger, *When a Woman Becomes a Dynasty: The Samding Dorje Phagmo of Tibet*, 2007: 246-247, 249, 299.

40 Suzanne Bessenger, "Sonam Peldren", http://treasuryoflives.org/biographies/view/bsod-nam-dpal-%27dren//13196, 2013.

41 Kurtis R. Schaeffer, *Himalayan Hermitess: the Life of a Tibetan Buddhist Nun.* Oxford, New York: Oxford University Press, 2004: 1-229.

42 ཡེ་ཤེས་མཁའ་འགྲོ་བསོད་ནམས་འདྲེན་གྱི་སྐུ་སྐྱེས་གསུམ་པ་རྗེ་བཙུན་མ་ཆོས་ཀྱི་སྒྲོལ་མའི་རྣམ་ཐར། 76b, 77a.

43 ཡེ་ཤེས་མཁའ་འགྲོ་བསོད་ནམས་འདྲེན་གྱི་སྐུ་སྐྱེས་གསུམ་པ་རྗེ་བཙུན་མ་ཆོས་ཀྱི་སྒྲོལ་མའི་རྣམ་ཐར། 96a.

大师尊巴曲勒撰写他本人的传记[44]，该传记在大师圆寂后被印制。降曲桑姆以各种方式为尊巴曲勒大师提供了大量的帮助。她在果荣巴策碧（ཀོ་རོན་སྤ་ཚེ་སྐྱིད）照看大师[45]，对那个时代伟大宗教大师的成功做出了贡献，但未被传记具体记录。她与下文提到的年轻衮都桑姆，在 1485 年寻找一位宗教上师时，咨询的至尊尼姑降曲桑姆可能是同一人[46]。

虽然过去我们对降曲桑姆的情况不是很清楚，但最近发现的衮都桑姆传记，使我们对她加深了一些了解。加之，我们从其上师和密宗伴侣藏弄 · 黑如噶的传记中了解到她的一些情况，她的信息就多一些了，该传记是由桂仓热钦（རྒོད་ཚང་རས་ཆེན། 1482–1559 年）撰写的。

## 衮都桑姆：藏弄 · 黑如噶的明妃

15 世纪 90 年代，玻绒贝姆曲丁寺（སྨོ་རོང་དཔལ་མོ་ཆོས་སྡིངས）迎来了另一位妇女——衮都桑姆（ཀུན་ཏུ་བཟང་མོ། 1464–1549 年），她出生于西藏西南部且社会地位较高，该寺是曲吉准玛立誓成为尼姑、并与其上师玻东 · 确勒朗杰共同生活的地方。衮都桑姆与曲吉准玛一样，为了追求自己的理想，与其家族抗争，反对其家族的婚姻安排。她最终成为藏弄 · 黑如噶的明妃，后者编辑了佛教瑜伽师米拉日巴传记和道歌，并命人雕刻了传记和道歌的印版。

最近发现了她的传记，大约写于 1551 年，是由其主要弟子钦绕旺秋（མཁྱེན་རབ་དབང་ཕྱུག）在自传性质的笔记以及其他弟子所写的简短传记的基础上撰写的[47]。因此，我们对她的情况了解得比较多。

她出生于孜日（ཙིབ་རི）以西一个叫杰龙扎布尔（དཔྱད་ལུང་ཐག་འབུར）的地方，据说离著名的朝圣地约一个驿站的距离。从扎巴坚赞（གྲགས་པ་རྒྱལ་མཚན）的传记 (51 页 ) 中，我们了解到杰龙（སྦྱད་ལུང）位于协噶和宗噶，离纳东（ན་བྲུམ）不远，而纳东是藏弄 · 黑如

44 K. H. Everding, *Das Koenigreich Mangyul Gung thang*, 2006: 223.

45 དཔལ་ལྡན་བླ་མ་དམ་པ་ཆོས་ལེགས་རྣམ་རྒྱལ་གྱི་རྣམ་ཐར། སྤོ་རོང་ཟླ་བ་བསྟན་འཛིན། བོད་ཀྱི་ཤིང་སྤར་ལག་རྩལ་གྱི་བྱུང་རིམ་མདོར་བསྡུས་ནས། དཔལ་ལྡན་བླ་མ་དམ་པ་ཆོས་ལེགས་མཚན་ཅན་གྱི་རྣམ་ཐར་ཡོན་ཏན་འཕྲོག་སྒྲ། ལྷ་ས། བོད་ལྗོངས་བོད་ཡིག་དཔེ་རྙིང་དཔེ་སྐྲུན་ཁང་། 2013: 86a.

46 མཁྱེན་རབ་དབང་ཕྱུག དུས་གསུམ་རྒྱལ་བ་མ་ལུས་པ་བསྐྱེད་པའི་ཡུམ་ཆེན་ཀུན་ཏུ་བཟང་མོའི་རྣམ་པར་ཐར་པ་ཟབ་དོན་གཏེར་མཛོད་མཐོང་བ་དོན་ལྡན། 1551: 9b.

47 མཁྱེན་རབ་དབང་ཕྱུག དུས་གསུམ་རྒྱལ་བ་མ་ལུས་པ་བསྐྱེད་པའི་ཡུམ་ཆེན་ཀུན་ཏུ་བཟང་མོའི་རྣམ་པར་ཐར་པ་ཟབ་དོན་གཏེར་མཛོད་མཐོང་བ་དོན་ལྡན།1551: 20.

噶经常居住的地方[48]，也是制作米拉日巴传记和道歌首次印刷版本的地方[49]。她是四个孩子中最小的一个，出生时给她取名为衮布吉（མགོན་པོ་སྐྱིད）。她是一位叫达纳囊巴（ཏ་ནག་ནང་པ）的统治聂拉木地方官员弟弟的女儿，该官员属于著名的萨迦“本勤”（ས་སྐྱ་དཔོན་ཆེན）萨迦桑布（ས་སྐྱ་བཟང་པོ）家族。其母亲似乎居住在杰龙扎布尔，而衮都桑姆常常往返于聂拉木低地和孜日以西其母亲居住的高地之间。那时，聂拉木似乎是由定日刚噶（དིང་རི་སྒང་དཀར）以西扎达统辖的一个重要的中心，正如吉仲（སྐྱིད་གྲོང）是由宗噶统治，而卡达帕珠（མཁར་ཏ་པ་དྲུག）是由协噶统治的。这在衮都桑姆一个弟子印制的版本的题记中有下述明确描述：“在繁荣昌盛的察达政权中，在伟大的聂拉木秘境。”[50]因此，在该政权的高地与低地间有很紧密的联系，而该政权的辖地大致相当于目前的聂拉木县，它们之间紧密的联系是通过一系列通道而实现的，其中最重要的是通过朗阔尔（གླང་འཁོར）和通拉（ཐོང་ལ）山口的通道。

衮都桑姆小的时候是一个经常生病的孩子，而且很早就显示出意欲追求宗教生活的征兆。1485 年，她遇到了曲吉准玛随从之一的尼姑降曲桑姆，并向她咨询找一个真正的宗教上师最好的办法[51]。同时，其家族许诺将她许配给一位叫扎西卡（བཀྲ་ཤིས་མཁར）的密宗大师，由于该大师家族的社会地位，以及与察达统治者（ཚ་མདའ་སྡེ་པ）间的关系，这一联姻被认为是对衮都桑姆家族非常有利的。她虽反对此次联姻，但最终同意了这门婚事。不幸的是在完婚前，其未婚丈夫就逝世了。为此双方进行了密切磋商，最后她的姑姑嫁给了苏措统治家族的成员阿拉贝桑（ཨ་ར་དཔལ་བཟང），姑姑建议她以次妻的身份嫁到苏措。

她拒绝了家族为其所做的这一安排，继续追求实现其宗教生活的理想。为逃脱困境，有一个晚上，她从在古措附近纳东稍微靠北地方的扎西卡戏剧性地逃离[52]。这在衮都桑姆

48 མཁྱེན་རབ་དབང་ཕྱུག དུས་གསུམ་རྒྱལ་བ་མ་ལུས་པ་བསྐྱེད་པའི་ཡུམ་ཆེན་ཀུན་ཏུ་བཟང་མོའི་རྣམ་པར་ཐར་པ་ཟབ་དོན་གཏེར་མཛོད་མཐོང་བ་དོན་ལྡན། 1551: 8.

49 མཁྱེན་རབ་དབང་ཕྱུག དུས་གསུམ་རྒྱལ་བ་མ་ལུས་པ་བསྐྱེད་པའི་ཡུམ་ཆེན་ཀུན་ཏུ་བཟང་མོའི་རྣམ་པར་ཐར་པ་ཟབ་དོན་གཏེར་མཛོད་མཐོང་བ་དོན་ལྡན། 1551:16a-19b; Porong Dawa, "New Discoveries in Early Tibetan Printing History." In *Tibetan Printing: Comparison, Continuities and Change*, 2016: 195-211.

50 本段落的藏文原文为：ཆབ་སྲིད་དར་རྒྱས་སྤེ་ཆེན་ཚ་མདའ་ཁྲུལ་སྨས་པའི་སྦྱི་གནས་སྙ་(གནའ་)ནང་ལུང་ཆེན། 参见 སྦྲོ་རོང་ཟླ་བ། བོད་ཀྱི་ཤིང་སྤར་ལག་རྩལ་གྱི་བྱུང་རིམ་མདོར་བསྡུས། དཔེ་ཆ་སུམ་བརྒྱ་སོ་དགུ། ལྷ་ས། བོད་ལྗོངས་བོད་ཡིག་དཔེ་རྙིང་དཔེ་སྐྲུན་ཁང་། 2013: 68b; མཁྱེན་རབ་དབང་ཕྱུག དུས་གསུམ་རྒྱལ་བ་མ་ལུས་པ་བསྐྱེད་པའི་ཡུམ་ཆེན་ཀུན་ཏུ་བཟང་མོའི་རྣམ་པར་ཐར་པ་ཟབ་དོན་གཏེར་མཛོད་མཐོང་བ་དོན་ལྡན། 1551: 9b.

51 མཁྱེན་རབ་དབང་ཕྱུག དུས་གསུམ་རྒྱལ་བ་མ་ལུས་པ་བསྐྱེད་པའི་ཡུམ་ཆེན་ཀུན་ཏུ་བཟང་མོའི་རྣམ་པར་ཐར་པ་ཟབ་དོན་གཏེར་མཛོད་མཐོང་བ་དོན་ལྡན། 1551: 9b.

52 由于在描述衮都桑姆夜晚逃离的那一段中提到了流经曼考布（སྨན་ཁབ）地区的曼楚河（སྨན་ཆུ），我们可以大致确定扎西卡的方位，曼楚河与从苏措流来的另外一条河流会合后，形成了位于古措地区的崩楚河（བོང་ཆུ），而古措地区就在纳东的北面，再者，在衮都桑姆传记 12 页正面描述了当她与上师索南桑布见面时，她说道：“我们是古措一带的人（ང་རྣམས་འགྲམ་ཚོ་ཕྱོགས་ནས་ཡིན）。”嫁到扎西卡家族后，她反复地自称为扎西卡的女主人，这表明上述衮都桑姆有归属感的两个地方，即扎西卡和古措是部分重合的或至少是趋于一致的。

的传记中有栩栩如生的记载[53]。

最终，她抵达了玻绒贝姆曲丁寺，但在那里请求皈依的事情并不太顺利。当她请求皈依三宝剃发为尼时，宗教上师降森仁钦贝（བྱང་སེམས་རིན་ཆེན་དཔལ）拒绝了其请求，因为该寺在社会地位高的妇女要求出家方面遇到不少问题。经她再三坚持，才皈依三宝，并被赐法名贝旦吉（དཔལ་ལྡན་སྐྱིད）。她在贝姆曲丁寺静修，学习了玻东 · 确勒朗杰的教法。但她一再被催促回到扎西吉去。宗教上师降森仁钦贝建议她到南部拉堆合适的寺院去，认为这对其宗教修习和生活都有利。上师强调道："如果你留在这里，就可能会受到阿拉哇（ཨ་ར་བ）[ 即苏措的统治者 ] 领导人的惊扰和迫害，不仅你会有危险，而且我也会有危险。"[54] 感到此种压力，她决定离开玻东贝姆曲丁寺，到其它地方寻求其精神追求。她派助手衮琼巴（དགོན་ཆུང་པ）去见已从杂日回来的"无与伦比伟大"的黑如噶，当时后者为了印制米拉日巴传记及其道歌，住在纳东协普（ཞེལ་ཕུག）[55]。藏弄 · 黑如噶邀请她前来，准备向她传授佛法。

衮都桑姆的传记描述了在纳东进行的一系列宗教和社会活动，其中包括一次新年庆祝活动，她拒绝参加正式的庆祝活动聚会，穿得破烂的在另一个房间阅读米拉日巴传记及其道歌，这使人们感到难堪。那时坐在座位之首的是藏弄 · 黑如噶的亲炙弟子拉尊 · 仁钦朗杰（ལྷ་བཙུན་རིན་ཆེན་རྣམ་རྒྱལ། 1473–1557 年）及其母亲，后者被描绘为明妃多吉帕姆（ཡུམ་རྡོ་རྗེ་ཕག་མོ）的化身[56]。衮都桑姆作为贡塘王室地位尊贵的客人，他们邀请她参加正式的庆祝活动，她却拒绝参加。拉尊 · 仁钦朗杰他们一定是造访此地，或是到这里避

---

53 མཁྱེན་རབ་དབང་ཕྱུག དུས་གསུམ་རྒྱལ་བ་མ་ལུས་པ་བསྐྱེད་པའི་ཡུམ་ཆེན་ཀུན་ཏུ་བཟང་མོའི་རྣམ་པར་ཐར་པ་ཟབ་དོན་གཉེར་མཛོད་མཐོང་བ་དོན་ལྡན། 1551: 13a-14a.

54 མཁྱེན་རབ་དབང་ཕྱུག དུས་གསུམ་རྒྱལ་བ་མ་ལུས་པ་བསྐྱེད་པའི་ཡུམ་ཆེན་ཀུན་ཏུ་བཟང་མོའི་རྣམ་པར་ཐར་པ་ཟབ་དོན་གཉེར་མཛོད་མཐོང་བ་དོན་ལྡན། 1551: 16a. 文中引用的这段话的藏文原文为：འདིར་བཞུགས་རང་ཨ་ར་ཨ་བ་ཆོས་ཁྱེད་རང་ཁྱིར་རྗེས་རེད་ལ་ཡང་རྙེད་(བརྙས) ཅེར་(གཅེ)

55 本段落的藏文原文为：མཉའ་མེད་ཧེ་རུ་ཀ་ཆེན་དེ་ཉིད་གནས་མཆོག་དཔལ་ཙ་རི་ནས་ཕེབས་ཏེ་རྗེ་བཙུན་མི་ལ་རས་པའི་རྣམ་མགུར་པར་དུ་གཞེངས་པ་ལ་ན་བྲུམ་ཞེལ་ཕུག་ན་བཞུགས། 参见 མཁྱེན་རབ་དབང་ཕྱུག དུས་གསུམ་རྒྱལ་བ་མ་ལུས་པ་བསྐྱེད་པའི་ཡུམ་ཆེན་ཀུན་ཏུ་བཟང་མོའི་རྣམ་པར་ཐར་པ་ཟབ་དོན་གཉེར་མཛོད་མཐོང་བདོན་ལྡན། 1551: 16a

56 就有关拉尊（ལྷ་བཙུན）的母亲为多吉帕姆（རྡོ་རྗེ་ཕག་མོ）的化生的详情，参见 Michela Clemente, "The Life of lHa btsun Rin chen rnam rgyal (1473–1557) according to his rnam mgur and rnam thar." Dissertation, Rome: University of Rome, 2009: 3.3; Hildegard Diemberger&Michela Clemente, "Royal Kinship, Patronage and the Introduction of Printing in Gung thang: From Chos kyis gron ma to lHa btsun Rin chen rnam rgyal." In *Nepalica Tibetica: Festgabe for Christoph Cüppers*, Band 1, Andiast: International Institute for Tibetan and Buddhist Studies GmbH, 2013: 125.

难，逃离了贡塘王室内部导致拉尊·仁钦朗杰的父亲被暗杀的阴谋[57]。衮都桑姆在纳东受到藏弄·黑如噶及其诸多弟子许多教义的亲传。最终他们完成印刷项目后，将印版运到了聂拉木卓普，这是位于聂拉木中部的一个有关米拉日巴的圣迹。衮都桑姆在该地区旅行，访问贡塘、洛乌（གློ་བོ）和其它地区，而且常常回到聂拉木，并到拉其静修。过了一段时间后，得到了藏弄黑如噶圆寂的消息，这使她极度地难过。不久欧珠贝巴（དངོས་གྲུབ་དཔལ་འབར། 1456–1529 年）[58] 就撰写了藏弄·黑如噶的传记，该传记的印版于 1508 年在孜日桑林（རྩིབ་རི་བསམ་གླིང）雕刻，后来印版被运到卓普[59]。同时也雕刻了藏弄·黑如噶的文集，并将印版也运到了卓普。

衮都桑姆在完成了为其上师所举行的葬礼仪式后不久，由于米拉日巴道歌的第一版有一些缺陷，她决定重新印刷它：

> 那时，无敌之母 [ 指衮都桑姆 ] 想到：当上师还活着的时候，他告诉我说米拉日巴道歌的木刻印版的字形普遍比较小；因此，并没有完全实现他脑海中有关印版的设想。通常，为了利益佛法和众生，并不违背上师的想法，她决定恢复印刷活动。她派了弟子们带着其书信到古格、普兰以及其它地方去征集捐款[60]。在曲瓦尔（ཆུ་དབར）地区扎西岗（བཀྲ་ཤིས་སྒང）的协普曲辛岗（ཤེས་ཕུག་ཆུ་ཤིང་སྒང）停留一段时间，做准备工作后，他们前往聂拉木的卓普。他们到杂日各地的弟子和施主那里征集到部分印制经文所需的捐款。然后住在 [ 拉其的 ] 色普（སེ་ཕུག）地方，并征集了刻印印版等印刷所需的捐款。从四面八方征集来的

57 就这一段的详情，Michela Celemente, "Shedding Some Light upon lHa btsun Rin chen rnam rgyal (1473–1557): A Study of Two Untranslated Works from the Tucci Tibetan Collection." In *From Mediterranean to Himalaya. A Festschrift to Commemorate the 120th Birthday of the Italian Tibetologist Giuseppe Tucci*, Edited by Francesco Sferra and Dramdul, Beijing: The China Tibetology Publishing House, 2014: 457-63; Hildegard Diemberger&Michela Clemente, "Royal Kinship, Patronage and the Introduction of Printing in Gung thang: From Chos kyis gron ma to lHa btsun Rin chen rnam rgyal." 2013: 122-125.

58 欧珠边巴是藏弄·黑如噶亲炙弟子之一，也是后者第一部传记的作者。

59 མཁྱེན་རབ་དབང་ཕྱུག དུས་གསུམ་རྒྱལ་བ་མ་ལུས་པ་བསྐྱེད་པའི་ཡུམ་ཆེན་ཀུན་དུ་བཟང་མོའི་རྣམ་པར་ཐར་པ་ཟབ་དོན་གཉེར་མཛོད་མཐོང་བ་དོན་ལྡན། 1551: 28a-29a.
Stefan Larsson, "Prints about the Printer: Four Early Prints in Honor of the Mad Yogin of gTsang." In Hildegard Diemberger, Franz-Karl Ehrhard, Peter Kornicki eds., *Tibetan Printing: Comparison, Continuities and Change*, 2016: 309-331. Marta Sernesi, "A Continuous Stream of Merit: The Early Reprints of Gtsang smyon Heruka's Hagiographical Works." *Zentralasiatische Studien* 2011(40): 170-237.

60 མཁྱེན་རབ་དབང་ཕྱུག དུས་གསུམ་རྒྱལ་བ་མ་ལུས་པ་བསྐྱེད་པའི་ཡུམ་ཆེན་ཀུན་དུ་བཟང་མོའི་རྣམ་པར་ཐར་པ་ཟབ་དོན་གཉེར་མཛོད་མཐོང་བ་དོན་ལྡན། 1551: 29a.

大量捐款都在短时间内送达。曾多次召集从曼噶布（སྨན་ཁབ）和苏措（སུ་གཙོ 又写作 སུ་ཚོ）来的抄经者以及雕工。其弟子洛班（ལོ་པཎ）[ 热巴降白曲拉（རས་པ་འཇམ་དཔལ་ཆོས་ལྷ）] 担任编辑，并新雕刻了 108 块印版。[61]

传记的叙事还提到她们完成在剩余印版上做完标记后，衮都桑姆让工匠们进行庆祝活动，并给他们付了工钱。雕刻印版的工序一完成，他们就根据胜乐金刚沙坛城，对所有的印版进行了隆重的开光仪式和火供仪式。那时，彩虹出现在蓝天上，而且香气四溢，弥漫整个地方。该传记还提到当他们完成对米拉日巴道歌集中插图的最后润色时，每一位在场的人都看见诸多智慧神出现在影像上，使他们都心生虔诚的信仰，这也是一个神奇的迹象。他们将印版迎请到卓普，并将印制的米拉日巴道歌集分发给各地的诸多施主和弟子[62]。

在重新刻印米拉日巴道歌以及米拉日巴传的印版时[63]，衮都桑姆选择了一个新的策略：并不像其上师所做的那样，将木头送到诸施主和工匠所在的地方刻印。这次她邀请他们到拉其地方拥有茂密森林的米拉日巴圣迹色普去刻印，这里有大量的桦树，而桦树是最常见的用来制作印版的木材。这一次雕版刻印花的时间要少得多，仅仅几个月而已，但可能包括夏季的雨天和冬季的下雪天。她主要依靠较为广泛的施主关系网络，以及以往参与过她组织刻印项目有经验的工匠小组。她尽力说服他们到这个偏远的圣地，并通过组织一次大的庆祝活动，在刻印工程完成前就给他们发放工钱，这样使他们心情愉快地投入刻印。

印版风格要进行一些革新，只有找到原来的印版，才能找出原来印版上字体大小不一的问题，新刻印版对此进行了纠正。抄经者和雕工都是来自曼噶布和苏措[64]。他们中的

61 མཁྱེན་རབ་དབང་ཕྱུག དུས་གསུམ་རྒྱལ་བ་མ་ལུས་པ་བསྐྱེད་པའི་ཡུམ་ཆེན་ཀུན་ཏུ་བཟང་མོའི་རྣམ་པར་ཐར་པ་ཟབ་དོན་གཏེར་མཛོད་མཐོང་བ་དོན་ལྡན། 1551: 29a.

62 该段的藏文原文为：དེའི་ཚེ་རྒྱལ་ཡུམ་ཉིད་ཀྱི་དགོངས་པ་ལ་: རྗེ་བཞུགས་དུས། རྗེ་མིད་ལའི་མགུར་འབུམ་གྱི་པར་ཤིང་ཕལ་ཆེར་ཡི་གེ་ཆུངས་ཤིང: ཕོས་ཐུགས་གཞེད་བཞིན་མ་བྱུང་གསུང་པས། སྤྱིར་བསྟན་འགྲོ་ལ་ཕན་པ་དང་: བྱེ་བྲག་ཏུ་: རྗེ་དགོངས་པ་ཕྱིན་ཅི་མ་ལོག་པ་ཡིན་པས། པར་གྱི་ཞིག་བསོས་མཛད་པར་ཐུགས་ཐག་སྦྲུད་: བུ་སློབ་རྣམས། ཤུ་གེ་: ཕྱ་རངས་སོགས་: སོ་སོར་བཀའ་ཤོག་རྟེན་དང...དེ་ནས་གཞུའ་ནང་སྒྲོད་ཕྱག་ཏུ་ཕེབས་ཏེ་: ཙ་རི་མན་གྱི་བུ་སློབ་དང་སྦྱིན་བདག་རྣམས་ལའང་གསུང་རྟེན་དན་བཅས་འབུལ་སྟུད་གནང་: དཔོན་སློབ་ཀྱིས་ཟེ་ཕྱག་ཏུ་བཞུགས་: པར་སོགས་འཕྲུལ་དགོས་ཀྱི་ཆས་རྐྱེན་རྣམས་བསྒྲུབས།: ཕྱོགས་ཀྱི་འབུལ་སྟུད་རྣམས་ཀྱང། སྤོབས་ཆེ་བ་མྱུར་དུ་སླེབ་ཏེ: སྨན་ཁབ་དང་: ཟུར་ཚོ་ནས་ཡིག་མཁན་དང་ཀོས(རྐོས)་མཁན་མང་དུ་བོས།: ཐུགས་སྨས་ལོ་པཎ་པས་ཞུ་དག་མཛད་: པར་ཤིང་བརྒྱ་དན(དང)་བརྒྱད་གསར་དུ་བཞེང་།

63 在提到纳东版时，传记和道歌（རྣམ་མགུར）是一起被提及的。而在色普版中，只提到了道歌，但可能是指道歌和传记的。

64 Porong Dawa, "New Discoveries in Early Tibetan Printing History." In *Tibetan Printing: Comparison, Continuities and Change*, 2016: 195-211.

许多人都曾参与了衮都桑姆 1508 年的孜日桑丹林项目 [65]。因此，刻印比较顺利。与纳东和孜日版本一样，她将上述这些印版从色普运送到了聂拉木中部地区的卓普印经院。

卓普印经院位于米拉日巴圣地，离衮都桑姆娘家的祖屋比较近。显然对藏弄 · 黑如噶及其诸弟子而言，该印经院是一个重要的地方。后来衮都桑姆修复了卓普印经院 [66]，她让其一些亲炙女弟子住在该印经院或附近地区。

衮都桑姆在拉堆地区停留了较长一段时间，其间她访问了包括秘境堪巴龙（མཁན་པ་ལུང）在内的许多地方 [67]。然后，她决定前往西藏东南部的杂日神山 [68]。

衮都桑姆到杂日所走的路线与曲吉准玛所走的一样。但与曲吉准玛不同，衮都桑姆在杂日生活了很长时间。成为了达布（དྭགས་པོ་）和工布（ཀོང་པོ）地区的宗教领袖，并于 1549 年 89 岁逝世前，被认定为多吉帕姆的化身 [69]。

衮都桑姆的传记，列举了其男、女弟子及其建立的或支持的寺院的长名单。作为藏弄 · 黑如噶的宗教继承者，衮都桑姆拥有遍及整个西藏的关系网络，其中包括一些当时最伟大的宗教上师。其中最著名的是桂仓热钦（རྒོད་ཚང་རས་ཆེན། 1482–1559 年），她将后者任命为热穷普（རས་ཆུང་ཕུག）的寺主。她在使藏弄 · 黑如噶及其诸弟子所著的一些典籍，成为藏族文学经典著作中起到了非常重要的作用 [70]。

衮都桑姆尽管像拉尊 · 仁钦朗杰的母亲一样，被认为是多吉帕姆的化身，但她似乎没有被认定为一个女活佛，因为从她那里没有产生一个活佛世系。其传统主要是通过上师—弟子关系以及亲属关系来传承的。

曲吉准玛和衮都桑姆属于同一个施主、宗教修习和亲属关系网络：当曲吉准玛的妹

65 Marta Sernesi, "A Continuous Stream of Merit: The Early Reprints of Gtsang smyon Heruka's Hagiographical Works." *Zentralasiatische Studien* 2011(40): 186-87.

66 མཁྱེན་རབ་དབང་ཕྱུག དུས་གསུམ་རྒྱལ་བ་མ་ལུས་པ་བསྐྱེད་པའི་ཡུམ་ཆེན་ཀུན་ཏུ་བཟང་མོའི་རྣམ་པར་ཐར་པ་ཟབ་དོན་གཏེར་མཛོད་མཐོང་བ་དོན་ལྡན། 1551: 43a.

67 堪巴龙被认为是由仁增郭吉丹楚坚（རིག་འཛིན་རྒོད་ཀྱི་ལྡེམ་ཕྲུ་ཅན）发现的著名秘境（སྦས་ཡུལ），后者是一位与贡塘王室有密切关系的宁玛派大师。提到衮都桑姆打开秘境似乎证实那时位于帕竹（ཕ་དྲུག）以南的堪巴龙至少是为人所知的。由于秘境所在的地区拥有丰富的木材、纸张以及药材，衮都桑姆对此秘境的兴趣可能不仅仅是宗教上的。

68 མཁྱེན་རབ་དབང་ཕྱུག དུས་གསུམ་རྒྱལ་བ་མ་ལུས་པ་བསྐྱེད་པའི་ཡུམ་ཆེན་ཀུན་ཏུ་བཟང་མོའི་རྣམ་པར་ཐར་པ་ཟབ་དོན་གཏེར་མཛོད་མཐོང་བ་དོན་ལྡན། 1551: 47a.

69 མཁྱེན་རབ་དབང་ཕྱུག དུས་གསུམ་རྒྱལ་བ་མ་ལུས་པ་བསྐྱེད་པའི་ཡུམ་ཆེན་ཀུན་ཏུ་བཟང་མོའི་རྣམ་པར་ཐར་པ་ཟབ་དོན་གཏེར་མཛོད་མཐོང་བ་དོན་ལྡན། 1551: 58a.

70 Franz-Karl Ehrhard, "Editing and Publishing the Master's Writings: The Early Years of rGod tshang ras chen." In *Edition, éditions – l'écrit au Tibet, évolution et devenir*, edited by Anne Chayet, Christina Sherrer-Schaub, Robin, Françoise Robin, and Jean-Luc Achard, 2010:129-162；Stefan Larsson, "Prints about the Printer: Four Early Prints in Honor of the Mad Yogin of gTsang." 2016: 309-31.

妹赞林杰姆（འཛམ་གླིང་རྒྱལ་མོ）及其侄女堪卓杰姆（མཁའ་འགྲོ་རྒྱལ་མོ），到绒普（རོང་ཕུག）的卫色普（འོད་གསལ་ཕུག）去聆听藏弄·黑如噶讲经说法时，衮都桑姆特别地创作了献给她们的歌曲，还将上述歌曲作为其上师道歌集的一部分印制出版了[71]。

杰出宗教大师的事迹，由于广泛的关系网络幸存下来成为叙事传统的一部分，而且该传统直到目前为止仍然兴盛。妇女是这些关系网络中重要的一部分，在这些网络中亲属关系、赞助人与被赞助人间的关系，以及宗教归属等相互交叉，确保实现各种业绩，并保持诸传统，必要时能够产生变革。

## 旺姆央宗：衮都桑姆的侄女及其传统的继承人

旺秋坚赞（དབང་ཕྱུག་རྒྱལ་མཚན། 1474–1552 年）所著《纳若巴传》的手抄本，是最近发现的一个文本[72]，该文本让我们了解到衮都桑姆前往东部后，其家乡进行印刷活动的情况。此文本在卓普附近的聂拉木被重印。其印刷项目是由一位叫旺姆央宗（དབང་མོ་གཡང་འཛོམས། 16 世纪）的衮都桑姆的亲炙女弟子及其妹妹们管理的。作为衮都桑姆的侄女们，在其姑姑离开后，她们是其印经院的管理者。与衮都桑姆一样，她们与聂拉木的统治家族有关系，因此，她们能够调动各种资源进一步在当地发展衮都桑姆的事业。与她之前的许多宗教大师一样，旺姆央宗为实现一位已过世的重要人物及其家庭未完成的愿望，开始印制在其著名姑姑要求下撰写的一部典籍。正如其他妇女的情况那样，我们对衮都桑姆侄女们的情况知之甚少，但我们可以确定她们的姑姑是其伟大理想的源泉。衮都桑姆从一个叛逆者变成了一位道德模范，从而成为一个令人肃然起敬的权威，保护着那些继续其事业的人们。

撰写和印刷出版藏弄·黑如噶及其教派的重要著作中，察达统治家族在赞助网络中扮演着重要的角色：他们是资助印刷米拉日巴传及其道歌集初版的赞助人，为了减轻察达统治者儿媳的丧夫之痛，藏弄·黑如噶专门为她创作了一首歌曲，衮都桑姆把这首歌在内的藏弄·黑如噶的道歌集进行了出版[73]。

71 ཧེ་རུ་ཀ་རྗེ་བཙུན་གཙང་པ་ཧེ་རུ་ཀའི་མགུར་འབུམ་རིན་པོ་ཆེ་དབང་གི་རྒྱལ་པོ་ཐམས་ཅད་མཁྱེན་པའི་ལམ་སྟོན། TBRC: W4CZ1248: 11b, 12a.

72 སྒོ་རོང་ཟླ་བ། བོད་ཀྱི་ཤིང་སྤར་ལག་རྩལ་གྱི་བྱུང་རིམ་མདོར་བསྡུས། ལྷ་ས། བོད་ལྗོངས་བོད་ཡིག་དཔེ་རྙིང་དཔེ་སྐྲུན་ཁང་། 2013.

73 ཧེ་རུ་ཀ་རྗེ་བཙུན་གཙང་པ་ཧེ་རུ་ཀའི་མགུར་འབུམ་རིན་པོ་ཆེ་དབང་གི་རྒྱལ་པོ་ཐམས་ཅད་མཁྱེན་པའི་ལམ་སྟོན། TBRC: W4CZ1248: 11b, 12a.

## 贡塘诸女王及其他妇女

许多施主关系网络涵盖整个地区，特别是南部拉堆和贡塘之间的关系非常密切，他们通过婚姻联盟、宗教联系以及贸易往来，使这种关系往往超越了各种政权的实际边界。由于木头、纸张、墨水以及着色剂常常是通过贸易获得的，跨喜马拉雅贸易通道确实在印刷的发展中起了重要的作用。《贡塘王统世系》提到曲吉准玛的父亲——赤拉旺坚赞是首位将印制典籍作为积德行善的行为之人，这可能与跨喜马拉雅地区关系网络的发展有关系。

曲吉准玛传记记载，赤拉旺坚赞娶了“崩卓（བོང་རྫོགས）姐妹中的一个”作为其次妻[74]，曲吉准玛的母亲对此非常失望：她在四年前才嫁给国王，虽只生有两个女儿，但国王和她自己都很年轻，还可以力图再生一个男性继承人。赤拉旺坚参可能是出于政治需要，也可能是出于个人的感情，决定娶紧邻贡塘以南被称为崩卓王国统治家族的一位妇女[75]，该王国相当于目前尼泊尔拉苏瓦河谷的一个地区。这位次妻成了赤朗杰德的母亲，赤朗杰德是一位印刷的重要赞助者。但是在《贡塘王统世系》中，可能是由于缺乏证据，也有可能是故意的，抑或是将她当做门巴（མོན་པ）/ 绒巴（རོང་པ）了，完全略去了对这位次妻家庭出身的描述，而且将曲吉准玛的母亲与赤朗杰德的母亲混淆了。

上部拉苏瓦地区曾经是，而且在某种程度上目前也是以其纸张、颜料和木头而闻名。当地统治者们控制着跨喜马拉雅贸易通道，特别是吉隆通道。因此，很可能贡塘国王们的亲属网络在获得印制典籍所需的材料中起到一定的作用。后来，印版实际上是在诸如吉姆隆（སྐྱིད་མོ་ལུང）[76]、哈兰姆布（约姆 ཡོལ་མོ）和朗塘（朗昌 གླང་ཕང）[77] 这样的秘境中刻印的。

我们在涉及印刷项目的相关题记中，发现在曲吉准玛之后提到了一系列妇女，尤其是贡塘王室的成员。在大多数情况下，这些只是长长施主名单中一些妇女的名字而已。

---

74 ཡེ་ཤེས་མཁའ་འགྲོ་བསོད་ནམས་འདྲེན་གྱི་སྐུ་སྐྱེས་གསུམ་པ་རྗེ་བཙུན་མ་ཆོས་ཀྱི་སྒྲོལ་མའི་རྣམ་ཐར། 7བ.

75 崩卓既是一个地名，也是一个氏族的名称，它与崩卓噶勒有密切的关系，后者是上部拉苏瓦地区的一个统治氏族的名称。Ben Campbell, "The Heavy Loads of Tamang Identity." In Gellner, Pfaff-Czarnecka and Whelpton eds., *Nationalism and Ethnicity in a Hindu Kingdom*, Amsterdam: Harwood Academic Publishers, 1997: 222-245.

76 Porong Dawa, "New Discoveries in Early Tibetan Printing History." In *Tibetan Printing: Comparison, Continuities and Change*, 2016: 195-211.

77 Franz-Karl Ehrhard, "The Royal Print of the *Maṇi bka' 'bum*: Its Catalogue and Colophon." In *Nepalica-Tibetica: Festgabe for Christoph Cüppers*, Band 1, 2013: 143-171.

只有参照在不同的题记、传记和贡塘历史（即《贡塘王统世系》）中提到这些妇女的名字，有时才能窥见有关这些妇女故事之一斑。

我们推测在某些时候印制典籍是否会成为建立施主网络的催化剂，而这些网络以积累善行的共同佛教理想为名，弥合了政治冲突，巩固了已存在的关系。比如，在一些贡塘印制的典籍题记中，列有贡塘王室中对立派系中的成员。赤朗杰德（ཁྲི་རྣམ་རྒྱལ་ལྡེ། 1426？ –1502 年）[78] 以后，贡塘王朝分裂为源自该王两个妃子的两个相互对立的分支，而且它们间常常有激烈的对抗，甚至有谋杀发生[79]。那时，属于不同派系的王后们，似乎在赞助印制典籍中形成了合力：赤贡噶朗杰德（ཁྲི་ཀུན་དགའ་རྣམ་རྒྱལ་ལྡེ། ？ –1524 年）的王妃古格玛贡秋桑姆（གུ་གེ་མ་ཀུན་མཆོག་བཟང་མོ），又称古格玛贡秋杰姆（གུ་གེ་མ་ཀུན་མཆོག་རྒྱལ་མོ）和桑珠德（བསམ་གྲུབ་ལྡེ）的王妃喜绕杰姆（ཤེས་རབ་རྒྱལ་མོ）赞助了扬贡巴（ཡང་དགོན་པ）道歌及其其它著作的印制[80]。这个例子等都表明不应该把题记只理解为只是实际程序的反映而已，而应被理解为是实施宗教和政治计划强有力的叙事，这些题记也反映出妇女常常在其中起到一个独特的作用[81]。贡塘印制的典籍不仅提到大量的妇女，而且在题记中也涉及大量的不同社会地位的人，这表明参与印刷活动的人除了政治和宗教精英外，还包括更广泛的其他群体[82]。从这点而言，妇女可能在扩大书面文字的接触面方面起到了重要的作用。但是，这一过程的影响范围还有待于进一步评估，到目前为止很难从现存材料中获得相应的信息。

---

78 根据《贡塘王统世系》，赤朗杰德的生卒年月通常被认为是 1422–1502 年。然而，曲吉准玛的传记表明 1422 年是曲吉准玛的出生日期，而她的弟弟是约在 4 年后出生的。Hidegard Diemberger, *When a Woman Becomes a Dynasty: The Samding Dorje Phagmo of Tibet*, 2007: 53, 121-122.

79 Hildegard Diemberger&Michela Clemente, "Royal Kinship, Patronage and the Introduction of Printing in Gung thang: From Chos kyi sgron ma to lHa btsun Rin chen rnam rgyal." 2013: 119-142.

80 Hildegard Diemberger & Michela Clemente, "Royal Kinship, Patronage and the Introduction ofPrinting in Gung thang: From Chos kyi sgron ma to lHa btsun Rin chen rnam rgyal." 2013: 131, n.78.

81 至少一位妇女作为该印刷项目的工匠之一也被提及。就有关这一人物的详情，Michela Clemente, "On a Particular Aspect of the Identification of Tibetan Xylographs: Preliminary Remarks on the Importance of Craftsmen." *International Journal of Afro-Asiatic Studies* 2017(21): 373-395.

82 Michela Clemente, "The Patronage Network of lHa btsun Rin chen Rnam rgyal: From Brag dkar rta so to the 'Phags pa lha khang." In *Rivista degli Studi Orientali. Special Issue. Proceedings of the Symposium in Memory of Professor Luciano Petech, Rome 6–7 June 2014*, edited by Elena De Rossi Filibeck, Oscar Nalesini, Federica Venturi, Michela Clemente, La Sapienza University of Rome, 2016:103-110.

## 作为宗教领袖和施主的妇女：服从、违背及革新

妇女在15/16世纪西藏文化生活中扮演了一个重要角色，她们或是服从社会规范的立场来实施赞助，极少数可能是从违背社会规范的角度来实施赞助。上面提到的一些神圣女性被认定为女神多吉帕姆的化身，在这一关系网络中我们知道有三个这样的个案，即曲吉准玛，拉尊·仁钦朗杰的母亲以及衮都桑姆。在西藏，妇女成为活佛是很罕见的，但上述个案表明，妇女被认为是女神多吉帕姆化身比较常见。似乎通过被认定为多吉帕姆化身，这些妇女所代表的违背和超越传统的神圣力量，使其非传统的事迹及关系被大众认可[83]。再者，婚姻似乎扮演一个重要的角色：曲吉准玛放弃了其婚姻，成为了几位上师的弟子，可能也是这几位上师的明妃，而且她的离婚引起了一场战争。拉尊·仁钦朗杰的母亲在做了贡塘王室一位成员（喜绕贝桑 ཤེས་རབ་དཔལ་བཟང）的情人后，成为藏弄·黑如噶的弟子[84]。衮都桑姆多次拒绝接受对其婚姻的安排，最终成为藏弄·黑如噶的明妃及宗教继承者。据说她们三人都以不符合其亲属团体和地方人们期望的方式，决定了自己的命运和私人关系。当我们更仔细地审视历史资料，在何种程度上这类行为是否是精英妇女的特权还有待于进一步探讨，而这些精英妇女拥有为自己抗争的办法和操纵的空间。桑丁多吉帕姆（བསམ་སྡིངས་རྡོ་རྗེ་ཕག་མོ），即曲吉准玛制度化的转世活佛，最终成为拒绝婚姻妇女的保护神[85]，这一事实似乎表明这些问题比我们所了解的几个突出的例子要普遍得多。当然，这种女性的神圣性，可能为一些妇女和支持她们佛教团体中的男性成员，提供了形塑她们宗教生活的机会，以创造性的方式施行传统，并创造一个有利于创新的环境。但是，在一个将任何新的事物都视为是佛教教义的腐化，和对传承权威背离的环境中，只有在理念上以与过去的连续性的角度来架构，才会被人们接受；这样的诠释框架也被用于印刷活动。

西藏的印刷是与其他形式的书籍制作有连续性的。印刷不是取代手抄本的形式，而是对手抄本的一种补充，印刷保留了更多连续性的因素。雕版印刷的某些特征以及相关

83 关于她们所代表的女神金刚亥母，即多吉帕姆的特征，参见 Elizabeth English, *Vajrayoginī: Her Visualizations, Rituals and Forms*, Boston: Wisdom Publications, 2002: 1-607/8.

84 鉴于《贡塘王统世系》忽视拉尊·仁钦朗杰，他在较晚的时候才被包括在王统世系中，因此，她的关系非正式的特点是最合乎情理的解释。Hildegard Diemberger &Michela Clemente, "Royal Kinship, Patronage and the Introduction of Printing in Gung thang: From Chos kyi sgron ma to lHa btsun rin chen rnam rgyal." 2013: 119-142.

85 K. Dhondup and Tashi Tsering, "Samdhing Dorjee Phagmo: Tibet's only Female Reincarnation Line." *Tibetan Review* 1979 (August): 11-17.

的程序则富有创造性，它们使书面文字印制得更快，传播得更广，而且加强了编辑流程。印刷的传入以何种方式影响了妇女的生活呢？妇女，至少是精英妇女并没有被排除在识文断字之外，但是识字的妇女人数很可能十分有限。目前我们很难找到相关信息来判断女性识字率是否因为印刷得到了加强。从自己母亲那里学会了阅读的曲吉准玛，致力于教授尼姑们阅读技巧，这表明至少对于宗教妇女而言，有更多的书籍可供阅读。这不仅涉及个人直接阅读，也包括给他人阅读书籍。当衮都桑姆一边在各地旅行，一边阅读《嘛呢全集》（མ་ཎི་བཀའ་འབུམ）时，她可能用的是自己的书，抑或更可能用的是相关家庭所拥有的版本，即华丽的手抄本或几年前曲吉准玛的弟弟赤朗杰德印制的版本[86]。不久以后国王贡噶朗杰印制了一个发行更广的王家版本[87]。因此，常见的典籍以印刷本的形式出现，增强了作为宗教活动仪式性的集体阅读。就衮都桑姆本人的阅读书籍而言，当她被当了尼姑的姑母带大时，学会了阅读，而且很可能是其姑母教会她如何为人们举行宗教仪式，这是很重要的积累善行和征集款项的活动。

妇女事迹只能从有关其他人的叙事中收集，而且在这些叙事中她们只是边缘人物，但是追随宗教大师的这些妇女成为了富有影响的宗教人物。曲吉准玛和衮都桑姆传记的发现，证明情况确是如此。

## 从中国西藏到欧洲：跨文化的审视

同时期欧洲妇女为抗争自己不想要的婚姻，充当修道院学员及女修道院的施主角色，并拥有宗教理想和对书籍的热爱等，这与同时代社会地位高的藏族妇女所过的生活有一些相似之处。她们也通过其女性关系网络来影响当时的社会政治，常常是通过互赠图书来作为媒介的。她们让我们想起剑桥各学院的女赞助人，或资助手抄本的制作以及典籍印刷的贵族妇女。这些妇女中的许多人充当贵族赞助者，她们往往通过守寡、拒绝婚姻或立下保持独身的誓言，使她们自己摆脱了家庭义务的束缚，而她们中一些人献身于女修道院的生活。这些妇女常常拥有共同的经历，并建立了与上述藏族精英的关系网络相似的网络，而这些网络常常与当时的宗教人物有关系，即主教与大主教，而这些宗教人物与这些妇女相互激励。比如，克莱尔·阿西西（1194–1253 年）在拒绝结婚后，

86 རིག་འཛིན་ཚེ་དབང་ནོར་བུ། གུང་ཐང་རྒྱལ་རབས། བོད་ཀྱི་ལོ་རྒྱུས་དེབ་ཐེར་ཁག་ལྔ། ལྷ་ས། བོད་ལྗོངས་བོད་ཡིག་དཔེ་རྙིང་དཔེ་སྐྲུན་ཁང་། 1990: 15. K. H. Everding, *Das Koenigreich Mangyul Gung thang*, 2006: 139; Franz-Karl Ehrhard, *Early Buddhist Block Prints from Mang-yul Gung-thang*, Lumbini International Research Institute, 2000: 14.

87 Franz-Karl Ehrhard, "The Royal Print of the *Maṇi bka' 'bum:* Its Catalogue and Colophon." 2013: 143-171.

于13世纪在意大利建立了贫穷修女会，她是丹尼修道院和剑桥大学的彭布洛克学院的赞助人玛丽·圣波尔（1303–1377年）的精神源泉和道德楷模，在她的遗嘱中，请求让她穿着修女服下葬[88]。与此同时，玛丽·圣波尔与伊丽莎白·德伯是朋友，后者为剑桥大学克莱尔学院赞助者以及艺术品收藏家，她们拥有相同的经历与理想。弗兰西斯·昂德希尔[89]将伊丽莎白·德伯视为是中世纪英国女性文化领袖，而文化领域只允许少数几个女性扮演公共角色的领域。在一个不关心妇女自我实现的世界里，这使妇女的自我赋权成为可能。伊丽莎白·德伯拥有的许多书籍都是附有插图的宗教典籍，而且有一条有关她给其女儿一本带有插图书籍的记录。她确保在其村子里贫穷男孩子能够学习唱歌、语法与逻辑。玛丽·圣波尔与伊丽莎白·德伯都经历过英国内战时期，她们的亲人们都参加了内战，在内战期间女性关系网络在维持某种程度的稳定上起到重要的作用。有趣的是，在克莱尔学院伊丽莎白·德伯塑像的序言中，她特别地提到"学者应该和睦生活。"

对书籍的热爱形塑了这些妇女中许多人的生活，而且她们中有些人参与到印刷活动中。比如，约克的玛格丽特（1416–1503年）资助了英国第一本书籍的翻译和印刷出版，即由威廉·卡克斯顿翻译和印刷出版的《特洛伊历史故事集》[90]。1749年，詹姆斯·爱墨斯抄写的卡克斯顿的序言，赞颂了约克玛格丽特的美德，以及她对实施该项目的重要性，其中还提到她修改他的英文。这可与藏文题记中有关施主的欢欣鼓舞的描述媲美[91]。

在整个欧洲，我们都发现有些妇女曾赞助印刷出版活动，使更多的人们更容易获得以本地语言书写的书籍。比如，伊莎贝拉·德埃斯特（1475–1539年）是几类艺术活动的重要赞助者，并资助出版了一系列书籍，坚持书籍质量需要上乘，且价格需要合理[92]。当其丈夫不在场和其儿子还年幼时，她还担任了曼图亚的摄政，扮演了很重要的外交角色。有时她被称为"穿裙子的马基雅弗利"，以其外交手段而闻名。正如一些与她同时代的藏族妇女那样，她通过与法国这个邻近的政体协商，而避免了与后者发生一场战争[93]。

也有证据显示，中世纪欧洲妇女成为书籍的重要购买者。比如，伊莎贝拉·德埃斯

88 Jennifer Ward, *Women in Medieval Europe 1200–1500*, London: Longman, 2002: 1-300; Sean L. Field, "Marie of Saint-Pol and Her Books." *English Historical Review* 2010 (513): 384-387.

89 Frances A. Underhill, "Elizabeth de Burgh: Connoisseur and Patron." In June Hall McCash ed., *The Cultural Patronage of Medieval Women*, Athens Ga, London: University of Georgia Press, 1996.

90 Russel Rutter, "William Caxton and Literary Patronage." *Studies in Philology* 1987 (84.4): 440-470.

91 "Typographical antiquities: being an historical account of printing in England." printed by W. Faden and quoted in June Hall McCash ed., *The Cultural Patronage of Medieval Women*, 1996: 33.

92 "Typographical Antiquities: being an Account of Printing in England." printed by W. Faden and quoted in June Hall McCash ed., *The Cultural Patronage of Medieval Women*, 1996: 33.

93 George R. Marek, *The Bed and the Throne: The Life of Isabella d'Este*, New York: Harper and Row, 1976: 1-263.

特拥有一个巨大的图书馆，而且越来越多的研究，让我们更清楚地了解到妇女所拥有的图书和妇女使用图书的情况。在欧洲图书史上，似乎妇女不仅扮演赞助者的角色，也扮演读者的角色。她们特别喜欢地方文学，并积极地推动其发展。妇女也被承认在中世纪和文艺复兴时期对翻译做出了重要的贡献[94]。这些妇女的女儿们通常不像男孩子那样接受正规的学校教育，她们在其女儿们的教育中也起到了举足轻重的作用。

与此相平行，藏族妇女很可能通过多种方式在普及各种典籍中起到了重要的作用，包括资助书籍的制作、书籍的阅读、让人阅读书籍、教授孩子们和其他妇女阅读和写作。还有一些个案是妇女成为了颇有造诣的、被她们自己的社会团体中的男性和女性公认为宗教上师。我们认为在一个妇女没有多少财产以及合法权利的社会中，参与书籍的制作、阅读以及教授阅读技巧等，使得这些妇女找到了她们自己在社会中的价值。

## 结论

我们可以认为作为有情众生，像藏族男性一样，藏族妇女一直在为获得解脱而奋斗，这反映了被阿兰·斯邦伯格称作“救赎包容性”的现象。然而，正如已经很好被证实的那样，相关时代的社会和文化结构，常常将藏族妇女置于服从和被限制的地位中，通常是通过佛教性别歧视的诸多叙事来进行的。我们探讨了数十位参与佛经印制等佛教善行藏族妇女的生活，可以从她们的经历中确认一些共同特征：由于精英的社会地位，为这些妇女提供了能够让她们实现宗教理想的手段和操纵空间，大多数我们知道的女性赞助者和女性宗教领袖往往属于精英阶层。而社会地位较低的妇女常常很可能只在特殊情况下，才能崛起成为宗教地位突出者。正如在不少资料中表明的那样，尼姑们参与诸多佛教事务，社会地位较低的妇女很可能没有被记录所参与各种佛教善行。就是上面提到的苏措女统治者和曲吉准玛等一些例子，甚至地位更加显耀的一些妇女，随着时间的流逝，也从历史记录中消失了[95]。

为了佛教救赎人的目标，藏族精英妇女参与赞助印刷出版活动。她们似乎有独特的方式参与此类活动，而这些方式与她们在婚姻联盟中所处的地位有关。在一个政治上分裂且充满冲突的世界里，她们不得不通过其亲属关系充当使者。她们似乎处于一个特别

94 Anne Lawrence-Mathers, "Introduction," In Anne Lawrence-Mathers and Phillipa Hardman eds., *Women and Writing, c. 1340–c. 1650: the Domestication of Print Culture*, Woodbridge: York Medieval Press, 2010.

95 在其他地方苏措旺姆（སུ་མཚོ་དབང་མོ）被写作苏措哇（སུ་མཚོ་བ）；在《贡塘王统世系》中仅用一行字提及曲吉准玛，并忽视了后者在印刷出版中所起的作用。

的地位，使其成为和平与调停的促使者，当她们与男性宗教上师没有进行宗派斗争，以及不涉及赞助竞争时，她们常常与作为强有力的调停者和交涉者的男性宗教上师联手[96]。

传记叙事在佛教背景下，传播道德榜样中起到了重要作用。因此，女性佛教徒的一生作为被“认可的标杆”，在后世人的生活中扮演一个重要的角色[97]。除了几部女性传记外，题记和有关赞助记录，有时也包含这一方面强有力的叙事。由于缺乏上下文信息，它们的内容有时让人难以理解。人们在相关时代背景中了解它们的内容，而且可能通过当地的口传世世代代相传下去。

印刷出版图书似乎为妇女提供了一个实现其宗教理想、为过世的家人积累功德的重要途径。考虑到妇女被视为强大且合法的统治者，要比男性难得多，但有时投入印刷出版，能够加强妇女的宗教形象，巩固政治地位。

为数不多的妇女以批判的方式参与社会和文化活动，更多女性作为尼姑和赞助者找到了破坏性较小的方式来实现其愿望。充当施主常常为妇女提供了一个有回报，且问题较少的方式来参与佛教活动[98]，从而有助于实现其愿望：给她们提供了撰写新的宗教著作、为抄经师和雕刻师提供食物、筹集制作宗教物品所需材料，建立一个工作坊所需的经费。我们只能从典籍文献的结尾部分，看到简单地提及她们作为施主的名字，才能了解到她们所做的贡献。并不是专门描述其生平的资料残卷，和少量资料很难收集到相关信息。即使我们不了解她们的故事，我们也可以知道其充当佛教施主的方式，直接参与亲属关系以及宗教、政治网络来实现其应有地位。就这一方面而言，它使我们想起许多在欧洲中世纪，以及文艺复兴时期妇女充当施主的历史，这些妇女支持传播书籍文化，以及大量的各种宗教传统教育，成为了教育和学术的中心。在中国西藏和欧洲传统中，这些妇女的遗产在诸多相关传统，以及她们所取得的成就中得以继续存在，在男性世界中的妇女对相关传统及成就都作出了自己的贡献。

◆ 玉珠措姆　四川大学中国藏学研究所教授
海德噶·丁伯格　剑桥大学蒙古内亚研究所所长、教授

96 费尔南达·皮雷尔运用安多地区的民族学资料，详细地分析了上师们在调停纷争中的作用。她对此的一些反思可以被视为与历史语境相关的。

97 Janet Gyatso and Hanna Havnevik, *Women in Tibet*, New York: Columbia University Press, 2005: 1-352. Hidegard Diemberger, *When a Woman Becomes a Dynasty: The Samding Dorje Phagmo of Tibet*, 2007: 1-394.

98 Janice D. Willis, "Nuns and Benefactresses: The Role of Women and Philosophic Innovation in the Development of Buddhism." In Yvan Yazbek Haddad & Ellison Banks Findly eds., *Women, Religion, and Social Change*. Albany: State University of New York Press, 1985: 59-85.

# 结合文书资料探讨第三世察罕诺们汗之历史地位 *

仁青卓玛

**内容摘要：**本文以《六世达赖喇嘛仓央嘉措致三世察罕诺们汗文书》研究为中心，通过对文书内容的译读和相关文献的查找，较细致地梳理和阐述三世察罕诺们汗当时的部落、宗教和经济等历史背景，进一步探讨了三世察罕诺们汗在青海蒙藏地区所具有的特殊历史地位及其在连结清朝中央与西藏地方和青海蒙古地区政教关系中发挥的重要作用。本文还对三察罕诺们汗管家“囊索”和多尔济达赖洪台吉身份及其相关历史等问题进行了探析。

目前涉及到察罕诺们汗研究的书籍有《拉莫察罕诺们汗呼图克图传》(ལྷ་མོ་ཚ་ཀན་ནོ་མོན་ཧན་ཧོ་ཐོག་ཐུ་ཚང་གི་རྣམ་པར་ཐར་པ)、《夏茸尕布传》、《达玉部落历史文化研究》[1] 及相关文章[2]。此外，笔者曾参与青海省博物馆等单位主编的《河湟藏珍——藏传佛教文物卷》编

* 本文为国家社科基金一般项目“清朝政府、达赖和班禅喇嘛及蒙古首领给历辈察罕诺们汗的文书整理、翻译与研究”（14BMZ038）阶段性成果。

1 ལ་མོ་ཡོངས་འཛིན་བློ་བཟང་མཁས་གྲུབ་རྒྱ་མཚོ་སོགས། ལྷ་མོ་ཚ་ཀན་ནོ་མོན་ཧན་ཧོ་ཐོག་ཐུ་ཚང་གི་རྣམ་པར་ཐར་པ། མཚོ་བྱང་བོད་རིགས་རང་སྐྱོང་ཁུལ་མི་རིགས་ཆོས་ལུགས་ལས་དོན་ཁྲུའུ་དང་ནང་བསྟན་མཐུན་ཚོགས་ནས་པར། (ནང་ཁུལ་གྱི་པར་མ) 1995: 255。德布 · 陈列奥赛著：《夏茸尕布传》，兰州：甘肃民族出版社，1996。洲塔等著：《达玉部落历史文化研究》，西宁：青海人民出版社，2013。

2 仁青卓玛：《结合文告资料研究历辈察罕诺们汗及其相关历史》，《中国藏学》（藏文版）2012（2）：66-92。仁青卓玛：《第五世达赖喇嘛颁给三世察罕诺们汗之铁券文书考述》，《西藏大学学报》2018（3）：48-49。

写工作，对青海省博物馆所藏 20 件有关察罕诺们汗的文书，即公元 1654 年至 1908 年间，由青海办事大臣奉转皇帝谕旨、历辈达赖喇嘛和班禅喇嘛，以及当时统治青藏高原的顾实汗及其子孙达赖洪台吉、拉藏汗等蒙藏首领致历代察罕诺们汗的铁券文书（བཀའ་ཤོག）进行编译，并考证其年代与相关人物。同时，还利用这 20 件文书对历辈察罕诺们汗进行了专题研究，尤其是就五世和七世达赖喇嘛颁给三世察罕诺们汗的文书作了较为深入的考证，但仍在这一领域存有较大的研究空间，有待进一步的深入发掘和探究。

本文要探讨的是这批文书之一——六世达赖喇嘛仓央嘉措致三世察罕诺们汗文书及其相关事宜。1697 年，第巴 · 桑结嘉措公开了五世达赖喇嘛圆寂以及密不发丧十六年之秘密，同年，六世达赖喇嘛仓央嘉措坐床。此文书是六世达赖喇嘛于 1698 年颁发，写于哲蚌寺。文书现存青海省博物馆，至今尚未被学者发掘和研究。目前，关于六世达赖喇嘛的传奇历史和情歌等真假难辨的各种版本很多，但有关他的文献和文物却不多。因此，笔者认为这批文书不仅对于察罕诺们汗历史研究具有价值和意义，对于六世达赖喇嘛仓央嘉措生平及其相关历史也具有较大研究价值。

本文首先附上文书原文及其汉译文，然后对文书进行解读和分析。

## 一、文书原文及汉译文

文书原文：

༄༅།། ཆེན་ཁྲོའུ་ཁྲི་ཧོ་དེའི་ཁྲིའུ་འི་ཟི་ཐེན། ཏ་ཞན། ཅི་ཅི་ཧོ། སོའུའི་ཐེན་ཞ། ཤི་ཀོའུ། ཡི་ཐུང་། པིའི་ཞི། དེའི་ཆི། ཀྱིང་གང་། དེའི་ཁེ། ཤ་ཟི། ཅི་ཡིན་ཞེས་ནུབ་ཀྱི་ལྷ་གནས་ཆེས་དགེ་བ་བདེ་བར་གནས་པའི་སངས་རྒྱས་བཀའ་ལུང་གནམ་འོག་གི་བསྟན་པ་གཅིག་ཏུ་གྱུར་པ་འགྱུར་མེད་རྡོ་རྗེ་རྒྱ་མཚོའི་བླ་མར་དབང་བསྒྱུར་བ་དྲུག་པའི་གཏམ།

ཛམ་བུ་གླིང་གྲགས་མངོན་པར་མཚན་པའི་གླིང་ཆེན་པོ་འདིར་མཉམ་མེད་སྟོན་པ་ཟས་གཙང་གི་སྲས་པོ་སངས་རྒྱས་པའི་ཞིང་ཁམས་ལ་རྒྱ་ག་ཏ（རྒྱ་གར）རྡོ་རྗེ་གདན་ལྟེ་བར་གནས་པའི་ཤར་ན་འཕགས་པ་འཇམ་དཔལ་དབྱངས་ཀྱི་རྩིས་ཀྱི་སྒོ་མོ་བརྒྱད་ཁྲི་བཞི་སྟོང་སྤེ་བའི་གནས་རྩེ་ལྔ། ལྷོར་འཕགས་པ་ཕྱག་ན་པད་མའི་ཞིང་ཁམས་རི་བོ་གྲུ་འཛིན། ནུབ་ན་ཨོ་རྒྱན་མཁའ་འགྲོའི་རང་བྱུང་གི་གནས་གཙུག་ལག་ཁང་། བྱང་ན་ཆོས་རྒྱལ་རིགས་ལྡན་བཞུགས་པའི་གནས་ཤམ་བྷ་ལ། གཞན་ཡང་ཡུལ་འཁོར་ལྔ་བཅུ། ལྗོངས་ཆེན་སོ་དྲུག ཡུལ་ཕྲན་སྟོང་སོགས་ལས（图一）[第 9 行] སའི་གླིང་འདིར་འཁོད་པའི་མི་རིགས་མི་གཅིག་པ་སུམ་བརྒྱ་དྲུག་བཅུ། སྐད་རིགས་མི་གཅིག་བདུན་བརྒྱ་ཉི་ཤུ་སོགས་སྐྱེ་འགྲོ་མཆོག་དམན་སྤྱི་དང་། བྱེ་བྲག་རྒྱ་དཀར་ནག་སེར་གསུམ། ཁ་སག ཡེར་ཁེན། ཁལ་ཁ། ཨོ་རོད་ཚོ་པ་བཞི། སོག་པོ་ཚོ་ཆེན་བཞི་བཅུ། མཚོ་ཁྲི་ཤོར་རྒྱལ་མོའི་འགྲམ། རྒྱ་ནག་པ་ཚིང་བཅུ་གསུམ་སོགས་ཀྱི་བླ་དཔོན་ཆེ་ཆུང་། རྒྱལ་པོ། རྒྱལ་རིགས། བླ་མ་སེར་མོ་བ་ཆེ་ཆུང་། དབང་། པའི་ལི། ཐའི་ཇི། ཐ་བུ་ནང་། ཛའི་སང་། མི་བཟང་། རྫོར་གེ། ང་རྗོ་ཁ། གཉེར་ལས་འཛིན། དམག་ཛག་གི་འགྲིམ་འགྲུལ། ཇན་བཙུ་མི་དམངས་སོགས་སྤྱི་བོ་གནམ་བསྟན་གྱི་འགྲོ་བ་མཐའ་དག་ལ་སྤྲིངས་པ། རྒྱལ་བ་ཀུན་གྱི་ཐུགས་རྗེའི་རང་གཟུགས་འཕགས་པ་འཇིག་རྟེན་དབང་ཕྱུག་གི

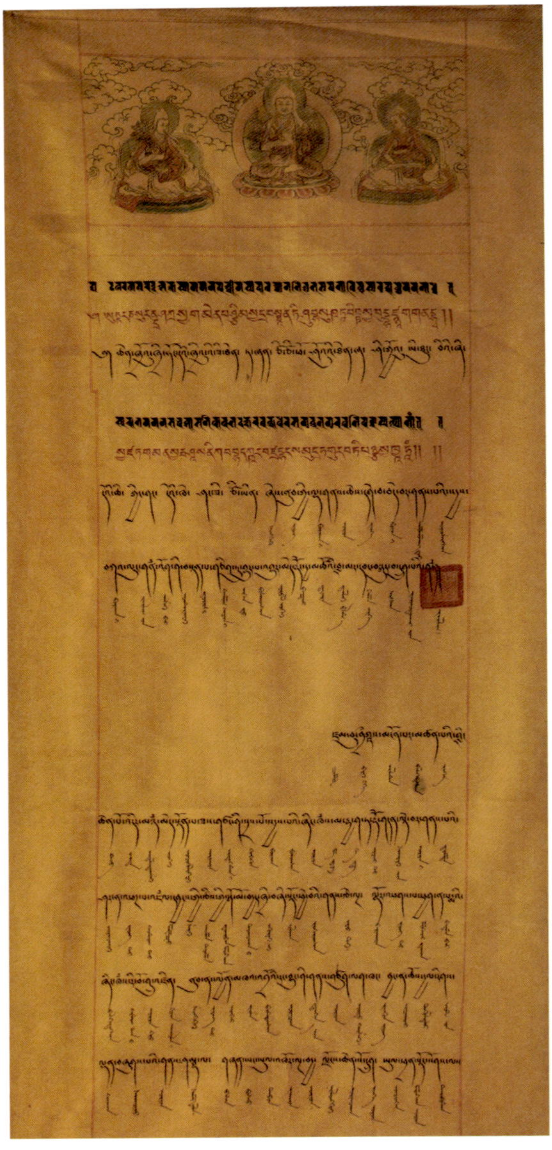

图一 第1-8行

སྤྲུ་འཕྲུལ་དྲ་བའི་ཀློས་གར་བསྟན་པའི་སྙིང་པོ་བཀའ་གདམས་རིན་པོ་ཆེའི་ཆུ་འགོ་འཕྲོམ་སྟོན་པ་རྒྱལ་བའི་འབྱུང་གནས་ཀྱི་ཐུགས་སྲས་སྐུ་མཆེད་གསུམ་ཞེས་སྙན་པའི་བ་དན་སྒྲིད་པའི་རྩེ་མོར་གཡོ་བའི་ནང་ཚན་འཕན་ཡུལ་ཉན་གྲུང་ར་སྒང་པ་སྤྱན་སྔ་ཚུལ་ཁྲིམས་འབར་གྱིས་ཕག་མོ་པོ་དགོན་བསྐྱུན་པ་སོགས་ལུགས་གཉིས་ཀྱི་བསྟན་པའི་མིག་རྒྱན་དུ་ཆེ་བ་དང་། དེའི་ཡང་སྲིད་བླ་ཆེན་བསོད་ནམས་རྒྱལ་མཚན་གྱིས་ཚངས་པ་དུང་ཐོད་ཅན་ལ་（图二）[第18行]སངས་རྒྱས་ཀྱི་བསྟན་པ་བསྲུང་བ་དང་སེམས་ཅན་ལ་བདེ་སྐྱིད་འབྱུང་བའི་བཀའ་བསྒོས་ནས་ཡང་སྐྱུར་དམ་ལ་བཏགས། དེའི་སྐྱེ་འཕྲེང་རྗེ་བློ་གྲོས་རྒྱལ་མཚན་ཞེས་པ་ཀུན་མཁྱེན་བཙོང་ཁ་པ་དང་། པཎ་ཆེན་དགེ་འདུན་གྲུབ་པ་དཔལ་བཟང་པོའི་བུ་ཆེན་དུ་གྱུར་ཅིང་འདུལ་བསྟན་བླ་ནས་བླར་འདེགས་པ་སོགས་བསྟན་པའི་བྱ་བ་རྒྱ་ཆེར་མཛད། དེ་ཉིད་ཀྱི་སྐུའི་སྐྱེ་བ་ལ་མོ་ཆོས་རྗེ་ཚོགས་གཉིས་རྒྱ་མཚོས་མདོ་སྔགས་ཀྱི་ཆོས་ཚུལ་ལ་ལེགས་པར་སྦྱངས་ཤིང་དགེ་བའི་བཤེས་གཉེན་ཆེན་པོར་གྱུར་པར་བརྟེན་དཔལ་ལྡན་སྨད་གྲྭ་ཚང་གི་བླ་མ་དབུ་མཛད་གནང་བཞིན་པ་ནས་དུར་ཁྲིག་གར་རོལ་གསུམ་པ་ཏྭ་ལའི་བླ་མ་བསོད་ནམས་རྒྱ་མཚོ་དཔལ་བཟང་པོའི་སྐུ་ཚབ་ཏུ་མདོ་སྨད་ལ་རྫོང་བདའ་གནང་བ་ལྟར་བསྟན་འགྲོའི་ཕན་བདེ་རྒྱ་ཆེར་སྤེལ་ཞིང་ཐུ་མེད་ཀྱི་རྒྱལ་པོ་ཧོ་ལོར་ཆེ་སོགས་བློན་འབངས་མང་པོའི་ཏི་ཤྲིར་གྱུར། དེའི་ཡང་སྲིད་ཕྱི་མ་ལ་མོ་བློ་གྲོས་རྒྱ་མཚོ་ཐམས་ཅད་མཁྱེན་པ་ཆེན་པོ་གོང་མ་དང་། པཎ་ཆེན་རིན་པོ་ཆེ། སྤྲུལ་པའི་ཆོས་སྐྱོང་ཆེན་པོ་སོགས་ནས་ངོས་འཛིན་སྤྲུལ་ཞིང་བྱང་ཕྱོགས་ཀྱི་འགྲོ་བ་སྤྱི་དང་ཐུ་མེད་ཨོར་དུས་སུ་སོགས་རྫིང་གིར་གནམ་གྱི་རྒྱལ་པོ་སློན་འབངས་མང་པོའི་ཏི་ཤྲིར་གྱུར་ཏེ་ཁམས་གསུམ་འགྲོ་བའི་བླ་མ་ཆོས་ཀྱི་རྒྱལ་པོ་བཙོང་ཁ་པ་ཆེན་

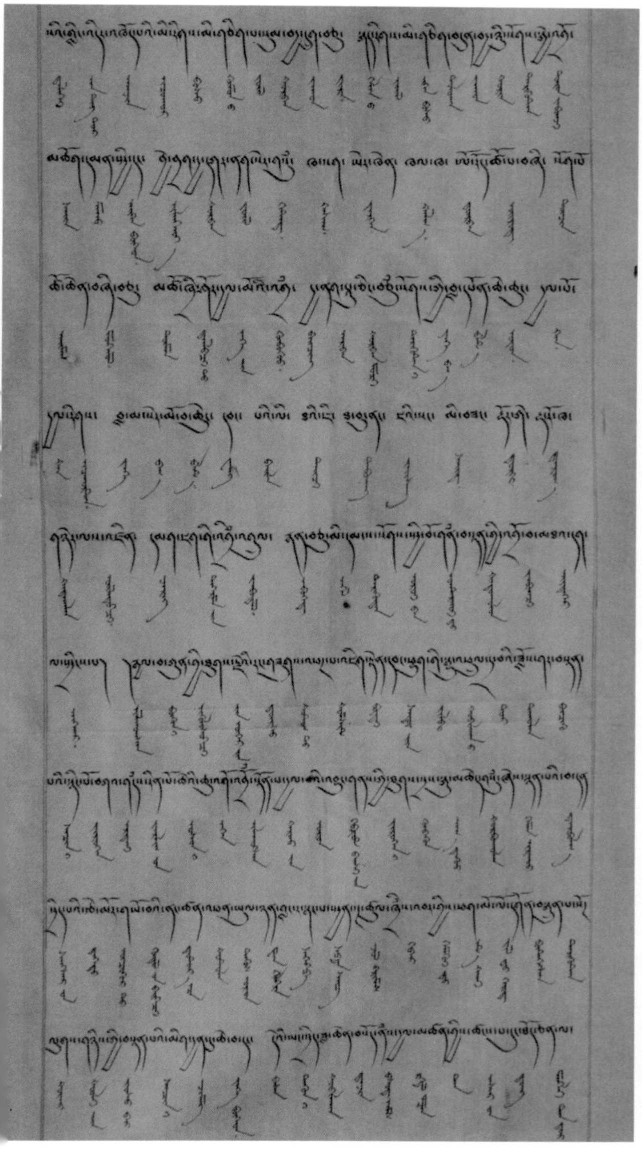

图二　第 9-17 行

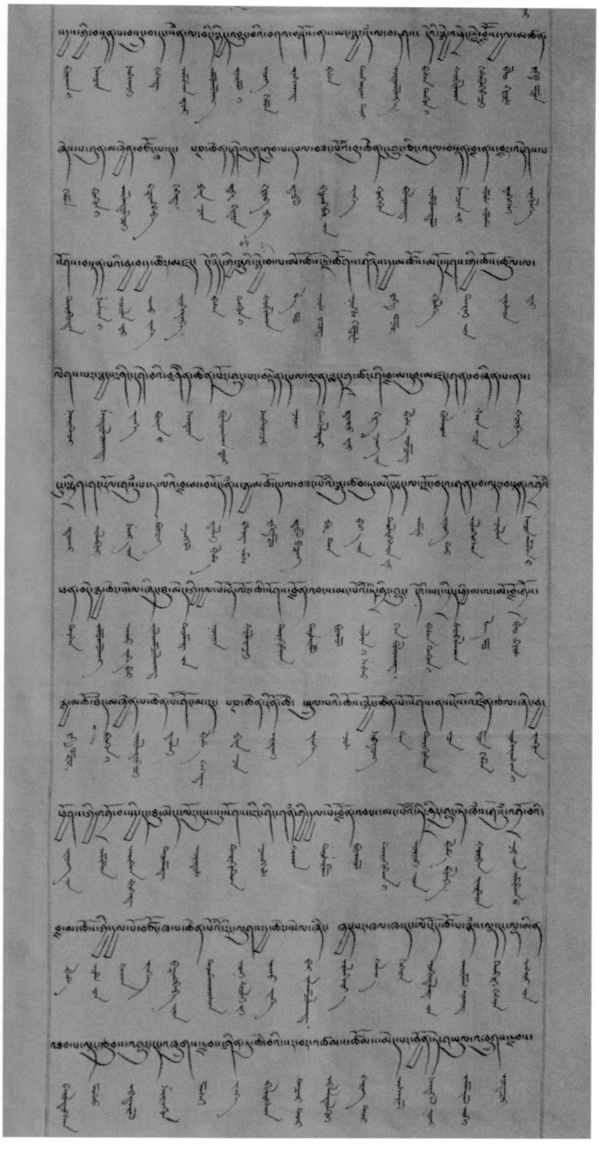

图三　第 18-27 行

པོའི་རིང་ལུགས་རྒྱ་ཆེར་སྤེལ་ཞིང་། ཁྱད་པར་ཁལ་ཁ་དང་ཨོ་རོད་ཆོ་པ་རྣམས་ལྷ་དང་ལྷ་མིན་འཐབ་པ་ལྟར་རྩུབས་འགྱུར་དང་
འཁྲུགས་རླབས་ཤིན་ཏུ་ཆེ་བའི་སར་བར་འཚམས་ཆོམས་མེད་པར་བྱོན་ཏེ་གཡུལ་འཁྲུགས་རླབས་（图三）[ 第 28 行 ]
ཆེའི་སྡིག་པོ་གྲངས་ཤིན་ཏུ་མང་བའི་བར་བཅད་པ་སོགས་རྣམ་པར་དཀར་བའི་ལྷག་བསམ་ཀུན་ལྡ་བུས་ཞ་སེར་འཆང་བའི་
སྤྱིན་བདག་རྣམས་ཀྱི་ཕན་ཚུན་གཉེན་གཤིན་པའི་བསྟན་པའི་བསྙེན་བཀུར་རྒྱུན་ཆད་མེད་པར་བསྐྱངས་ཆོག་པའི་གཞུང་དཀའ

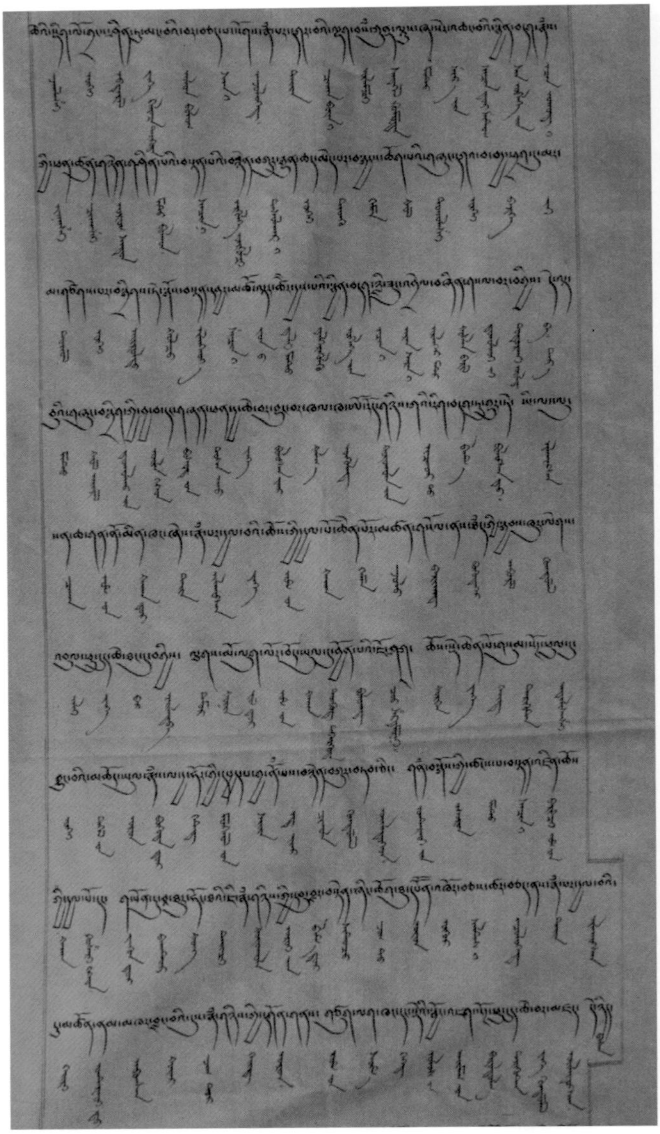

图四　第 28-36 行

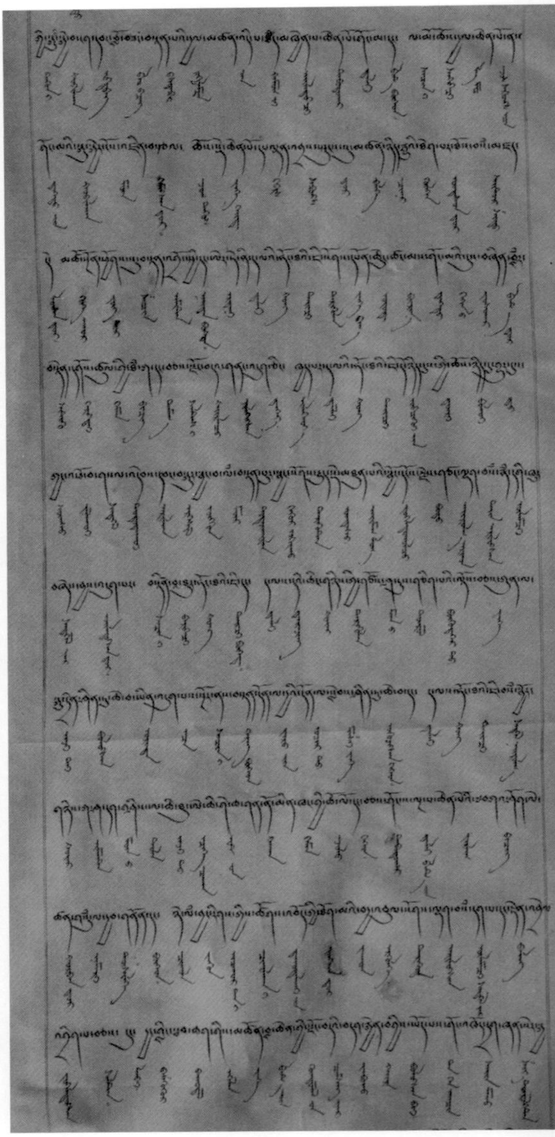

图五　第 37-46 行

པ་བརྒྱ་ཕྲག་ཏུ་མར་མ་གཙོགས་པར་བསྒྲིགས་ཏེ་སྔོས་བསྟན་དབྱར་མཚོ་ལྷར་ཆེས་ཆེར་རྒྱས་པའི་སྦྱིན་བདག་ཉི་ཟླ་ཟུང་འབྲེལ་བཞིན་གསལ་བར་བགྱིས། དེ་ལྟ་བུའི་གཞུང་བསྒྲིག་གི་བྱ་བ་དང་གཞན་ཕན་རྒྱ་ཆེ་བར་བྱུང་བར་ཁལ་ཁ་ཨོ་རོད་གཉིས་ཀའི་རིག་བདག་ཏུ་གྱུར་ཏེ། ཡི་ལ་ཨུ་སན་ཆ་གན་ནོ་མིན་ཁང་ཞེས་རྣམ་པར་རྒྱལ་བའི་ཆོས་ཀྱི་རྒྱལ་པོ་ཆེན་པོར་མཚན་གསོལ་ནས་ཐམས་ཅད་ཀྱི་སྐྱབས་ཁུར་ལེགས་འབུལ་ཕུ་དུད་ཆེ་ཐང་དུ་བགྱིས། ལྕགས་མོ་ལུག་ལོར་བོད་ཡུལ་དུ་ཕྱིན་པའི་ཇོ་ཤག ཆོས་སྡེ་ཆེན་པོ་

གསུམ་སོགས་ཕུལ་དུ་བྱུང་བའི་མཆོད་ཡུལ་རྣམས་ལ་རྒྱ་ཧོར་གྱི་དཔྱད་པ་གྲུ་ནོམ་པས་བསྙེན་བཀུར་བཏབ་ཅིང་། གནམ་བསྐོས་ཀྱི་ཚངས་པ་བསྟན་འཛིན་ཆོས་ཀྱི་རྒྱལ་པོ་དང་། གཡོན་ཏུ་བླ་ཐུར་ཧོང་ཐའི་ཇི་རྣམ་གཉིས་ཀྱི་དབུ་བླར་བསྙེན་ཞིང་ཚོག་ཐུ་དཔོན་བློན་འཁོར་བཅས་ཚར་བཅད་ནས་རྣམ་པར་རྒྱལ་བའི་ཏུ་མཆོན་ནམ་མཁར་བླང་བའི་དུས་རྣམ་གཉིས་ཀྱི་དགོན་གནས། གཙུག་ལག་ཁང་དང་སྡེའི་སྒོར་འཛུགས་སོགས་ཕུ་དུད་ཆེ་བར་མཛད། དེ་ཉིད་（图四）[第 37 行] ཀྱི་སྐུའི་སྐྱེ་བ་ངག་དབང་བློ་བཟང་བསྟན་པའི་རྒྱལ་མཚན་འདི་པ་ཐམས་ཅད་མཁྱེན་པ་ཆེན་པོ་གོང་མ་དང་། ལ་མོ་ཆོས་རྒྱལ་ཆེན་པོ་ནས་གོང་མའི་སྐུ་སྐྱེར་ངོས་འཛིན་བསྐུལ། ཆོས་སྡེ་ཆེན་པོ་དཔལ་ལྡན་འབྲས་སྤུངས་སུ་མཚན་ཉིད་རྒྱུའི་ཐེག་པར་ཐོས་བསམ་མཛད་དེ། མཚོ་སྔོན་ཕྱོགས་སུ་བསྟན་འགྲོ་སྤྱི་དང་ཨེར་ཏེ་ནི་ད་ལའི་ཧོང་ཐའི་ཇི་སོགས་དཔོན་ཆེ་ཆུང་ཚང་མས་གོང་མའི་དུས་བཞིན་བླ་མར་བསྟན་དགོས་ཚུལ་གྱི་ཐམ་ག་དང་བཅས་ཇོང་བདའ་གནང་འདུག་ཅིང་། ཁྱད་པར་ད་ལའི་ཧོང་ཐའི་ཇི་དེ་ཉིད་དུས་ཀྱི་ཆོས་ཉིད་དུ་གྱུར་དུས་ཀྱང་འཕོ་བ་གསལ་འདེབས་དབང་བསྐུར་སྨྲང་བ་ལམ་བསྟན་ཕུར་སྨྲང་སོགས་རྒྱུད་སྡེ་མཐུན་པའི་སྒྲོར་དངོས་རྗེས་གཙང་ལྷག་བསམ་རྣམ་དག་གི་ཁུར་བཞེས་བྱས་འདུག་པར། བསྟན་འཛིན་བླ་ཐུར་ཧོང་ཐའི་ཇི་དང་། ད་ལས་དའི་ཚེ་ཆིང་གཉིས་ཀྱི་གཙོས་ཤ་ཏུས་གཅིག་པའི་ལྷོས་བཅས་ཀུན་ལ་སྐུ་དྲིན་ཤིན་ཏུ་ཆེ་བ་ཡིན་འདུག་པས་སྔོར(སྔོན)་ནས་བསྟན་དོན་ལ་རྒྱའི་དོན་ལ་སླེབས་ཤིན་ཏུ་ཆེ་བ་དང་། ད་ལས་ཧོང་ཐའི་ཇི་བསམ་སྒྲོར་གཉིས་ཀ་ཤ་དག་གཤིས་ཨ་ཆི་ཐུ་ཨེ་ཆི་གེ་ཆ་གན་ནོ་མིན་ཁང་གྱི(གི)་ཆོ་ལོ་དང་བཅས་གོང་ས་ལྔ་པ་ཆེན་པོའི་བཀའ་ཤོག་ལེ་ཚན་གསུམ་ལ་རྒྱབ་གནོན་དང་། ཉེ་ལམ་བྱུང་རིགས་ཀྱིས་ཚོགས་འདོད་ཀྱི་ཐོག་མའི་བརྒྱ་འབུལ་སོགས་ལྷག་བསམ་དག་པ་དང་རྗེན་འབྲེལ་འགྲིག་པ་བཅས། དུང་། རྒྱ་གླིང་སྦུབ་ཆག（སྦུག་ཆལ）གིས་མཆོན་བླ་ཆེན་གྱི་ཇོང་བདའི་བདག་རྐྱེན་བགྱིས་ཡོད་པས་གོང་འཁོད་དྲུག་ཞབ་སེར་སྐྱ（图五）[第 47 行] རྣན་དམངས་དང་། ཁྱད་པར་མཉམ་གནས་སྒྱུ་འཕྲུལ（རྒྱུ་འགྲུལ）བྱེད་མིའི་བླ་དཔོན་སེར་སྐྱ་དྲུག་ཞབ་སུས་ཀྱང་བླ་མ་གོང་མའི་དུས་ཇི་བཞིན་སྐྱབས་ཁུར་ཕུ་དུད་ཆེ་བ་བྱེད་དགོས་ཤིང་། སྔོན་བསྟན་འཛིན་ཆོས་ཀྱི་རྒྱལ་པོ་དང་། བླ་ཐུར་ཧོང་ཐའི་ཇི་རྣམ་གཉིས་ཀྱི་སྡེའི་སྒྲོར་འཛུགས་མཛད་པ་ནས་བཟུང་། འདི་ལོ་ཕན་འཛིན་བདག་སྐྱོན་མེད་བྱེད་བཞིན་གྱི་དགོན་གནས། གྲྭ་རིགས། མི་སྡེ། ཞིང་། མཚེར་ས་སོགས་ལ་མཚམས་འཛིན་གྱི་བཀག་ཆ། ང་བདག་འཕེན་རྫོད། མི་འོས་པའི་དབང་ཤེད། དམན་སེམས། སྣང་ནས་བྱེད་བཞིན་མིན་པའི་ཁྲལ་རིགས་ཆེ་ཆུང་འགེལ་ལེན་སོགས་མི་འོས་པའི་གནོད་འགལ་ལོག་པའི་རིགས་གཏན་ནས་མི་བྱེད་པ་དང་། ནོ་མིན་ཁང་རང་གི་ཞལ་འཛིན་བྱེད་བཞིན་གྱི་དགོན་སྡེ། གྲྭ་རིགས། མི་སེར་རྣམས་ཀྱང་སྤྱོད་ལམ་རྣམ་བཞི་བག་འཁུམ་པ་མེད་པར་ཇི་སྲིད་བསྐལ་པའི་བར་ཁོང་རང་ལ་འཛུགས་གནས་སྔར་རྒྱུན་ལྟར་འཛིན་བདག་བྱེད་ཆུག་ཅིང་། ཁྱད་པར་དཔོན་པོ་འདི་པ་ཡང་ཆ་གན་ནོ་མིན་ཧན་སྐུ་གོང་མའི་ཆུང་དུའི་དུས་ནས་དྲིན་གྱིས་བསྐྱངས་ཞིང་ཕོ་རང་གིས་ཀྱང་ཞབས་ཕྱི་གང་འགྱུར་བྱུང་ནར་བརྟེན་ལུགས་གཉིས་ཀྱི་སྐོས་དཔོན་པོར་བསྐོས་ཤིང་།（图六）[第 55 行] ཕྱིས་སུ་ད་ལའི་ཧོང་ཐའི་ཇི་དེ་ཉིད་ཀྱི་ཤྲོར་ཏེ་ནི་ཨུས་ཇིང་ནང་སོའི་ཆོ་ལོ་བདག་རྐྱེན་བྱས་འདུག་ཅིང་། ད་ལྟའི་སྐུའི་སྐྱེ་བ་འདི་ཉིད་ཀྱིས་ཀྱང་དཔོན་པོ་བྱས་ནས་གྲྭ་རིགས། སོག་བོད་ཀྱི་སྡེའི་མགོ་ཆིངས་བྱེད་བཞིན་ཡོད་པ་དང་། ལྷག་པར་ཤིང་ཕག་ལོར་ཐམས་ཅད་མཁྱེན་པ་ཆེན་པོ་གོང་མའི་དགོངས་རྫོགས་སུ་གསེར་གདུང་ཆེན་མོ་འཛམ་གླིང་རྒྱན་གཅིག་གིས་གཙོས་རྟེན་གསར་བཞེངས་རྣམས་ལ་རབ་གནས་གྲུབ་པའི་ཐོག་མར་དགའ་སྟོན་ལེགས་སྐྱེས་འབུལ་བར་ཆ་དཀར་ནོ་མིན་ཁང་གི་སྐུ་ཚབ་ཏུ་བྱུང་རིགས་པ་མཐའ་དག་གི་ཐོག་མར་འཚོར་བས་རྟེན་འབྲེལ་གྱི་སྒོ་ཤིན་ཏུ་འགྲིག་པར་བརྟེན་དཔོན་པོར་བདག་རྐྱེན་གྱི་མིང་སྡེ་པ་དའི་ཆེང་ནང་སོ་དང་ཐམ་ག་སོང་འདུག་པ་ལྟར། ཕྱིན་ཆད་ཀྱང་དཔོན་པོ་འདི་ཉིད་ཀྱི་སྲུན་ཚ་བཅས་ལ་ནོ་མིན་ཁང་རང་ཉིད་ཀྱི་བཀའ་མ་གཏོགས། གཞན་གྱི་བླ་དཔོན་སེར་སྐྱ་དྲུག་ཞབ་སུའི་ཀྱང་མི་འོས་པའི་ཁྲལ་རིགས་ཆེ་ཆུང་འགེལ་ལེན་སོགས་གནོད་འགལ་མི་བདེ་བའི་རྒྱུར་འགྲོ་བ་སྤུ་ཙམ་

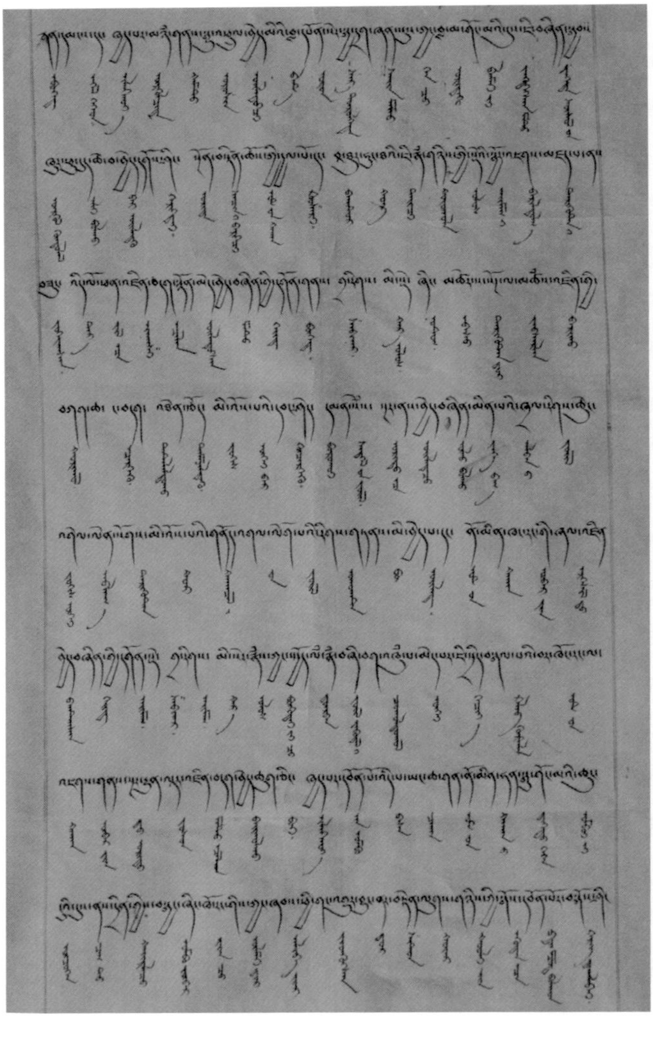

图六　第 47-54 行

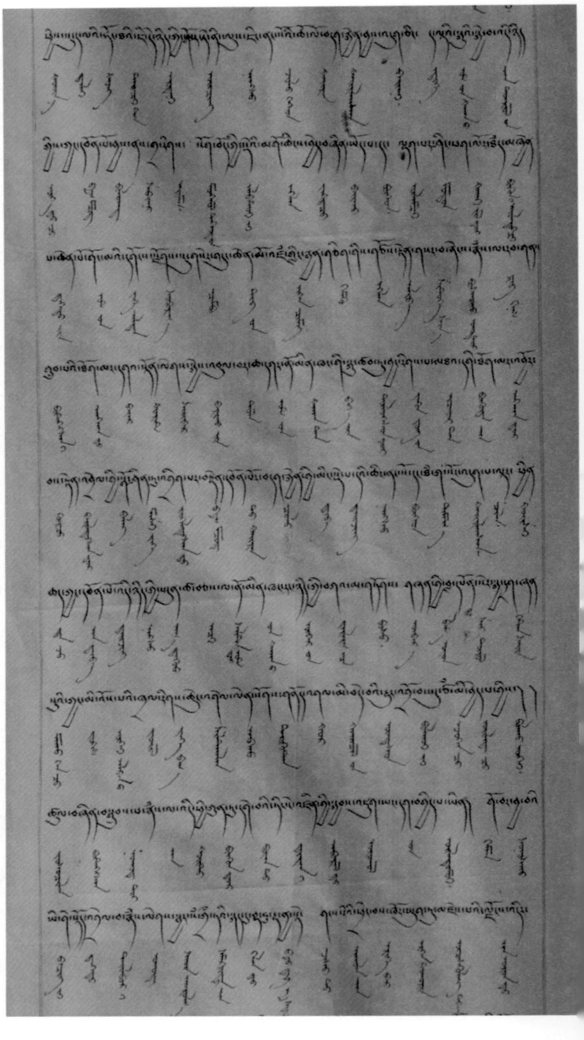

图七　第 55-63 行

མི་བྱེད་པ་གྱིས། ཚུལ་བཞིན་བསྒྲུབས་པ་རྣམས་ལ་འདི་ཕྱི་ཀུན་ཏུ་དགེ་བའི་ཏིང་ངེ་འཛིན་གྱི་སྐྱབས་འཇུག་ཡང་དག་བགྱིད་པ་ཡིན། གོ་བར་བྱ་བའི་ཡི་གེ་སྟོད་འགྲེལ་བ་རྣམས་ཞིགས་སྒྱུར་སམ་ཀྲི་ཏའི་སྐད་དུ་ན་ཏུ་ཧྲཱ་ཙྪ་སྟེ། གངས་རིའི་ཁྲིང་བས་ཁོར་ཡུག་ཏུ་མཛེས་པའི་ལྗོངས་འདིར་ （图七）[第 64 行] འབྲུ་མང་དུ་གྲགས་པ། འཇམ་དབྱངས་གོང་མ་ཆེན་པོའི་རྒྱལ་ཁབ་ཏུ་ལྷུ་ཡིན། དབང་ཐང་དང་བསྟུན་པ་ས་ཕོ་སྟག་གི་ཧོར་ཟླ་དགུ་པའི་ཡར་ཚེས་ལ་ཆོས་ཀྱི་ཕུང་པོ་སྟོང་ཕྲག་བརྒྱད་བཅུའི་སྒོ་འབྱེད་ཆོས་སྡེ་ཆེན་པོ་དཔལ་ལྡན་འབྲས་སྤུངས་ནས་བྲིས། (图八)

图八　第64-65行

试译如下：

奉清朝皇帝陛下敕封西天大善自在佛所领天下释教普通瓦赤喇呾喇达赖喇嘛六世达赖喇嘛文书：

以赡部树命名之大赡部洲，以净饭王子成道之圣地金刚座为中心，东为文殊菩萨开启八万四千法门之五台山，南为莲花手观世音菩萨道场之持舟山，即普陀山，西为邬坚空行母之天成庙宇，北为法胤圣地之香巴拉。另有五百小国、三十六大域、一千小域，生息于大赡部洲不同种族三百六十种，操不同语言七百二十种，给所有这些贵贱众生，尤其印度、汉地、俄罗斯、哈萨克、叶尔羌、喀尔喀、和硕特四部、蒙古四十大部落、青海湖畔、汉地北京十三省等之大小活佛及官员、国王、王族、大小僧侣、王、贝勒、台吉、塔布囊、宰桑、米桑、达尔嘎、达鲁花赤、管事员、军赤运输者、老者、十户长、庶民等头颅朝天之一切众生之文书。

堪称一切佛陀大悲之自性观世音圣者化身，噶当派开宗祖师种敦巴·杰瓦穷乃之闻名遐迩的三大弟子之一，出生于澎域年纳日岗的金厄瓦·楚臣贝尔建立帕姆洛寺等，对振兴政教事业建树颇多，其转世达钦·索南坚赞差遣梵天护法神保护佛法及赐福众生等，将其（梵天护法神）再次降伏。其转世杰·洛追坚赞成为遍知宗喀巴和大智者根敦珠巴之弟子，大力宏扬律经等佛法。其转世拉莫·措尼嘉措习修显密乘，遂成为一名大智者。故，在下密院担任喇嘛翁则师时，遵从三世达赖喇嘛索南嘉措意旨，赴安多地区进行讲经传法、造福利民等许多善举，并成为蒙古土默特王火落赤等成吉思汗众多后裔臣民百姓之上师。其转世拉莫洛追嘉措由大遍知前世（按：四世达赖喇嘛）、班禅大师及神通拉莫大护法神一同认定，成为北方一切佛教众生、土默特鄂尔多斯等成吉思汗众多后裔臣民百姓之上师，大力弘扬三界法王宗喀巴之教法。尤其拉莫洛追嘉措毫不顾忌地赴喀尔喀和卫拉特等犹如天和非天之战的蒙古部落大战中，平息了长期纷争不断的战乱等，以睡莲一样洁白无暇之诚心调停黄教各施主之间的矛盾，使两部落和睦相处，持续扶持佛法。不计千辛万苦，他调停两部落之间的纠纷等，使佛法如汹涌澎湃的夏天的大海一样发扬广大的两部施主，犹如日月交辉，闪烁明亮。由于察罕诺们汗有调停两部纷争以及饶益他人的伟大功绩，被喀尔喀和卫拉特两部尊为金刚上师，并被授予了“伊拉古克三察罕诺们汗”名号，意即殊胜大法王。诸部对其无比敬重和献礼拥戴。铁羊年（1631年），察罕诺们汗赴拉萨向大昭寺释迦牟尼佛、三大寺等殊胜供养处，供奉汉蒙地区的征集品等丰厚贡物；由天命大梵法王顾实汗和左翼（准噶尔部）巴图尔洪台吉俩人尊为上师，当两位消灭却图汗，举起战胜之旗时，向察罕诺们汗敬献寺院、庙宇以及部落等以示对他的诚敬。二世察罕诺们汗洛追嘉措转世阿旺洛桑丹贝坚赞由大遍知前世（按：五世达赖喇嘛）、拉莫大护法神一同认定，并在哲蚌寺闻思法相因乘。青海所有佛教众生、额尔德尼达赖洪台吉等诸大小官员曾遣使：请赐如其前世给察罕诺们汗上师之印。尤其在（额尔德尼）达赖洪台吉逝世（按：1690 年）时，阿旺洛桑丹贝坚赞按密法诚心负责往生、灌顶、指路、火化等，实施了加行、正行和结行等超度法事，对丹增巴图尔洪台吉、达赖戴青为主的诸眷属恩重如山。察罕诺们汗从昔日起在蒙藏地区大力弘扬佛法、饶益众生，达赖洪台吉对其意行纯正等因，特此（六世达赖喇嘛）

对五世达赖所赐“阿其图额茨格察罕诺们汗”名号和三份文书复核印鉴（རྒྱབ་གཉེར）。此外，近日又有北方蒙古人向传召小会供百供之首等，以表对甘丹颇章的忠心，呈显吉祥圆满之景象等，为此，赐予海螺、唢呐和钹等作为大活佛使者之赏品。因此，上述大小僧俗、头人和百姓，尤其在察罕诺们汗处居留行走之一切大小僧俗官员，均应如前世，对察罕诺们汗无比敬重和爱戴。自从法王顾实汗和巴图尔洪台吉二位敬献部落至今，察罕诺们汗所属寺院和僧俗百姓、耕地、牧场等永远不得被限制、强占、争夺，以及不得非法使用暴力、蔑视。亦不得有新增大小差税等不合理的损害以及有违之举。此外，察罕诺们汗所属寺院和僧俗百姓的衣食住行永久维持原状，一如往昔，使其无所畏惧地照旧管理。尤其该察罕诺们汗管家被前世察罕诺们汗从小惠予培养，而该管家也殷勤服侍前世，因此，任用其为执掌政教两法之管家。之后达赖洪台吉颁给该管家“额尔德尼额津囊索”的名号。此外，此辈察罕诺们汗亦照旧任用其为管家，管理其僧侣及蒙藏部落。尤其在木猪年（1695年），对新建的金光灵塔赡洲一严，即为了祭奠五世达赖喇嘛而所建之其肉身灵塔为主的所依等，在举行开光仪式时，作为察罕诺们汗使者，该管家在诸北方人（按：居住北方的蒙古人）之前送礼庆贺等，使开光典礼显得格外吉祥圆满。为此，甘丹颇章曾赐予该管家“第巴戴青囊索”的名号。特此强调除察罕诺们汗本人外，其他大小僧俗官员不得向该总管及其亲属征收不合理的杂税等，切勿做丝毫有损于其利益和有违上述命令等引起不安之事。对于照规办理者，祈请今生来世福祉。该文书写于依《时轮》计时以梵语为瓦禾巴纳亚年（bhahudhanya），依此雪岭环抱之疆域称为支芒年，依文殊大皇帝之国度称为戊寅年，依天干为土虎年（1698年）九月上旬于哲蚌寺。

## 二、文书及其相关内容的解读和分析

### 1. 文书内容和装帧形式

（1）文书内容：通过对六世达赖喇嘛文书原文的解读和分析，我们可以了解到这是一封第六世达赖喇嘛就让察罕诺们汗照旧管理其所属寺院和部落等事致喀尔喀、厄鲁特四部以及青海湖畔等地区大小僧俗群众之文书。该文书主要谈及以下两个部分：

1）从察罕诺们汗的转世起源——本生传谈起，到一世拉莫·措尼嘉措（ལ་མོ་ཚོགས་གཉིས་རྒྱ་མཚོ）遵从三世达赖喇嘛意旨，赴青海蒙古地区传教，住持阿噶尔寺，受到蒙古族土默特部火落赤的供养，并逐渐被尊为青海蒙古诸部共同上师。尤其是出生于青海蒙古土默特家族的二世察罕诺们汗有调停喀尔喀和卫拉特两部纷争以及饶益他人的伟大功绩，被两部尊为金刚上师（རིགས་ཀྱི་བདག་པོ），并且获得了“伊拉古克三察罕诺们汗”（ཡི་ལ་ཞུ་སན་ཆ་གན་ནོ་མོན་ཁང་སྐུ་ཕྲེང་གསུམ་པ）名号。

2）第三世察罕诺们汗对一切佛教众生、达赖洪台吉及其子丹增巴图尔洪台吉、达赖戴青等青海蒙古同胞有恩，六世达赖喇嘛对五世达赖喇嘛所赐“阿其图额茨格察罕诺们汗”（ཨ་ཆི་ཐུ་ཨེ་ཆི་གེ་ཆ་གན་ནོ་མོན་ཁང）名号及三份文书复核印鉴，照旧让察罕诺们汗管理其所属寺院和部落，任何人不能争夺、强占其下属寺院及部落，而且不能向它们征税。此外，六世达赖喇嘛还对顾实汗之子达赖洪台吉和甘丹颇章曾向察罕诺们汗管家分别授予“额尔德尼额津囊索”（ཨེར་ཏེ་ནི་ཨུས་ཛིང་ནང་སོ）及“第巴戴青囊索”（སྡེ་པ་དའི་ཆིང་ནང་སོ）名号给予重视和支持，除察罕诺们汗本人外，其他任何人不得向该管家及其亲属征收不合理的杂税等事宜。

（2）文书装帧形式：文书采用丝织质地，卷轴装，为藏蒙文合璧，墨书。高 683、宽 60 厘米。文书题头处有梵文及其藏音转写（སྔགས་ཡིག）、藏文和蒙文三种文字，压题章是刻有“班杂达拉”（བཛྲ་ཏྲ་ར）八思巴文之印。文书顶部有三尊上师像：中间为宗喀巴，根据图像特征，可以判断，左为四世班禅喇嘛，右为五世达赖喇嘛。末尾钤有清朝顺治皇帝赐给五世达赖喇嘛的藏满汉文合璧封印。文书底部有三尊护法神像：中间为吉祥天母（དཔལ་ལྡན་ལྷ་མོ），右为乃穷护法神（གནས་ཆུང་ཆོས་སྐྱོང），左为婆罗门大黑天（མགོན་པོ་བྲམ་ཟེ）。

2. 察罕诺们汗及其特殊地位

（1）三世察罕诺们汗所受封号及历史地位

据《安多政教史》（མདོ་སྨད་ཆོས་འབྱུང）记载，一世察罕诺们汗出生于西藏卫地拉莫（ཡུལ་དབུས་ལ་མོ）地方，在才尔赛（ཚེར་གསེབ）出家为僧。他在哲蚌寺、下密院（རྒྱུད་སྨད་གྲྭ་ཚང）学习显密乘，遂成为一位大学者。在下密院担任喇嘛翁则师（དབུ་མཛད）时，遵从三世达赖喇嘛意旨，1581 年[3]赴安多地区传教，住持阿噶尔香曲林寺（ཛ་སྔར་བྱང་ཆུབ་གླིང），受到蒙古族土默特部火落赤的供养[4]，逐渐被尊为青海蒙古诸部共同上师。因为出生于西藏达孜县拉莫（ལ་མོ）地方，也叫拉莫活佛。青海蒙古土默特家族出生的二世察罕诺们汗有调停喀尔喀和卫拉特两部纷争以及饶益他人的伟大功绩，被两部尊为金刚上师，并

3 《1908 年青海蒙古左右翼诸头人致察罕诺们汗的铁券文书》，现藏于青海省博物馆。

4 智观巴·贡却乎丹巴绕吉著、吴均等译：《安多政教史》，兰州：甘肃民族出版社，1989：256。

且获得了“察罕诺们汗”名号。然而，五世达赖喇嘛和六世达赖喇嘛所授予文书中关于顾实汗所封“察罕诺们汗”及“伊拉古克三察罕诺们汗”名号的名称不同，即在不同的文书中出现了同一时期颁发两个不同的名号，根据文书分析[5]，这两个封号均授予二世拉莫·洛追嘉措（ལ་མོ་བློ་གྲོས་རྒྱ་མཚོ）平息喀尔喀七部（ཁལ་ཁ་ཆོ་ས་བདུན）和卫拉特四部（ཨོ་རོད་ཆོ་ས་བཞི）间的战乱之后[6]，1637 年顾实汗和左翼巴图尔洪台吉消灭却图汗之前，正如陈庆英先生所说，二世察罕诺们汗·洛追嘉措“1631 年进藏拜谒五世达赖喇嘛，五世达赖曾命他去调解喀尔喀七部和卫拉特四部之间的冲突,取得成功后获得察罕诺们汗的称号。”[7]可见这两个名号应该颁发于 1636 年至 1637 年间。至于哪一个名号先颁发，笔者认为“察罕诺们汗”名号在先，因为按惯例，名号内容是逐渐增加的，即先有“察罕诺们汗”名号，之后再增加“伊拉古克三”，从而有了“伊拉古克三察罕诺们汗”名号。总之，自顾实汗授察罕诺们汗名号起，人们称历辈拉莫转世活佛为“察罕诺们汗”(意为白色的法王)，此后这一封号为其历辈转世活佛所世袭。

文书载，第三世察罕诺们汗曾受到过五世达赖喇嘛所赐“阿其图额茨格察罕诺们汗”名号及三份文书，关于阿其图额茨格察罕诺们汗名号，《安多政教史》及其影响的后期史料中认为是由七世达赖喇嘛所封[8]。笔者认为这种说法是不正确的，因为该文书、1692 年和 1695 年五世达赖喇嘛授予三世察罕诺们汗的文书中说该名号是由五世达赖喇嘛所授，即后两者文书是由第巴桑结嘉措以五世达赖喇嘛名义授予的。由此可断定“阿其图额茨格察罕诺们汗”名号是 1692 年由第巴桑结嘉措以五世达赖喇嘛名义颁发，而且从颁发该名号的文书中也能够得到证实[9]。此外，通过相关文书分析，上述五世达赖喇嘛所赐三份文书确实存在，应该是五世达赖喇嘛于公元 1683 年、1692 年和 1695 年分别颁给三世察罕诺们汗之文书，现存于青海省博物馆。然而，通过文书颁发年代考证，能够了解这三份文书实际上是当时第巴桑结嘉措在五世达赖喇嘛匿丧期间（1682–1697 年），以五世达赖喇嘛的名义赐给三世察罕诺们汗的。相关文书还记载，三世察罕诺们汗不仅获

---

5 《五世达赖喇嘛授予第三世拉茂活佛名号之文告（1692 年）》，见青海省博物馆等编著：《河湟藏珍——藏传佛教文物卷》，北京：文物出版社，2012：166-167。

6 仁青卓玛：《第五世达赖喇嘛颁给三世察罕诺们汗之铁券文书考述》，《西藏大学学报》2018（3）：48-49。

7 五世达赖喇嘛阿旺洛桑嘉措著、陈庆英等译：《五世达赖喇嘛传》（上），北京：中国藏学出版社，2006：90。

8 བྲག་དགོན་པ་དཀོན་མཆོག་བསྟན་པ་རབ་རྒྱས། མདོ་སྨད་ཆོས་འབྱུང་། ལན་ཀྲོའུ། ཀན་སུའུ་མི་རིགས་དཔེ་སྐྲུན་ཁང་། 1987: 271；智观巴·贡却乎丹巴绕吉著、吴均等译：《安多政教史》，1989：258。

9 《五世达赖喇嘛授予第三世拉茂活佛名号之文告（1692 年）》，见青海省博物馆等编著：《河湟藏珍——藏传佛教文物卷》，2012：166-167。

得过清康熙皇帝的诏书，而且还从第五、六、七世达赖喇嘛，第巴桑结嘉措，以及顾实汗子孙拉藏汗（ལྷ་བཟང་ཁང）、达赖洪台吉（ད་ལའི་ཧོང་ཐའི་ཇི）、巴图尔台吉亲王（བཱ་ཐུར་ཐའི་ཇི་ཆིང་ཝང）和噶丹额德尼吉囊（དགའ་ལྡན་ཨེར་ཏེ་ནི་ཇུ་ནང）等蒙藏政教首领获得了封号及文书[10]。为什么当时清朝中央政府及蒙藏政教首领如此重视察罕诺们汗而连续给他如此多的文书和封号呢？以下通过察罕诺们汗当时的部落背景、教派背景进行分析：

1）察罕诺们汗的部落及政权

察罕诺们汗作为青海蒙古诸部的共同上师，在青海蒙藏地区有三座主寺及其属寺四十余座；同时还拥有属民部落（ལྷ་སྡེ）和广泛的教民（ཆོས་སྡེ），包括今青海海北达如玉（མདའ་བཞི）为主的历史上的尖扎和芒、巴、夏（མང་འབབ་བྱ）地区的大部分部落，以及化隆（དཔའ་ལུང）、贵德（ཁྲི་ཀ）等地的部分部落。关于属民部落或拉德，在《藏汉大词典》中解释为“寺庙部众，旧社会由各寺庙领主所管百姓。”[11] 这种佛教寺院直接管辖百姓的制度，起源于吐蕃赞普赤松德赞以平民供养僧人的规定，在西藏佛教后弘期已普遍实行。元朝统一西藏后，经帝师八思巴等宗教首领的协助，通过政府对这一制度进行确认。《汉藏史集》（རྒྱ་བོད་ཡིག་ཚང་ཆེན་མོ）记载，“按照规定建立的万户（ཁྲི་དཔོན），都要划出六个千户（སྟོང་དཔོན）作为寺庙部众”[12]，这就使得元代西藏佛教寺院占有的人口达到总人口的一半以上。从帝师贡噶坚赞贝桑布（ཏི་ཤྲི་ཀུན་དགའ་རྒྱལ་མཚན་དཔལ་བཟང་པོ）的法旨看，拉德是专门为佛教寺院和僧人提供供养和劳役的人口，以保证佛教寺院为皇帝祝延圣寿、服侍僧伽佛殿等从事宗教活动，拉德不受元朝官员和世俗领主的管辖，不向政府承担赋税[13]。此时的察罕诺们汗的拉德——达如玉部落也不例外，是专门为其寺院和僧人提供供养和劳役的部落。

如今的达如玉部落是 1637 年顾实汗所献部落的基础上形成的。相关文书中记载，“自火牛年属于察罕诺们汗所有部落予以照旧，任何人不得争执和滋事，使其安乐居住。”[14] 该文书是木马年（1654 年）顾实汗授予二世察罕诺们汗的，其中所提火牛年即是顾实汗授察罕诺们汗部落的 1637 年，可见，当时顾实汗授予了察罕诺们汗村庄、部落。

---

10 青海省博物馆等编著：《河湟藏珍——藏传佛教文物卷》，2012：165-193。

11 张怡荪主编：《藏汉大辞典》，北京：民族出版社，1998：3034。

12 དཔལ་འབྱོར་བཟང་པོ། རྒྱ་བོད་ཡིག་ཚང་ཆེན་མོ། ཁྲིན་ཏུའུ། སི་ཁྲོན་མི་རིགས་དཔེ་སྐྲུན་ཁང་། 1985: 271；达仓宗巴 · 班觉桑布著、陈庆英译：《汉藏史集——贤者喜乐瞻部洲明鉴》，拉萨：西藏人民出版社，1999: 147。

13 陈庆英：《夏鲁的元朝帝师法旨》，载《陈庆英学术论文集》（上），北京：中国藏学出版社，2006：395-397。

14 《法王固始汗授二世察罕诺门汗照旧管理事宜之文告（1654 年）》，见青海省博物馆等编著：《河湟藏珍——藏传佛教文物卷》，2012：163。

察罕诺们汗属民部落本在不同的地域，因察罕诺们汗的缘故而组合到一起，经过长时期各部落的相继汇入才形成了现今的规模。尤其雍正初年，清朝按当时在青海蒙古诸部实行的盟旗制度，将该部落单编为一旗——察罕诺们汗旗（也叫喇嘛旗，藏语为达玉，意为四个佐领），与青海蒙古一同编入二十九旗，并且封三世察罕诺们汗为扎萨克喇嘛，管理察罕诺们汗旗。这说明察罕诺们汗本人既是一个活佛，又是清朝所封的一个封建领袖，具有与世俗蒙古头人同样的身份，同时还掌握着由蒙藏部落组成的察罕诺们汗旗的政教管辖权。因此，历辈察罕诺们汗在其所属喇嘛旗建立的行政体制是典型的区域性政教合一制度。历辈察罕诺们汗还在辖区内设管家囊索（后称为阿克文博 ཨ་ཁུ་དཔོན་པོ）、千户、图萨拉克齐（ཐུ་ས་ལག་ཆི）等头人代替他执行权力。19 世纪初，随着近代史上发生的青海黄河南藏族部落北迁的活动，该部落从黄河以南迁到黄河以北，即今青海省海北州（མཚོ་བྱང་ཁུལ）海晏县（མདའ་བཞི་རྫོང）境内。直到民主改革前，察罕诺们汗在其所属喇嘛旗建立区域性的政教合一制度行使政教权力[15]。

正如文书记载，拉莫 · 措尼嘉措“遵从三世达赖喇嘛索南嘉措意旨，赴安多地区进行讲经传法、造福利民等许多善举，并成为蒙古土默特王（ཐུ་མེད་རྒྱལ་པོ）火落赤（ཧོ་ལོ་ཆི）等成吉思汗众多后裔臣民百姓之上师。”即三世达赖喇嘛索南嘉措应青海蒙古恳请，派拉莫 · 措尼嘉措到安多地区替他传教，说明察罕诺们汗在青海蒙藏地区传教的身份是由三世达赖喇嘛所赐。之后，出生于青海蒙古土默特家族的二世察罕诺们汗 · 洛追嘉措奉五世达赖之命曾去调解喀尔喀七部和卫拉特四部之间的冲突，取得成功后获察罕诺们汗的称号[16]。该名号是顾始汗所授。又在 1637 年顾实汗消灭却图汗后，尊二世察罕诺们汗为供施处，授予了一大批农牧业区的村庄和部落[17]。可见，顾实汗尊二世察罕诺们汗为供施处，并向二世察罕诺们汗既封名号又授部落，说明顾实汗一开始给他赋予了特殊的身份和地位。与此同时，顾实汗在青海消灭却图汗（ཆོག་ཐུ）后，他的八个儿子率部控制并驻牧青海，对察罕诺们汗也是无比敬重和献礼拥戴。1645 年顾实汗与格鲁派上层人士一同灭藏巴汗（གཙང་པ་རྒྱལ་པོ）政权，在西藏建立甘丹颇章（དགའ་ལྡན་ཕོ་བྲང）政权。次年火狗年（1646 年），二世察罕诺们汗在青海黄河南尖扎（གཅན་ཚ）创建古鲁殊胜寺（འགུར་

15 仁青卓玛：《结合文告研究历辈拉茂夏茸尕布活佛及其相关历史》，《中国藏学》（藏文版）2012（2）：66-92。

16 五世达赖喇嘛阿旺洛桑嘉措著、陈庆英等译：《五世达赖喇嘛传》（上），2006：90。

17 བྲག་དགོན་པ་དཀོན་མཆོག་བསྟན་པ་རབ་རྒྱས། མདོ་སྨད་ཆོས་འབྱུང་། 1987: 269；智观巴 · 贡却乎丹巴绕吉著、吴均等译：《安多政教史》，1989：256。

རྣམ་རྒྱལ་གླིང）[18]。继顾实汗之后，其子孙承继传统，又将二世察罕诺们汗的转世拉莫·阿旺洛桑丹贝坚赞尊崇为供施处，对其礼敬有加，拥戴他成为青海蒙古诸部的共同上师。三世察罕诺们汗先后从顾实汗子孙达赖洪台吉、拉藏汗、巴图尔台吉亲王和噶丹额德尼吉囊等蒙古首领先后从获得了名号及文书。由此看来，察罕诺们汗在青海蒙藏地区的身份和地位是由三世达赖喇嘛和顾实汗及其子孙授予的。

鉴于察罕诺们汗在青海蒙藏地区的影响力，第巴桑结嘉措也对其倍加重视，先后以五世达赖喇嘛名义向三世察罕诺们汗赐名号及三份文书，并让六世达赖喇嘛仓央嘉措在坐床后的第二年，即1698年向三世察罕诺们汗授予文书，对五世达赖喇嘛以往给三世察罕诺们汗所赐名号及特权予以复核印鉴。当时处于多事之秋的第巴及其领导的甘丹颇章政权，急切需要青海蒙古王公的支持。正如五世达赖喇嘛所说："彼处（青海）是汉、藏、蒙三者会集的要冲之地。现在不同于帕摩主巴的时代，也不同于藏巴汗等时代，戴黄帽者的教派之所以能同北方的施主们接近，关键在于青海地方的安宁。"[19]可见，当时由于特殊的历史背景，青海蒙古施主对格鲁派及其政权甘丹颇章来说至关重要。因此，加强作为青海蒙古诸部共同上师三世察罕诺们汗的地位，从而发挥他在青海蒙藏地区的影响力和作用，这就是第巴桑结嘉措以五世达赖喇嘛名义给三世察罕诺们汗名号及文书的用意，同时也可以从中了解三世察罕诺们汗当时在青海蒙藏地区所享有的威信。

2）察罕诺们汗的教派背景及使命

察罕诺们汗作为格鲁派在青海蒙古地区的传播者和青海蒙古诸部上师，在西藏甘丹颇章政府与青海蒙古首领及其蒙藏部落中的作用是不可忽视的。青海曾是藏传佛教传入蒙古的起步之地，到明末，三世达赖喇嘛与蒙古俺达汗在青海的会晤，青海地区的蒙古、藏族等百姓从此开始普遍信奉藏传佛教格鲁派。格鲁派以青海为基地，逐渐传入蒙古各地。尤其清初顾实汗子孙占据青海，青海更是成为传播藏传佛教及其弘扬之地，因此，许多卫藏活佛及高僧被派到蒙古和青海地区传教。一世察罕诺们汗是其中典型的一个例子，他作为哲蚌寺的大学者、喇嘛翁则师（相当于副堪布），遵从三世达赖喇嘛意旨，赴青海蒙古地区传教，从此历史赋予了他这个使命和重任。同样，出生于蒙古土默特家族的拉莫二世洛追嘉措和卓尼金巴达吉（ཅོ་ནེ་སྦྱིན་པ་དར་རྒྱས），平息了喀尔喀七部和卫拉特四部之间长期纷争不断的战乱。由于他们有功于两部的调停议和，顾实汗封拉莫·洛追

18 བྲག་དགོན་པ་དཀོན་མཆོག་བསྟན་པ་རབ་རྒྱས། མདོ་སྨད་ཆོས་འབྱུང་། 1987: 269；智观巴·贡却乎丹巴绕吉著、吴均等译：《安多政教史》，1989：256。

19 智观巴·贡却乎丹巴绕吉著、吴均等译：《安多政教史》，1989：48。

嘉措为“察罕诺们汗”名号，而封卓尼·金巴达吉为“瓦齐尔达喇”（རྡོ་རྗེ་འཆང་། 金刚持之意）名号。从此，喀尔喀和卫拉特两部百姓对其无比敬重[20]。关于卓尼金巴达吉，《安多政教史》记载，他曾被选认为达赖喇嘛的代表，派往蒙古地区弘法，被察哈尔和额鲁特等王公尊为上师，并被授予“瓦齐尔达喇”（ཨོ་ཆིར་ཏཱ་ར）呼图克图名号及印信。1637年顾实汗率军在青海消灭却图汗后，他应顾实汗恳请赴青海湖畔，一同前往卫地云云[21]。显然，卓尼金巴达吉在顾实汗和格鲁派的关系中具有非常重要的作用。同样，察罕诺们汗在顾实汗和格鲁派的关系中的作用也有过之而无不及，正如文书记载，“铁羊年（1631年），察罕诺们汗赴拉萨向大昭寺释迦牟尼佛、三大寺等殊胜供养处，供奉汉蒙地区的征集品等丰厚贡物。”对此陈庆英先生曾作如下评述：二世察罕诺们汗·洛追嘉措于“1631年进藏拜谒五世达赖喇嘛，五世达赖曾命他去调解喀尔喀七部和卫拉特四部之间的冲突，取得成功后获察罕诺们汗的称号。”[22]这不仅说明了二世察罕诺们汗调解喀尔喀和卫拉特之间战乱的年代，而且还进一步说明了这时候他成为蒙古各部战乱中的调解者，以及格鲁派和蒙古各部联系的桥梁。此外，正如上述，1637年顾实汗和巴图尔洪台吉消灭却图汗后，尊二世察罕诺们汗为供施处，献了一大批农牧业区的村庄和部落[23]。可见，二世拉莫·洛追嘉措不仅在当时调解卫拉特和喀尔喀之间的战事中起到了重要作用，而且在顾实汗消灭却图汗的过程中还发挥了一定的作用。同时，毋庸置疑他与卓尼金巴达吉一样在顾实汗和格鲁派的关系中也可能起到了一些连接和推动作用。

总之，察罕诺们汗的历史使命是在青海蒙古地区推广格鲁派信仰，以及扶持和弘扬格鲁派教法。正如文书所载，二世察罕诺们汗“诚心调停黄教各施主之间的矛盾，使蒙古喀尔喀和卫拉特两部和睦相处，持续扶持佛法”等等。同时也是专门代表达赖喇嘛与蒙古各部王公联络，成为蒙藏首领之间的一座特殊桥梁。此外，在西藏地方和青海蒙古地区拥有双重身份的察罕诺们汗在清中央王朝对蒙藏部落所实行的政策中也发挥了很重要的作用，即积极推动了清王朝通过宗教人士加强对广大蒙藏地区的控制和影响的政策，从而实现了朝廷期望的“兴黄教，以安众蒙古”的目标。这从1705年康熙皇帝给三世

20 《五世达赖授三世察罕诺门汗照旧管理事宜之文告（1683年）》，青海省博物馆等编著：《河湟藏珍——藏传佛教文物卷》，2012：164。

21 བྲག་དགོན་པ་དཀོན་མཆོག་བསྟན་པ་རབ་རྒྱས། མདོ་སྨད་ཆོས་འབྱུང་། 1987: 652；智观巴·贡却乎丹巴绕吉著、吴均等译：《安多政教史》，1989：616。

22 五世达赖喇嘛阿旺洛桑嘉措著、陈庆英等译：《五世达赖喇嘛传》（上），2006：90。

23 བྲག་དགོན་པ་དཀོན་མཆོག་བསྟན་པ་རབ་རྒྱས། མདོ་སྨད་ཆོས་འབྱུང་། 1987: 269；智观巴·贡却乎丹巴绕吉著、吴均等译：《安多政教史》，1989：256。

察罕诺们汗封“札萨克喇嘛（ཇ་སག་བླ་མ）”名号[24]和黄色诏书，以及三世察罕诺们汗获得清乾隆六十年间（1795 年）青海办事大臣奉转乾隆皇帝关于乾隆五十九年（1794 年）照新制寻找历辈察罕诺门汗转世灵童之谕旨[25]等中能够得到证实，也可知察罕诺们汗当时在青海诸台吉和卫藏僧俗首领中的影响和作用。因此，当时清朝中央政府及蒙藏政教首领连续给察罕诺们汗如此多的文书和封号是不足为奇的。

此外，察罕诺们汗对格鲁派来说，是经济上的资助者、支持人。由于他在青海拥有如此多的蒙藏信徒及其供养和布施，其历辈活佛一向为格鲁派三大寺赐金供斋，做大布施。文书记载，三世察罕诺们汗，“近日”又作为北方蒙古人向会供法会供百供之首等，以表对甘丹颇章的忠心。1695 年，举行为祭奠五世达赖喇嘛而所建之肉身灵塔为主的所依等开光仪式时，察罕诺们汗派管家又在诸北方蒙古人之前送礼庆贺，使开光典礼显得格外吉祥圆满等等。而这一祭奠和开光仪式，是拉萨二月会供法会（ཚོགས་མཆོད་ཆེན་མོ）（俗称传小召）的开端，可见三世察罕诺们汗对这一法会的设立起了重要的作用。史料还记载，三世察罕诺们汗先后五次赴卫藏，所献的供养和布施极丰。最后一次时，向参加神变大祈愿法会（ཆོ་འཕྲུལ་སྨོན་ལམ་ཆེན་མོ）的每个僧侣，一天之中布施了黄金一钱、白银一两、缎子半方，人们称这次布施为“拉摩（莫）大布施”（ལ་མོ་འགྱེད་ཆེན）等等[26]。三世察罕诺们汗先后从卫藏等地迎请到了“观世音菩萨像、第巴吉雪巴所供的主尊宗喀巴大师像（宗喀巴曾亲自说过这尊很像自己）、在布达拉宫中的度母像、弥勒像、红檀香木制成的与人一样高的观音菩萨像等珍贵佛像三百余尊，被称为拉莫德庆寺（ལ་མོ་བདེ་ཆེན་དགོན）的佛像大宝库，名扬四方。”[27]为此，其主寺拉莫德庆法伦寺享有“拉莫佛像之库”的美称。

总而言之，从历辈察罕诺们汗向格鲁派活佛达赖喇嘛、班禅额尔德尼，以及拉萨大昭寺、三大寺等敬奉的丰厚贡物，能够看到当时他已成为格鲁派经济上的支持者。

（2）察罕诺们汗管家“囊索”及其相关历史

文书中提到，察罕诺们汗管家被二世察罕诺们汗从小惠予培养，而该管家也对其殷勤服侍，因此，被任用为执掌政教两法之管家。之后达赖洪台吉颁给该管家“额尔德尼

24 崔永红等主编：《青海通史》，西宁：青海人民出版社，1999：343。

25 《青海办事大臣奉转乾隆皇帝关于寻找历辈察罕诺门汗转世灵童谕旨之布告》，青海省博物馆等编著：《河湟藏珍—藏传佛教文物卷》，2012：184。

26 智观巴 · 贡却乎丹巴绕吉著、吴均等译：《安多政教史》，1989：259。

27 ལ་མོ་ཡོངས་འཛིན་བློ་བཟང་མཁས་གྲུབ་རྒྱ་མཚོ་སོགས། ལྷ་མོ་ཚ་ཀན་ནོ་མོན་ཧན་ཧོ་ཐོག་ཞུ་ཚང་གི་རྣམ་པར་ཐར་པ། མཚོ་བྱང་བོད་རིགས་རང་སྐྱོང་ཁུལ་མི་རིགས་ཆོས་ལུགས་ལས་དོན་ཁྲུའུ་དང་ནང་བསྟན་མཐུན་ཚོགས་ནས་པར། (ནང་ཁུལ་གྱི་པར་མ)1995: 255.

额津囊索”的名号。三世察罕诺们汗亦照旧任用其为管家，管理其僧侣及蒙藏部落。另记，木猪年（1695 年），为了祭奠五世达赖喇嘛而所建之肉身灵塔为主的所依等，在举行开光仪式时，作为察罕诺们汗使者，该管家在诸北方蒙古人之前送礼庆贺等。为此，五世达赖喇嘛曾赐予该管家“第巴戴青囊索”的名号。然而通过年代考证，能够了解该名号实际上是第巴桑结嘉措在五世达赖喇嘛匿丧期间以其名义给予察罕诺们汗管家的。以上蒙藏首领向藏区大活佛管家授予“囊索”名号的出现，说明当时根据藏区地方政教合一制度的特殊需要，囊索还被作为一个名号，颁给大活佛的管家（ཕྱག་མཛོད）和近侍。同时，这不仅能够说明察罕诺们汗在蒙藏首领中享有很大的名望和极高的威信，而且还能了解当时察罕诺们汗在青海蒙藏地区所拥有的特权。此外，第巴戴青囊索作为二世和三世察罕诺们汗管家，既服侍活佛，又替活佛管理蒙藏部落、寺庙等政教事务；同时还作为察罕诺们汗的使者，常赴卫藏进行供奉和布施等，能够看到他作为察罕诺们汗管家，在甘丹颇章和察罕诺们汗之间发挥着重要的作用。

据记载，察罕诺们汗管家戴青囊索为尖扎头人本义亥嘉（འབུམ་ཡག་རྒྱལ）之曾孙，在三世察罕诺们汗时期，其前世管家戴青囊索再三地邀请直合干巴尊者（གྲགས་རྒན་པ）[28] 担任三世察罕诺们汗的经师，于是师徒二人于铁猴年（1680 年）末，一同从拉萨启程返回故里。“水狗年（1682 年），由岱青囊索承担功德主之责，用古尔寺的全部积蓄从芒、巴、夏三地、巴那亥三部（སྨ་ནག་ཁ་གསུམ）、本加五居部（འབུམ་རྒྱལ་བུ་རྒྱུད）、巴燕（བ་ཡན）等诸地征集的僧差，建立了拉摩德庆曲林（ལ་མོ་བདེ་ཆེན་ཆོས་གླིང），即德庆寺。”[29] 由此可见，作为第二、三世察罕诺们汗活佛的管家，戴青囊索对拉莫德庆寺的修建、僧差的征集以及对三世察罕诺们汗活佛的栽培等事宜做出了不可磨灭的贡献。因为该管家当时如此劳苦功高，遂成为管理察罕诺们汗所辖寺庙和部落政教事务之有权人士。此后的历辈察罕诺们汗管家虽没有被赐予“囊索”头衔，但按惯例，仍是“文波”（དཔོན་པོ）管理该部落。直到 20 世纪初，历代管家替活佛掌控其辖区内的政教事务。20 世纪初在达玉部落中虽设立特萨拉齐 [30] 和千户 [31] 等实职官位，但是管家的权力仍然很大，其卸任管家职务后，仍然到拉莫香火庄芒、巴、夏三地之乌尔盖（ཨུ་རྐེ། 即拉莫官邸）属部负责管家事务 [32]。

28 《安多政教史》载，直合干巴尊者又名智华嘉措和阿旺罗桑扎喜，拉莫德钦寺第一任堪布，精通显密乘教理。智观巴 · 贡却乎丹巴绕吉著、吴均等译：《安多政教史》，1989：260。

29 智观巴 · 贡却乎丹巴绕吉著、吴均等译：《安多政教史》，1989：258。

30 ལ་མོ་ཡོངས་འཛིན་བློ་བཟང་མཁས་གྲུབ་རྒྱ་མཚོ་སོགས། ལྷ་མོ་ཚ་ཀན་ནོ་མོན་ཧན་ནོ་ཧོ་ཐོག་ཐུ་ཚང་གི་རྣམ་པར་ཐར་པ། མཚོ་བྱང་བོད་རིགས་རང་སྐྱོང་ཁུལ་མི་རིགས་ཆོས་ལུགས་ལས་དོན་ཅུའུ་དང་ནང་བསྟན་མཐུན་ཚོགས་ནས་པར། (ནང་ཁུལ་གྱི་པར་མ) 1995: 106.

31 ལ་མོ་མདའ་བཞིའི་གྲགས་པས་བརྩམས། ང་ཡི་མཐོང་ཐོས——ལ་མོ་མདའ་བཞིའི་སྡེ་མང་རྒན་པོའི་ཁ་བརྡ། (ནང་ཁུལ་གྱི་པར་མ) 2013：84.

32 ལ་མོ་མདའ་བཞིའི་གྲགས་པས་བརྩམས། ང་ཡི་མཐོང་ཐོས——ལ་མོ་མདའ་བཞིའི་སྡེ་མང་རྒན་པོའི་ཁ་བརྡ། (ནང་ཁུལ་གྱི་པར་མ) 2013：90.

### 3. 关于达赖洪台吉

文书提到，在达赖洪台吉去世时，三世察罕诺们汗 · 阿旺洛桑丹贝坚赞按密法做了往生（འཕོ་བ་གསལ་འདེབས）、灌顶（དབང་བསྐུར）、指路（ལམ་བསྟན）及火化等，对丹增巴图尔洪台吉、达赖岱青两位为主的蒙古同胞们深有恩重等等。关于多尔济达赖洪台吉，史书称顾实汗第二子或第六子等说法互不一致，而且其子孙排行、多寡，以及名字也说法不一。然而，《蒙古册府》记载，该达赖洪台吉为顾实汗二儿子多尔济达赖洪台吉，也称额尔德尼达赖洪台吉（ ད་ལའི་ཧོང་ཐའི་ཇི)、达赖巴图尔（ད་ལའི་བ་ཐུར)。而且上述丹增巴图尔洪台吉（བསྟན་འཛིན་བ་ཐུར་ཧོང་ཐའི་ཇི)、达赖岱青洪台吉（ད་ལའི་དའི་ཆིང་ཧོང་ཐའི་ཇི）两位为多尔济达赖洪台吉之子[33]。 由于该书籍与此文书内容相同，并且该文书又是当时的历史记载，因此，笔者认为，《蒙古册府》中的说法应当是权威和属实的。据史料记载，顾实汗任命多尔济达赖洪台吉总管青海诸台吉，1658 年五世达赖喇嘛赐多尔济“达赖洪台吉”称号[34]。他实际上是和硕特汗廷的副汗，统辖青海诸游牧封地。在达赖洪台吉时期，五世达赖喇嘛派人到青海为诸台吉划分牧地，分成了左、右翼，而且右翼长一直由多尔济达赖洪台吉一系担任。在西藏的顾实汗大儿子达延汗去世后，多尔济达赖洪台吉在拉萨行使汗权。但是多尔济没有即汗位，只是代行汗权，类似摄政王。等达赖汗即位后，多尔济达赖洪台吉回青海“钤辖其部属。”他善治卫拉特诸部，据说，噶尔丹汗（དགའ་ལྡན）赞称“谁说达赖洪台吉不及顾实汗。”达赖洪台吉逝世于 1690 年。雍正初年，清朝在青海蒙古诸部实行盟旗制度时，将其部编入 29 旗，为西后旗，在今青海省海西蒙古族藏族自治州（མཚོ་ནུབ་སོག་རིགས་བོད་རིགས་རང་སྐྱོང་ཁུལ）[35]。雍正三年（1725 年），该旗台吉衮楚克达什(ཐའི་ཇི་དཀོན་མཆོག་བཀྲ་ཤིས) 袭扎萨克多罗郡王，为顾实汗第六子[36]多尔济达赖洪台吉之元孙。同年，入京觐见雍正皇帝，颇受礼遇。清乾隆初期，衮楚克达什在都兰寺倡建四合院王府，俗称“王爷庙”。从此，右翼王公台吉相继在都兰寺（གཏེར་ལམ་དགོན）设置行署，故该寺成为青海右翼蒙古的政教中心和各旗互市之所。衮楚克达什还修缮都兰寺。清乾隆四十四年（公元 1779 年），六世班禅洛桑班丹益希在去京途中曾驻锡都兰寺[37]。

---

33 智观巴 · 贡却乎丹巴绕吉著、吴均等译 :《安多政教史》，1989 : 49。

34 五世达赖喇嘛阿旺洛桑嘉措著、陈庆英等译 :《五世达赖喇嘛传》（上），2006 : 316。

35 《中国少数民族社会历史调查资料丛刊》修订编辑委员会青海省编辑组 :《青海省藏族蒙古族社会历史调查》，北京 : 民族出版社，2009 : 134-135。

36 《中国少数民族社会历史调查资料丛刊》修订编辑委员会青海省编辑组 :《青海省藏族蒙古族社会历史调查》，2009 : 135 。

37 索南达杰 :《海西藏传佛教寺志》，西宁 : 青海民族出版社，2009 : 30-31。

## 结论

三世察罕诺们汗为青海地区较大的藏传佛教转世活佛，也是在蒙藏关系史上不可忽视的一位重要人物。通过该文书分析，不仅能够补充和完善历辈察罕诺们汗传记及其相关历史资料，还能够分析和解决其中存在的问题、异议。此外，从三世察罕诺们汗所受文书及封号，能够了解当时清朝中央、藏区各大活佛和蒙藏首领对札萨克喇嘛察罕诺们汗的高度重视，及其在青海蒙藏地区地位之尊崇。尤其第巴桑结嘉措以达赖喇嘛名义加强三世察罕诺们汗的地位，发挥他在青海蒙藏地区的影响力和作用，更加能够说明作为格鲁派与蒙古各部王公之间的特殊桥梁——三世察罕诺们汗在当时青海蒙藏地区具有的非凡号召力。不仅如此，在西藏地方和青海蒙古地区拥有这双重身份的察罕诺们汗在中央王朝对蒙藏部落所实行的政策中也发挥了很重要的作用。因此，从中可以了解当时清朝中央政府及蒙藏政教首领连续给察罕诺们汗如此多的文书和封号的用意。

◆ 仁青卓玛　中国藏学研究中心博物馆研究部研究馆员

# 保护、限制与妥协：乾隆帝对西藏宗教上层的态度和策略——以平定廓尔喀两次侵藏为例

赵忠波

**内容摘要：**康雍乾三朝被公认为是清初治藏较成功的时期，尤以乾隆朝为集大成者。在平定廓尔喀两次侵藏战争及其善后问题上，乾隆帝始终注重政策的原则性与灵活性。既着力保护八世达赖喇嘛、七世班禅额尔德尼等藏传佛教大活佛的人身安全，扶植黄教；又对他们及其亲族特权膨胀加以限制，并通过强化驻藏大臣权限加以制衡，做到了保护、限制和妥协的兼顾协调。

达赖喇嘛与班禅额尔德尼作为藏传佛教格鲁派两大活佛，在清朝扶植黄教、笼络蒙古的战略布局中具有举足轻重的地位和作用。正如乾隆帝所言，"盖中外黄教总司以此二人，各部蒙古一心归之。兴黄教即所以安众蒙古，所系非小，故不可不保护之。"[1]那么，乾隆帝在对待黄教上层的问题上，具体采取了什么样的态度和策略？以档案史料为基础，深入挖掘，详细分析，我们从清朝平定廓尔喀两次侵藏战争中，似可勾勒出清晰轮廓。

1 《卫藏通志》（渐西村舍刻本）卷首，《高宗纯皇帝御制喇嘛说》，页二十七。

## 一、保护七世班禅额尔德尼和八世达赖喇嘛的人身安全

乾隆五十三年（1788 年）六月，廓尔喀借端构衅，出兵占领了西藏边境的宗喀（རྫོང་དགའ）、济咙（སྐྱིད་རོང་ངམ་སྐྱིད་གྲོང）和聂拉木（གཉའ་ནང་ངམ་གཉའ་ལམ）三处地方，并进逼协噶尔（ཤེལ་དཀར），使后藏班禅额尔德尼驻地扎什伦布面临极大威胁。七月二十七日，乾隆帝接获前方奏报后，展现出高超的战略眼光。先是分析形势，初拟对策。“惟查后藏班禅额尔德尼年幼，卓克巴胡图克图又系出家之人，人亦老实，止有岁琫堪布尚微晓事，后藏人等难免不妄生畏惧”，“雅满泰到彼之日，即将班禅额尔德尼妥为照料安抚，并与卓克巴胡图克图、岁琫等商议，所有与巴拉布连界地方，均酌量防备”。[2] 随后是询问原因，谈论影响。“今苏拉巴勒达布等聚众滋事，是否专为此二处地方而起，若果向藏中而来，藏中之人软弱，倘被伊等将彼处夺去，再向班禅额尔德尼抢夺，殊属不成事体。”[3] 再后是预估事态，以策万全。“着寄信雅满泰，伊行抵后藏之日，若聂拉木、哜咙、宗喀巴等三处倘有一处被抢，即先将班禅额尔德尼移驻前藏。从前准噶尔滋事，即系将达赖喇嘛移驻泰宁，此时四川官兵未到之先，巴拉布势若猖獗，庆林等即将班禅额尔德尼、达赖喇嘛移驻泰宁，方为稳当。”[4] 综观此谕旨，共表达了三层含义，准备了两套方案：第一，七世班禅年幼，后藏乏人，需妥为照料安抚；第二，若贼难堵御，进逼扎什伦布，应将七世班禅移往前藏；第三，若贼势猖獗，稳妥起见，可将八世达赖喇嘛、七世班禅一并移往康区的泰宁地方。因为在雍正朝迁移七世达赖喇嘛已有先例可循。考虑到迁移班禅后造成的后藏空虚，乾隆帝特意嘱咐驻藏大臣庆林，“务须竭力将协噶尔固守，以待内地官兵，一面将班禅额尔德尼妥为照护移驻前藏。庆林务须捡留妥实官兵防守札什伦布，切莫使班禅额尔德尼一经起程，竟将后藏撩弃，致被贼犯抢夺。”[5]

从清廷中枢的角度看，这种布置可谓周全，但前方大臣在执行过程中却走了样。七月二十八日，聂拉木、济咙、宗喀等地失守的消息传来，庆林惊慌失措，急忙将七世班禅从扎什伦布迁往前藏，顾不得善后。驻藏大臣保护班禅之举虽得到皇帝认可，但庆林借护送七世班禅之名，将后藏撩弃，在前藏巧为躲避偷安，遭到乾隆帝的严行申饬。与

2 《谕雅满泰等廓尔喀抢夺聂拉木等处妥为防备》，中国藏学研究中心等编：《元以来西藏地方与中央政府关系档案史料汇编》，北京：中国藏学出版社，1994：618。

3 《谕雅满泰等廓尔喀抢夺聂拉木等处妥为防备》，1994：619。

4 《谕雅满泰等廓尔喀抢夺聂拉木等处妥为防备》，1994：619。

5 《谕庆林等速筹军粮固守协噶尔并将班禅移驻前藏》，中国藏学研究中心等编：《元以来西藏地方与中央政府关系档案史料汇编》，1994：626。

庆林畏葸退避相比，坐镇前藏的八世达赖喇嘛为大军进藏积极备办乌拉，受到乾隆帝的高度赞赏。九月二十五日谕："朕鉴达赖喇嘛之诚，深为嘉赏。此事由内地特派兵丁者，诚以达赖喇嘛、班禅额尔德尼视如朕之膀臂腹心，众唐古特黄教人等视为赤子"，"巴忠到时，仍着庆林将班禅额尔德尼妥为送回札什伦布"。[6]后来，战争形势不太明朗，七世班禅呈请暂留前藏，传习经典，获得乾隆帝同意。乾隆五十五年（1790 年）二月，因在钦差大臣巴忠等主导下，藏方贿和廓尔喀，战争暂息，但给后续埋下隐患。七世班禅从前藏起程返回后藏，二月二十三日抵达扎什伦布寺。

乾隆五十六年（1791 年）七月，廓尔喀再次侵扰后藏，侵占协噶尔地方，并扣留了前去议事的西藏噶伦。驻藏大臣保泰分析原因：一是"廓尔喀人等侵占边地，噶伦等被困，究系欠彼银两之故"。二是"以扎什伦布、萨迦二处富饶，廓尔喀人等窥视已久，班禅额尔德尼年幼，唐古特人等庸懦易惊，"给人以可趁之机。保泰进而提出初步对策："万一廓尔喀人等不知畏惧，复又掳掠地方，奴才保泰将一面具奏，一面护送班禅额尔德尼移居前藏，而以奴才所带往兵丁留驻扎什伦布。俟将班禅额尔德尼送至前藏时，奴才保泰再迅回扎什伦布，催兵防守要隘。"[7]保泰主张在情况紧急时二迁七世班禅，但吸取了庆林撩弃后藏的教训，表态称将七世班禅送至前藏之后会立即折返布防。八月初三日，保泰抵达扎什伦布寺，看望七世班禅后提出进一步意见："科尔喀虽现在滋事，谅不敢深入；且唐古忒番兵陆续赴协噶尔堵御者已不下二千人。若此时遂将班禅额尔德尼移送前藏，既恐增唐古忒懦怯之心，且恐益贼匪骄矜之气。倘唐古忒失于堵御，致贼势蔓延，即由羊八井一路将班禅额尔德尼移送前藏。"[8]一方面对战况表示乐观，另一方面也预留了后路。后来，藏兵果不能抵御，廓尔喀兵进占春堆，离扎什伦布仅四日路程。八月十六日，保泰护送七世班禅启程前往拉萨。到达前藏后，保泰没有立即折返，而是与雅满泰商议，请八世达赖喇嘛、七世班禅额尔德尼移往泰宁居住。八世达赖喇嘛力主固守布达拉，以安众心。九月，在得知廓尔喀洗劫扎什伦布寺已退走的消息后，保泰仍觉得不稳妥，坚持前议，"唐古忒人心涣散，并无固志，虽敬奉达赖喇嘛，实无保护之意。

6 《谕达赖喇嘛嘉其为进藏兵丁筹办口粮事》，中国藏学研究中心等编：《元以来西藏地方与中央政府关系档案史料汇编》，1994：628。

7 《保泰等奏廓尔喀将前往查界之噶伦等困于聂拉木并占据地方折》，中国藏学研究中心等编：《元以来西藏地方与中央政府关系档案史料汇编》，1994：660-661。

8 《保泰奏廓尔喀谅不敢深入班禅暂不宜移送前藏片》，中国藏学研究中心等编：《元以来西藏地方与中央政府关系档案史料汇编》，1994：664。

祈请派兵一二千名，或将达赖喇嘛、班禅额尔德尼移于泰宁或西宁。”[9]

对于前方主政大臣遇事慌乱，一味退缩逃避，乾隆帝其实是不满意的。历经廓尔喀前次侵藏的纷扰，乾隆帝更加重视达赖喇嘛、班禅额尔德尼对于稳定藏区的作用，担忧保泰一味退避致人心慌乱，于九月丁亥（十五）谕军机大臣：“保泰等若不知感激奋勉，稍赎前愆，仍似从前疏懈，竟至将达赖喇嘛、班禅额尔德尼带回内地，更有何颜见朕耶？”[10]不料，一语成谶，九月，尚未接到最新指示、不解圣意的保泰果然奏请将八世达赖和七世班禅移至泰宁或西宁。九月二十日，乾隆帝接获奏折后龙颜大怒，痛批“所奏竟是狂谬”，“保泰、雅满泰二人竟是无用之物”，令就地革职，留藏效力。乾隆帝在给内阁的上谕中道出了维持黄教、安定西藏的良苦用心，“达赖喇嘛、班禅额尔德尼居住前后藏，扶持黄教，振兴佛法，历年甚久，凡蒙古番子等无不瞻仰藏地。朕之保护藏地，如此办理者，原为维持黄教起见。现在不但达赖喇嘛、班禅额尔德尼不愿迁离藏地，即在京居住之呼图克图喇嘛中多有藏内之人，想伊等亦不愿达赖喇嘛等迁移也。”[11]

从清廷中枢与驻藏大臣处理迁移七世班禅问题的不同站位可知，乾隆帝的基本态度是：保护达赖喇嘛和班禅额尔德尼的人身安危是直接目的；而维系西藏人心稳定，维持中央王朝对西藏的控制是最终目的。换言之，乾隆帝治藏的宗教政策是保护达赖喇嘛和班禅额尔德尼的人身安全，维护西藏地方的稳定[12]。其实，在清代前期，康、雍、乾几代帝王对黄教核心上层的重视是一脉相承的。康熙帝曾在处理六世达赖仓央嘉措一事上称，“众蒙古俱倾服达赖喇嘛，此虽假达赖喇嘛，而有达赖喇嘛之名，众蒙古皆服之，本朝若不遣人往擒，如策旺喇卜滩迎去，则西域、蒙古皆向策旺喇卜滩矣。”[13]雍正帝在迁移七世达赖前往泰宁一事上，采纳岳钟琪的建议，“护送达赖喇嘛由叉木多一路，前赴内地，则喀木、藏、卫之人心有所归向，自必皆为我用。纵使谆噶尔之人再踞西藏，亦不能固结彼处之人，为其附和。”[14]从康熙帝令执六世达赖喇嘛进京，到雍正帝迁移七世达

9 《保泰等奏将达赖喇嘛班禅移至泰宁或西宁片》，中国藏学研究中心等编：《元以来西藏地方与中央政府关系档案史料汇编》，1994：677。

10 西藏研究编辑部：《清实录藏族史料》，拉萨：西藏人民出版社，1982：3273。

11 《谕内阁惩处人员重申保护西藏》，中国藏学研究中心等编：《元以来西藏地方与中央政府关系档案史料汇编》，1994：675-676。

12 周燕：《浅谈乾隆皇帝治藏的宗教政策——以平定两次廓尔喀侵藏战争为例》，《西藏大学学报》2012（3）：114。

13 《谕马齐等执解六世达赖喇嘛仓央嘉措系防其为策旺阿拉布坦迎去》，中国藏学研究中心等编：《元以来西藏地方与中央政府关系档案史料汇编》，1994：307。

14 《岳钟琪奏准噶尔若侵藏预筹保护达赖喇嘛折》，中国藏学研究中心等编：《元以来西藏地方与中央政府关系档案史料汇编》，1994：379。

赖喇嘛离藏，再到乾隆帝两移七世班禅前往前藏避乱，均基于同一个出发点，即对西藏宗教上层的作用及其对当地民心向背的影响重视有加。具体到乾隆帝两移七世班禅这件事上，前后背景大致相当，均是廓尔喀入侵后藏，但事易时移，战争形势瞬息万变，驻藏大臣不审时度势，一味因循旧例、退避苟安，与帝意背道而驰，落得受谴问罪的下场是必然的。

## 二、限制八世达赖喇嘛、七世班禅额尔德尼及其亲族特权

乾隆五十六年（1791 年）七月，廓尔喀第二次侵藏战争爆发，而主持前次战争和议的巴忠投水自尽，让乾隆帝疑窦丛生，随着个中原因抽丝剥茧般慢慢呈现出来，皇帝对于战争爆发和秘密议和一事有了更清晰了解，自然对巴忠、鄂辉、成德以及丹津班珠尔等当事人深为不满。更为严重的是，乾隆帝认为八世达赖喇嘛对于第一次廓藏战争中的议和赎地应负主要责任，八世达赖喇嘛在两度独理藏务期间造成的麻烦，致使中央不得不劳师动众来解决，这个心理上的刺激或许使皇帝长时耿耿于怀，不能释然[15]。

由此，促使清廷对于削减八世达赖喇嘛及其左右亲族的特权、切实发挥驻藏大臣的作用有了更多的思考。体现在言行中，如乾隆五十七年（1792 年）八月二十七日，乾隆帝针对受降后的善后章程逐条开示，其中谈到驻藏大臣权责时称：“向来大臣内才堪办事之人多留京供职，其从前派往驻藏办事者多系中材谨饬之员。该大员等前往居住不过迁延岁月，冀图班满回京，是以藏中诸事任听达赖喇嘛及噶布伦等率意径行。大臣等不但不能照管，亦并不预闻，是驻藏大臣竟成虚设。嗣后藏中诸事，皆当隶驻藏大臣管束料理。”[16]又如在福康安报告照看七世班禅情形的回复中，上命军机大臣传谕：“唯达赖喇嘛亲族管事最易滋弊，此必当严禁。”[17]再如强调改革西藏官制时，又命军机大臣传谕：“前此藏内两次滋事，皆由达赖喇嘛诸事唯听左右近侍亲族及噶布伦等专擅，率意径行，以致屡生事端。”[18]

对八世达赖、七世班禅及其左右亲族特权的限制，同提升驻藏大臣权限是相辅相承、一并推进的，集大成者是《钦定藏内善后章程二十九条》的颁行，随后形成了定制，《卫藏通志》还将此章程、条例汇为一门，专门记载。综合起来，主要体现在以下

15 邓锐龄：《清乾隆朝第二次廓尔喀侵藏战争（1791-1792）史上的几个问题》，《中国藏学》2009（1）：27。
16（清）方略馆：《钦定廓尔喀纪略》卷四十，页五 - 六，乾隆五十七年八月二十七日条。
17 （清）方略馆：《钦定廓尔喀纪略》卷四十五，页十一，乾隆五十七年十一月十一日条。
18 （清）方略馆：《钦定廓尔喀纪略》卷四十六，页一，乾隆五十七年十一月二十二日条。

几个方面：

第一是行政管理权。“驻藏大臣督办藏内事务，应与达赖喇嘛、班禅额尔德尼平等。自噶布伦以下番目及管事喇嘛，分系属员，事无大小，均应禀命驻藏大臣办理。至札什伦布诸务，亦俱一体禀知驻藏大臣办理。”[19] 乾隆十六年（1751 年），平定珠尔默特那木札勒（འགྱུར་མེད་རྣམ་རྒྱལ）之乱后，清朝正式颁行《西藏善后章程十三条》，削弱噶伦等世俗贵族权力，授予七世达赖政教大权，但随之也产生新的不受约束的权力。新章程将驻藏大臣的管理权限提升至同达赖、班禅平起平坐，从侧面对达赖、班禅专权形成约束。

第二是人事任免权。“前后藏遇有噶布伦、戴琫、商卓特巴以下大小番目等缺，统归驻藏大臣会同达赖喇嘛拣选，分别奏补拣放。其达赖喇嘛、班禅额尔德尼之亲族人等，概不准干预公事。”[20] 所谓一人得道，鸡犬升天。从确定为转世灵童到正式坐床，达赖喇嘛、班禅额尔德尼的家族除了获得尊贵的地位，还有大量的庄园、土地和差民。如六世班禅的两个兄弟仲巴呼图克图和夏玛巴均因班禅而得利，又因班禅而争利，最后引狼入室，导致战乱。活佛之间尚有姻娅相递的嫌疑，人事任免就更是如此。新章程不仅让驻藏大臣参与到西藏大小官员的选拔任免中，而且更进一步排除了达赖、班禅亲族的介入和影响。

第三是财务审核权。“前后藏所出租赋，向归达赖喇嘛、班禅额尔德尼收用，又众蒙古平素崇信佛教，乐施喜舍，是以布拉达、札什伦布两处商上，蓄积稍裕，驻藏大臣向不过问。……其商卓特巴、噶布伦等任意侵蚀。嗣后商上一切收支，应令驻藏大臣总核。”[21] 兵马未动，粮草先行。清军进藏驱除廓尔喀，八世达赖喇嘛尚能积极备办粮草、提供乌拉，受到乾隆帝褒奖。但商上在赋税、差役、征调等过程中收入颇丰，容易出现侵吞冒用之弊。新章程既将财政稽查大权收归驻藏大臣所有，又对噶伦及达赖、班禅近侍中饱私囊形成震慑。

第四是军事考核权。“唐古忒兵丁，责令该管将备，督同番目，常川操演，驻藏大臣亲为校阅。技艺纯熟者，酌加奖赏；技艺生疏者，严加责惩；屡教不悛，即行斥革。……驻防将备俱以所管番兵优劣为等，由驻藏大臣于伊等年满时，查优等者，咨送本省总督、将军、提督，准予保题，仍照旧例升用。”[22] 廓尔喀第一次侵藏时，聂拉木、

19 《卫藏通志》（渐西村舍刻本）卷十二，页一。
20 《卫藏通志》（渐西村舍刻本）卷十二，页一至页二。
21 《卫藏通志》（渐西村舍刻本）卷九，页二。
22 《卫藏通志》（渐西村舍刻本）卷十二，页十三。

济咙、宗喀等地很快失守；廓尔喀第二次侵藏时，赴协噶尔堵御的藏兵不下二千人，仍然迅速败北。唐古特兵丁懦弱怯战是其一，久疏战阵是其二。新章程加强了对藏兵的操练，又令驻藏大臣亲自检阅部队，赏罚分明，使其切实担负起维护地方安宁的职责。

第五是对外交往权。“廓尔喀、布鲁克巴、哲孟雄、宗木等外番部落如有禀商地方事件，俱由驻藏大臣主持。其与达赖喇嘛、班禅额尔德尼通问布施书信，俱报明驻藏大臣译出查验，并代为酌定回书，方可发给。至噶布伦等，不得与外番私行发信。”[23]第一次廓尔喀侵藏战争的平息，主要在于廓藏双方私下议和，督导的钦差大臣乐见其成、匿而不报，陷中央政府于茫然和被动。新章程不仅将西藏与外番交往纳入驻藏大臣视野范围，同时也限制了西藏噶伦与外番私相授受。

除上述五点外，中央政府强化对西藏施政的举措中，最为重要的是对活佛转世的监管和规范，并形成制度性安排。“达赖喇嘛、班禅额尔德尼之呼毕勒罕，以及前后藏大小呼图克图之呼毕勒罕，察木多、类乌齐、乍丫、萨喀、西宁等处呼图克图之呼毕勒罕，一经呈报出世，指出数名，均由驻藏大臣将其姓名生年月日，用清汉唐古忒三样字缮写牙签，贮于钦颁金本巴瓶内，先期传唤喇嘛齐集大昭诵经七日，届期，驻藏大臣亲往监同抽掣。”[24]金瓶掣签制的确立，杜绝了亲族姻娅相递、权贵徇私舞弊，保持了活佛转世的神圣性和纯洁性，同时也对后世产生了深远影响。乾隆五十八年（1793年）二月，青海西宁及科尔沁等地送到各呼毕勒罕九名，是首批采用金瓶掣签的转世活佛。在八世达赖喇嘛和福康安等人共同监督下，写签入瓶，共同抽掣。据福康安上奏乾隆帝的现场情形所记，与新章程规定完全吻合，是金瓶掣签的首次成功试演。

## 三、严管之下的适度妥协

乾隆帝原本对藏传佛教活佛转世理论并不以为然，认为“盖佛本无生，岂有转世？但使今无转世之呼图克图，则数万番僧无所皈依，不得不如此耳。”[25]《喇嘛说》可谓直白阐明了封建帝王对西藏“修其教不易其俗，齐其政不易其宜”的因俗而治的策略，这既是一种统治权谋，也是一种政治妥协。乾隆帝告诫子孙对黄教决不可曲庇谄敬，避免重蹈元朝的覆辙，如对扎什伦布寺惑众乱法的喇嘛从严惩治，作为彰显王法的手段。又在

23 《卫藏通志》（渐西村舍刻本）卷十二，页二。
24 《卫藏通志》（渐西村舍刻本）卷十二，页一。
25 《卫藏通志》（渐西村舍刻本）卷首，《高宗纯皇帝御制喇嘛说》，页二十八。

某些问题上不计前嫌，格外施恩。在平定廓尔喀两次侵藏及善后问题中，清廷中枢都采取了此种策略：对藏传佛教上层既有恩赏，又有制约，既在重大问题上严加管束，又根据实际情况适度妥协。

一是核查商上收支问题。乾隆皇帝一方面加强对达赖喇嘛和班禅额尔德尼商上财物收支的核查，另一方面也要求驻藏大臣适可而止。指出："布达拉、札什伦布两处商上，向不归驻藏大臣经管，达赖喇嘛、班禅额尔德尼平素自奉，以及例需应用各项，俱听其自便。今改隶驻藏大臣综理，亦不可过于严切。应为在京派令经管阿哥家务大臣相似，不过代其稽查出纳。……至达赖喇嘛、班禅额尔德尼自用以及公用各项，仍照旧听其自行支用，不可管束太过。"[26] 代为稽查的主要目的在于防止达赖喇嘛、班禅亲族以及噶布伦、商卓特巴等借端侵占，本来商上财务就向来不归驻藏大臣管理，若过于严厉，必然使达赖喇嘛、班禅产生抵触，结果适得其反。

二是处置萨迦寺教众问题。在廓尔喀第一次侵藏时，萨迦呼图克图私自参与议和；在廓尔喀第二次侵藏时，萨迦沟红帽喇嘛在廓军路过时又递送哈达，乾隆帝对这种私下议和本就不满，对投敌行为更加愤怒。处理善后时，最初旨意是令福康安乘大兵撤回之便，慑以军威，将该喇嘛等移至内地安插，或令其改宗黄教，不致滋生事端。福康安根据实际情况奏明："查撒迦红教庙宇徒众，散居前后藏地方，原不止撒迦一处，前将未便迁徙缘由，详悉具奏。至勒令改为黄教之处，臣等再四思维，藏内红教传习亦广，非若沙玛尔巴徒弟仅止百余人可比，势难逐处查办。"[27] 再者，在征剿廓尔喀过程中，萨迦呼图克图自知悔改，积极捐办糌粑五万斤，并食牛五百头，尚知畏法奉公。因此，在详细了解萨迦派寺庙与僧众现实情况的基础上，乾隆帝作出妥协和改变，"红教人户众多，勒改黄教，办理不无掣肘，谕令不必拘泥前旨，"[28] "令福康安等传知该喇嘛，准其照旧焚修，毋庸迁徙。"[29] 事实上，清廷放弃了追究萨迦呼图克图及其徒众的罪责，允许他们在原地依序生存发展。

三是禁绝吹忠 (ཆོས་སྐྱོང) 护法神问题。按藏传佛教传统，达赖喇嘛、班禅额尔德尼等大活佛转世，吹忠等护法神会在其中扮演"神谕"的角色，卫藏僧俗信众以作法降神为

26《谕军机大臣传知福康安等所指各条著详酌妥办》，中国藏学研究中心等编：《元以来西藏地方与中央政府关系档案史料汇编》，1994：765-766。

27《福康安等奏萨迦呼图克图迎候情形片》，中国藏学研究中心等编：《元以来西藏地方与中央政府关系档案史料汇编》，1994：772。

28《福康安等奏萨迦呼图克图迎候情形片》，中国藏学研究中心等编：《元以来西藏地方与中央政府关系档案史料汇编》，1994：772。

29（清）方略馆：《钦定廓尔喀纪略》卷四十五，页十一。

敬信，相沿成习，但同时也可能带来私下指认、幕后操作的弊端。乾隆帝从班禅、夏玛巴、仲巴呼图克图等活佛率出一家、兄弟利益相争中吸取了教训。下旨："吹忠多以邪术惑人，降神时舞刀自扎，而于身体无害。此等幻术，即使其法果真，在佛教中已最为下乘；若系虚假，则更不值一噱，岂可仍前信奉。……嗣后出呼毕勒罕竟可禁止吹忠降神。"[30] 乾隆五十七年（1792 年）十二月二十九日，福康安等查明上奏，吹忠作法，不过扮作神装，诵经祷祝，假托神灵附体。至于用刀自扎，传闻不确，并无其事。同时描述了西藏上层和广大僧俗的痴迷表现和崇敬态度，"亲见吹忠降神驱祟，一至街市，万众拥观，有长跪递送哈达者，有免冠叩求摩顶者，排比竞进，奔走若狂"，"传大喇嘛及番目等，将吹忠荒唐之处详切开导，而喇嘛番目等相视咋舌，不敢答言，惟恐罪过。"[31] 一方面，指出吹忠护法神在西藏有广泛信仰基础，另一方面也阐述了吹忠护法神在活佛转世过程中不可或缺的作用，"虽吹忠之指认呼毕勒罕不甚可凭信，但不由吹忠指认，不特签上无凭开写，转难入瓶备掣，尤恐各呼毕勒罕之徒弟众多，纷纷冒认，弊窦丛生，更属毫无实据。"[32] 福康安等大臣总体上认为，吹忠降神指认呼毕勒罕，传统沿袭已久，一时半响难以革除。乾隆五十八年（1793 年）正月初八，福康安等复奏仍以吹忠指认呼毕勒罕，以免打破传统转致产生新的弊端。"若竟革去吹忠，势不能将前后藏略具聪明之幼孩遍加试验，必致远近纷纷冒认，一时竟出呼必勒罕数十百人，转属不成事体。甚或串通前辈徒众，预将前辈物件令所报之呼毕勒罕认熟，以便临时识认，此亦弊所必有。"[33] 在分析利弊基础上，福康安再次建议："莫若因势利导，令番民敬信之吹忠等各皆降神指认，总以钦颁金本巴瓶为准，入瓶掣得者，始作为真正呼毕勒罕，似足以除积弊而服人心。"[34]

面对福康安在处置吹忠问题上的两次上奏，乾隆帝朱笔批示："亦不过权宜而已。"虽不甚满意，但态度明显有所松动。福康安秉承乾隆帝旨意牵头制定的《钦定藏内善后章程二十九条》最终藏文文本中，第一条关于金瓶掣签的规定明确指出："嗣后认定转

30 《福康安等遵旨复奏吹忠降神指认呼毕勒罕骤难革除折》，中国藏学研究中心等编：《元以来西藏地方与中央政府关系档案史料汇编》，1994：809。

31 《福康安等遵旨复奏吹忠降神指认呼毕勒罕骤难革除折》，中国藏学研究中心等编：《元以来西藏地方与中央政府关系档案史料汇编》，1994：809。

32 《福康安等遵旨复奏吹忠降神指认呼毕勒罕骤难革除折》，中国藏学研究中心等编：《元以来西藏地方与中央政府关系档案史料汇编》，1994：810。

33 《福康安等复奏仍以吹忠指认呼毕勒罕及察木多等处寻觅呼毕勒罕折》，中国藏学研究中心等编：《元以来西藏地方与中央政府关系档案史料汇编》，1994：814。

34 《福康安等复奏仍以吹忠指认呼毕勒罕及察木多等处寻觅呼毕勒罕折》，中国藏学研究中心等编：《元以来西藏地方与中央政府关系档案史料汇编》，1994：814。

世灵童，先邀集四大护法神初选灵异幼童若干名。”[35]表明乾隆帝其实采纳并认可了福康安等人的建议，在吹忠问题上作出了妥协。乾隆帝此后又推翻前议，让驻藏大臣和琳再次对护法神进行严格演试，并想方设法对护法神予以打压，取消其朝贡资格，让驻藏大臣代行灵童筛选权，不准护法神再以降神方式参与活佛转世，目的是要实现灵童认定完全由金瓶掣签来完成，加强清中央政府对活佛转世过程的监管[36]。在对吹忠护法神的最终处理问题上，从乾隆帝谕旨看，护法神降神乃“习俗使然，自不必急于禁止。……所有寻找呼毕勒罕一事，永远不准吹忠指认。其番民推问吉凶等事，暂听仍旧。”[37]表明活佛转世禁止吹忠插手，但民间降神仍听其便，此谓“从俗”。从执行效果看，尽管乾隆帝已有明令，但从中央到地方始终未将“章程”中与对护法神最终处理政策相矛盾的条款予以改定，皇帝也未加深究。根据《水牛年文书》的使用情况，它自制定直至清末仍然是西藏地方备查的正式法令之一，而这一自制定便有误的规定随着时间的推移逐渐有意无意被当作无误的法规来遵行[38]，此谓“从宜”。

## 四、余论

清廷中枢对于廓尔喀两次侵藏的处理、对于西藏宗教上层的态度，总是站在中央王朝对边疆治理的高度去考虑的。从乾隆处理西藏善后事务可以看出，乾隆皇帝既注意到全局的、根本的问题，同时也十分重视一些细节问题；既注意表层问题的处理，也重视深层次问题的解决[39]。这其中既有很强的原则性和操控性，也有极大的灵活性和策略性。

原则性体现于乾隆帝的国家主权意识。乾隆五十六年（1791年）八月二十五日，皇帝接成德、鄂辉奏报：“（战事原因）自系该部落番人素性狂野不知法度，因与西藏人等前此债账不清至相构衅，且欺唐古忒人等懦弱，意欲逼凌噶布伦等勒令偿债所致。若以边界土司情形而论，只须查照夷务之例，遣员前往驾驭剖断，自可完结。……尤恐系唐古忒人等惊惶张大之词。查唐古忒与廓尔喀均为天朝属番，今不过两处番人交相争攘，何值遽起兵端？”[40]鄂辉对赴藏戡乱并不为意，认为此次战事只是西藏与廓尔喀之间的

35 《钦定藏内善后章程二十九条》（西藏馆藏文原件），中国藏学研究中心等编：《元以来西藏地方与中央政府关系档案史料汇编》，1994：825。

36 张曦：《金瓶掣签制度制定过程中对“护法神”的处理研究》，《中国藏学》2015（3）：337-338。

37 中国第一历史档案馆：《乾隆朝上谕档》，第17册，北京：档案出版社，1991：305-307。

38 张曦：《金瓶掣签制度制定过程中对“护法神”的处理研究》，《中国藏学》2015（3）：341。

39 张云：《乾隆皇帝处理廓尔喀侵藏善后事务的一些基本思想》，《中国藏学》2008（3）：101。

40 （清）方略馆：《钦定廓尔喀纪略》，卷一，页九。

债务纠纷，是两部番人之间的事务，或者是西藏故意夸大其词，不值用兵。但乾隆帝的观点却截然不同。乾隆五十六年（1791年）十月十八日，令军机大臣传谕鄂辉、成德："至贼匪来藏侵扰，若不过因索欠起衅，在边境抢掠，原不值兴师大办。今竟敢扰至扎什伦布，则是冥顽不法，自速天诛。此而不声罪致讨，何以安边境而慑远夷耶？……卫藏为我皇祖皇考勘定之地，久隶职方，僧俗人等胥沾醲化百有余年，况该处为历辈达赖喇嘛、班禅额尔德尼驻锡之地，蒙古番众素所崇奉，若任小丑侵凌置之不问，则朕数十年来所奏武功，岂转于此等徼外幺麽不加挞伐？"[41] 乾隆帝认为西藏和廓尔喀是有本质区别的，一个是境内属地，另一个是境外远夷，意即西藏属于清朝治下之地，廓尔喀属于边外藩属。同样的国家主权意识表达，在谕旨中还有多例，如同年九月二十八日，谕军机大臣："我国家中外一统，同轨同文，官铸制钱通行无滞，区区藏地何必转用外番币货？"[42] 又如同年十月十一日谕内阁："藏地乃皇祖、皇考再三动用兵力略定之地，不惟不可因此小丑骚扰遽行弃置，且藏地弃而不取，将令达赖喇嘛、班禅额尔德尼及其徒众安插何地？甚不成事。"[43]

灵活性体现于乾隆帝的大局平衡意识。即加意扶持与防止膨胀相结合，严厉约束与适度妥协相结合。其既重视格鲁派两大活佛的人身安危，但又反对为了保护他们的安全而轻率让其离开拉萨而影响西藏社会的稳定；支持格鲁派在西藏诸教派中的优势地位，却不姑息纵容，对违法僧侣照样严惩不贷；认可西藏的政教合一制度，维护达赖喇嘛和班禅额尔德尼的权威，但又明确驻藏大臣在西藏事务中的主导权，并通过金瓶掣签制度加强对活佛转世的监督和控制[44]。清朝平定廓尔喀两次侵藏之役，体现了中央王朝坚决捍卫国家主权的决心和能力；又以战争过后制定善后章程为契机，进行了卓有成效的改革，为西藏地方的繁荣稳定、为藏传佛教的有序发展奠定了坚实基础，树立了遵循典范，并对后世产生深远影响。

◆ 赵忠波　四川大学历史文化学院博士研究生

41 （清）方略馆：《钦定廓尔喀纪略》，卷五，页十四至十五。

42 西藏研究编辑部：《清实录藏族史料》，拉萨：西藏人民出版社，1982：3286。

43 《谕内阁惩处人员重申保护西藏》，中国藏学研究中心等编：《元以来西藏地方与中央政府关系档案史料汇编》，1994：675。

44 周燕：《浅谈乾隆皇帝治藏的宗教政策——以平定两次廓尔喀侵藏战争为例》，《西藏大学学报》2012（3）：117。

# 林坡地区藏族生计变迁与多重时间节律的并置和适应 *

李锦　洪霖

**内容摘要：**20 世纪 90 年代以后，在国家退耕还林政策和旅游业发展的双重影响下，林坡藏族的生计发生了变化，其生产性时间节律中，农牧业时间节律重要性下降，采集业和旅游业等新的时间节律强化，出现了多重时间节律的并置和适应。当多重的时间节律发生冲突时，林坡人会遵循家庭利益最大化的原则来安排各项活动。说明藏族社会在面对现代性时间节律的进入时，具有应对的弹性。

## 一、引言

“时间是人类生存与发展的两个基本维度之一，有很多种办法可以使人意识到时间的流逝——通过标明季节的变化、月亮的盈亏或是植物生长的进程；通过仪式或农活或家务活动的规定的周期循环；通过准备并将计划好的活动排出日程、回忆和评价完成的

* 本文为国家社会科学基金重大招标项目“20 世纪 20-40 年代人类学华西学派学术体系研究”（17ZDA162）和国家社会科学基金“川甘青藏族本教社区的时间节律研究”（19CMZ018）的阶段性成果。

活动；保存家谱、讲述传说或构想预言。”[1] 然而，这些都是将抽象的时间具象化的一个方式，在不同的社会文化，或者说同一社会文化在不同的时代，对于时间的认识也有不同的建构，有的时候甚至会在建构的过程中出现截然不同的两条并线，进而影响到日常生活的方方面面。探讨同一地区的不同文化对不同时间节律的认识、建构和利用，讨论不同时间节律间的相互关系，可以进一步了解这一地区族群的社会文化特点。国家和市场的进入是导致传统社会时间节律发生变化的重要因素，周星认为，时间是一个重要的全球化问题，随着现代“时间”的进入，人们开始功利性地利用时间，“这直接导致人们开始出现了多样性的生活节奏和作息时间”，并改变了原来的一些生活习惯[2]。

藏族社会有其独特的时间观念和时间节律。杨晓荣、雷文华认为藏族的时间观念具有三个特征，一是“时间循环性和持续性的认知，……从而形成生死轮回的循环时间观”；二是“时间的流逝性，即认为时间是有方向的，具有不可逆性和非对称性。”三是“时间是相对的，而非是绝对的”[3]。藏族的时间节律由藏历表达出来。黄明信、陈久金以《时轮历精要》作为基本资料，研究了近代藏历的主要内容和原理。指出藏历有计算用的精密年历和民间应用的年历两类，“计算用的精密年历纯属时轮系统，民用年历则为印度的时轮历、汉族的黄历和藏族本身的农牧谚语的混合体。”[4]《藏北牧民》的调查也说明，牧民确定时间节律时，不仅依靠藏历，也依据物候的观察，如谚语、歌谣等，比如“三月草发芽、四月黄绿杂、五月山川青、六月水草盛、七月草开花、八月草尖黄、九月遍地黄”[5] 等。藏族社会在20世纪以后受到现代化进程的影响，现代性的时间节律也开始进入，本文通过2015–2017年间在四川省阿坝藏族羌族自治州松潘县林坡沟的调查资料，讨论生计变迁对藏族时间节律的影响。包括生计变迁给林坡藏族的传统时间节律带来了哪些改变，产生了什么新的时间节律？传统时间节律和新的时间节律是什么关系？

本文的田野点林坡村位于松潘县川主寺镇，有39户273人，228亩耕地，11794亩草场。这里海拔3200米，在雪宝鼎神山脚下，林坡为藏语地名的汉语音译。藏语称这里的居民为“哈哇”，他们自称来自阿里，是安多藏族，信仰苯教，并有一座由这一地区所有村寨共同供养的苯教寺庙。本文的田野点虽以林坡村为主，但这条沟的传子沟村、

1　[美]克利福德·格尔茨（Clifford Geertz）著，韩莉译：《文化的解释》，南京：译林出版社，2002：457-458。

2　周星：《关于“时间”的民俗与文化》，载《乡土生活的逻辑》，北京大学出版社，2011：143。

3　杨晓荣、雷文华：《藏族传统时间观念探析》，《西藏研究》2010（8）：57，58。

4　黄明信、陈久金：《藏历原理研究》（上、下），《西藏研究》1981（00）：51；1982（1）：27。

5　格勒、刘一民、张建世、安才旦编著：《藏北牧民——西藏那曲地区社会历史调查》，北京：中国藏学出版社，2002：75。

八十沟村、五间房村和大寨乡的三岔坝村因同属林坡寺教区的缘故，也被列入调查区域，因而表述中将使用“林坡地区”一词。调查分三次进行，第一次为2015年7-8月，共31天，对林坡村进行了逐户访谈，共访谈31户，47人。2016年7-8月，共30天，对传子沟村、八十沟村、五间房村和大寨乡的三岔坝村村民进行了随机访谈，访谈了16户，24人。2017年8月，共10天，对林坡村剩下的8户进行了访谈，并跟踪访谈了在川主寺镇和乡村经商和从事旅游的村民，共15人。

## 二、林坡村的生计变迁与时间节律的变化

林坡地区传统的时间节律由青藏高原的农牧业生产和苯教的日常宗教实践共同决定，具有鲜明的特点。随着近二十年来旅游开发兴起、退耕还林政策实施，当地人的生计变化，改变了林坡人传统的时间节律。旧有的时间节律并没有完全被摒弃，新的时间节律进入林坡人的生活。

### 1. 传统农牧业生产的时间节律在生活中的影响下降

林坡的传统生计以青藏高原农业为主，种植青稞和胡豆，辅以游牧的牦牛养殖。20世纪90年代以后，九寨沟环线的旅游业迅速发展，位于九环线上重要交通节点“九（寨）黄（龙）机场”和旅游公路接驳点的林坡地区，迎来了大批的旅游者，以旅游为代表的现代产业开始迅速进入林坡。与此同时，1998年开始实施的退耕还林还草工程，保障了基本的粮食需求。依托得天独厚的区位优势和退耕还林的口粮保障，林坡人开始尝试改变以传统农牧业为主的生计模式，与原有生计模式相对应的时间节律也发生了变化。

1998年国家实行退耕还林政策后，林坡村坡地中有578亩不再作为耕地，村寨周围的平地和一些缓坡共228亩就显得弥足珍贵。大部分村民由于有退耕还林补贴，每年仅种植1-2亩口粮地，或者种一点药材，其他精力用于旅游业发展，随着近几年野猪增多，人们不再种地了，一般以每年600元钱一亩的价格将土地租给外来人口种植莴笋，用国家补贴和土地租赁费用购买口粮。

> 我们家有四兄弟，原来有四五十亩地，是寨子上最多的。现在兄弟中有二个在西藏做生意，有一个在川主寺做生意，我在家照顾父母。退耕还林时我们家退了25亩，还剩下差不多20亩，但是这几年就种2亩青稞、2亩胡豆。我现在年龄也大了，娃娃一个在寺庙学经，一个在外面读书，我自己在镇上也还

有点其他收入，比种粮划算多了，反正都荒了那么多了，明年我也不打算种了。[6]

另一位在川主寺打工的林坡人[7]这样告诉笔者：

我家还有差不多5亩地，前几年也还种点青稞。每年11亩地的退耕还林补贴一发下来，我就去全部买成粮食。昨（去）年下面漳腊的人说要租我的地种莴笋，给我600块钱一亩，我算了下，这样我一年什么都不做就有3000元的收入。这样子我不种地了就可以到川主寺去打工，收入家庭都可以照顾到。

由此看来，种地的收入降低，粮食来源多样，野猪破坏以及劳动力不足等原因是导致林坡人开始普遍放弃种地的原因。

牧业对林坡人的意义也已经发生了改变。以前家家户户都养牦牛，现在约三分之二的家庭已经没有牦牛了，有牛的一般都不超过五十头，只有2户超过一百头。这几年不断有人卖掉家里的牦牛转而从事其他行业。主要是因为养牦牛周期长、家里劳动力不够、放牛辛苦。林坡村的H家是全村养牦牛最多的家庭，家里有120头牦牛。他今年50多岁，家里5口人，除夫妻二人外还有老母亲及两个儿子。虽然两个儿子均已成年，但都在川主寺打工，家里只有他负责养牛。他家里的牛养在离村落很远的高山草场，骑马至少需要3个小时。过去，养牛要长期住在山里，但现在H只是隔一段时间去看一下，少则四、五天，多则半个月。牦牛虽然数量多，但每年出售的并不多。2014年他一共卖掉了10头牦牛，有大有小，收入5万元左右。因为觉得卖得有些多了，H在2015年他决定不卖牛，而2016年到了7月他已经卖掉了2头。他说：

牛养在山上草场，而人住在山下的坝子里，距离太远，要不停地去照顾。有时候要巡查防范盗贼，有时候要给牛检查看病和打针。冬天尤为辛苦，下雪天还辛苦地找寻牛只。草场的屋子里没水没电，住着不舒服。两个儿子都不愿意再去放牛了。因为牛群是祖上传下来的，我不放就没人放才坚持下来。现在也考虑明年把牛全部卖掉，然后开个藏家乐之类，毕竟自己年纪大了，家里也

---

6　访谈人信息：W，男，45岁，村干部。2015年7月21日访谈。

7　访谈人信息：Z，女，32岁，村民。2015年8月13日访谈。

需要照顾。[8]

即使正在养牦牛的人家，也基本不挤奶。以前挤奶是因为家里做酥油奶渣必须得用，现在这些在松潘县城就可以买到。大家也认为挤奶花时间，效率低，还不如把挤奶的时间花在干其他的事情上。

放弃传统农牧业就意味着林坡人的生活已经开始与土地拉开距离，劳动力分散进入其他生计领域。因为农牧业形成的生产性时间节律变得不太重要。

2. 采集业的生产性时间节律变得更重要

每年 4 月份到 8 月份，挖虫草贝母等药材成了林坡村重要的生计来源。在传统生计方式中，农业起着维持温饱，解决口粮的作用；牧业起着补充营养的作用。二者获得的现金收入都不多，因而挖药成为重要的现金来源。贝母价格近年来节节攀升，从原来的六七十元一斤涨到现在一千多元一斤，虫草更是达到了十万元一斤，采集时间成为优先安排的时间。

我近两天刚送老婆和两个子女去草原挖贝母。之前老婆独自在今年 5 月 20 号至 6 月 20 号之间进山里挖虫草，挣了 5000 多元。去年我和老婆一起挖了至少 18 斤湿贝母。带回家晒干后就 10 斤左右，为家里赚了至少 1 万元钱。[9]

由此可见，在短短的两三个月时间内，挖虫草贝母的收益是相当高的，但是这也是一个艰辛的过程。

挖贝母的人每天早上约八点一起出发，随身带着一个馍馍和装上酥油茶的开水瓶做午餐。到了中午就在近处的树荫下吃午饭休息。到了下午五六点的时候大家结伴回到营地。走的时候还要给承包土地的人山价费。[10]

除了虫草贝母，林坡人还会挖一些其他的药材。比如羌活，就在附近山上，约 15 元一斤，收入很不错。大黄和黄芪现在价格很低，挖的人就少了。也挖雪莲花，但雪莲

8 访谈人信息：H，男性，50 岁，林坡村村民。2016 年 8 月 17 日访谈。
9 访谈人信息：D，男性，30 岁左右，村民。2016 年 8 月 13 日访谈。
10 访谈者信息：S，女性，25 岁左右，中专学历，村民。2016 年 8 月 29 日访谈。

花长在雪宝鼎这样的山上，平时很少有人去挖，只会在去神山的时候顺便挖一点自家用。

另外一种采集物是野生菌。林坡整条沟都属于黄龙风景名胜保护区范围，保留有大量原始森林，每年从6月到9月，林下盛产各类野生菌。2010年以来，开始有人专收野生菌，各类野生菌价格飞涨，如松菌的价格就从最初的六元一斤涨到2016年的十元一斤，最高时卖到了十三元一斤。因为新鲜野生菌保鲜困难，当天收的就要连夜送到成都，然后运到重庆，湖南等地，或直接通过九黄机场运到成都广州等地。为了保证收益，林坡村专门建立了采集合作社和干制野生菌加工厂。野生菌能够成为商品，给人们带来新的收入，是直接得益于九黄高等级公路和九黄机场的建成。与挖贝母虫草比起来，捡菌子就容易很多。七、八月是野生菌疯长的季节，特别是在雨后，野生菌大量生长，它不需要在别人的草山安营扎寨一两月回不了家，还不需要支付高昂的山价费，不分年龄性别均可参与，特别是放假在家的孩子们。在田野期间，笔者经常看到一大批妇女早上带着孩子出发采集野生菌。

> 早上出发时带两个背篓，小的提在手上，大的背在身上，还要带上馍馍和酥油茶。走上约半小时后就到山上。到了下午约3、4点就要下山卖菌子。我妈妈一般一天可以挖到十多斤，再加上我挖的一点，一天有一两百元的收入。如果雨水充足，挖菌子可以持续一两个月。[11]

根据走访和观察，林坡人采集业的时间安排可见表一，在传统的农牧业生产需要继续遵循传统的自然时间节律之外，林坡村的藏族日常生活已经在现代商品市场打开之后形成了另一种时间节律，这个时间节律依旧遵循自然，根据采集物的成熟时间，在每年的春种之后，秋收之前重新建构了人们的生活方式。

表一：林坡人采集业的时间安排（根据访谈资料整理）

| 时间（公历） | 活动 |
| --- | --- |
| 4月中旬-6月中旬 | 到草地挖虫草 |
| 6月中旬-8月中旬 | 到草地挖贝母 |
| 6月中旬-9月中旬 | 捡羊肚菌、松菌、蘑菇、草蘑菇、白菌、獐子菌、柳菌 |

11　访谈者信息：Z，女性，19岁，大学生。2016年8月14日访谈。

### 3. 旅游业和做生意的时间节律

旅游业有外来文化和全球化的背景，林坡村紧靠九寨沟和黄龙风景名胜区，自20世纪90年代末期开始，每年5月至10月有大量的游客过境，林坡藏族通过开设店面、旅游包车、“包包”生意、就地打工等方式参与其中，并产生了由新生计方式建构的新的时间节律。

做“包包”生意，即在身上挎一个包，装上藏饰或是青稞饼、玉米饼，兜售给过往游客。因为不符合景区管理要求，会被城管干涉。当地藏族人比较爱面子，青壮年特别是男性都不愿意去挣这个钱。所以一般都是一些暑假回来的学生和乡里的妇女老人做这个事情。一位正在上大学的女生[12]这样告诉笔者：

> 暑假是旅游旺季，游客很多，我们姐弟三人就利用假期在川主寺卖一些首饰和食品。卖这些东西都没有固定的摊子，自己挎一个包包装上它们，然后走着向游客兜售。爸爸知道我们卖这个不容易，心疼不想让我们去卖。但是你知道我们家经济条件也不太好，我们姐弟三人读书，我们也大了，出去卖这个就当见见世面，还可以挣点学费，给家里减轻点负担，挺好的。

N[13]在松潘县城经营服装生意，这个生意的时间节律恰好与传统生计的节律相反，却又能和采集业的时间节律协调起来：

> 到我这里买衣服的一般不是游客，而是当地人。冬天生意比较好，11月份生意就慢慢好起来了，冬天每家子两三件衣服还是要购置的。夏天生意就没有那么好。所以我夏天就做收购虫草生意。

总的来说，随着周边旅游业急速发展，林坡村村民更多地选择外出务工和做生意。虽然林坡村本身并没有著名的旅游景点，但在川主寺片区，旅游业收入占到当地人收入的70%以上，林坡人已经习惯于把生意和旅游等同起来。因为川西北高原的气候条件，当地旅游也自然而然划分出了淡季和旺季。从事生意的林坡人只有遵循这一独特的时间节律，才能进入其中，当然其中不乏有像N这样的聪明勤劳的人，做着旅游生意又做着

12 访谈者信息：N，女性，19岁，大学生。2017年8月2日访谈。

13 访谈者信息：N，男性，40岁，生意人。2016年8月15日访谈。

当地人的生意，但大部分的人还是根据淡旺季的划分来安排一年的生活。旅游的旺季在公历的 5 月到 10 月，而这恰恰是传统农业和牧业的忙碌时节，旅游业的收入明显更高，于是人们更倾向于选择旅游业。在这个前提下，林坡的男人和女人生活中有了不同的时间节律。

在少量种地，不放牧，不外出挖虫草贝母的家庭中，女人在一年中的时间节律比男人紧凑得多，具体可见表二：

表二：一年中不同性别人们的时间节律（根据访谈资料整理）

| 时间（公历） | 女人 | 男人 |
|---|---|---|
| 1 月 | 筹备年货 | 砍柴、坐茶馆 |
| 2 月 | 家务 | 走亲戚、喝转转酒 |
| 3 月 | 春耕、家务 | 春耕、坐茶馆 |
| 4 月 | 家务 | 坐茶馆、准备铺面 |
| 5 月 | 家务、捡菌子、包包生意 | 守铺面 |
| 6 月 | 家务、捡菌子、包包生意 | 守铺面 |
| 7 月 | 家务、捡菌子、少量农活、包包生意 | 守铺面 |
| 8 月 | 家务、捡菌子、收粮食、包包生意 | 守铺面 |
| 9 月 | 家务、捡菌子、农活、包包生意 | 守铺面 |
| 10 月 | 家务，农活、包包生意 | 守铺面 |
| 11 月 | 家务、农活 | 坐茶馆 |
| 12 月 | 家务 | 坐茶馆 |

在这样的家庭，女人的时间节律中原本应该去牧场的时间被用到了采集业上，包包生意并不是她们主要做的事情，因此可以说采集业的时间节律是属于女人的；而男人则基本空出了 6 个月的闲暇时间，他们的时间节律完全就是为适应旅游业而重新建构的时间节律，这样的节律赋予了他们充裕的时间和资金去保持传统的人生时间节律和宗教时间节律。

总体来说，林坡人的生计方式从传统农牧业过渡到旅游业和商品性采集后，新的时间节律形成。妇女们成为采菌业的主力，于是有了一套专属于她们的兼顾农时与采集的时间节律；男人们在集镇做着旅游生意，就有了根据旅游业的工作时间划分为旺季和淡季的时间节律。由于越来越多的家庭开始有了多个生计模式，不同的生计模式对应着不同的时间节律，人们必须应对好几套不同的时间节律，并使它们相互衔接，使看似“一团糟”且变化着的时间节律建构出一个井井有条的社会。

## 三、多重时间节律的并置和适应

随着林坡人传统的生计模式发生变化，产生了多重的时间节律，这些节律看似多重并置，互相纠缠，但林坡人总能使生活井井有条，因此，探寻这些多重节律有机融合的方式也是本文的重要目的，我们将介绍这个多重节律有机融合的方式，看看林坡人是如何并置和适应这些多重的时间节律，并找到避免不同的时间节律冲突的办法，以及如果冲突发生，他们解决冲突的逻辑。

1.“洛扎”“迪策”和“贝哲”

在当地人的口语中，互相询问时间几乎都使用“迪策”这个词，这个时间不只是“几点钟”，还囊括了“哪个日子”，“什么时候”等一系列代表时间的释义，笔者曾一度以为“迪策”就是时间的意思。后来，笔者发现“迪策”本来的意义是指钟表，差不多是在20世纪60年代才传入的新词语，这个词渐渐代替了原来表示时间的词语“洛扎”。钟表是国家时间的计时工具，从“洛扎”到“迪策”的过程，恰恰说明了当地人时间观念对国家时间的适应，并以此为根本建立起世俗生活中多重时间节律的适应和并置。

首先是国家时间的适应。明代之前，林坡的历法没有相关记载，但这时林坡地区普遍已经信仰苯教，苯教的历法“贝哲”（藏历的精确历法）作为神圣时间，对当地有重大影响。但是由于这一历法仅仅被宗教职业者掌握，对世俗时间的影响还不大。明洪武十一年，置松潘卫，当地的人们开始接受更容易取得和记忆的农历并一直沿用。直到20世纪60年代，林坡人开始挣工分，吃集体饭，以公历为主的新的国家时间进入当地，因为与人们的生活息息相关，新的国家时间推行起来几无障碍，“迪策”开始进入人们的生活，并围绕它形成了新的时间节律。

个案一：国家时间节律的主导地位

我们这家人中，舅舅姑姑在黄龙做生意，爸爸也在那里开宾馆，我和小姨在青海上大学，也就暑假和过年回来。所以平时就我妈妈一个人在家，她种一点口粮地，经常用到农历。但是我除了春节就不知道农历，家里做生意和读书的人，都是看表上的时间，你说的“洛扎”，只有我奶奶她们偶尔会用到。[14]

个案一家庭，除了受访人的母亲，全家都已经按照国家时间节律来安排日常生活，在他们身上并没有表现出任何不适，年轻一代甚至对旧有的时间节律没有印象。

其次是多重时间节律的并置和适应。随着近几年林坡地区旅游业的大力开发，现代化时间加速进入林坡地区人民的生活，与多种生计方式并存对应的，则是对多重时间节律的并置和适应。

个案二：农商结合

家里只有我和奶奶两个人，爸爸妈妈在黄龙开了一个茶馆做生意。哥哥今年十四岁，帮爸妈打理生意，大概十天会回来一次。爸爸妈妈基本上一年回来一次吧。我在旁边的小学上二年级。我家没有种地，原来的牛也卖掉了。奶奶身体好，偶尔也会去挖贝母虫草赚钱。这两年，暑假的时候我也会和奶奶一起去捡菌子。[15]

个案三：农牧和采集业结合

我和大儿子住在一起。今天大儿媳在山上捡菌子，儿子上山拉木头来修房子做家具。我年纪大了，平时就在家带三个孙子，料理家务。他（指孙子）妈妈忙不过来的时候就去地里帮帮。[16]

以上个案就是不同生计方式结合形成新的生计，农业在其中几乎都是家中的轻劳动力参与或放在次要地位，因此在他们时间节律的安排上都是利用“暑假”、“放学回家”等在他们看来主业之外的时间，日常生活中主要的时间节律还是按照主要的生计模式来安排，因此经商的节律、上班的节律、种地的节律等等不同的时间节律虽然在生活中有交织和重叠，但生计模式的主次关系让它们很好的适应和并置了起来。

还有一种时间节律几乎未曾改变，但它依然很好的与其他时间节律适应和并置了起来，那就是宗教的时间节律，也是神圣的时间节律。当然，现在僧人早就有了手表乃至手机，除了相关的佛事活动，寺庙和僧侣也对国家时间有了很好的适应，但对于普通民众来说，在涉及到佛事活动的时候，首先映入脑海的则是旧有的“贝哲”，林坡人会很

14 访谈者信息：N，女性，20 岁，大学生。2016 年 8 月 21 日访谈。

15 访谈人信息：Z，女性，10 岁左右，小学生。2016 年 8 月 19 日访谈。

16 访谈人信息：L，男性，50 岁，村民。2016 年 7 月 31 日访谈。

自豪地告诉你在藏历四月十六日林坡寺跳的“加纳阿宏”是独一无二的，当问到那一天为什么不用公历计时的时候很多人又会义正辞严地告诉你：“寺庙的节日当然必须要用藏历（贝哲），用公历（甲则）的话时间不准确。”这当然与宗教节日的神圣性有关，而过去的时间表达方法是承载了这种神圣性的。笔者认为宗教成为了当地传统“抵御”现代时间的一个避风港，当地人的传统意识在宗教中得以保留，却并不会影响人们的日常现代生活，所以，宗教的时间节律在林坡也自然地与其他时间节律并置。

2. 家庭利益最大化的适应逻辑

当林坡人多重的时间节律出现并置时，影响其适应的动力，一是靠家庭内部的分工，二是家庭追求经济利益的最大化。分工促进了时间的多重利用，合理解决了多重时间节律的交织问题，使各项社会活动都能推进；家庭追求经济利益的最大化给多重的时间节律创立了一套分清主次和先后的逻辑，使得各项社会活动井井有条。

林坡人传统日常生活时间节律中，影响到农事活动的季节季候最为重要，一年分为“忙季”和“闲季”。“忙季”从公历 3 月农作物种植到 11 月粮食收获，之后围绕春节这一节庆活动，形成了约 3 个月的闲季。所谓的闲与忙，其实也只是相对的概念，因为在“忙季”，农事活动也只是阶段性和暂时性的，除了播种和收割、打粮时外，其余时间只是劳动量不大的田间管理，而在“闲季”，也还有打草、砍柴、卖柴等活动。可以说在过去，除了节庆，人们是没有一个真正的连续性闲暇时间的。日常生活中利用的闲暇都是见缝插针，以调剂生活。作为藏族，有自己特有的休闲方式。民国时期所修的《松潘县志》这样记录到：

> “六月——是月麦垂穗，豆结荚，虽季夏犹暮春。士民相率游郊外，设帷帐，携酒食，逍遥于长林丰草间，名之曰‘畅’（本地方言即游玩之意）。十六日黄龙寺会期，远近晋香者络绎不绝于道，番人尤多。故邑人亦各携帐棚具酒肴结伴往观番儿歌舞，极一时视听之娱。”[17]

节庆和庙会等也是传统闲季的重要组成部分。如黄龙寺庙会是当时一个重要的节庆，是松潘县藏、羌、回、汉等民族的传统节日。每年农历六月十五日在黄龙寺举行，节日那天，林坡的人们带着嘛智旗布（印有苯教八字真言的旗帜）、经幡，去朝拜烧香，祈祷家人一生平安，并在野外进行野炊，即“畅坝”，其乐融融。

17 《阿坝州文库》编委会编：《松潘县志（民国）》，成都：四川民族出版社，2013：2。

在过去传统的时间节律下，林坡人的闲季是建立在农闲的基础上，农闲时人们也会做其他的事情来补贴家用，只有在参加宗教活动或者节庆时候才会真正与劳作分离。而在旅游生意的新节律中，所依据的历法为公历，一年分两季，即淡季和旺季。五一小长假和十一黄金周是两个重要的时间节点，每年5月到10月为旺季，11月到次年4月为淡季。旺季对于林坡藏族来说是忙碌的时节，男女老少都投入到旅游生意当中，收入大大增加，半年的收入比过去全年的还多；淡季则是相对清闲的时节，更多的社会活动被放在这个时间段。在这一时间段，有走亲访友的最佳节庆——春节，婚嫁喜事、修房立柱、念经祈福也逐渐大部分都安排在这一时节。过去，家庭的经济能力是决定是否进行此类活动的第一要素，而现在则变成了时间。由表1和表2可知，从事旅游生意家庭的男性其实拥有大量连续的可支配时间，从事其他活动的男性根据他的生产节律也有短期的休息时间，茶楼文化在四川盆地由来已久，但对生活于高原山地的藏民来说，这却是一种“现代化的生活方式”。茶楼使他们接触到大量的各类信息，加速了他们生计方式的改变，变成了真正的休闲方式。

> 大概2000年左右，川主寺镇开始有了茶楼，大家就慢慢习惯去茶楼里面娱乐了，我最开始去的时候什么都不会，就在茶楼里面听其他人吹牛，看他们打牌。后面我发现茶楼里面可以听到很多消息，有些消息对我做生意就好得很，不然坐（呆）到村上什么都不知道，我现在也能说会道，也会打很多种牌了。[18]

因此镇上的茶馆总是会有顾客光临，全是各个村里的中年男子，每个村的村民都有自己固定去的茶楼，他们或是忙完自己土特产品的销售，或是刚贩卖了虫草贝母，亦或是从别的地方打工回来，每个周期的工作结束以后，都会给自己放几天假。因为挖药离开的村民人数多，时间长，挖药季节一过，茶馆里便人满为患。喝茶、聊天、打麻将是他们最主要的休闲娱乐方式。茶馆是不欢迎女性进入的，因为女性应该守在家里。旅游的淡季成了茶楼的旺季，在旅游旺季时挣了钱的人们开始在茶楼欢聚。在置办年货之前，林坡地区的男人几乎整天都呆在温暖的茶楼里享受淡季的清闲。旅游淡季成为了林坡人新的闲暇时间。

> 我每天早上10点准时到茶楼，和村上的人喝茶、聊天、打牌，下午4点

18 访谈者信息：S，男性，38岁，村民。2017年8月3日访谈。

那样子就回村上了，年轻人一般要半夜才回去。这几年还是慢慢有些女的喜欢坐茶楼了，我们村上的不多，下面巴郎（村）的就多。[19]

男人可以在茶楼度过闲季，与林坡人的家庭分工相关。在林坡人的家庭中，核心家庭所占的比例甚少，我们调查只有 18.6%，而联合家庭和主干家庭是主要的家庭类型，占 81.4%[20]。在主干家庭的分工中，老年人从事少量农牧业生产，中年人采集、打工，做旅游生意，年轻人上学，家庭每个人都有自己的时间节律，各自适应，互不打扰，当自己的时间节律中出现闲暇时，就进入其他分工的时间节律帮助对方。

当多重的时间节律发生冲突时，林坡人会遵循家庭利益最大化的原则来安排各项活动。为了获取更多的经济收入，人们选择的往往是进一步压榨其他时间，比如闲暇、休息的时间。

传子沟村的家庭主妇卓玛的时间安排就是一个典型的例子。传子沟村挨着川主寺镇，是进入林坡沟的第一个村寨，也是旅游开发较为成熟的村寨。卓玛家开着家庭旅馆，并参加旅游承包企业统一组织的歌舞表演活动，按天领工资。为此，她必须至少比原来提前半个小时起床。从一年的时间来看，卓玛还要负责耕种接近 2 亩的青稞，并在 7 月到牧场制作酥油和奶渣，因此，传统与现代两种时间节律在卓玛的生活中开始发生冲突。

表三：卓玛每日时间节律的对比（根据调查资料整理）

| 传统时间节律 | | 现代时间节律 | |
|---|---|---|---|
| 时间 | 行动 | 时间 | 行动 |
| 5：30-6：30 | 起床、熬茶、打扫、拜佛，叫丈夫起床 | 5：00-6：30 | 起床、熬茶、打扫、拜佛，叫丈夫起床、穿衣打扮 |
| 7：00-8：00 | 吃早饭，做劳作准备 | 7：00-8：00 | 吃早饭，8 点之前到达跳舞地点 |
| 8：00-12：00 | 劳作 | 8：00-14：00 | 跳舞 |
| 12：00-13：00 | 吃中饭、休息 | 14：00-19：00 | 回家吃饭、劳作 |
| 13：00 到太阳落山 | 劳作 | 19：00-20：00 | 做饭、吃饭、关牛马 |
| 太阳落山之后 | 做饭、吃饭、关牛马、休息 | 20：00-22：00 | 看电视 |
| 20：00 左右 | 睡觉 | 22：00 左右 | 睡觉 |

19　访谈人信息：W，男性，45 岁，村干部。

20　根据调查中对 55 户访谈户的统计。

表四：卓玛一年的时间节律对比（根据访谈资料整理）

| 传统时间节律 | | 现代时间节律 | |
|---|---|---|---|
| 时间 | 行动 | 时间 | 行动 |
| 猴月（1月） | 办年货、转山 | 1月 | 办年货、转山 |
| 鸡月（2月） | 过年 | 2月 | 过年 |
| 狗月（3月） | 打土耙 | 3月 | 打土耙 |
| 猪月（4月） | 种地 | 4月 | 种地 |
| 鼠月（5月） | 农闲 | 5月 | 跳舞、种地、收拾旅馆 |
| 牛月（6月） | 牧场挤奶 | 6月 | 跳舞、捡菌子、收拾旅馆 |
| 虎月（7月） | 牧场挤奶 | 7月 | 跳舞、捡菌子、牧场挤奶、收拾旅馆 |
| 兔月（8月） | 牧场挤奶、割粮食 | 8月 | 跳舞、牧场挤奶、收粮食、捡菌子、收拾旅馆 |
| 龙月（9月） | 翻地 | 9月 | 跳舞、捡菌子、翻地、收拾旅馆 |
| 蛇月（10月） | 晒粮食 | 10月 | 跳舞、收拾旅馆、晒粮食 |
| 马月（11月） | 晒粮食、割草 | 11月 | 晒粮食、割草、收拾旅馆 |
| 羊月（12月） | 打粮食 | 12月 | 打粮食 |

由表三和表四可知，当卓玛面对重叠的时间节律引发的冲突时，采取的处理办法就是延长工作时间，将时间重新分配给不同的生计活动。为此，她早起床半个小时，晚睡两个小时。其次，在保证口粮的前提下缩短农牧业生产所需时间，如传统的全天劳作改为半天劳作，挤奶两个月改为挤奶一个月，这就意味着耕种土地和放牧牛群的减少。节省下来的时间被投入旅游业和采集业，创造出远远高于农牧业的收益。

川主寺镇上的店面有不少是林坡地区的人所开，八十沟村的扎西就拥有两间店面专门出售一些土特产和手工艺品，年收入可达数十万。他早已不再放牧和种地，一年中的旺季几乎都待在店里，已经按照旅游生意的需要建构了新的生产性时间节律。

川主寺热天（夏天）做生意，从4月底开铺面，开到11月底。早上一早就打开，晚上9、10点关门，完全按照游客的时间来，勤快的天不亮就开门，因为有部分游客天不亮就出发。[21]

值得注意的是，扎西在之前的生活中几乎从不在天亮前起床，而自从开始做生意后，在旺季的半年时间每天都是在天未亮时就起床开门，更让他引以为傲的，是自己总能比天亮之后才开门的人挣到更多的钱，在他的眼中，天亮前约一个小时的时间堪比金钱。

我做包车生意，旺季的时候，为了方便接送游客，我在川主寺租了一间房住，平时难得回林坡一次。我的日常工作时间很不确定，几乎完全听游客的吩咐，包车是按天计算报酬，所以这几个月中，多干一天就多一天的收入。所以我会建议游客多逛逛附近的几个景点，以增加包车时间。[22]

甚至所有人都遵守的宗教时间节律也会因为旅游被改变。到寺庙去参加佛事活动的时间是寺庙决定的，人们无法改变，但请僧人到家念经的时间则是自己说了算，就会根据旅游时间来安排。

挣钱时间和念经时间冲突的话，就推迟念经时间。一年念两次经，牛月一次，开花的时间，第二次就龙月，其他就是死人（葬礼）、打卦那些才念，一次二到三天。现在差不多一半（的户）才念。花费还是很大，所以先要挣到钱才行。[23]

王明珂在《羌在汉藏之间》总结了羌族经济模式转变呈现的趋势，指出其从解决温饱的忧思保险意识向追求产值利益最大化转变[24]。林坡地区也不例外，但在追求利益最大化的同时，林坡藏族也在尽量把控和利用时间，寻求一种使传统农业的时间节律、现代采集业的时间节律、现代旅游业的时间节律结合的路径，来建构一种利益最大化的生计模式。

21 访谈者信息：Z，男性，40 岁，八十沟村村干部。2016 年 7 月 31 日访谈。
22 访谈者信息：L，男性，36 岁，村民。2016 年 8 月 1 日访谈。
23 访谈人信息：W，男性，45 岁，村干部。2016 年 8 月 1 日访谈
24 王明珂：《羌在汉藏之间》，北京：中华书局，2008：304。

## 四、结语

从林坡人时间节律的变化看，生计模式的变化是导致时间节律变化的主要因素，人们通过家庭分工的调整，追求家庭经济利益的最大化，自发适应新的时间节律，使其与传统的时间节律有机融合，达到了多重时间节律的适应和并置。

林坡人的时间节律变化后，世俗的时间改变很大。出现了现代意义上的闲暇时间。这种闲暇进入林坡人生活后，营造出当地人坐茶馆的新习惯，形成了新的家庭分工，社会秩序井然。在这个过程中，传统的社区并没有出现突兀的改变，一切看来都是循序渐进的，人们也很乐意看到这一改变，因为这种改变使得他们的生活过得更好。林坡人的神圣时间以宗教活动的节律呈现。现代时间进入之后，宗教的神圣时间延续，使人们在节庆和宗教活动中都能够找到传统，并更加珍视传统。

林坡人处理世俗时间和宗教时间的方式，正如米尔恰德·伊利亚德所说："对一个宗教徒来说，……一方面，在时间的长河中存在着神圣时间的间隔，存在着节日的时间(它们中的绝大部分都是定期的)；另一方面，也有着世俗的时间，普通的时间持续。""借助于宗教仪式，宗教徒能够毫无危险地从普通的时间持续过渡到神圣的时间。"[25] 正是因为这一过渡的仪式并未受到损害，林坡人可以应对多重时间节律的并置，并保持良好的适应状态。可见，作为现代性的时间节律，在林坡人的生活中被逐步接受、与传统时间节律并置，并最终相互适应，是藏族社会本身的弹性决定的。

◆ 李锦　四川大学中国藏学研究所教授
洪霖　阿坝师范学院职员

25 [罗马尼亚]米尔恰德·伊利亚德著，王建光译：《神圣与世俗》，北京：华夏出版社，2002：32。

# 藏传佛教艺术史研究新趋向<br>国际学术研讨会会议综述

王传播

**内容摘要：**2018 年 4 月 28–29 日，藏传佛教艺术史研究新趋向国际学术研讨会在哈佛大学召开，此次会议由在哈佛大学访学的三名中国学者召集组织，得到了哈佛燕京学社的支持，哈佛大学内亚和阿尔泰学委员会亦提供了赞助。会议邀请到了 20 多位学者出席会议并发表大会发言，就藏传佛教艺术史研究的六个议题进行讨论和交流，开展多学科互动、新研究分享，系首次在哈佛大学召开有关西藏艺术史研究的国际学术会议。

2018 年 4 月 28–29 日，由哈佛燕京学社主办、哈佛大学内亚和阿尔泰学委员会协办的藏传佛教艺术史研究新趋向国际学术研讨会在哈佛大学召开，来自美、中、日、奥地利等国家和地区的 20 余位学者参加了会议，提交会议报告 20 篇，覆盖藏传佛教美术、佛教建筑、汉藏文化交流、西藏考古新发现等多个领域。此次会议由哈佛燕京学社 2017–18 年度合作研究员张长虹（故宫博物院研究员）、访问学者廖旸（中国社科院民族学与人类学研究所研究员）和访问生王传播（浙江大学汉藏佛教艺术研究中心博士生）召集和组织，得到哈佛大学藏学与喜马拉雅研究教授范德康（Prof. Leonard W. J. van der Kuijp），艺术与建筑史系 Abby Aldrich Rockefeller 亚洲艺术教授汪悦进（Prof. Eugene Y. Wang）和 Gardner Cowles 南亚艺术副教授金珍我（Prof. Jinah Kim）的积极响应与支持并担任会议的学术主持。

会议伊始，哈佛大学汪悦进教授代表会议主办方发言致辞并宣布会议开幕。此次学术会议共设有六个议题：一，《金刚鬘》与佛教图像志研究（Studies on the Vajrāvalī and Buddhist Iconography）；二，汉藏佛教艺术研究（Sino-Tibetan Art）；三，西藏西部艺术与佛塔空间解读（Art in Western Tibet and Reading the Stupa Space）；四，藏传佛教美术中的世间代理人（Human Agents of Tibetan Buddhist Art）；五，西藏艺术的风格与装饰（Styles and Ornaments of Tibetan Art）；六，新发现与新方向（New Findings and New Directions）。下面笔者按议题内容分别加以评述。

## 一、图像志研究

图像与文本的比对研究，是佛教艺术史研究的基础方法，通过释读文献材料以解析物质遗存，并试图发现新的研究问题，这在密教美术研究上落实的尤为突出。由活跃于12世纪的印度祖师无畏生护（Abhayākaragupta）汇编的《金刚鬘》（རྡོ་རྗེ་འཕྲེང་བ། *Vajrāvalī*）一书对藏传密教仪轨产生了巨大影响，本次会议有三篇报告探讨了此密教图像学经典在藏地的发展与应用。

金泽大学森雅秀教授注意到《那塘五百佛像》中收录的《金刚鬘》在曼荼罗数量及排序上的特殊性，他通过对俄尔寺藏金刚鬘、波士顿美术馆藏金刚鬘唐卡等相关材料的比对研究，归纳了《金刚鬘》图像传承在西藏的多样性发展。哈佛大学金珍我教授对金刚鬘图像的考察更偏重金刚乘佛教发展过程中出现的对复杂图像系统加以综合汇编的现象，她以俄尔寺藏金刚鬘系列唐卡为出发点，探讨插图经书是如何转化为有效的视觉媒材，来推广《金刚鬘》中将密教仪轨的体系化汇编的做法。台北故宫博物院锺子寅博士的报告追溯了金刚鬘在安多地区的传播，他透过对青海瞿昙寺诸佛殿的尊神图像配置的考察，发现宝光殿、万岁殿、隆国殿的图像内容与金刚鬘关系密切，认为金刚鬘在明初就已经传入安多地区，而这与该寺第二任堪布贝丹桑布（དཔལ་ལྡན་བཟང་པོ།）与五世噶玛巴得银协巴（དེ་བཞིན་གཤེགས་པ། 1384–1415）1409 年在南京的交流有直接关系[1]。

专注于密教曼荼罗研究的日本著名学者田中公明在报告中介绍了他自 2013 年以来辨识的诸多流散于世界各地的曼荼罗唐卡，由于历史原因，这些唐卡与原初文本环境的联系遭到了割裂，通过他的研究试图重建那些丢失的仪轨传承和作品序列[2]。

除曼荼罗之外，图文结合的研究方法也同样应用在了诸多绘画题材中，中国社科院民族学与人类学研究所廖旸研究员对一件 12–13 世纪的早期达隆噶举唐卡进行了深入的图像学解读，她认为此唐卡是对菩提场陀罗尼经（Bodhimaṇḍālaṃkāra）的再现，而这也是目前所知的藏传佛教美术中唯一一件该题材的艺术作品，并进一步对尊像配置、图像中的身语意聚合等问题进行了讨论[3]。耶鲁大学安德鲁·昆特曼教授和弗吉尼亚大学柯蒂斯·谢夫教授汇报了两家单位合作展开的“佛传”数字化项目（成果可见 www.lifeofthebuddha.org），他们将多罗那他（Tāranātha）所作指导绘制佛传故事的经典《敬信曜日》（དད་པའི་ཉིན་བྱེད）与彭措林寺大殿二层回廊的佛传壁画结合，以图文对照的方式展现此经典是如何落实在二层回廊壁画绘制中的[4]。

## 二、汉藏艺术交流

汉藏文化艺术的交流与汇通是藏传佛教艺术发展中不可回避的重要议题，也是国际学界的研究热点。本次会议共有三篇报告聚焦于汉藏佛教艺术的互动，分别是 1. 黄阳兴：

1 这几位代表发言的题目分别为：Mori Masahide: A Study of the *Rdor 'phreng* Part of the Five *Hundred Deities of Snar thang*（森雅秀：《那塘五百佛像》中《金刚鬘》部分的研究）；Jinah Kim: Compiling Visions in Color: Ngor *Vajrāvalī* Series and its Indic Root（金珍我：以色相编结幻象——俄尔寺金刚鬘组画及其印度根源）；Eric Tzu-yin Chung: The Fifth Karmapa and the Visual Evidence of the *Vajrāvalī* (Rdo rje 'phreng ba) in Early-Ming Amdo（锺子寅：明初安多金刚鬘图像与五世噶玛巴），该作者关于该问题的研究还可参见钟子寅：《重探青海瞿昙寺之瞿昙殿（二）：藏传佛教〈金刚鬘〉教法在明初安多地区传播的新发现》，载《故宫学术季刊》第 32 卷第四期，2015：143-218。

2 Kimiaki Tanaka: Maṇḍala Sets Newly Identified since 2013（田中公明：2013 年以来新辨识的曼荼罗组画）。该作者近年关于曼荼罗的研究还可参见 Kimiaki Tanaka, *Mitrayogin's 108 Maṇḍalas: An Image Database*, Kathmandu: Vajra Books, 2013.

3 Liao Yang: An Iconographical Study on an Early **Bodhimaṇḍālaṃkāra* Thangka（廖旸：一件菩提场陀罗尼经早期唐卡的图像研究）。廖旸研究员在《藏传佛教后宏早期绘画的一种形式构成与过渡特征》（《故宫博物院院刊》2017（6）：15-37）中针对该幅唐卡构图所展现的身语意聚合的意蕴有专门讨论。

4 Andrew Quintman & Kurtis R. Schaeffer: Painting Manuals as Intermediary Texts: Examples from Tāranātha's Life of the Buddha（昆特曼、谢夫：壁画作为中介文本——多罗那他《佛传》实例）。他们关于该主题的合作研究还可参见：Andrew Quintman & Kurtis R. Schaeffer, “The Life of the Buddha at Rtag brtan Phun tshogs gling Monastery in Text, Image, and Institution: A Preliminary Overview.”《藏学学刊》第 13 辑，2015：32-73。

汉藏融合——元代景德镇清白瓷塑与藏传佛教艺术管窥；2. 王跃工：帝王的供养——乾隆时期宫廷造像类型考；3. 周文欣：双重智慧——清廷的帝王与喇嘛画像。三篇报告分别从陶瓷、塑像与绘画三种媒材出发，研究西藏艺术在汉地不同时期的发展形态。

深圳博物馆黄阳兴博士基于对元代景德镇窑烧造的一批青白釉瓷佛像的风格分析，探讨佛教瓷塑艺术中兴起的汉藏融合的艺术新风。故宫博物院王跃工研究员系统整理了乾隆时期宫廷造像文物，以风格为线索，排定出乾隆时期宫廷造像的类型，全面展示了乾隆时期宫廷造像的多元面貌，这对客观认识乾隆皇帝本人的审美取向以及 18 世纪宫廷藏传佛教艺术的发展有重要意义。纽约亨特学院周文欣博士通过对清宫藏乾隆皇帝、三世章嘉若必多吉和六世班禅洛桑班丹益希的画像考察，发现帝王与僧侣的身份之间存在着一种微妙的汇通与融合，由此去理解这些人物在当时所扮演的角色，并透过此视角提供对以上人物身份与关系的新的思考方向[5]。

## 三、西藏西部的建筑与艺术

喜马拉雅西部地区作为后弘期上路弘法的核心区域，保留了大量早期佛寺建筑与文物，一直以来都是国际学界的关注焦点。本次会议共有三篇报告与西藏西部地区艺术相关。

维也纳大学金伯格教授，在其报告“谁主沉浮——古格佛教僧团的形成”（Those Who Lost, and Those Who Won: the Formation of a Buddhist Community in Guge）中，通过对塔波寺不同历史阶段的题记与图像的比对研究，重溯了该寺建立之初的组织情况和社会环境，认为在经历了 11 世纪早期的一次僧团剧变后，该寺在 1042 年左右全面革新，而塔波寺初期的组织变化对于我们把握西藏西部佛教的复兴运动提供了极为重要的历史信息。格拉茨技术大学（Technische Universität Graz）的柯齐茨博士（Gerald Kozicz）的报告“阿契寺大入门塔——全景重建的尝试”（The “Great Entrance Stupa” of Alchi: An Attempt to Reconstruct the Full Picture）聚焦于阿齐寺大入门塔内的空间结构，以及天顶曼荼罗与该塔建筑空间之间的关联，他从建筑学和图像学的角度分析了入门塔内空间所呈现的对称感与层次秩序，认为这种建筑结构应是从拉达克当地的“译师塔”建筑类型发展而来，并基于塔内图像细节探讨该塔在整个阿齐寺内的功能意义。浙江大学汉藏佛教艺术研究中心博士生王传播在其报告“居庸关过街塔的图像配置与空间秩序”中，基

5 该文现已正式发表，见 Chou Wenshing, “Bodhisattva Emperors of the Manchu Qing Dynasty.” In Karl Debreczeny ed., *Faith and Empire: Art and Politics in Tibetan Buddhism*, New York: Rubin Museum of Art, 2019: 191-211.

于对居庸关过街塔内图像的分析，对藏汉过街塔内图像程序的空间结构作出了新的解读。他从居庸关过街塔券顶的五铺曼荼罗的配置逻辑入手，结合喜马拉雅西部地区的早期过街塔遗存，构建了藏式过街塔内图像的基本组织模型，并基于此来分析居庸关过街塔内图像系统对此种模型的调整理路[6]。

## 四、藏传佛教美术中的世间代理人

在研究藏传佛教美术时，我们的视角除了要关注画面内部的与佛教义理认识相关的宗教信息外，还要注意画面外部的历史信息。

美国西北大学教授林瑞宾（Robert N. Linrothe）在其报告“规定还是实践？西藏绘画艺术赞助人的印度习惯”（Prescription or Practice? Indian Conventions for Sponsors of Art in Tibetan Painting）中追溯了西藏早期绘画中在画面底部边角表现供养人的现象，他通过对早期东印度造像与西藏绘画之间关联的思考，认为西藏绘画中的供养人传统是受印度影响的典型案例，相较于续部经典中的文本规定来说，进入西藏的东印度艺术家和艺术品对于形成西藏绘画的这一传统有着更重要的意义。纽约鲁宾艺术博物馆（Rubin Museum of Art）高级策展人杜凯鹤（Karl Debreczeny）的报告“1292 年的大黑天造像施主再考”对吉美亚洲艺术博物馆藏的一件断代为 1292 年的大黑天造像的供养人作出了新的解读，他认为此造像背面所刻写的施主“A tsara Bag shi”是指膽巴国师（དམ་པ་ཀུན་དགའ་གྲགས་པ། 1230–1303 年），并基于膽巴国师传记中的相关信息讨论这件造像的年代以及建造意义。西藏博物馆巴桑罗布研究员在其报告“萨迦寺藏绢画佛祖唐卡试考”中介绍了一幅萨迦寺藏的释迦牟尼佛绢画唐卡，他根据该唐卡的题记及勉拉顿珠传记等材料确定此唐卡为勉拉顿珠真迹，属于释迦牟尼佛及十六尊者系列唐卡之主唐，而画面下方的供养人为勉拉顿珠与钦孜大师的师父朵巴 · 扎杰。

## 五、风格与装饰

对风格样式的分析与定义是艺术史研究中的重要部分。纽约喜马拉雅艺术资源中心

6　王传播针对喜马拉雅西部地区的过街塔图像空间的讨论可见，王传播：《套叠的灵塔：阿齐寺一号过街塔的空间意蕴与图像程序》，《故宫博物院院刊》2019（7）：58-66；《拉达克芒域村 2 号过街塔内绘塑研究》，《西藏大学学报》2019（3）：68-79。

主任杰夫·瓦特（Jeff Watt）在报告“西藏绘画风格的再定义”中思考了西藏艺术风格的研究理论，他注意到不同语言对“风格”的定义与概念有着完全不同的理解，西藏艺术史研究需要摒除不清含混的术语，应基于常识、现实因素和明确的风格特征描述来建立一种新的方式理解西藏绘画的风格问题。林静雲博士（Nancy G. Lin）在其报告“此世界之庄严”（Ornaments of this World）中，从五世达赖喇嘛灵塔的装饰要素，展开了一项针对 17 至 18 世纪西藏宫廷文化中的装饰概念及其应用的考察。

## 六、新发现与新解读

考古发掘的新成果历来备受关注。近年来，通过实地的田野调查与发掘，在川青藏三省交接地区发现了诸多吐蕃时期摩崖石刻遗存，为藏传佛教美术史的研究提供了新的材料和新的思考方向。

四川大学历史学院霍巍教授根据对藏东地区的吐蕃摩崖石刻题记的考订，发现多处造像皆由吐蕃高僧益西央及其团队所刻，而这批造像的时代背景应与唐代著名的长庆会盟有密切联系，推测这批造像很可能是唐蕃交流史中围绕一次会盟而展开的宗教活动所遗存下来的材料[7]。故宫博物院研究员张长虹聚焦于藏东摩崖石刻的题记与图像释读，她对赞普的头光、大日如来的赞普式服饰特征等图像特征加以分析，并结合题记中出现的“菩萨赞普”一词和其他与佛教有关的题记，从考古实物材料出发讨论了吐蕃中晚期佛教与王权的关系[8]。四川大学中国藏学研究所博士生朱德涛在报告中介绍了青海玉树称多县新发现的摩崖石刻，从图像与题记两方面出发对这批材料作了全面解读，他认为这批造像呈现的风格特征与前弘期藏东地区的摩崖石刻非常接近，并对题记中出现的与萨迦派相关的纪年方式加以追溯，认为这批造像或与多康地区著名的茹拉（རྒྱ་ར）家族有关[9]。

此次会议，不仅公布诸多重要的新材料，更难能可贵的是还在研究方法与理论视野等维度给予了藏传佛教美术研究以有价值的分享与探讨，现不揣简陋，简要总结如下：

---

7　霍巍教授近年的研究可参见霍巍：《藏东吐蕃佛教摩崖造像背景初探》，《民族研究》2015（5）：92-101；《论藏东吐蕃摩崖造像与吐蕃高僧益西央》，《西藏大学学报》2015（6）：63-69；《青海玉树大日如来佛堂的考古调查与新发现》，《青海民族研究》2017（1）：4-9；《唐蕃会盟与吐蕃佛教》，《世界宗教研究》2017（1）：57-72；《藏东吐蕃摩崖造像与唐蕃交流视野下的剑南益州》，《藏学学刊》第 16 辑，2017：301-313。

8　作者对藏东吐蕃时期佛教石刻的研究还可参见：张长虹：《藏东地区吐蕃时期大日如来图像研究》，《青海民族研究》2017（1）：14-20 以及本辑刊发的《青海玉树贝沟大日如来佛堂佛教石刻调查简报》。

9　该文正式发表于朱德涛、蔡林海：《青海称多县歇武镇格日村宋代佛教摩崖石刻考古调查简报》，《藏学学刊》第 16 辑，2017：164-182。

1. 对同一研究主题不同视角的观察使藏传佛教美术研究脱离粗线条、大框架的概念性讨论，会帮助我们得出更加丰满而精致的理论认识。针对《金刚鬘》的三篇主题报告即为我们呈现了这种可能性，三位学者分别从宗教学、艺术史与历史学的不同侧重出发，解构了该图像题材在流传过程中呈现的多重价值。这便引出一个有意思的问题，即同一视觉材料对于不同历史阶段与社会人群的不同意义，那么在佛教美术研究中即要有意识地界定物质材料背后的目标人群，并加以明确分类、分层，这样才能使对图像的探讨更加深入、细腻而有的放矢。

2. 基于佛教美术遗存，观察汉藏文化交流之议题是重要的研究面向。三位学者分别从皇室艺术风格与帝王身份认同两个层面分析了西藏与内地的文化互通。黄阳兴博士与王跃工研究员的报告从皇室艺术风格层面探索了汉藏融合的历史现象；而周文欣博士的报告通过对乾隆皇帝与高层僧侣的画像的分析与比对，从图像角度探索了藏传佛教信仰对乾隆皇帝的自我身份认知的塑造，由此呈现了一个新的角度观察民族交流之历史议题。有意思的是，三位学者都是从皇室层面构建藏传佛教及艺术与中原汉地的影响互通。正如上文所指，文化交流作为一种历史文化现象，弥散于不同社会阶层之中，皇室生活中的西藏因素构成此讨论的重要侧面，但也易使汉藏汇通这一文化议题，落入帝王将相的政治意图之理论窠臼。故而，藏地文化对汉地中原中下阶层民众生活的影响、及其接受态度，当是我们透过文物材料，观察藏汉文化交互历史的另一重要侧面，这也会使此议题的讨论落实得更为立体丰满。

会议最后，哈佛大学南亚系主任范德康教授做了大会总结发言，对学者们的演讲作了精彩点评。

此次学术会议除了得到哈佛燕京学社、哈佛大学内亚和阿尔泰学委员会、哈佛大学艺术与建筑史系等单位的鼎力支持外，还特邀哈佛大学南亚系博士研究生尹筱天、神学院博士研究生陈思乔担任会议的口译，她们杰出的多种语言能力和流畅精准的翻译为会议增色不少，受到了参会代表们的高度评价。哈佛燕京学社访问学者项目协调员 Francesca Coppola 亦为会议的组织召开付出了大量辛勤劳动。

◆ 王传播　中国人民大学艺术学院讲师

Nancy G. Lin

Please remember to turn off the
Liao Yang
Karl Debreczeny
Robert N. Linrothe
Leonard W.J. van der Kuijp

Huo Wei
Kurtis R. Schaeffer

# 碑铭、图像、写本——蕃尼古道工作坊综述

徐理

**内容摘要：**为推进"蕃尼古道"的相关研究，促进中尼双方交流，四川大学牵头举办"蕃尼古道"工作坊。学者们以"碑铭""图像""写本"为主要研究对象，展开了有关"蕃尼古道"的讨论，旨在拓展未来研究思路，促进跨区域文化之间的交流与互动。

2019年1月5–6日，由四川大学中国藏学研究所主办的蕃尼古道工作坊——碑铭、图像、写本在成都召开。本次工作坊由四川大学霍巍教授、罗鸿教授，以及牛津大学Splading讲席教授、四川大学新聘高端外籍教授阿闍黎·启昼（Diwakar Acharya）共同召集，邀请了国内外相关学者相聚蜀地，以工作坊的形式分享各自的研究成果。

7世纪中叶，中西交通上出现了一条新的国际通道——吐蕃－尼婆罗道，简称"蕃尼古道"，该道自吐蕃逻些（今拉萨）翻越喜马拉雅山脉到达今加德满都谷地，再经尼婆罗首都至天竺，它的开辟对于古代中国与南亚各国之间的政治和文化交流具有十分重要的意义[1]。长期以来，学界因限于研究材料或研究视角，关于这条通道的开通时间和地

1　霍巍：《吉隆文物古迹与蕃尼道上古代中尼文化交流的若干问题》，《西藏研究》，2000（1）：65。

理走向等问题尚存诸多疑点[2]。近年来，随着中尼边境一系列考古调查工作和相关的学术研究的开展，这条古道的神秘面纱逐渐被揭开。本次工作坊便是在此背景下展开，旨在通过中尼双方学者分享各自的资源，利用史籍文献与考古材料，围绕“蕃尼古道”互相推进开展研讨，拓展未来研究思路，促进跨区域文化之间的交流与互动。

霍巍教授作为工作坊召集人之一首先发言。他以《中尼边境吉隆发现的〈大唐天竺使之铭〉相关问题》为题，围绕“大唐天竺使之铭”碑以及中尼边境发现的其它考古遗迹，对中尼跨境路线问题展开论述。霍巍教授先回顾了季羡林、范祥雍等学者基于《大唐西域记》、《释迦方志》、《佛祖统记》等文献有关唐代经吐蕃通印度交通路线的研究，再基于烈维（Sylvain Lévi）[3]、孙修身[4]等学者关于唐代经吐蕃出使印度使节王玄策的相关研究，指出吉隆唐碑发现之前吐蕃至尼婆罗的路线、王玄策出使印度的路线与过程等问题还需进一步研究。

其后霍巍教授依据《大唐天竺使之铭》碑文记载推测，王玄策第三次出使印度的时间应当在显庆三年（658年）而非传世文献记载的显庆二年[5]，王玄策使团的活动路线与出山口也可以藉此确定。根据碑文记载与雕刻技法，他指出王玄策出使印度可能携带了专门的画师匠人，唐代流行的许多瑞像也可能是来自王玄策使团的摹写，如日本药师寺“佛足迹石”铭文记载其粉本来自王玄策在中天竺鹿野苑的摹写。最后霍教授根据中亚吉尔吉斯碎叶城等发现的唐代石刻与历史记载，提出王玄策是否曾到过中亚的问题，进而结合王玄策的相关研究[6]与《大唐西域求法高僧传》中关于唐初僧人玄照自吐蕃前往印度求法的相关记载和研究，讨论了高原丝绸之路的路线问题。

2 相关研究如陈楠：《唐梵新路与西域求法高僧》，《民族史研究》第13辑，2016：3-19；罗勇：《吐蕃时期吉隆（芒域）古道历史文化研究》，西藏大学硕士论文，2015：16-17；林梅村：《试论唐蕃古道》，《藏学学刊》第3辑，2007：127-145；霍巍：《近十年西藏考古的发现与研究》，《文物》2000（3）：85-95；黄盛璋：《关于古代中国与尼泊尔的文化交流》，《历史研究》1962（1）：92-108。

3 [法]烈维等著，冯承钧译：《王玄策使印度记》，北京：中国国际广播出版社，2013：124-156。

4 孙修身：《唐初中尼交通四题》，《中国藏学》2000（4）：64-74；《唐初中国与尼泊尔王国的交通》，《敦煌研究》1999（1）：100-109；《唐敕使王玄策使印度路线再考》，《中国历史地理论》1997（2）：87-105；《唐朝杰出外交活动家王玄策史迹研究》，《敦煌研究》1994（3）：17-32。

5 霍巍：《〈大唐天竺使出铭〉相关问题再探》，《中国藏学》2001（1）：40-43。

6 相关研究如冯承钧：《王玄策事辑》，《清华学报》八卷一期，1932：71-100；黄盛璋：《关于古代中国与尼泊尔的文化交流》，《历史研究》1962（1）：92-108；任乃强、曾文琼：《〈吐蕃传〉地名考释（二）》，《西藏研究》1982（2）：80-85；陆庆夫：《论王玄策对中印交通的贡献》，《敦煌学辑刊》1984（1）：100-109；季羡林：《唐太宗与摩揭陀——唐代印度制糖术传入中国问题（上）》，《文献》1988（2）：3-19；李宗俊：《唐敕使王玄策使印度事迹新探》，《西域研究》2010（4）：11-22；霍巍：《〈大唐天竺使出铭〉相关问题再探》，《中国藏学》2001（1）：40-43。

阿闍黎·启昰教授发表《尼泊尔西藏交流纵览：贸易、文化交流与王权》一文。启昰教授主要研究 2–9 世纪的离车族[7]碑铭，他首先回顾了尼泊尔和西方学界关于离车族碑铭的研究，指出以往的研究主要依靠一些二手文献，同时尼泊尔的学者在研究中并未使用汉文的一手文献。教授指出目前的研究很有必要将中尼双方的发现进行一些比较，并结合汉文材料来对这一段历史进行印证，这极可能带来一些新的认识。其次教授十分关注中尼之间从早期至清代的交流，他依据一通石碑铭文判定其年代为 207 年（公元 285 年），属于国王阇耶跋摩（Jayavarman）统治时期。随后他以另一块涉及笈多（Gupta）王朝的碑铭分析，提出笈多王朝创立者的母亲来自离车族，与前朝颇有渊源。他指出，早期发现的离车族碑铭较少，到 5 世纪才增多，其内容涉及当时的社会、文化、经济等各个方面。碑铭中出现的不同语言，虽然主体语言是梵文，但明显能辨别出一些源自汉藏语系的地名和官名，由此可见两地文化交流的痕迹。此外离车族碑铭还记载了一些尼泊尔与印度、喜马拉雅地区的政治联姻情况，展现了当时的政治格局。教授指出 7 世纪松赞干布与尼泊尔赤尊公主的政治联姻，对西藏文化产生了重要影响，赤尊公主带给西藏新的佛教信仰，以及规范藏文的文法，这些都促进了中印文化在喜马拉雅区域密切地交流，在写本、雕塑、碑铭等不同方面均有体现。教授认为虽然上述所讲以碑铭为主，但很多学者在书写尼泊尔历史的时候，其史料来源为写本的跋文，其中一半现存于西藏，这些保存于西藏的写本题跋为研究尼泊尔历史、中尼文化交流史提供了重要资料。

关于贸易通道，教授认为在碑铭记载之前肯定存在。其中一个重要的证据是当政治危机发生时，王族第一反应是通过吉隆道前往西藏避难，这条道路虽然难行但确实是捷径。同理，王玄策选择此路，可能是出于快捷的考虑。在 1896 年尼泊尔和英属印度签订购买食盐协议之前，尼泊尔的食盐供应主要来自西藏，尼泊尔通过向西藏输出粮食，换取食盐和其他物资，极有可能就是通过这条道路。

17 世纪以前关于吉隆道和库蒂（Kuti）道的记录颇少，但库蒂道的前段在 14 世纪有据可查，其中留有被称为“西藏之门”的地点。这一带的统治者实力很强并信奉印度教，某一时期还得到过中国的册封。虽然库蒂较吉隆地区而言，属于边远地区，但 14

7　离车（梵 Licchavi、Lecchavi）古代居住于中印度毗舍离城的种族。又作离车毗、犁车毗、栗咕毗、栗咕婆、隶车、律车、利车、犁车、黎昌。意译皮薄、同皮、仙族王、贵族公子、王族公子、边地主、传集国政、传参国事。《善见律毘婆沙》记载有关离车族起源的神话，往昔波罗榛王国之夫人，产一肉胞。以异于常婴故甚以为耻，遂将肉胞投于江中，而为一修行者所拾。经半月，一肉分成二片，又经半月，二片各生五胞，复过半月，一片成男，一片成女。修行者以慈心力故，两手拇指自然出乳，一指饮男，一指饮女。乳入子腹，如清水入摩尼珠，内外明澈。该行者遂名儿为离车子（汉译皮薄）。《大正新修大藏经·律部（三）》卷第二十四，东京：日本东京大藏经刊行会，西元 1998：743。

世纪时存在过一个重要政权，然而当时并没有记载提及库蒂这个地方。当年王族向北逃亡时，可能先到达拉苏瓦（Rasuwa）偏南的一个地方，该地名可以理解为“新宫”、“新都”。这也说明在某些历史时段尼泊尔存在两个政治中心，一个在加德满都附近，一个在北方。北方政治中心有一座七重楼阁的宫殿，汉文文献记载在玄奘之后有人到过此地，并记录光咒王的宫殿就是七重楼阁[8]，同时这一带保留了很多文物遗存。

最后，启昼教授认为尼泊尔的一些民族及其语言属于汉藏语系，尼泊尔的饮食文化也受到汉藏文化的影响，更有尼泊尔北部的一些王国和部落，在族群文化上也更接近西藏。他指出尼泊尔及克什米尔地区没有著史的传统，现在留存下来的史料，其编撰可能是受汉文化的影响。此外西藏很多唐卡和造像都与尼泊尔有着密切的关联，正如西藏唐卡的早期画派源于尼泊尔，同时西藏地区留存的相当一部分梵文写本也与尼泊尔相关。

启昼教授随后又以《离车族与西藏》为题进行了报告。他以出土碑刻的碑铭，结合后世的记载，指出离车族是从里海地区迁移到印度河流域，后不断南下，于公元 3 世纪统治尼泊尔。从碑铭等文献记载可知，离车族有许多强大家族，但目前尚不知其具体的君主制度。教授分析大多数时候会有两个家族统治国家，一方是名义上的君主，另一方则是实际的掌权者。虽然两大家族共同统治一国，但双方之间常发生权利斗争，因此王室成员出逃的情况便在所难免。

他认为离车族与西藏之间有深厚渊源，据记载尼泊尔国王携公主逃亡至吐蕃寻求庇护，是出于政治需求将公主嫁与松赞干布。约公元 643 年，松赞干布出兵助国王夺回王位。国王返尼之际，正值李义表及王玄策率唐朝使团出访[9]，国王帮助使团击退了袭击他们的叛军。另外，唐朝和尼泊尔后世的文献提到尼泊尔曾在一段时间内受吐蕃控制，这种记载可能与当时尼泊尔国王长居吐蕃、借助吐蕃军队夺回王位，并且个人深受吐蕃文化影响有关。教授指出，离车族有回溯自己历史的传统，但是官方史书会有意回避王室混乱的时代。尼泊尔近年出土的许多碑刻等文物，其释读对重构离车族历史有重要意义，同时尚有数量众多的出土文物等待更多学者系统发掘和研究。

陕西省考古研究院张建林研究员通过在尼泊尔博物馆所见的一些碑刻和造像，指出这些材料都具有非常重要的价值。他强调《古代尼泊尔》杂志的重要性，指出这本杂志

8 《天中记》载：“七重西域泥婆罗宫中有七重楼，覆铜瓦……”；（明）陈耀文：《天中记》卷十四，上海图书馆，1583：530。

9 《法苑珠林》中记载：“……乃命使人朝散大夫行卫尉寺丞上護军李义表副使前融州黄水县令王玄策等二十二人巡抚其国遂至摩诃菩提寺……”；（唐）释道世：《法苑珠林》卷三十九，扬州：江苏广陵古籍刻印社，1990：461。

公布过许多重要的考古报告，其中包含很多碑铭材料，但有些材料是以尼泊尔文发表的，希望日后有学者进行翻译，以便中国学者使用与研究。他还指出目前学者的关注点集中在两个时间阶段，一是公元前后尼泊尔发现的一些洞室墓地、陶器的研究，二是公元1300年以后佛教后弘期佛塔与寺庙的研究，从这些研究都可以观察到尼泊尔与西藏的文化交流。例如，尼泊尔西北部孔雀河流域与西藏普兰县交界处，长期存在着人群流动的路线，直到上世纪80年代这些路线还在被羊群商队使用，在尼泊尔西北部还存在一些藏族居民与藏传佛教寺院。

四川大学熊文彬教授介绍了2017年度吐蕃－尼婆罗道的调查情况。2017年，四川大学联合西藏地区的文物工作人员对吐蕃－尼婆罗道的线路及其支线、沿线文化遗存的分布和保护情况进行了调查，尤其是对与尼泊尔相邻的吉隆县、聂拉木县、定日县和定结县境内的线路和相关遗存进行了重点调查。本次调查的遗迹点数量众多，类型多样，时代从史前一直到现代，这些遗存绝大多数与西藏的交通路线有关。

吉隆道是中国西藏乃至内地与南亚尼泊尔等地区交流互通的主要通道，该通道主辅线并存，错综复杂，实际上是一条辐射性的路网。通过本次调查并结合相关文献资料，可以简要认识吐蕃以来吉隆道的相关情况。熊教授认为，从现存的文物来看，吉隆道至少在吐蕃时期就已经开通，并且成为西藏乃至内地与尼泊尔等南亚国家交流的主要通道。总体来看，吐蕃－尼婆罗道自拉萨向西、向南至吉隆县热索桥出关，大致形成了北、中、南三条中段平行的主线。每条平行主线之间，又形成无数条支线，支线犬牙交错、错综复杂，共同构成了拉萨至吉隆之间的蕃尼古道路网。蕃尼古道沿线存有自石器时代以来丰富的文化遗存，在三条平行主线中，中路尤为丰富。这些遗迹和遗存不仅是各个时期西藏文化重要的代表，更是蕃尼古道在各个不同时期所发挥重要作用的历史见证。

随后熊文彬教授以《吉隆县青嘎石窟3号窟壁画题记释读》为题，介绍了青嘎石窟的现状[10]。该石窟位于吉隆县杂龙村杂龙河北岸，石窟正中第三层为3号石窟（暂编）。石窟坐北朝南，平面呈长方形，窟门设于南壁，但南壁除西段部分外，已全部坍塌。除顶部外，东、西、北和南壁西段均有壁画。依据壁画主题、藏文和梵文题记等判定3号窟壁画表现的是诸佛菩萨、上师、护法等佛像，格鲁派和噶举派的风格兼而有之，与上部阿里地区相比，未见坛城和佛传故事的画面，具有勉塘画派风格的特点。题记中提到的格鲁派上师的称谓在特定时代专指班禅喇嘛，很有可能就是1645年首位获此称号的四世班禅。同时，格鲁派上师与布达拉宫达赖喇嘛壁画之间存在相似性，所以年代不晚

10　熊文彬：《西藏吉隆县青嘎石窟寺3号窟壁画初探》，《故宫博物院院刊》2019（6）：48-56。

于 17 世纪末，壁画可能创作于明末清初之间。综上所述，熊教授认为吉隆县青嘎石窟 3 号窟壁画题材系噶举派和格鲁派等教派的融合，为格鲁派在吉隆县传播的时间提供了一个重要的依据，他指出壁画明显可见西藏中部艺术风格的痕迹，并且壁画由当地普通僧俗出资绘制，反映出藏传佛教在深厚的民间土壤中发展。

四川大学玉珠措姆副教授的《第五条丝绸之路：地名、叙事与跨喜马拉雅贸易》一文，介绍了一条跨喜马拉雅的通道——芒域 / 吉隆通道的情况。芒域 / 吉隆通道亦被称为“第五条丝绸之路”，它是集贸易、宗教、迁移、婚姻政治及外交为一体的多样性通道。千百年来，不同的人群在此汇聚，不同的文化在此交融。相传松赞干布的尼泊尔王妃赤尊公主于七世纪由该通道前往吐蕃，在芒域贡塘地区的建筑中尼泊尔的风格痕迹非常显著。最早提及芒域 / 吉隆通道的文献是《巴协》，《巴协》中记载桑耶寺建立之际，提及从芒域以及一个从尼泊尔来的工匠。14 世纪成书的《西藏王统记》也记载，莲花生大师经宗喀的北面贡塘拉山（今马拉山）入藏。15 世纪有关第一世桑丁多吉帕姆曲吉准玛的传记中描述了在佩枯湖地区被遗弃的古代定居点。她总结贡塘王国是连接喜马拉雅南北两地的重要地区，大概在 14 世纪，与人群迁移相关的环境因素可能也促进了喜马拉雅地区秘境的开启，正如萨克顶遗址过去是喜马拉雅不同群体汇集的一个集市，藏人、新萨瓦人、夏尔巴人、来伊人、古荣人、达芒人、切蒂人等在此汇集。

西藏自治区博物馆巴桑罗布副研究员的《隐秘的神殿》，介绍了位于日喀则市桑珠孜区东北方向原第四居民区贡觉林卡西北侧的神殿达措巴里布拉康。据现有资料显示，该拉康始建于 1913 年，在 1956 年遭受特大洪灾墙体冲毁，很快被旧地重建保存至今。历史上其周围均为农田，后修建过不少建筑，又因近年当地政府的城市规划政策而拆除。1981 年，拉康的尼泊尔主人去世，此后由现在的达措家族管理。达措巴里布拉康所在院落大门外有一堵墙，拉康位于院内东北角。院内地面上有石碑 A，正面、背面均有尼泊尔文字。另有一石碑 B，嵌入拉康正对面院墙上，亦书写尼泊尔文，根据初步释读，其与 A 座石碑内容大体一致，但石材的选择、形制更加考究，装饰更加精美。另外，拉康门前树立经幡，每到新年时更换。拉康门楣上有尼泊尔文字，初步判断为 20 世纪初期书写，门前两侧壁面绘四大天王，应为 50 年代重建时所绘。拉康内部铺设木板，中部设置贡台，其两侧饰有狮子，放有林伽、装饰背光石制品、石质莲花串珠纹台等贡物。据拉康主人介绍，绝大部分物品为后期当地尼泊尔人后裔存放。还有一份藏文记录显示，从当地另外两个拉康拿来很多东西放置在里面，并把损坏的物品统一烧毁扔到河里，一部分和宗教无关物品售卖，另发现有尼泊尔文与梵文的各类手抄文献。巴桑罗布副研究员总结该拉康既有印度教也有佛教的因素，是文化交流的例证，对它的保护迫在眉睫。

四川大学杨清凡博士的《sa tsa 与 ce ti—吐蕃时期擦擦的文献与遗存》认为，青藏高原迄今发现的早期擦擦多为 10 世纪以后的遗存，因为资料的缺乏，学界对吐蕃时期擦擦的面貌一直难以有较清楚认识。她首先对吐蕃时期古藏文文献中所见相关语词（lce ti 与 sa-tsha）及内容进行了考证，如英藏敦煌藏文文献 IOL Tib J 435 号、拉孜查木钦石碑、巴基斯坦斯卡杜石碑、《旁塘目录》与《韦协》等，认为吐蕃时期在敦煌和西藏本土都已经开始制作擦擦。

杨博士对早期擦擦遗存进行了梳理，包括青海都兰县吐蕃墓、青海乌兰县大南湾遗址与西藏那曲察秀塘祭祀遗址出土擦擦，谈及这些与苯教以及于阗出土擦擦的关系。她总结吐蕃时期擦擦应有小型佛塔（lce ti）与脱模泥板（sa tsha）两种类型，其既有作为对佛的法身供奉、佛教圣地朝圣纪念物的功能，也在祭祀、丧葬仪式中使用，即包含着苯教与密教两种因素。擦擦最早产生于印度无疑，可能经克什米尔、斯瓦特、于阗来到敦煌而影响到西藏，也可能经蕃尼道来到西藏，该问题有待进一步的探索。

牛津大学傅翀博士的《尼泊尔所见 15 世纪梵语写本“Tantrākhyāna”与律藏所集故事的渊源略释》，集中于尼泊尔的 15 世纪梵文贝叶经写本的研究。此写本共 30 余页，正反面完整，共 47 个故事，根据其跋可知是书写者出于自己的目的而抄写的。该写本现保存于剑桥大学图书馆，最早由 Cecil Bendall 发现并做了初步研究，认为其和印度古代故事集《五卷书》[11]（Pañcatantra）有关,在此基础上关注了它与佛教律藏及譬喻经传统的关系。通过将该写本和其他各年代的属于 Pañcatantra 系统的故事集以及佛教来源做了比较，傅翀博士认为写本年代虽然较晚，但内容非常古老，及所集故事与律藏及本生经亲缘性大过其与譬喻经的关系，呈现出比较清晰的文体界限，该写本还具有无框架，情节梗概和口头性的文学特点。傅翀指出，明末清初广东以持律严谨的弘赞法师编了一部名为《六道集》的戒律故事集，其中出现了 3 个故事和写本中故事的顺序是一样的，在其他地方没有发现这种现象，这暗示在律宗内部可能有源于说一切有部譬喻师传统的文脉延续，但目前还没有发现弘赞法师的文本依据。

除研讨发言外，阿阇黎·启昼教授还对巴桑罗布副研究员与杨清凡博士发现的几处尼泊尔文碑铭及写本仪轨手册进行释读与讨论，对其内容进行了考订梳理，并对其所反映的历史背景进行了分析。

启昼教授释读的第一铺碑刻，也是文字最多、信息量最大的一铺。上面记载了寺庙维修的日期为尼泊尔历 1033 年，即公元 1913 年（尼历年份加上 880 为公历年份）。上

11　季羡林：《论〈五卷书〉》，《国外文学》1981（2）：2-12。

面记载了众多捐款者的名字，从其姓氏可以看出有佛教徒，也有部分匠人，日喀则地区的一些商人家族在此次维修寺庙的过程中发挥了重要的作用。这铺碑铭的开头具有印度教色彩，而结尾带有佛教色彩。此外有一铺正对大殿的石碑，对当时买地的情况进行了记录，具有标界的作用。内容中注明具体日期，但出现了一位尼泊尔王的名字，据此可以反推出时间。这铺碑与第一铺碑中所记录的出资数目不一致，但人数一致。除此之外，教授还对一件画跋、一件金属碟子上的尼泊尔文进行了释读，其所载日期分别为尼历1013年（公元1893年）与尼历975年（公元1855年）。至于写本与仪轨手册，大部分是无纪年的。巴桑罗布副研究员提出，这批新材料的发现，对研究尼泊尔与西藏尤其是日喀则地区的交流有着重要的意义，但同时应注意不能完全从经书判断寺院历史，应结合其他材料综合考虑。霍巍教授则对尼泊尔与日喀则地区之间的交流通道进行了推测，认为可能与吉隆古道有关，但仍需进一步深入的研究。

对巴桑罗布展示的尼泊尔文碑铭进行研讨后，启昼教授还帮助解读了杨清凡博士2017年在吉隆地区调查所发现的几处钟铭与拓片。杨博士首先介绍了在查嘎尔达索发现的悬在藏经室中的铜钟，展示了三张这件铜钟不同角度的清晰图片，根据铜钟纹饰和镌刻的铭文，她推测可能与印度教有关。除此之外，在强准寺的一处门楣上发现有一行尼泊尔文，启昼教授大致解读了铭文内容，认为铭文刻写时间为1247年，应是目前西藏地区发现最早的尼泊尔铭文，其中提及了来自尼泊尔的僧团。最后杨博士展示日松贡布摩崖文字拓片，拓片上的文字既有梵文也有藏文。启昼教授根据梵文字体风格判断约为10–12世纪，藏文字体风格与梵文年代接近。通过此次讨论，在启昼教授的帮助下，对2017年调查所发现的很多尼泊尔文铭文进行了释读，在此基础上，对调查所得材料将来可以进行更加深入的研究。

北京大学王邦维教授以《唐初的中尼交通：资料的再审视》[12] 指出，在研究蕃尼古道时，应当认识到在有文献记载之前，古道就已经存在。王教授提及蕃尼古道在不同时段研究的侧重：唐代之前的材料应注意思考如何将传说的线索与考古实证串接起来；唐代应注意这一时段新出现的文献和碑铭材料；唐以后至明清则应处理和理解多种来源的文字与考古材料。王教授认为自有人类以来，族群之间生产技术、物资交换、宗教文化的交流，是多向度、多方位、多层次的。

王教授进一步分析，在研究唐初的蕃尼古道时，应当注意东亚、南亚、中亚当时各方面的形势，尤其是包括吐蕃的兴起、唐政权的政治及外交活动、汉地求法僧西行求法

12 该文将正式刊发于《藏学学刊》第21辑。

运动路线的变化等重要背景。同时需要关注蕃尼古道文献记载的时间层次和来源，以及最新考古发现。王教授提到，有关蕃尼古道的《释迦方志》、《法苑珠林》、《中天竺行记》、《大唐西域求法高僧传》、《大唐西域记》等文献材料早已有学者关注和引用，但很多问题仍然存在，仍可以进一步研究。他特别强调，在研究的过程中需要注意求法僧人与外交使节、商人的关系，当时僧人求法的路线实际上也是商路。

本次工作坊围绕“碑铭”“图像”“文本”三方面，各学者阐述了自己的见解，并进行热烈的讨论，学术氛围极为浓厚。工作坊最后由霍巍教授进行总结发言，他简要总结了工作坊期间各位学者发言的主要内容，并指出关于中尼双方文化交流还有许多问题需要解决，当前国内有充足的研究资源，应重新审视过去的研究与发现，多学科、多方位对蕃尼古道进行深入研究。

本次工作坊各位专家学者无论是基于涉及“蕃尼古道”的高僧传、方志等，还是从“蕃尼古道”上存在的反映不同时期中尼交流的文物类型来看，中尼在不同时期的交往互动情况有所不同。但早在吐蕃王朝成立之前，西藏高原各民族就已经与尼泊尔有文化上的交流往来，其中尤其是西藏吉隆、聂拉木等地，受到不同文化影响的痕迹显得更为突出。“蕃尼古道”上存在的古代遗存呈现出多样的文化属性，既有西藏本地的文化因素，同时还有来自南亚尼泊尔的文化因素和来自中国内地的文化因素，这说明该通道不仅是西藏与南亚的文化通道，也是中国内地与南亚交流的重要通道。从“蕃尼古道”上体现中尼交流的遗存的时代来看，该通道至少在吐蕃时期已经形成了一定规模，可能已经是西藏与南亚交往的主道。在这之后，这条道路一直延续使用直到现代。

“蕃尼古道”既有主要的干线，也包括了若干重要的支线，实际上已形成一个交通网络。在历史上所发挥的并非单一性功能，它在政治、军事、经济、宗教、文化等各个方面都具有复合性的功能。随着吐蕃王朝势力不断地扩张，朝外向型的不同方向的国际路线也不断开通。“蕃尼古道”作为由青藏高原通往南亚的一条国际通道，与“高原丝绸之路”有着密切的关联。它发挥着中外文化交流的中转站和集散地的作用，吐蕃王朝时期来自南亚、中亚、西亚的诸多物质文明和宗教文明，不仅都传入和影响到吐蕃本土，而且吐蕃文化也通过高原丝绸之路向外传播[13]。高原丝绸之路上的文化交流是双向的，正如陈翰笙先生所言“唐代菠菜来南国，清代金鱼入比邻”[14]，这些都是在青藏高原上的来往互动。通过“高原丝绸之路”，高原各族人民与祖国内地、邻邦始终保持着紧密联系。

13 霍巍：《“高原丝绸之路”的形成、发展及其历史意义》，《社会科学家》2017（11）：19-24。

14 陈翰笙：《古代中国与尼泊尔的文化交流——公元第五至十七世纪》，《历史研究》1961（1）：109。

中尼自古就是兄弟邻邦，两国之间友好往来和经济、文化交流有悠久的历史。“蕃尼古道”作为中尼交往互动的重要依托，本次工作坊突破以国界为学术研究的界限，将推动中尼文化交流在此道上的新发展。

◆ 徐理　四川大学中国西部边疆安全与发展协同创新中心博士研究生

# Abstracts

## An Archaeological Survey Report of the Buddhist Rock Carvings at the Vairocana Temple in the 'Bis Valley of Yushul, Qinghai Province

Qinghai Provincial Institute of Cultural Heritage and Archaeology

Center for Tibetan Studies of Sichuan University

Chengdu Relics and Archaeological Institute

(*Zhang Changhong Zhan Yanqing*)

In the summer of 2013, a cooperative archaeological team carried out a survey of the Buddhist rock carvings of the so-called Vairocana temple in the 'Bis valley of Yushul, Qinghai province. The carvings contains a combination of Vairocana and eight Bodhisattvas. To their left, there is a 23-line Tibetan inscription; the first paragraph is a eulogy to Vairocana and the eight Bodhisattvas and the second paragraph mentions a "dog year" and "btsan po Khri lde srong btsan." The purpose and function of the carvings were described as well. To their right, there are Sanskrit, Chinese and Tibetan inscriptions and the Chinese inscription is an edition of the famous *Heart Sutra / Prajñāpāramitāhṛdayasūtra*. Based on the images and inscriptions, the site can be dated to the beginning of the ninth century(806 CE) and is of great significance for the study of Buddhism and Buddhist art of the Tibetan imperial period.

## An Archaeological Survey Report of the Buddhist Rock Carvings to the West of the Vairocana Temple of Yushul, Qinghai Province

Qinghai Provincial Institute of Cultural Heritage and Archaeology

Center for Tibetan Studies of Sichuan University

Chengdu Relics and Archaeological Institute

(*Zhang Yanqing Zhang Changhong*)

In the summer of 2012 and 2013, a cooperative archaeological team carried out a survey of the Buddhist rock carvings in the 'Bis valley and Lebkhog valley of Yushul, Qinghai province. This article is a brief report of the rock carvings and two carved stupas which are located to the west of the famous Vairocana Temple in the 'Bis valley of Yushul. This first rock carving can be divided into two parts. The upper part depicts a combination of Vairocana and two attendants and the ten Buddhas of the ten directions. The lower part involves a 36-line inscription of *'Phags pa kun du bzang po'i gzung* and the *Kun du bzang po byang chub sems dpas cIg car tshigs su bcad pa'i dbyangs kyis smon lam gsungs*. The date of the carving should be close to that of the carvings of the Vairocana temple, that is, the beginning of the ninth century. Beside this site, there are two negative-lined stupas engraved in the rock opposite of the carving. The shape of the two stupas is simple and belongs to the late Tibetan imperial period as well.

## An Archaeological Survey Report of the Buddhist Rock Carvings at Biandukou, Gansu-Qinghai Border Area

Qinghai Provincial Institute of Cultural Heritage and Archaeology

Center for Tibetan Studies of Sichuan University

Chengdu Relics and Archaeological Institute

(*Zhang Yanqing*)

In the summer of 2013, a cooperative archaeological team carried out a survey of the Buddhist rock carvings at Biandukou, located in the border area of Gansu and Qinghai provinces. The carvings involve four images that are engraved with negative lines: a combination of one Buddha and two Bodhisattvas, and one small single seated Buddha to their right bottom. The major figure is Vairocana. The two Bodhisattvas can possibly be identified as Avalokiteśvara and Vajrapāṇi. The single seated Buddha is probably Vairocana as well. To the left bottom of the three main figures, there is a 2-line Tibetan inscription which mentions Pa gor Ye shes dbyangs. It indicates that Pa gor Ye shes dbyangs was responsible for this carving. His name can also be found in the carved inscriptions of the Tibet imperial period at Chamdo and Yushul. The date of the carving can possibly be placed to the beginning or in the first half of the ninth century.

## A Preliminary Discussion of the Prehistoric Culture in the Upper Reaches of the Dadu Valley

*Fan Yonggang*[1], *Chen Jian*[2], *He Kunyu*[3]

(1. *Cultural Heritage Administration* of Aba Tibetan and Qiang Autonomous Prefecture, Sichuan Province; 2, 3. *Chengdu Municipal Institute of Cultural Heritage and Archaeology)*

In recent years, archaeological investigations and excavations carried out in the upper reaches of the Dadu River have already achieved significant results. Among them, the discovery of the sites of Haxiu 哈休 and Liujiazhai 刘家寨 is the most important. Their prehistoric relics provide valuable information for the reconstruction of the prehistoric cultural sequence of the western plateau of Sichuan and the southern migration of the Majiayao 马家窑 people, and also for the prehistoric cultural relationship between the upper Minjiang Valley and the middle of the Dadu Valley.

## From Gsas khang to Tiered Pavilion Temple: the Byams sprin gtsug lag khang and the Formation of a New Style of Buddhist Temple Construction in the First Period of the Dissemination of Buddhism in Tibet

*Mao Zhonghua*

(Institute of Technology, Tibet university)

The Byams sprin gtsug lag khang, a brick-wooden pavilion structure, located at Skyid grong, the ancient corridor between Tibet and Nepal, has long been regarded as a Demon-suppressing Temple built during the period of Btan po Srong btsan sgam po when he introduced Buddhism into the Tubo kingdom in the middle of the 7th century, and involves a special case of architectural style. It is only recorded in later Buddhist literature. Based on the relevant literature and fieldwork in Skyid grong and the Kathmandu Valley, the author concludes that the Byams sprin gtsug lag khang was not part of the style of construction of the period of Srong btsan sgam po, but could have been constructed on the basis of a blending of traditional Bon stone Gsas khang elements with the brick-wooden tiered temple from the Kathmandu valley. At the same time, it was also probably influenced by Tang dynasty Buddhist architecture that prevailed during the period of Khri srong lde btsan, who created a new era of promoting Buddhism on a much larger scale. This stone-wooden tiered pavilion developed along with the flourishing of Tibetan Buddhism, and was a new style of temple construction that developed in the first period of the dissemination of Buddhism in Tibet.

## A Catalogue of the Dunhuang Paintings in the Oldenburg Collection

*Zhang Deming*

(Dunhuang Academy)

The remains of Dunhuang paintings abroad are mainly kept in Britain, France and Russia. My articles *A Catalogue of the Dunhuang Paintings in the Pelliot Collection* and *A Catalogue of the Dunhuang Paintings in the Stein Collection* were published in the *Journal of Tibetology* vol.11 and vol.17. The remains of Dunhuang paintings in the Oldenburg Collection include silk/hemp/paper paintings in color and ink and copies from printing plates. Many important works concerning the remains of Dunhuang paintings in Russia have been published. The most important ones are the *Dunhuang Art Relics Collected in Russia I-II* and the *Dunhuang Manuscripts Collected in the St. Petersburg Institute of Oriental Studies of the Academy of Sciences of Russia* ①-⑰ that were published by the Shanghai Chinese Classics Publishing House. There are also some drawings and copies from printing plates among the papers. The present catalogue itemizes museum number (374 nos.), plate-indexes and Chinese inscriptions of the paintings in the Oldenburg Collection, aiming to be a basic tool for the appreciation and research of those paintings.

## 树是有情吗？藏族学者对《时轮略续》的注疏《无垢光》的解读：1：4c 和 8c（第一部分）

范德康

（哈佛大学南亚系）

施密特豪森（L.Schmithausen）教授雄辩地指出，在早期佛教中，包括树在内的植物是一个极限的存在，因为不确定他们是否有感情。一般的共识是，他们总的来说是无知觉的，除了一些例外。这种观念在早期大乘佛教中得到强化，他们被排除在有情（动物/人）的“四生”之外，并且清辩（6世纪）在其所著的《中观心论》及其自注《思择焰》中激烈地反对植物是有情的观念。但是，在 Puṇḍarīka（11 世纪早期）对 Yaśas（？ 11 世纪早期）所著《时轮略续》的注疏《无垢光》中，发现了一个令人瞩目的例外。Puṇḍarīka 认为，树的出生属于有情“四生”中的一种。当相关的段落成为藏族学者关注的焦点时，人们感到十分惊讶。布顿仁钦珠（1290–1364 年）及其他 14 世纪的学者为这一段落辩护，这一时期的一系列讨论也支持这一观念并且延续到 15 世纪，尤其是绛达 · 南加扎桑（1395–1475 年）和克珠 · 格勒贝桑波（1385–1438 年）之间的系列问答。本文是两篇系列文章中的第一篇，主要探讨支持“树是有情”的争论。这两篇论文还力图展示晚期传统在何种程度上试图证实和捍卫时轮文献的不寻常地位，毕竟时轮文献也是佛经的一部分，因此实际上也是佛语（buddhavacana）。

## 如来藏思想对于慈氏论书中三性说的影响

克劳斯 – 迪特 · 马特斯

（维也纳大学南亚系）

瑜伽行派继承了毗昙中关于实有法和假有施设的区分，将般若波罗蜜多经中所讲的空性限定在遍计所执。后者由缘起法而生，即是由比遍计所执更为真实的依他起而生。遍计所执、依他起和离妄真实的圆成实共同构成瑜伽行派关于真实的模式。瑜伽行派模式从本体论的角度区分实有与假有。此外，慈氏论书中还有《宝性论》模式的影响，此种模式以离客尘的如来藏为终极实在（慈氏论书之一的《大乘庄严经论》第九章第三十七偈中述及）。本文旨在证明对于如来藏真实模式的吸收有助于瑜伽行派补救中观派针对以下两点的诘难：多有众生不能成佛，作为缘起法的心识是终极的存在。

# 工珠·洛追他耶眼中的他空见

马尔提娜·德拉齐克
（维也纳大学南亚系）

工珠·洛追他耶（1813-1899年）笃信并倡导不分教派的思想，秉承这一宗旨，他对藏传佛教中各种他空思潮采取了兼容并包的态度。他认为“他空中观见因产生的环境不同而略有差异”，正是这一观点使他能够将让迥多吉、多波巴、隆钦巴、确扎嘉措、释迦确登、多罗那他和司徒·丹贝宁协一视同仁地称许为持他空见者。工珠以审视的目光回溯这些大师们的作品，认为他们完全支持他空见，不过我们可以猜测，未必所有这些大师都认同他的这一观点。工珠在自己的他空著作中并未接受对于多波巴和多罗那他而言非常重要的一些观点。例如，虽然多波巴强调法身是无为法，但工珠却认为这一观点难以自圆其说，因为拥有智、悲和力的法身不应该完全是无为法。此外，工珠并不赞同多波巴和多罗那他基于《大疏》而对三性所作的描述，他似乎更倾向于《辩中边论》中所主张的渐进的三性模式。关于这一点，他和释迦确登一致，释迦确登认为施设一个超越依他起的圆成实在逻辑上有缺陷，因为这是在试图证明有法中已经确定的事实。除此之外，他还认同释迦确登的如下观点：中观以否定为特征的道路和他空以肯定为特征的道路均足以导向终极，不过，与释迦确登一样，工珠也指出以他空观照事物自性可以达到更深的层面，而彻底的否定只会将空性减损为一个概念性的虚无。

本文将指出工珠如何将此点与主张轮涅不二和强调分别的真性即是法身的噶举派大手印联系在一起。在这一点上，工珠与多波巴相左，多波巴认为正如光明与黑暗、甘露与毒药彼此相悖，佛智和识之间也有着本质的区别。然而工珠的看法与让迥多吉将万法的真性认同为现空不二的观点却完全一致，在让迥多吉看来，现空不二即是平常心识，这也正是噶举大手印的核心主题。

# A Study of the Homonymy of the Seventh and Sixth *Vijñāna*

*Cao Yan*
(School of Philosophy at Wuhan University)

The name of the seventh and sixth *Vijñāna*-s of the Buddhist Yogācāra school are the same compound words of *manas* and *vijñāna* in sanskrit. There are two main reasons for the homonymy. Firstly, the meaning of "manas" is consist with the thinking, which is the characteristic of the seventh *Vijñāna*. The *manas* means, then, the internal organ of consciousness (*mana-indriya*) in the traditional Eighteen Fields, while the seventh is just the internal organ of the sixth in the system of Yogācāra. If the schooler named the seventh *Vijñāna* as *manovijñāna* insistently, the name of sixth has to be adjusted, for example, "named for the object" as "dharmavijñāna", it has been, however, criticized in the *Chengweishi lun*. I challenged, in this paper, this criticism regarded it as invalid, and put forward the relevant solution in creativity, namely, the sixth *Vijñāna* named for "organ and object", viz. "manodharmavijñāna".

## Tibetan Women as Patrons of Printing and Innovation

*Yudru Tsomu, Hildegard Diemberger*

(Center for Tibetan Studies, Sichuan University;

The Mongolia & Inner Asia Studies Unit, Cambridge University)

Building on earlier research on the life of the Gung thang princess Chokyi Dronma (1422-1455), this paper explores wider networks of women who were active as patrons of print editions as well as social and cultural innovation more generally. These include many unknown or little known historical figures as well as Kun tu bzang mo (1464-1589), the famous tantric partner of Gtsang smyon He ru ka. Whilst only few of these remarkable women have entire biographies dedicated to them, many can be identified by looking carefully at a wide range of historical sources. This kind of research reveals that while women played an important part in cultural production, their deeds were rarely fully reflected in historical narratives. From this point of view, some of the processes that took place on the Tibetan plateau present interesting parallels with what was happening in Medieval and Renaissance Europe.

## A Discussion of the Unique Position of the Third Chagan Nomunhan Based on Official Documents

*Rinchen Drolma*

(China Tibetology Research Center)

Focusing on *The Official Document Sent to the Third Chagan Nomunhan by the Sixth Dalai Lama Tshangs dbyangs rgya mtsho*, this paper translates and interprets this document. Through using relevant sources, it recounts in detail such historical background information as the tribes under the third Chagan Normunhan's rule, his religious affiliation, and the economic realities at the time. It further discusses the Chagan Nomunhan's unique historical position in the Mongolian and Tibetan areas of Qinghai and the important role he played in the politico-religious relationship connecting the Qing central government with the local Tibetan government and the Mongolian regions in Qinghai. In addition, it also examines the identity of the steward known as the *nang so* who was in the service of the Chagan Nomunhan and the chief official known as Dorje Dalai Hongthaiji, as well as other relevant historical issues.

## Protection, Restriction and Compromise: Emperor Qianlong's Attitude and Strategy towards Tibetan Religious leaders ——Take the Gurkha War of Invading Tibet as an Example

*Zhao Zhongbo*

(Ph.D student, School of History and Culture, Sichuan University)

The Kangxi, Yongzheng and Qianlong reigns are generally recognized as the early-Qing period in which the Qing dynasty's administration of Central Tibet was quite successful. Especially the Qianlong reign was viewed as the most successful period. In terms of the two Gurkha wars during which Central Tibet was invaded and its aftermath, Emperor Qianlong always paid attention to his Tibet policy. This policy not only protected the personal safety of the Dalai Lama, Panchen Lama, and other reincarnated lamas, but also venerated and supported the Gelukpa. At the same time, it also imposed restrictions on the expansion of the privileges of the eighth Dalai Lama, the seventh Panchen Lama, and their kinsmen, and also checked and balanced the former's authority by strengthening the authority of the *amban* (the Imperial Resident Minister of Tibet).

## Changing Livelihoods: Juxtaposition and Adaptation of Multi-temporal Rhythm of Tibetans in Linpo

*Li Jin, Hong Lin*

(Center for Tibetan Studies of Sichuan University; Aba Teachers University)

Since the 1990s, the livelihood of the Linpo Tibetans has changed under the influence of the conversion of farmland to forests and the development of the tourist industry. The importance of natural rhythms of agricultural life has decreased with the newly enhanced temporal rhythm of the tourist industry. When various time systems conflicted, the Lin Po people maintained the principle of maximizing family interests when it came to arranging their everyday activities. This shows that Tibetan society has its own resilience when it is confronted with the rhythm of modernity.

# International Conference Review: *New Directions in the Study of Tibetan Buddhist Art History*

*Wang Chuanbo*

(Renmin University of China)

The symposium of "New Directions in the Study of Tibetan Buddhist Art History" was held at Harvard University during April 28-29$^{th}$, 2018. The symposium was sponsored by the Harvard-Yenching Institute, and co-sponsored by the Committee on Inner Asian and Altaic Studies, Harvard University. More than 20 scholars from China, Japan, Austria and the United States participated in this symposium. The aim of the symposium was to promote scholarly communication, multi-disciplinary interaction, and the sharing of new research. The presentations delivered by the attendees were done in six panels that were devoted to a discussion of different issues of Tibetan art history.

# Workshop Review: *Inscriptions, Images, and Manuscripts along the Bod-Balpo Ancient Route of Contact*

*Xu Li*

(Ph.D student, Collaborative Innovation Center for Security and Development of Sichuan University)

In January 5-6, 2019, Sichuan University sponsored a "Bod-Balpo Ancient Route of Contact" workshop to promote the study of the ancient route that connected Tibet with Nepal/the Kathmandu Valley, and to facilitate the academic communication between Nepalese and Chinese scholars. Based on the inscriptions, images, and manuscripts/texts discovered along the road, the attendees engaged in discussions from various different perspectives which deepened the understanding of the Bod-Balpo ancient route and the intercultural communication between different regions along this route. The workshop was the first of this kind of academic activity at Sichuan University.

Journal of Tibetology (Vol.20)

Edited by

Center for Tibetan Studies of Sichuan University
Chengdu, China

ISBN 978-7-5211-0205-5
First Published in June 2019
China Tibetology Publishing House
Beijing, China

**图书在版编目(CIP)数据**

藏学学刊．第 20 辑 / 四川大学中国藏学研究所编．
—北京：中国藏学出版社，2019.6
ISBN 978-7-5211-0205-5

Ⅰ．①藏… Ⅱ．①四… Ⅲ．①藏学－文集 Ⅳ．① K281.4-53

中国版本图书馆 CIP 数据核字（2019）第 292869 号

**藏学学刊**〔**第 20 辑**〕 四川大学中国藏学研究所 主编

责任编辑 张荣德
藏文审校 顿珠次仁
装帧设计 翟跃飞
出版发行 中国藏学出版社
印　　刷 中国电影出版社印刷厂
版　　次 2019 年 6 月第 1 版第 1 次印刷
开　　本 787 毫米 ×1092 毫米 1/16
字　　数 460 千字
印　　张 25
定　　价 98.00 元
书　　号 ISBN 978-7-5211-0205-5 / K・575

**图书如有质量问题，请与本社联系**
E-mail: dfhw64892902@126.com 电话: 010-64892902

# 《藏学学刊》稿约

《藏学学刊》（བོད་རིག་པའི་དུས་དེབ། *Journal of Tibetology*）系中国教育部普通高等学校人文社会科学重点研究基地四川大学中国藏学研究所主办的藏学类专业性学术刊物，CSSCI（2014–2018）来源集刊，创刊于 2004 年，旨在搭建藏学研究的学术交流平台。从 2014 年开始，本刊由年刊改为半年刊，接受中、英文稿件，设有论文、书评、译文等栏目，热忱欢迎国内外藏学研究者惠赐稿件。来稿时请注意以下事项：

1. 来稿请注明字数并提供作者简介，包括姓名、出生年月、性别、民族、籍贯、职称、学位、工作单位、联系方式和主要研究方向等，其中姓名和工作单位名称请提供正确的英文译名。

2. 来稿必须为原创性作品，此前未经公开发表。严禁抄袭、剽窃和一稿多投，如有发现，将永不刊用该作者来稿。

3. 为保证文稿的准确性，电子版来稿须同时提供 word 和 pdf 两种文档格式并遵循本刊用稿规范（详见本所网页）。来稿字数不限，提倡言简意赅，以一万字左右为宜。

4. 本刊每期收稿截止日期为每年六月三十日和十二月三十日。该日期以后收到的稿件将纳入下一期的编辑工作。

5. 本刊取舍稿件惟以学术为标尺，并实行 2–3 名专家匿名审稿制度，根据专家审稿意见决定稿件取舍。本刊在尊重原作的前提下，有权对拟刊用稿件作必要的删改并告知作者，作者如果不同意对文稿作文字性修改或适当删节，请在来稿时予以说明。

6. 本刊所刊文章均为作者个人观点，不代表编辑部意见，文责由作者自负。

7. 本刊已加入期刊数字化网络系统，作者若无此意愿，请在来稿时注明，否则视为默许。

8. 稿件请直接投寄本刊编辑部。自寄稿之日起，若二个月内未接到用稿通知，可自行处理。来稿除图版原件外，一律不退稿，敬请作者谅解。

9. 本刊对刊用文稿将支付作者稿酬，并赠送样刊五册。

10. 本刊热诚欢迎国内外学者或编辑部与本刊建立资料互赠交流关系。

地　　址：中国四川省成都市望江路 29 号

四川大学中国藏学研究所《藏学学刊》编辑部

邮　　编：610064

电子邮件：zangxuexuekan@163.com

电话 / 传真：+86–28–8541 2567

网　　址：http://www.zangx.com

# Call for Contributions

Founded in 2004, the *Journal of Tibetology* (བོད་རིག་པའི་དུས་དེབ། 藏学学刊) is a peer-reviewed bilingual scholarly journal dedicated to publishing papers in the field of Tibetan Studies. Featuring articles and reviews in either Chinese or English, the journal is published biannually by the Center for Tibetan Studies of Sichuan University, Chengdu, PRC. The *Journal of Tibetology* welcomes the submission of academic and unpublished (and original) work, including the Chinese translation of foreign research and serious, critical reviews of books or review articles, in any area of research that deals with the Tibetan cultural area.

Essential Guidelines:

1. The manuscript should contain information on the total number of words/characters and author's details, including the following information: (1) full name and institutional affiliation; (2) academic title; (3) contact information, (4) the primary field of research.

2. The *Journal of Tibetology* has a zero-tolerance plagiarism policy.

3. Essays and reviews should be submitted electronically in Microsoft Word file and PDF format, using Unicode, to zangxuexuekan@163.com and conform to the style sheet of the *Journal of Tibetology* that is found at the website of the institute. If this is not done, they will automatically be not considered for publication. There is no limit on the length of the manuscript, but we strongly encourage the manuscript to be concise with approximately 10,000 words in English or Chinese.

4. The deadline for the submission of articles and reviews is June 30 of each year. Articles and reviews received and accepted for publication after this date will be considered for the next issue.

5. The *Journal of Tibetology* uses a double-blind review process. Each manuscript is sent to two or three referees for double-blind peer review. Based on their recommendations, the editor then decides whether the manuscript will be accepted as is, whether it needs to be revised, or whether it will be rejected.

6. The views and opinions expressed in the articles and reviews are those of the author alone and do not reflect the views or opinions of the editor(s) or the editorial board. The author is responsible for his/her own views.

7. The journal is already part of the digital network of Chinese journals. If any author does not want to have his or her article published online, please note this upon submitting the manuscript. Otherwise, the editor will take it as tacitly granting permission to do so.

8. The manuscript should be directly submitted to the editor. If one has not received a notice of acceptance for publication within two months since the day the manuscript was submitted, it is within one's discretion to submit the manuscript elsewhere for publication. Excepting the originals of maps, charts or photographs the editor will not return the manuscript to the author.

9. The journal will pay remuneration to the author and send five copies of the issue of the journal in which his or her article appears.

10. Scholars or editorial boards in China and abroad are warmly welcomed to establish a growing network of exchanging copies of journals with the editor of the *Journal of Tibetology*.

Correspondence should be addressed to:
Dr. Zhang Changhong
Center for Tibetan Studies of Sichuan University
Chengdu, Sichuan Province
P.R. China
610064
Email : zangxuexuekan@163.com
Tel/Fax: +86-28-8541 2567
Website: http://www.zangx.com